ユーロ危機と
欧州福祉レジームの変容

アクティベーションと社会的包摂

福原宏幸＋中村健吾＋柳原剛司［編著］

明石書店

まえがき

　20世紀末から21世紀の初頭にかけてEU加盟国の社会保障制度は、多様性を帯びながらも共通の方向性に沿って顕著な変容を遂げていった。そうした共通の方向性は、本書の副題に掲げられている「アクティベーション」および「社会的包摂」という2つの政策志向によって特徴づけることができる。そして、2008年のリーマン・ショックと2009年末以降のユーロ危機は、EU加盟国の政府を厳しい財政的圧力のもとに置いている。本書は、ユーロ危機を経たヨーロッパ福祉レジームにおける改革の動向を、雇用政策と社会的保護・包摂政策に着目しながら分析しようとするものである。

　ユーロ危機の経緯と原因については、それを立ち入って分析した文献が日本にも数多く存在する。それとは別に、EU加盟各国の福祉制度を研究し比較する日本語の文献も、枚挙にいとまがない。後者の類の文献には、私たちが2012年に公刊した『21世紀のヨーロッパ福祉レジーム：アクティベーション改革の多様性と日本』（糺の森書房、2012年）もふくまれる。

　しかし、EU加盟国の財政・金融政策のみならず社会保障のあり方にも深刻な影響をおよぼしているユーロ危機によって、各国の福祉国家と制度がどのような変容圧力のもとに置かれ、実際にどのように変化しているかという点について見取り図を提供してくれる日本語の本は、意外に少ない。私たちの『21世紀のヨーロッパ福祉レジーム』は、20世紀末以降におけるEU加盟国の雇用政策と社会的包摂政策の動向を、EUによる政策調整をも視野に入れながら分析し、もって欧州福祉国家の変容の方向性を提示しようとしたものであるが、ユーロ危機が各国におよぼしたインパクトを十分に考慮したものではなかった。そこで本書は、前著において果たすことのできなかった、EU加盟国の雇用・社会的包摂政策に生じている変化をユーロ危機との関連においてとらえるという課題を掲げている。ギリシャの債務問題をめぐって2015年の夏に生じた、同国での国民投票をふくむ一連の事態が示したように、ユーロ危機は過ぎ去ってはいないし、債務危機よりもむしろ、緊縮政策の強要のもとで生じている「人道的危機」にこそ注意が向けられるべきである。危機のもとでのヨーロッパ福祉レジームの変容を分析することは、喫緊の課題である。

　本書に収められた各章の要旨を述べておこう。

序章は、それに続くすべての章において用いられている基本的な概念を説明し、そうすることによって、21世紀のヨーロッパ福祉レジームのあり方を左右する重要な論点を浮き彫りにしている。説明が加えられるのは、「アクティベーション」、「フレキシキュリティ」、「社会的排除」、「社会的包摂」、「福祉国家と資本主義の類型論」、そして「多次元的なヨーロッパ福祉レジーム」という、本書において分析の対象となり、かつまた分析の道具ともなっている6つの概念である。

　第Ⅰ部を構成している2つの章は、ユーロ危機の推移および帰結とEUの政策動向とを論じている。

　第1章では、欧州経済・金融危機の推移と、危機を経たあとの欧州経済・社会の現状を見ていく。ユーロ危機は、大西洋をまたいでアメリカと欧州の金融取引が相互浸透するなかで起きた。そして、危機への対応策を決定する過程ではドイツのヘゲモニーが著しく高まっただけでなく、経済・通貨同盟（EMU）におけるガバナンスの構造もまた「ドイツ化」の様相をいっそう強めている。しかし、そのドイツの経済と社会もまた、グローバル化の圧力のもとで自由化され脱組織化されている。

　第2章では、EUの中期発展戦略である『欧州2020』の内容とそれの到達点を概観するとともに、EUによる危機対策の問題点を検討する。『欧州2020』のなかで、加盟国に対する財政上の制裁措置をともないつつ急速な具体化が進んだのは、緊縮政策を基調とする財政政策およびマクロ経済政策に関する欧州レベルでの締めつけであった。EMUを財政同盟および政治同盟にまで発展させていくという、欧州委員会が2012年に提案した野心的な改革案は、結局のところ中途半端な銀行同盟の形成へと縮減された。『欧州2020』の目標達成はきわめて困難になっている。

　第Ⅱ部は、EU内の大国でありながら対照的な福祉レジームを形成しているイギリス（第3章）とフランス（第4章）を扱っている。

　第3章は、イギリスのアクティベーション政策の本質を「規律訓練型社会政策」（福祉と就労の連関を福祉受給者の規律訓練を高める方向で促進しようとする政策）の観点から検討している。イギリスでは2010年に労働党から保守党・自由党の連立政権への政権交代があったが、表面的な政策プログラムの転換だけでなく、「政策論理」（政策を形づくる際の価値規範にもとづく本質的な論理）の転換の側面に着目してみると、そこには転換ではなくむしろ連続の要素が色濃く見て取れる。すなわち、「罰と報酬の原理」（条件付きの福祉受給）で福祉受給者の規律訓練をうながそうとする政策論理は、政権交代にもかかわらず一貫しているのではないかという見立てである。2大政党間の本質的な政策論理の差異を見いだしにくくなっ

ているなかで行なわれた2015年5月の総選挙では、保守党が勝利して下院での単独過半数を確保した。政党間のそうした力関係のもとで、政策論理の転換は果たして可能なのか。第3章ではこの可能性を、2014年のスコットランド独立住民投票に対する「ストリートレベル」（政策担当者や研究者の視点ではない、一般市民の目から見た社会観察）のエッセイにおける「市民的ナショナリズム」（民族的ナショナリズムを超えた市民による決定の論理）のなかに探っている。

　第4章で叙述されるフランスでは1980年代末から、生活保障と就労支援を両輪とする手厚い福祉制度が整えられてきた。しかし、2000年以降になると扶助からの脱却が進まない状況に対して貧困の自己責任論が台頭し、福祉・復職支援の一体改革が進められ、フランスはアクティベーションへと舵を切った。改革後の新たな福祉制度（就業連帯所得：RSA）は、少しでも働けば世帯全体の収入を引き上げられるように設計され、1人ひとりの復職・生活再建に対応する付添い支援が強化された。RSAは、ユーロ危機に直面した貧困世帯の救済策として機能したものの、貧困からの脱却には課題を残すと評価された。右派は働かない扶助受給者を批判し、左派は安定雇用の欠如を問題にした。それでも、貧困から脱却できない人びとにとって付添い支援は、付添員との交流を通じた精神的支柱として機能している。オランド政権の登場とととともに、貧困の自己責任論は否定されるようになったものの、慢性的な財政赤字に悩むフランスは労働市場の流動化と福祉拡充のはざまで揺れ動いている。

　第Ⅲ部は、普遍主義的な社会保障制度のみならずアクティベーションにおいても先駆的な政策をとってきた北欧の2カ国、スウェーデン（第5章）とデンマーク（第6章）を扱っている。

　第5章では、民間非営利セクターからなる社会的経済による長期失業者への就労支援策を考察することで、スウェーデンの労働市場政策および福祉政策における変化の一端を明らかにする。スウェーデンでは長期失業者の労働市場への包摂が社会的課題となっているが、政府は現在、社会的経済の活動を活発にすることによって、この課題を解決しようとしている。社会的経済の考え方を導入することにより、就労支援政策の対象となる個人の経済的自立や事業の採算など、就労支援政策の経済的側面が重視されるようになった。しかし、事業の対象者はさまざまな障がいによりこれまで労働者としては考えられてこなかった人びとであるがゆえに、事業の実施過程では対象者個人にとって意味のある労働や活動を提供するなど、1人ひとりに焦点をあてる取り組みが必要である。現在のところ政策の経済的基準と人間的基準に関する社会的合意はとれていないものの、社会的経済のアクターは就労支援の担い手として存在が認知され、期待されるようになっ

ている。

　第6章において論じられるデンマークでは、2014年から新たな公的扶助制度が施行された。教育が不足している若者は、従来の公的扶助を受給できなくなり、新設された「教育扶助」を受給することになった。教育扶助の対象となる若者は、給付の見返りとして教育を受けることや、教育を受ける準備を整えることを義務づけられた。そこで第6章は、新たな公的扶助制度の概要、受給者が申請から教育を受けるまでの一連の支援行程、そして給付の仕組みを説明し、新制度の主な特徴について論じている。この新しい公的扶助制度においても、1990年代に生じた社会政策の「積極的路線」が脈々と続いている。他方で、これまで同国のアクティベーション政策におけるプログラムは、職業訓練や求職活動を課す「就労アクティベーション」が中心であったのに対し、今回の改革は、若者に対して教育を課す「教育アクティベーション」を本格的に取り入れたという点において、従来とは異なる方向性を示すものとなっている。

　第Ⅳ部は、経済的な地位からすればEU内において周辺部に位置する諸国をとり上げている。すなわち、南欧のイタリア（第7章）と、新規加盟国のハンガリー（第8章）およびブルガリア（第9章）である。

　イタリアについては従来、家族主義的な福祉制度であること、社会保障の内容が労働市場内の職種や社会的階層に対応したものであることが特徴として指摘されてきた。第7章は、そうしたイタリアの社会保障制度がEUの雇用戦略と社会的包摂戦略に対応した制度改革を経てどのように変化しているかを、社会福祉の担い手と労働政策の影響に注目しながら追跡している。第1に福祉の担い手についていえば、福祉政策が自治体の権限において実施され、またサードセクターが地域福祉の重要な担い手として位置づけられるようになったが、このことは、地域のニーズに応じた住民による福祉政策の実現というポジティブな影響をもたらしている一方で、福祉政策の違いから来る地域間格差という問題を生み出している（あるいは強化している）。第2に、女性の労働市場参加の向上が見られるものの、若者の失業問題は依然として克服されていない。さらに、多くの若者たちがニートの状態にあることが新たな問題としてたち現われている。最後に、EUが提唱した「若者保障制度」がイタリアでどう具体化されたかを明らかにしている。

　第8章では、EU新規加盟国からハンガリーをとり上げている。2000年前後から外国資本による莫大な直接投資を受け入れ、堅調な経済成長を示したEU新規加盟諸国も、経済危機により大きな打撃を受けた。ハンガリーでは、2010年春のフィデス主導の政権への交代にともない、憲法改正も駆使した強権的な政権運営によって対応がなされており、社会保障制度や雇用政策の改革もその一環と

して実施されている。年金制度においては、1998年導入の民間により運営される積立方式部分が廃止・「再国有化」されたが、それは、政策経費を確保するために、蓄積された年金資産を国が奪取するという改革であった。雇用政策では、福祉への依存者の削減という方針が強化されており、低水準の給付での就労を義務づけたパブリック・ワークの拡大による歪な雇用創出がなされている。家族政策に関しては、連立与党の伝統的な家族観を反映し、貧困対策の要素が弱まっている。とはいえ、旧体制から続く経路をハンガリーが完全に脱したわけではないと結論づけることができる。

　欧州の南東部に位置するブルガリアでは、市場経済への移行の初期には抜本的改革を欠いてハイパー・インフレと経済危機を招いたとはいえ、1998年のカレンシー・ボード制の導入により、その厳しい制約のもとでインフレの抑制に成功した。第9章では、福祉システムの一連の改革のうち、年金制度と雇用政策の改革に着目している。前者は、年金受給開始年齢の引き上げなど諸変数の改革であると同時に、部分的民営化・積立方式の導入という構造的な改革であった。しかし、2008年以降の危機で年金ファンドが大きな損失を記録した結果、制度は、多様なリスク選好への対応など、さらなる課題に迫られている。雇用政策においては、失業給付のための新基金の創設および拡充や、社会保険料算出に最低基準額を設定することによる経済のフォーマル化の試みなど、積極的・消極的双方の施策やその問題点を紹介している。ブルガリアではドイツに類似した社会保障モデルがめざされたが、現状は保守主義モデルと社会民主主義モデルとの妥協の一種であり、今後、民間部門の役割が拡大し国家を効果的に補完できるようになっていくであろう。

　終章では、知識基盤型経済のもとでの労働の二極化傾向を前にしてEUの加盟国ごとに多様な展開を見せているアクティベーションと社会的包摂の展望を論じるとともに、日本における政策動向の問題点を指摘している。その際、欧州に関しては、社会的連帯経済が雇用創出と社会的包摂において有する潜在力にとくに注目している。

　EU加盟国の福祉レジームは20世紀末から急速な変貌を遂げたため、著者たちが読み学んだ欧州の福祉国家を紹介する既存の日本語文献の多くはいまや、歴史を知るための書物となっている。本書は研究書ではあるが、今日の欧州の福祉制度について大学生に新しい鳥瞰図を提供する教科書としての側面をも有している。本書が大学の講義等において使用され、欧州の経験に学びながら日本の社会保障の将来を構想する作業に対して1人でも多くの学生が魅力を感じるようになると

すれば、著者たちにとってそれにまさる喜びはない。なるほど、迂回路をともなうそうした作業は根気を要する。しかしながらそれは、政治という市場に満ちあふれている小手先の改革提案から距離をとり、広くて深い視野を獲得するためには欠かせないと、私たちは信じている。

2015年7月

著者一同

目次

まえがき……………………………………………………………………3

序　章（福原宏幸／中村健吾／柳原剛司）……………………………13
　1．アクティベーション　14
　2．フレキシキュリティ　17
　3．社会的排除　21
　4．社会的包摂　27
　5．福祉国家と資本主義の類型論　31
　6．多次元的なヨーロッパ福祉レジーム　40

第Ⅰ部　EU

第1章　ユーロ危機にあえぐ欧州の経済と社会（中村健吾）………48
　1．グローバル恐慌のなかの欧州金融・経済危機　48
　2．EUのドイツ化と環大西洋蓄積レジーム　52
　3．危機を経たEUの経済と社会の現状　61

第2章　『欧州2020』戦略とEUによる危機への対応（中村健吾）　76
　1．折り返し地点に立つ『欧州2020』戦略　76
　2．債務危機の救済制度——欧州安定メカニズム　89
　3．財政規律の強要　90
　4．銀行同盟　96
　5．経済・通貨同盟の社会的側面を強化する　102
　6．「埋め込まれた新自由主義」から「むき出しの新自由主義」へ？　106

第Ⅱ部　イギリスとフランス

第3章　規律訓練型社会政策の連続と限界——イギリス（居神　浩）…118
　1．論点の再構成　118
　2．連立政権のアクティベーション政策を支える政策論理——アクティベーション政策の位置づけ　120
　3．連立政権におけるアクティベーション政策の展開　123
　4．アクティベーション政策の本音（？）の政策論理　128
　5．政策論理転換の可能性——スコットランド独立住民投票が示唆するもの　133

第4章　福祉・復職支援の一体改革に見る福祉レジームの再編——フランス
　　　　　（松原仁美）・・　*137*
1．フランスの貧困対策の特徴——1980年代から90年代にかけての展開　*138*
2．福祉・復職支援の一体改革　*140*
3．ユーロ危機下における一体改革の動向　*145*
4．今後の展望　*150*

第III部　北欧

第5章　社会的経済政策から見る就労支援——スウェーデンにおける長期失業者の社会的包摂
　　　　　（太田美帆）・・　*156*
1．EUにおける社会的経済　*158*
2．スウェーデンにおける近年の労働市場の概況　*161*
3．スウェーデンへの社会的経済の導入　*163*
4．就労支援政策と結びつくスウェーデンの社会的経済　*166*
5．労働による社会的統合か？　*167*
6．結びにかえて　*171*

第6章　就労アクティベーションから教育アクティベーションへ
　　　　　——デンマークにおける公的扶助改革（嶋内　健）・・・・・・・・・・・・・・・・・・・・・・　*178*
1．失業保険改革と緊急雇用対策　*179*
2．公的扶助改革　*182*
3．支援行程から見た新制度の特徴　*186*
4．新制度における給付　*192*
5．新制度に見る改革の理念　*195*
6．教育アクティベーションへ　*197*

第IV部　南欧と中・東欧

第7章　福祉政策の地域格差か、それとも個性化か？
　　　　　——積極的労働市場政策導入後のイタリア（土岐智賀子）・・・・・・・・・・・・・・・　*204*
1．社会福祉制度の特徴——補完性の原理にもとづく福祉制度とその課題　*205*
2．欧州統合と政権交替のなかで展開する国家的課題の克服プラン——労働市場政策の展開　*209*
3．就業率の推移から見るイタリアの状況　*211*
4．労働市場における若者の状況と、学校から職業への移行対策　*214*

5．福祉の再編成過程における自治体とサード・セクターの役割　219
6．おわりに　222

第8章　危機下における国家の再構築と社会政策の変化——ハンガリー
　　　　（柳原剛司）……………………………………………………227
1．危機下のハンガリーにおける経済状況　228
2．オルバーン政権のもとでの国家の権力構造の変化　231
3．年金制度改革——3本柱の年金制度の終焉　233
4．雇用政策の変容——さらなる就労アクティベーションの進行　238
5．家族政策の推移　243
6．おわりに　245

第9章　市場移行と経済危機がもたらした福祉システムの変容——ブルガリア
　　　　（ニコライ・ネノフスキー／ジェコ・ミレフ）………………250
1．移行初期とカレンシー・ボード制導入以前のブルガリアの福祉システム（1989 - 1997年）　250
2．経済危機とカレンシー・ボード制導入以後の福祉システムの展開　252
3．雇用政策　260
4．危機の時代における福祉システム　265
5．結論　268

終　章　多様化するアクティベーションと社会的包摂政策
　　　　（福原宏幸）……………………………………………………272
1．知識基盤型経済の追求とその労働への影響　272
2．フレキシキュリティ再論　274
3．社会的排除と社会的連帯経済　276
4．日本への示唆　278

あとがき……………………………………………………………………280

著者紹介……………………………………………………………………282

序章

福原宏幸／中村健吾／柳原剛司

　2008年9月のリーマン・ショックをきっかけにして世界中に波及した金融・経済危機は、欧州においてユーロ圏の存続を脅かすほどの「ユーロ危機」という独特の形態を帯びて先鋭化した。ユーロ危機は、銀行危機、債務危機、経済危機、単一通貨圏解体の危機、そしてEU（欧州連合）の正当性の危機という多重性を帯びた、欧州統合史上最大の危機であるといえよう。各国政府とEUとIMFによる資本注入、ならびに欧州中央銀行の異例の金融政策によって、経済危機はどうやら峠を越えたようである。しかし、ユーロ圏の経済はデフレーションの傾向を示しているし、何よりも、危機の帰結によってあらためて露呈したユーロ圏のガバナンスにおける「設計ミス」は是正されていない。EU加盟国のあいだの相互不信と、緊縮政策のもとでの市民のEUに対する疑念とが、ユーロ圏を解体させかねないほど深刻であることに変わりはない。緊縮政策の撤回を掲げて2015年1月にギリシャで成立した急進左派連合（SYRIZA）主導の連立政権と、ドイツを筆頭とするEUの主要国とのあいだに生じている軋轢は、今日の欧州がかかえる重層的な利害対立と分断の縮図である。ユーロ危機はまだ終わっていない。
　第1章以下においてEUとその加盟国がこうむった危機の影響および福祉レジームの変容を論じるに先立ち、この序章では、本書において用いられることになる基本的な概念を説明しておきたい。そうした基本的な概念を通覧することによって、21世紀のヨーロッパ福祉レジームのあり方を左右する重要な論点が浮き彫りになると思われる。そこで以下では第1節から第6節にかけて、「アクティベーション」、「フレキシキュリティ」、「社会的排除」、「社会的包摂」、「福祉国家と資本主義の類型論」、そして「多次元的なヨーロッパ福祉レジーム」といった、本書において分析の対象となり、かつまた分析の道具ともなっている諸概念について説明を加える。

1. アクティベーション

アクティベーションの始まり

「アクティベーション」はもともと、スウェーデンの雇用政策に起源をもつ用語である。スウェーデンは、長年追求してきたアクティブ・シティズンシップの考え方、それにもとづいてまとめられた「ワーク・プリンシパル」（就労促進原理）を基軸に、「就労を前提とした社会保険制度」と「積極的労働市場政策」を展開してきた［Dahlstedt 2013］。すなわち、これは、就労における権利と義務の双方を重視することをとおして、市民の労働市場への包摂と就労を通じた生活保障を進めようとする社会政策であり、この政策原理にもとづく施策の一群や具体的なプログラムは「アクティベーション政策」と呼ばれた。同時に、これは、失業手当と職業訓練によって、衰退産業（企業）から成長産業（企業）への労働力移転をうながすという積極的雇用政策として位置づけられてきた。したがって、これは、アクティブな市民を普遍的なものとして想定し、失業予防的な政策として実施されてきたのであった。なお、第2節で論じられる、オランダとデンマークを模範とする「フレキシキュリティ」は、アクティベーション政策の新しい類型として理解することができる。

ところで、1990年代以降、失業と貧困の増加にともなって就労困難者が増加し、こうした人びとに対する新たな施策が求められるようになった。これにともなって、「労働と福祉の連携」による就労能力向上に向けた就労支援策が追求され、これもまた「アクティベーション」として論じられていった。

多様なアクティベーション類型

他方、同じように就職が困難な長期失業者、福祉依存に陥っている就労困難者に対して、福祉的支援と職業的支援の連携策および制裁措置を使いながら就労促進を図ろうとする「福祉から就労へ」型ワークフェアが、1990年代のアメリカやイギリスで登場してくる。こうして、稼働能力をもつ生活困窮者を対象とした2つの政策類型が登場したのであった。

アクティベーションとワークフェアは、ひとまず上記のように区分してとらえることができる。しかし、2000年代に入ってからは、さまざまな研究者や政府機関が独自の観点からこれらの用語の定義を試みるようになり、その意味するところが多様化する傾向にあった［三浦／濱田 2012］。そこでは全体として、就労能力促進と制裁措置のいずれを使うかにかかわりなく、広く就労困難者の就業促進

策を意味するものとして、アクティベーションあるいはワークフェアという用語が使われていった。本書においては、OECDの定義にしたがって、多様な就業促進策の総称としてアクティベーションの用語を用いることにするが、スウェーデンなど北欧諸国に起源をもつアクティベーションと区別するために、前者の政策類型を「広義のアクティベーション」、北欧諸国に由来する後者の類型を「狭義のアクティベーション」と呼ぶことにする。

なお、スウェーデンなどでは、失業手当（あるいは社会扶助）に職業訓練を組み合わせて「就労能力（employability）」を高めるアクティベーションが主流であったが、フランスなどでは、これとは幾分異なった取り組みに力点がある。すなわち、心身の健康回復、住居、生活支援サービスの給付や相談事業などによる生活課題の解決（これは言うまでもなく社会的シティズンシップの権利の保障である）に加え、社会とのつながりづくりや自尊感情の回復などによって社会参加に必要な諸条件を獲得したうえで（あるいはそれと並行しながら）、就労体験・職業訓練へと導いていくアクティベーションがある。これら2つを区別するために、ここでは、スウェーデンなどに見られる前者の類型を「就労アクティベーション」、フランスなどで取り組まれている後者の類型を「社会的アクティベーション」として区別することにしよう。

なお、西ヨーロッパにおいては基本的に見ることはできないが、発展途上国や日本をふくむアジア諸国においては、福祉的な支援策・就労促進策の縮小によって、どのような仕事であれ働くことを余儀なくさせる政策（日本では2000年代前半まで広く見られた「自立支援策」がこれにあたる）が見られ、これも強制力を作動させる制度であるという点で、ワークフェアの一種とみなすことが可能だろう。イギリスなどの「福祉から就労へ」型ワークフェアと区別して、これを「福祉なき就労」型ワークフェアと呼ぶことにしよう。

このように、広義のアクティベーションには多様性があり、就労促進に向けた政策の違いから4つの類型に分けて考察することができる。これを示したものが図表 序-1 である。そして、これらの違いは、第1に就労支援を福祉と組み合わせるのか否か、第2に何らかの強制力を使って就労へと誘導するのか否か、第3に福祉施策を用いるうえで社会扶助に限定するのか社会サービスも広く活用するのかといった3つの相違によって生じている。他方、これらの類型によって、就労困難層に対する各国の支援策を区別することがある程度可能になるとともに、各国の支援策の変化を把握することも可能となるだろう［福原 2014］。

図表 序-1　広義のアクティベーションの諸類型

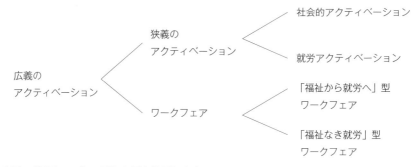

出所：[福原 2014] に示した図を修正したもの

社会的連帯経済

　ところで、これらの就労支援を受けたすべての就労困難者が、生活課題の解決→社会参加能力の向上→職業訓練→一般労働市場での就職へと、順調に進むわけではない。依然として就職がむずかしい人びと、市場経済のルールに馴染むことがむずかしい人びとも多い。こうした人びとの働く場の確保が、アクティベーション政策において求められている。これに対する回答のひとつが、社会的連帯経済である。

　1990年代末以降にヨーロッパで広く登場した社会的連帯経済は、市場原理と異なる互酬性を基準にした価値規範に支えられた経済システムであり、社会的経済と連帯経済が重なり合ってできた経済システムである。19世紀に起源をもつ社会的経済は、互酬性や組織民主制などの理念に特徴づけられる協同組合、共済、NPOや社会的企業などによって担われる経済システムであり、市民社会の成熟にともなって拡大してきた。連帯経済は、1990年代の欧州に登場したが、これには、さまざまな就労困難者を社会復帰させるための社会参加プログラムや職業訓練の実施、市場経済や公的サービスでは供給されない社会的ニーズに応えるサービスの提供、地域通貨・マイクロクレジット・行政における市民参加型予算を使った恵まれない地域での生産活動の創出などの活動がふくまれる。

　今日、社会的連帯経済は、就労困難者に社会参加と就労の場を提供するとともに、環境問題などにアプローチする仕組みとして世界中に広まりつつある。この経済システムを担う社会的企業では、そこで働く人びとの社会的承認の基準が、市場原理である「成果」「効率」に代わって「努力」「献身性」などに置き換えられ、多様な働き方を組み合わせた結果である「集団による成果と効率」としてと

らえ返されるなかで、就労にポジティブな評価があたえられるようになった［福原 2012］。

　EUにおいては、1989年に欧州委員会が「社会的経済セクターにおけるビジネス」を採択し、その後の約10年間に、社会的経済の活動や考え方を普及させるプロジェクトを実施した。2000年には、協同組合・相互扶助組織・アソシエーション・基金協議会（Co-operatives, Mutual societies, Associations and Foundations: CMAF）が設置され、これは2008年には社会的経済ヨーロッパ（Social Economy Europe）と名称変更して、さらに活動を強化している（本書の第5章第1節参照）。

　したがって、欧州のアクティベーションは今日では、この社会的連帯経済の拡大とその活用という点をも視野に入れて検討することが求められている。

2．フレキシキュリティ

　EUは1998年以来、欧州レベルで決定される雇用政策の指針にもとづいて加盟国の雇用政策を調整する「欧州雇用戦略」に取り組んできた。そして、2005-08年の第3期欧州雇用戦略において打ち出され、欧州委員会がとくに力を入れて政策調整に乗り出したのが、「雇用のフレキシキュリティ（flexicurity）」の追求にほかならない。

オランダ生まれの「フレキシキュリティ」

　「柔軟性（flexibility）」と「保障（security）」とを結びつけた「フレキシキュリティ」という造語はもともと、1995年にオランダで「労働者派遣法」（1998年施行）と「柔軟性・保障法」（1999年施行）とを準備する過程において、同国の社会学者であるハンス・アドリアーンセン（Hans Adriaansens）が演説やインタビューにおいて用いはじめたといわれている［Wilthagen 1998, p.13］。これら2つの法律に体現されているオランダのフレキシキュリティ・モデルは、一方において派遣労働などの柔軟な（不安定な）雇用形態を促進しながら、他方においてそうした非典型労働者の労働条件と社会保障制度とを典型雇用の労働者のそれに接近させることを意図していた［Keune and Jepsen 2007, p.5; 廣瀬 2012, 50頁以下］。したがって、フレキシキュリティについてオランダで最も通用しているとされる、アムステルダム大学のトン・ヴィルトハーゲン（Ton Wilthagen）の定義によれば、フレキシキュリティとは、「一方において労働市場、仕事の組織、労働関係の柔軟性を高め、他方において——とくに労働市場の内外におけるより脆弱な集団のために——雇用の保障と社会保障を高めることを、同時にかつ意図的に追求する政策上の戦略」

である［Madsen 2006, p.4］。

　オランダとならんでデンマークもまた高い就業率を誇っているので、欧州委員会はこれら両国をフレキシキュリティの模範生として引き合いに出してきた。デンマークに関しては、①柔軟な労働市場（雇用保護法制の緩さ）、②寛大な福祉システム（手厚い失業給付）、③積極的労働市場政策という3要素からなる「黄金の三角形」が、高い就業率を支える制度として注目されてきた［嶋内 2012, 67頁以下］。

欧州委員会によるフレキシキュリティの受容
　欧州委員会は、欧州雇用戦略を策定するにあたり、オランダ生まれのこの構想に飛びついた。なぜなら、「柔軟性」と「保障」とを同時に追求するフレキシキュリティの構想は、〈経済活動の自由〉と〈社会保障〉を新たな方式で結びつけようとする、EUの「欧州社会モデルの近代化」路線に合致していたからである。かつまた、資本の利害と労働のそれとの妥協を表現しているように見え、異なる解釈を許容するフレキシキュリティは、諸階級や諸国家等の利益と立場を仲介しなければならない欧州委員会にとって好都合であった［Keune and Jepsen 2007, p.9ff.］。加えて、政策上の関心をたった1語で表現してくれるフレキシキュリティは、薄らぎつつあった欧州雇用戦略に対する加盟国政府の関心をふたたび呼び覚ますうえで有効であると、欧州委員会（とくにその雇用・社会問題総局）は考えたのだった［Mailand 2010, p.244］。

　欧州委員会によるフレキシキュリティの定義が初めて提示されたのは、加盟国の雇用・社会問題担当大臣たちによる2006年1月の非公式会議の場においてであったといわれている。この定義は、のちに「フレキシキュリティの共通原則」における第2原則にほぼそのまま盛り込まれることになるフレキシキュリティの4つの要素をすでに提案していた。4つの要素とは、「柔軟でしかも信頼のおける雇用契約のあり方、効果的な積極的労働市場政策、包括的な生涯学習戦略、そして近代的な社会保障システム」である［ibid., p.244］。そして、欧州委員会が2007年に発表した文書は、これら4つの要素の相互補完性を強調しながら「フレキシキュリティの共通原則」を提案した［European Commission 2007］。

　欧州委員会はこの2007年の文書において、解雇をあまりにも硬直的に規制している雇用保護法制が新規雇用の創出を妨げ、無期限雇用（「インサイダー」）と期限付き雇用（「アウトサイダー」）という労働市場の分断を生んでいること、そして緩やかな雇用保護法制と適切な水準の失業手当と積極的労働市場政策を組み合わせるほうが雇用の保障は高まることを指摘しながら、フレキシキュリティを「労働市場における柔軟性と保障とを同時に高める戦略」として規定している。

重要なのは、欧州委員会が「仕事の保障（job security）」と「雇用の保障（employment security）」とを区別して、「フレキシキュリティ」のアプローチでいう「保障」とは後者の「雇用の保障」を指すと述べている点である。その際、「仕事の保障」は同じ就労先と同じ仕事にとどまりつづけることを意味するのに対し、「雇用の保障」とは人生の各段階において「仕事を容易に見つけることのできる可能性」を意味しているとされる［ibid.］。要するに「雇用の保障」とは、解雇されてもすぐに次の仕事が見つかる見込みがあるということである。したがって、EUにおける「雇用の保障」の追求においては、技能取得のための訓練をはじめとするアクティベーション政策が重視される。

　欧州委員会によるこうした提案をふまえて、2007年12月の閣僚理事会と欧州理事会（EUサミット）は「フレキシキュリティの共通原則」を採択し[1]、加盟国がそれぞれの国内事情に応じてフレキシキュリティを追求することを決定した。

　フレキシキュリティという考え方の台頭は、それが加盟国の雇用保護法制や雇用政策におよぼす影響とは別に、欧州レベルにおいて副産物を生み出した。すなわち、すでに1980年代から立法化をめざして欧州レベルでの議論が続けられていたにもかかわらず、労使間の利害対立や加盟国間の意見の相違のせいで棚上げされていた派遣労働指令が、2008年末に閣僚理事会によって採択されたのである。この派遣労働指令は、1997年のパートタイム労働指令や1999年の期限付き労働指令[2]と同様に、一方において非典型雇用の活用をうながしながら、他方において非典型労働者を比較可能な典型雇用の労働者と同等に処遇しなければならないという非差別・均等待遇の原則を定めている［濱口 2009］。これらの指令を基礎づけている考え方は、フレキシキュリティのアプローチに適合している。そうであるがゆえに、「フレキシキュリティの共通原則」の採択が派遣労働指令の採択をうながしたのであろう。

フレキシキュリティの問題点

　EUで採択されるにいたったフレキシキュリティというアプローチは、いくつかの重要な問題をはらんでいる。

　第1に、欧州委員会は「雇用の柔軟性」に関連して、デンマークに見られるような低水準の解雇規制が就業率の向上に寄与することを一連の文書のなかで強調してきた［European Commission 2006b, p.13］。しかしながら、そもそも1国における雇用水準の高低を労働市場に対する規制のあり方だけで説明しようとするのは短絡的だといわざるをえない。雇用水準は、労働市場への規制だけでなく、マクロ経済の情勢、財政・金融政策、賃金政策、労使関係といった一連の要因によっ

ても左右されるからである［Keune and Jepsen 2007, p.6］。1 国における雇用保護の水準と失業率とのあいだに明確な相関関係が存在しないことは、OECD ですら認めている［OECD 2006, pp.96-100］。

　第 2 に、加盟国における現実を見ると、「柔軟性」と「保障」とのバランスは前者の「柔軟性」へと大きく傾き、後者の「保障」の側面が置き去りにされている［若森 2013, 178 頁］。本書の第 1 章第 3 節で述べるような非典型雇用とワーキング・プアの増加は、「柔軟性」の拡大が生活の保障をともなっていないことを物語っている[3]。

　第 3 の問題点は、フレキシキュリティのアプローチにおける「保障（security）」の中身に関連している。先に引用したトン・ヴィルトハーゲンの定義によれば、フレキシキュリティにおける「保障」とは、「雇用の保障」と「社会保障」の両方を含意していたし、この概念についての欧州委員会による理解の仕方もほぼ同様である。ただし、欧州委員会の理解では「雇用の保障」は主として、「労働力の有する長期的な就労能力（employability）にかかわる保障」を意味している［European Commission 2004, p.159］。したがってそこではアクティベーション政策や生涯学習の戦略が強調される。そして、フレキシキュリティに関連して欧州委員会が語る「社会保障」は、失業保険給付や公的扶助といった所得保障を中心とする従来型の社会保障を指しているのではない。むしろそれは、財政面で負担にならないという意味での「持続可能性」をもち、就労へのインセンティブまたは強制をともなうという点で「適切」であるような、「近代化された社会保障」を意味しているのである［Keune and Jepsen 2007, p.14］。

　フレキシキュリティという考え方は、リーマン・ショックやユーロ危機が勃発する以前の段階で、主にオランダとデンマークを模範にしながら考案された。しかしながら、ユーロ危機の推移のなかで明らかになったのは、オランダやデンマークよりもむしろドイツのほうが、雇用面でのパフォーマンスにおいて良好な成績を収めているという事実であった（本書の第 1 章第 3 節参照）。興味深いことに、グローバルな金融・経済危機が欧州に波及するなかで開かれた 2009 年 6 月における EU の閣僚理事会は、ある企業を解雇された労働者が別の企業で雇用を得ることをうながすフレキシキュリティの考え方とは反対に、1 企業の内部において雇用を維持するための方策を加盟国と企業に勧めている。たとえば、企業が余剰人員を解雇するのではなく、典型労働者の労働時間を一時的に短縮して、その短縮分を非典型労働者にあたえて雇用を維持することが提案されているのである［Council of the EU 2009］。この提案はまさに、ドイツが同国における 2009 年の不況を乗り切った際の方策と同一であり（第 1 章第 3 節参照）、労働者の企業間

移動を推奨するフレキシキュリティの有効性を部分的にせよ否定しているに等しい。EU は 2010年から 2020年までの発展戦略である『欧州2020』の「雇用政策指針」においてフレキシキュリティの推進を依然として掲げてはいるものの（第2章第1節参照）、オランダとデンマークの模範としての有効性に対しては政治家や官僚のあいだでもすでに疑問符が付けられているといえる。若森章孝は、「理想としてのデンマーク・モデル」の「終焉」を語っている［若森 2013, 177頁］。

だからといって、ドイツの雇用調整モデルは他の加盟国が見習うことのできるような代物ではない。なぜなら、雇用面におけるドイツのパフォーマンスは、同国と南欧諸国との構造的な不均衡に、あるいは中・東欧諸国に対する同国の経済的優越・支配に由来しているからである（第1章第2節参照）。

3．社会的排除

社会的排除の登場

「社会的排除」という用語は、1960年代半ばのフランスで貧困者救助活動を行なっていた社会カトリック運動団体「ATD第4世界(カールモンド)」などによって使われ、1974年に刊行された R.ルノワール著『排除された人びと：フランス人の 10人に 1人』［Lenoir 1974］で注目されるようになった。ルノワールは、経済成長と福祉国家の恩恵が届かない人びと——施設入所児童、非行者、アルコール・薬物依存者などの「社会的不適応者」——の問題を「排除」としてとらえた。そして当時なによりも注目されたのは、彼が、「排除」は個人の問題ではなく社会の側が引き起こした問題だと論じた点であり、あわせて、それが社会の底辺に暮らす人びとだけでなく多くの人びとにも広がりつつあるその過程を分析した点であった［Paugam 1996, p.9］。

フランスで次に「排除」が取りあげられるようになったのは、高度経済成長が終焉を迎え福祉国家の危機が語られはじめる 1980年代になってからである。完全雇用が崩壊し失業（とくに長期失業）と不安定雇用が拡大するにともない、福祉国家の主要な柱である失業保険、年金保険、医療保険などの保険体制からもれ落ちる人びとが増加した。こうして若者と長期失業者を中心に貧困が深刻化し、同時に、住宅や教育機会の喪失、家族の崩壊、アルコール・薬物依存などが複合的に重なり合った問題が拡大した。高度経済成長期においては予想しえなかった「新たな貧困」が、ここに始まったのである［ibid., p.8-10］。

フランスでは、貧困問題の領域において、1981年に政府諮問機関によって作成された報告書『不安定と貧困に抗して：60 の提案』（『オーエックス・レポート』）

において「新しい貧困」が論じられ、1987年の報告書『極貧と経済的社会的不安定』(『ウレザンスキー・レポート』) では、貧困は生活の多面的な領域からの排除の結果であることが強調された [都留 2000, 31-41頁]。他方、雇用問題の領域では、1981年に政府に提示された包括的な若年者雇用政策に関する報告書『若者の職業的および社会的参入』(『シュバルツ・レポート』) は、増大する若年失業者の問題を「排除」としてとらえ、職業訓練、非市場部門（公共部門と非営利団体）による「社会的・職業的参入」政策を提起した [松原 2008]。このように、1980年代のフランス政府関係文書において「新たな貧困」および「排除」といった用語が登場し、メディアや研究者もこれらの用語に注目するなかで、「社会的排除」は現代の社会問題を語るうえでのキーワードとなった。

　ただし、社会的排除の概念が本格的に使われるようになるのは、1990年代初頭になってからである [Paugam 1996, p.14]。なお、この「社会的排除」を克服する政策は、フランスでは「参入 (insertion[4])」として語られるが、これは EU やイギリスなどの英語圏で使用される「包摂 (inclusion)」と、その意味するところは基本的に同じと見てよいだろう。また、フランスにおける社会的排除への取り組みの画期となったものは、ミッテラン大統領・ロカール首相の社会党政権のもとで1988年12月に創設された参入最低限所得 (RMI) である。これは、資産調査なしで申請時点の過去3カ月間の稼得所得が一定の水準以下であることを条件に支給される普遍的最低限所得保証と、社会あるいは就労への参入を準備するプログラムへの参加を権利として付与するものであった。すなわち、この RMI 政策は、「社会的つながりの調整様式のひとつ」とみなされた [ibid., p.15]。その後、シラク大統領・ジョスパン首相の保革共存政権によって1998年6月の「社会的排除との闘いに関する基本法」(社会的排除対策法)、2004年12月にシラク大統領・ラファラン首相の右派・国民運動連合政権のもとで制定された「社会統合法」、2009年10月同じく国民運動連合政権であったサルコジ大統領・フィヨン首相のもとでの就労連帯所得 (RSA)、2013年1月オランド大統領・エロー首相の社会党政権による「反貧困および社会的包摂のための計画」へと包摂政策は続いていく。

　また、EU では、フランス社会党出身の J.ドロール欧州委員会委員長の影響下で、1988年に「社会的排除」についての議論が開始された。翌1989年には、欧州社会憲章の序文で社会的排除と闘うことの重要性が指摘され、同年の欧州理事会では「社会的排除との闘い」についての決議が採択されるとともに、「社会的排除に取り組む政策に関する欧州動向調査機関」が設立された。1992年の欧州委員会公式文書『連帯の欧州をめざして――社会的排除に対する闘いを強め統合をうながす』は、「社会的排除」についてのかなり明確な概念を定義し、1997年10月

に調印されたアムステルダム条約では、社会的排除との闘いがEUの主要な目標のひとつに加えられた。2000年12月のニース欧州理事会では「社会的包摂に関する国別行動計画」の実施を加盟国に要請することを決定した［中村 2002；バラ／ラペール 2005；福原 2005］。さらに2007年には、「積極的な社会的包摂」という考え方が提示されることになった（本章第4節参照）。

　イギリスでは、1990年代「貧困は消滅した」とするサッチャー政権のもとで行なわれたいくつかの社会調査（ダーレンドルフ報告や社会正義委員会報告など）において貧困、不平等とともに社会的排除への言及がなされた。しかし、社会的排除が主要な政策テーマのひとつとなったのは、労働党が勝利する1997年5月の総選挙前後であった。そして、政権に就いて7カ月目の1997年12月、ブレア労働党新政権は、省庁横断的な新組織である社会的排除対策室を設置し、社会的排除との闘いを開始した［樫原 2005, 28, 669-74頁］。ブレア政権は、失業や就職困難に陥っている就労世代向けの包摂政策として、求職者給付、所得補助、雇用・生活支援給付といった新たな政策を実施し、一方においてパーソナル・アドバイザーによる相談支援を強化しつつ、他方では求職者給付における制裁を設ける措置を打ち出した。2010年に始まる保守党と自由民主党から構成されたキャメロン連立政権は、ブレア政権が着手した労働市場への包摂政策をいっそう強く追求するが、それは「大きな社会」論にもとづく政府の財政支出削減と民間ボランタリー組織への期待のなかでの新たな展開となっている［居神 2012］。

　国際機関においても社会的排除への関心は高まっている。国際労働機関（ILO）は1994年から国連開発計画（UNDP）の資金援助のもとで、多くの発展途上国における社会的排除の実態調査を実施した。世界銀行は、ウォルフェンソン総裁の就任にともなって1997年から社会的包摂政策の展開を開始した［Wolfensohn 1997］。そして、OECDは1998年4月27-28日の第37回閣僚理事会において、社会的排除問題への取り組みを決定した[5]。

　このように、社会的排除／包摂論はいまや、欧州の先進諸国だけでなく発展途上国の社会政策を語るうえでも重要となっている。また、こうした発展途上国をも視野に入れたグローバル化と社会的排除に関する研究も進められつつある［たとえば、バラ／ラペール 2005; Munck 2004; De Haan 2007などがある］。これらの動向は、今日の社会政策を語るうえで社会的排除／包摂をめぐる議論を避けることができなくなっていることを物語っている。

社会的排除をどのようにとらえるのか

　1990年代以降、このようにして広がりを見せた社会的排除という概念は、ど

のような分析的枠組みを提示しているのだろうか。その最もまとまった定義は、1992年の欧州委員会のそれである［European Commission 1992, p.8］。まず、その紹介から始めよう。

　社会的排除は、排除の過程とその結果としての状態との双方を指すダイナミックな概念である。〔中略〕社会的排除はまた、多くの場合単純に所得を指すものとして理解されている貧困の概念に比べて、個人や集団が社会的統合とアイデンティティをつくりだす実践や権利といった要素から排除されていくメカニズム、あるいは個人や集団が社会的な交流への参加から排除されていくメカニズム、これらが有する多元的な性質を明確に浮き彫りにしてくれる。それは、労働生活への参加という次元を超える場合もある。すなわち、それは、居住、教育、保健、さらには社会的サービスへのアクセスといった領域において感じとることができるし、現われるのである。

　欧州委員会によるこの文書を起点として、その後、多くの研究者による概念をめぐる議論が生まれてきた。次に、そうした議論のなかで指摘された社会的排除の概念の特徴について、Room［1999］、バラ／ラペール［2005］、Barnes［2005］の議論を参照しながら整理を試みておこう。彼らの指摘を整理すると、以下の7点にまとめられるだろう［福原 2007, 14-7頁］。
　第1に、社会的排除は多次元的であるという特徴をもつ。それは、生存に必要な基礎的ニーズの欠如（貧困）、標準的な生活のための物質的資源の剥奪をふくみつつ、同時に、社会的な参加やつながりの欠如などを射程に入れる（図表 序-2の「要因とその特徴」参照）。A.S.バラとF.ラペールは、これらの排除を経済的次元、社会的次元、政治的次元として整理した。経済的次元は貧困、所得の不平等、そしてこれらをもたらす就労の有無を問題にする。社会的次元の要因は、家族やコミュニティとの結びつきの断絶（社会的孤立や自殺など）、不安定な雇用や失業などの就労のあり方、医療・教育・住宅などの社会的サービスへのアクセスからの排除を意味する。政治的次元の要因は、投票権や自らの状況を政治に訴える手段が剥奪されている状況を意味する。また、シティズンシップの獲得あるいは保障というレベルの問題も政治的次元に組み込まれるだろう。これらの3つの次元のとらえ方はまた、T.H.マーシャルが定義したシティズンシップの諸権利（主要なカテゴリーとしての市民的権利、政治的権利、社会的権利）の否定あるいはその不完全さと深く関連している［バラ／ラペール 2005, 27, 48頁］。さらに、S.ポーガムが指摘しているように、そうした権利剥奪が当事者に対してもたらす自己否定

的なアイデンティティの形成といった文化的次元もまた重視されるべきであろう[Paugam 1991]。

　第2は、貧困や剥奪が静態的な状態を意味するのに対して、社会的排除は、当事者が置かれている状態とともに、そこへといたる過程にも着目する動態的概念である（図表 序-2 の「分析の観点」参照）。すなわち、排除は、諸問題の連鎖によって深刻化するという累積性をもっており、最終的に立ちいたった排除の実態は経路依存的な性格をもっていることが重視される。

　第3に、社会的排除は、所与の社会において人びとが「標準」とみなす生活に必要な要素である財やサービスの量と質、社会的関係の度合いを基準にした、相対的な概念である。多次元的性格をもつことから、社会的排除の実態把握のむずかしさが指摘されているが、EUやその加盟各国では、多次元にわたる指標を新たに構築するなかで、実態の把握への挑戦がなされてきた。

　これらに加えて、バラとラペールは、とくに第4の要素として、失業と仕事の不安定さ、すなわち労働市場への統合の質が社会的排除アプローチの核心にあると指摘している。また第5に、基本的権利のアクセスの有無だけでなくその質をも問う必要を論じている。第6に、G.ルームは、社会的排除は、個人や世帯の状況だけでなく、近隣地域やコミュニティにもかかわることを論じた（図表 序-2 の「対象」参照）。そして、最後に取りあげられるべき特徴は、多くの研究者が指

図表 序-2　貧困、剥奪、社会的排除、それぞれの概念特性の比較

		貧　困	剥　奪	社会的排除
要因とその特徴		・生存のための基礎的なニーズの欠如	・生存のための基礎的なニーズの欠如 ・物質的剥奪（食料、衣服、住宅など）と社会的剥奪（家族、レクリエーション、教育に関連するもの）	・生存のための基礎的なニーズの欠如 ・物質的剥奪と社会的剥奪 ・社会的な参加とつながりなど
		・一次元の要因	・多次元の要因	・多次元の要因
		・分配の側面	・分配の側面	・分配の側面 ・関係の側面
分析の観点		・静態的	・静態的	・動態的
対象		・個人、世帯	・個人、世帯	・個人、世帯 ・コミュニティ

出所：[Barnes 2005, p.16] を参考に福原が作成

摘しているように、社会的排除はその対概念として「社会的包摂」を随伴しており、きわめて政策志向性の強い概念であるとされた点である。

EUによる社会的排除に対する取り組み

EUの社会的排除との闘いは、就労能力の向上など雇用政策と軌を一にして展開されることになった。1997年11月のルクセンブルク欧州理事会では、第1期「欧州雇用戦略」(1998-2002年) が着手された。この戦略にしたがって、EUの閣僚理事会は1998年から2002年までの「加盟国の雇用政策のための指針」を決定した。「指針」の4つの柱は以下のとおりであった。

① 就労能力（employability）を高める。
② 起業家精神を発展させ、雇用を創出する。
③ 経営者と被雇用者の適応能力を高める。
④ 男女の機会均等のための政策を強める。

ここで登場した「就労能力」「起業家精神」「適応能力」といったキーワードには、社会政策の原理における重大な変化がすでに含意されており、のちに「就労アクティベーション」と呼ばれるようになるEUの雇用政策の基本線が、この（第1期）欧州雇用戦略によって定式化されたのだった。

他方、社会的排除との闘いへの取り組みは、2000年3月にリスボンで開かれた欧州理事会から本格化する。この理事会では、「雇用、経済改革、社会的結束」をテーマにして、来る10年間におけるEUの発展戦略、いわゆる「リスボン戦略」が決定された。このなかで、優先的な地位を割りあてられていた戦略目標は、第1に欧州金融市場の統合であり、第2に「人びとに投資し社会的排除と闘うことによって欧州社会モデルを近代化する」ことであった。

後者の「欧州社会モデルの近代化」には、2つの政策がふくまれている。1つは、「人的資源」への投資である。これによって、イノベーション能力と「就労能力」の向上など、供給サイドへの政策的介入を強め、欧州社会の構造を経済競争力の源泉となるように改革しようとするものであった。他方、もう1つの政策である社会的排除との闘いについては、2000年12月のニース欧州理事会において具体化が図られ、貧困ならびに社会的排除を除去するための4つの「共通目標」が定められた。その内容は以下のとおりであった。

① 就業への参加、ならびに資源・権利・財・サービスへの万人のアクセスを促

進すること
② 排除のリスクを阻止すること
③ 最も傷つきやすい人を支援すること
④ すべての関係者を動員すること

そのうえで、ニース欧州理事会は、これらの共通目標を達成するべく加盟国が「社会的包摂に関する国別行動計画（2001-03年）」を2001年6月までに欧州委員会に提出することを決定した。

4．社会的包摂

前節で述べたような社会的排除に対抗するEUでのもろもろの取り組みは、「社会的包摂（social inclusion）」という総称で呼ばれるようになった。近年のEUによる社会的包摂政策の特徴を浮き彫りにするうえで有益な分析枠組みを、K.A.アームストロングが提示している［Armstrong 2010, p.25ff.］。アームストロングはEUの社会的排除／包摂に関する言説に見いだされるパラダイムとして、「再分配のパラダイム」、「社会的シティズンシップのパラダイム」、「アクティベーションのパラダイム」という区分を提示している（図表 序-3参照）。これらのパラダイムはいずれも、EUが加盟国に対して提示する政策指針のうちに何ほどかにおいて見いだされるものであり、EUによる社会的包摂政策の〈揺れ〉または〈振幅〉を表現している。つまり、国に応じて、あるいは社会的・政治的力関係や情勢に応じて、優位に立つパラダイムは変化するのである。

図表 序-3　社会的排除／包摂の言説に見いだされる3つのパラダイム

パラダイム	①再分配のパラダイム	②社会的シティズンシップのパラダイム	③アクティベーションのパラダイム
特　徴	所得から見た貧困、十分な所得がないこと、所得の不平等といった問題への相対的に狭い関心によって特徴づけられる。	①のパラダイムとは対照的に、社会的排除を、シティズンシップを構成する基本権の侵害として広く概念化する。それは、所得の貧しさという問題を超えて、包摂を阻んでいる一連の障壁と排除を永続化させる権力関係とに着目する。それはまた、社会的排除を「多次元的な」現象として表象する。	排除の原因にはあまり目を向けず、その代わりに包摂のメカニズムとしての雇用に明らかな強調点を置く。しかし、それはまた、（人口動態の圧力と経済的な圧力にますますさらされるようになっている）社会福祉の適切な水準と持続可能性との相互連関にも光をあてる。

出所：［Armstrong 2010, p.25ff.］の記述にもとづいて中村が作成

欧州委員会がフレキシキュリティの概念の受容にやや遅れて提唱するようになった「積極的な社会的包摂（active social inclusion）」という考え方は、「労働市場の縁辺にいる人びとを対象にしている」という点で、「『フレキシキュリティ』のアプローチとは完全に相互補完的である」という［European Commission 2007］。そして結論を先取りして言えば、「積極的包摂」という新たな言説は、これまで欧州雇用戦略に引きずられて（アームストロングのいう）「アクティベーションのパラダイム」に傾斜してきた社会的包摂の重心を、「社会的シティズンシップのパラダイム」ならびに「再分配のパラダイム」へ移動させようとしているように見受けられるのである。

　2006年3月の欧州理事会は、欧州委員会の「新社会アジェンダ」［European Commission 2005］に沿って、①社会的包摂および②年金の領域で行なわれてきたEUレベルでの政策調整と、③保健および介護の領域で行なわれてきた政府間協力とを、共通の目標と簡略化された報告手続きのもとに統合した。そして欧州レベルでは、これら3つの領域の全体にかかわる「共通の目標」（図表 序-4）と、3つの領域ごとの特殊な目標とが定められた。3つの領域のうちの社会的包摂政策にかかわる目標は、図表 序-5 のとおりである。「積極的な社会的包摂」という語は、社会的包摂政策に関する2番目の目標において掲げられた。

図表 序-4　3つの領域にまたがる共通の目標

① 適切で、アクセス可能で、財政面において持続可能で、適応能力のある効率的な社会的保護のシステムと社会的包摂政策をとおした、社会的結束、男女の平等、万人への平等な機会。
② 〔一方における〕より高い経済成長、より多くのよりよい仕事と、〔他方における〕より高度な社会的結束という、リスボン戦略における諸目標のあいだに、EUの「持続可能な開発戦略」との両立を図りながら、効果的で双方向的な相互作用をつくる。
③ 良好なガバナンス、透明性、ならびに政策の立案・実行・モニタリングへの利害関係者の関与。

出所：［European Commission 2005］

図表 序-5　貧困と社会的排除を除去するための政策領域における3つの目標

① 社会への参加を実現し、排除に取り組むとともにそれを予防し、排除へと導くあらゆる形態の差別と闘うために必要な、資源、権利、サービスへの万人のアクセス。
② 労働市場への参加を促進し、かつまた貧困および排除と闘うことを通じた、万人の積極的な社会的包摂（active social inclusion）。
③ 社会的包摂の政策が良好に調整され、貧困な状態に置かれている人びとをふくむ関連する行為主体とすべてのレベルの政府が政策に関与することを保証し、この政策が効率的かつ効果的で、経済・財政・教育・職業訓練政策と構造基金（とくに欧州社会基金）のプログラムとをふくむすべての関連政策において主流化されるのを保証する。

出所：［European Commission 2005］

アクティベーションの限界

社会的包摂にかかわる上の3つの目標(図表 序-5)においてまず注目に値するのは、「社会への参加」と「労働市場への参加」が区別されている点である。「社会的包摂」はEUにおいてはときに「労働市場への包摂」に還元されてしまうことがあるけれども、ここではそうなっていない。

EUが「労働市場への参加」とは区別される「社会への参加」を語るようになったのはおそらく、後述するように、就労を重視するアクティベーション政策の普及だけでは、「仕事を見つける見込みのない人びと」に対する社会的排除を克服することは不可能だということを、欧州委員会(のなかの一部)が認識するようになったからであろう。実際、欧州委員会の最近の文書では、欧州雇用戦略を通じて自らも後押ししてきたアクティベーション政策の限界を指摘しているようにも読みとれる、以下のような文章が見いだされる。「1990年代にEUのレベルで積極的な構図へと政策がシフトしたことにともない、所得補助の制度はますます、賃金雇用へのディスインセンティブを最小化し貧困のわなを避けるためにアクティベーションの基準を導入するようになり」、「多くの加盟国において、給付を受ける資格には積極的な求職活動、就労の可能性、あるいは訓練への参加といった条件が課されるようになった」。だが、それでもなお、「仕事を見つける見込みのほとんどない人びとからなる相当な数の『硬い核』が存在している。これらの人びとは、仕事を見つけられないがゆえに、貧困と社会的排除に陥る高いリスクにさらされつづけている」[European Commission 2006a]。また、「EU内の労働者の8%は貧困のリスクにさらされているので、雇用それ自体は必ずしも貧困に対する安全保障であるとはかぎらない」というふうに[European Commission 2007]、雇用を得たとしても貧困でありつづける人びと、すなわちワーキング・プアへの言及も見られる。

トライアングル・アプローチとしての積極的包摂

「積極的な社会的包摂」について欧州委員会は、「アクティベーション政策と社会的包摂政策とを結合した包括的な政策アプローチ」であると述べている[European Commission 2008a]。それは具体的には次の3つの要素を結合することで得られる[European Commission 2006a]。

① 雇用機会または職業訓練による労働市場へのつながりの確保〔就労アクティベーション政策〕。
② 人びとが尊厳ある生活を送るのに十分な水準の所得補助〔最低限所得保証〕。

③　個人とその家族が主流の社会に入るうえで直面しているいくつかのハードルを除去するのを手助けし、そうすることで彼らの雇用への再参入を支援するようなサービスへのアクセスの改善。

　欧州委員会は、「これら〔3つの〕すべての要素を結びつけること」の重要性を説いている。「労働市場への統合のための積極的な支援を欠くなら、最低限所得の制度が人びとを貧困と長期的な福祉依存のわなに陥れてしまうリスクがある。適切な所得補助がなかったら、積極的労働市場政策またはプログラムは広範な貧困を防止し非正規の手段による生計維持の方法の追求を人びとにやめさせることに失敗してしまう。社会的な支援措置がなかったら、アクティベーションの規則がむやみに実施され、したがってその効果も乏しいというリスクが存在している」[ibid.]。「積極的な社会的包摂」のアプローチはしたがって、「個々人に応じた雇用への道程を提供する」だけでなく、「働くことのできない人が尊厳ある生活を送るとともに社会に対して最大限の貢献を果たすのを保証する」ことを目標にすえる [European Commission 2007]。

　アクティベーション政策の一面的な展開・普及がもたらした結果に対する反省の上に立って欧州委員会が打ち出した「積極的包摂」は、「トライアングル・アプローチ」と特徴づけることができる。これは非常に重要である。なぜなら、アクティベーション政策と最低限所得保証とサービスやケアという3つの要素は、上の引用文で欧州委員会自身が述べているように、互いに補いあうことで社会的包摂や社会への参入を効果的に促進しうるからである。職業訓練を受けることが当面は無理であるような人に対し、広い意味でのケイパビリティを高めるようなサービスやケアを提供することは、長い眼で見るならその人の就労を支えることになるかもしれないし、就労したからといってただちに所得保証やケアを打ち切るなら、その人をふたたび失業と貧困に追いやってしまうかもしれない[6]。

　欧州委員会は2008年10月、積極的包摂に関する「共通原則」と「指針」とをふくんだ全加盟国宛ての「勧告」を公布した。この「勧告」によれば「積極的包摂」とは、「適切な所得支援と包摂的な労働市場と質の高いサービスへのアクセスとを結びつける」ことで（トライアングル・アプローチ）、「働くことのできる人びとには、持続可能で質の高い雇用への統合をうながし、働くことのできない人びとのためには、社会参加への支援とともに、尊厳ある生活を送るうえで十分であるような資源をも提供する」という。こうした「統合的で包括的な戦略」は、加盟国や地域や当事者の具体的状況に応じて「3つの要素の正しいミックス」を見いだすことに眼目があるとともに、「貧困および社会的排除の多面的な原因に効果

的に対処する」ための戦略である［European Commission 2008b］。

2008年12月の閣僚理事会は、さまざまな留保を表明しつつも、欧州委員会による上記の「勧告」を承認した［Council of the EU 2008］。これにより積極的包摂というアプローチは、フレキシキュリティほどではないにせよ、EU の政策体系において公式に認可された地位を一応は得ることになった。

K.A.アームストロングが指摘しているように、積極的包摂という観念それ自体は二面性をはらんでいる［Armstrong 2010, p.279］。すなわち、それは一方において、「積極的（active）」という形容詞がただちに髣髴とさせるように「アクティベーションのパラダイム」との連続性または親和性を示している。しかし、それは他方において、上で示したようなこのアプローチの登場の経緯が示しているように、労働市場に限定されない社会的包摂のあり方や低所得の問題に視線を向けさせる潜在力を有してもいる。これら2つの側面のうちのいずれが前面に出るか、あるいはアームストロングのいう3つのパラダイムのうちのどれが優位に立つかは、政治的・社会的力関係によって決まるのであろう。

5．福祉国家と資本主義の類型論

これまでの節において提示された諸概念は、EU とその加盟国における政策の傾向を表現し析出する概念であった。それに対して本節で紹介するのは、ヨーロッパにおける福祉国家または資本主義の異なる類型を提示し比較するための枠組みを組み立てようとするいくつかの代表的な試みである。これらの類型論は、本書の各章において参照指示がなされるとともに、ときに再検討または批判の対象ともなる。

エスピン=アンデルセンによる福祉国家の3類型

1990年に出版された G.エスピン=アンデルセンによる『福祉資本主義の三つの世界』は、欧米の福祉国家に関する3類型を提示することによって、その後の比較福祉国家論の進路に決定的ともいうべき方向づけをあたえた［Esping-Andersen 1990］。エスピン=アンデルセンが福祉国家の異なる類型を組み立てるにあたって重視した指標は、①脱商品化指標、②階層化指標、そして③福祉の供給における国家と市場（ならびに家族）との分業のあり方であった。そして彼は、各国において異なる類型が形成される要因として、労働者と他の政治的・階級的勢力との階級連合のあり方の違いに着目した。

①の指標における脱商品化というのは、福祉国家のもとでもろもろのリスクに

対する現金給付や現物給付が、労働市場での地位に必ずしも依存しない市民の社会的権利として確立されることを意味する。個々人はこれにより、疾病、失業、老齢といったリスクへの保障を得ることで、労働力商品としての地位から部分的にせよ脱却するのである。脱商品化の度合いは、資力調査付きの社会扶助や、異なる受給資格をともなう社会保険よりも、すべての市民に均一の給付を行なう普遍主義的な制度において最も進展するとされる。

②でいう階層化というのは、福祉国家の諸制度が平等をうながすだけでなく、人びとのあいだの所得その他の格差を再生産したり新たに生み出したりすることを指す。たとえば、職域ごとに分立し給付水準も異なる年金制度は、現役時代の所得格差を退職後にも再生産するという効果をもつ。また、資力調査付きの社会扶助は、受給者へのスティグマや制裁をともなうことで、受給者と非受給者とのあいだに階層構造を生み出す。ここでも、社会のすべての階層が共通の給付の仕組みに与るような普遍主義的な制度が、階層化の度合いにおいて最も低位であるとみなされる。

③については、各国において完全雇用が重要な政治目標となっているかどうか、そして家事・育児・ケアが社会サービスとして提供されることで女性が就労しやすい環境がどれほど整えられているかが分析および測定の対象になる。

エスピン=アンデルセンは以上の指標にもとづいて、アメリカ、カナダ、オーストラリア等の「自由主義的レジーム」、オーストリア、ドイツ、フランスなどの「保守主義的コーポラティズム・レジーム」、そしてスウェーデンをはじめとするスカンジナビア諸国の「社会民主主義的レジーム」という、欧米福祉国家レジームの有名な3類型を提示した。

第1の自由主義的レジームは、資力調査付きの扶助と最低限の社会保険とによって、給付の主な対象を低所得層に絞り込んでいる。中間層以上の階層は民間の保険に頼る。このレジームは、家族または市場がうまく機能しない場合にのみ国家が福祉の責任を引き受け、公的な給付が特定の階層に限定されているという意味で、「残余的福祉国家モデル」とも呼ばれる。

第2の保守主義的コーポラティズム・レジームは、職域に応じて分立する広範囲の社会保険制度を中心にすえている。これによって、民間保険への依存は弱くなるが、職業的地位の格差が再生産される。しかも、このレジームではキリスト教会の強い影響のもとで伝統的・家父長制的な家族像が依然として根強いため、社会保険は就労していない主婦を給付対象にふくめておらず、育児やケアは第一義的に主婦の仕事とみなされがちである。

第3の社会民主主義的レジームは、すべての社会階層を単一の普遍主義的な保

険制度のなかに組み込んでいるため、脱商品化の度合いが最も高い。そのうえで、保険の給付水準は従前の所得に応じて決められるため、（残余的福祉国家とは異なり）公的な福祉給付に対する中間層の関心と支持も高くなる。福祉国家は、育児やケアの面でもサービスを供給するので、女性の就業が促進される。

　エスピン＝アンデルセンによる以上のような3類型論は、それなりに用意周到に組み立てられたものではあったが、多くの批判にもさらされてきた。宮本太郎はそうした批判を、①フェミニストの観点からの批判、②レジーム類型そのものに対する批判、③福祉国家の環境変容に関する批判、④非営利組織研究からの批判という4点に整理している［宮本2001］。ここでは、それらの批判の細部に立ち入らず、本書の問題設定と関連する論点のみを取りあげることにしよう。

　第1に、『福祉資本主義の三つの世界』は、上の要約からも推察されるようにジェンダーの視点を欠落させてはいない。しかし、福祉国家を分類するために「脱商品化指標」を掲げるだけでは、「女性は脱商品化どころか、そもそも労働力商品となる機会をすら奪われている」というフェミニストの批判もあながち不当であるとはいえなくなる。エスピン＝アンデルセン自身もこうした批判を意識して、1999年に出版された『ポスト工業経済の社会的基礎』において「脱家族化」という指標を導入した。脱家族化とは、個人に福祉を提供する主体を家族（とくに女性）とは別の主体（とくに国家）へと切り替えることを意味する［Esping-Andersen 1999, 訳77頁以下］。そうすることで女性は、それまで一方的に背負わされてきた家事・育児・ケアなどの負担から解放され、就労と経済的な自立を達成することができる。

　これに関連して第2に、『福祉資本主義の三つの世界』では福祉供給における国家・市場・家族のあいだの分業関係が分析されてはいたのだが、主たる関心はやはり国家の役割に向けられていた。そのことは、この著作において「福祉国家レジーム」という用語が用いられていた点にも反映されている。それに対して1999年の著作では、国家のみならず市場と家族をも明示的にふくみ込んだ「福祉レジーム」という語が登場する。「福祉レジーム」とは、「福祉が生産され、それが国家、市場、家族のあいだに分配される総合的なあり方」を指すという［ibid., 訳62頁以下］。エスピン＝アンデルセンの「福祉レジーム」の概念はNPOのような非営利セクターを包摂していないし、このセクターに関する彼の言及も乏しい。しかし、「福祉レジーム」の構成要素を（国民）国家・市場・家族の3者に限定せず、構成要素をさらに広げて考察することは、この概念の有益さを損なうことなしに可能であると思われる。第6節で述べるように、私たちが本書で用いるのも、そうした広義の「福祉レジーム」という概念である。

第3に、『福祉資本主義の三つの世界』は視野を欧米の諸国に限定しており、アジアをはじめとする世界の他の地域の福祉レジームは度外視されている。そればかりではない。視野を欧州に限定したとしても、南欧や中・東欧の国々については独自の類型化が試みられていない。エスピン＝アンデルセン自身は、1990年の著書が扱っていない地域の福祉国家レジームも、3つの基本類型のいずれかに向かって発展途上にあるものとして、あるいは3類型の混合型として把握することができると考えているようである。たとえば、彼によると日本は保守主義的コーポラティズム・レジームと自由主義的レジームとの中間型として位置づけられうるという［Esping-Andersen 1990, 訳viii頁］。そうした考察の手法はしかし、北欧、欧州大陸、北米、大洋州以外の地域における福祉国家の固有性に対して敏感であるとは言いがたい。そのため、3類型とは異なる独自のモデルを構築しようとする試みが、まずは南欧諸国について取り組まれることになる。次に紹介するM.フェレーラの「南欧類型」は、エスピン＝アンデルセンの分類に依拠しつつも、この分類法からはこぼれ落ちてしまった南欧諸国の独自の特徴に光をあてるものであった。

福祉レジームの「南欧類型」

M.フェレーラは、イタリア、スペイン、ポルトガル、ギリシャの南欧4カ国における福祉国家に共通する以下の4つの特徴を抽出した［Ferrera 1996］。

① 一見すると欧州大陸のコーポラティズムに類似している断片化し分極化した所得保証のシステム
② 普遍主義的な原理を取り入れた医療制度
③ 福祉における国家の関与の弱さ、ならびに公共部門と民間部門とのなれ合い関係
④ 現金給付における政治的なパトロン-クライエント関係の根強い存続

上記の①について言えば、南欧諸国は欧州大陸の保守主義的コーポラティズム・モデルに類似した、職域に沿って分立する年金制度を設けている。しかし、それは同時に、公務員、ホワイトカラー、大企業の正社員といった高度に保護された人びとと、小企業の労働者、農業従事者、インフォーマル部門の労働者、長期失業者といった保護されない人びととのあいだの明瞭な分極化をともなっている。前者のような保護された人びとの場合は、北欧や大陸の諸国にけっして引けをとらない（それどころか場合によっては北欧や大陸諸国以上の）水準の年金を受け取

ることができるのに対し、後者の集団は極端に低い水準の年金しか受給できない。

②の医療制度では、1978年の改革によって職域ごとの分立を廃止し住民全体をカバーする国民保健サービスを設けたイタリアが、イギリスや北欧諸国の普遍主義的な医療に最も接近している。南欧の他の3カ国は職域による給付水準や管轄組織の違いを残したままになっており、普遍主義の類型からはかなり遠ざかっている。とはいえ、南欧諸国はイタリアをふくめて、イギリスや北欧のような税方式による医療給付を実現してはいないし、(診療や治療をふくむ) 医療のなかに民間部門が入り込んだり、医師をふくむ医療スタッフが私的な報酬を目当てに医療行為に従事したりすることも許されている (上記③の特徴)。公共部門と民間部門が相互浸透を起こすという現象は医療にのみ限定されてはおらず、所得保証においても見いだされるという。

④のパトロン-クライエント関係は、政党を介した圧力と利益誘導に対する南欧諸国の公共部門の脆弱さを反映している。しかも政党によるそうした圧力や利益誘導は、他の資本主義国でも見られるような階級または地域の線に沿ったそれではなくて、個人の次元で行使される。すなわち、政治家や政党の党員による医療・福祉面での特定のクライエントへの情報提供、口利き、役所への根回しや圧力などは、政党とその候補に対する支持票の見返りとして提供されるのである。

この論文におけるフェレーラの重要な問題提起は、南欧諸国の福祉国家が大陸の保守主義的コーポラティズム・レジームへといずれはキャッチアップしていく後進類型ではなく、独自の特徴を備えた類型とみなされうるという点にあった [ibid., p.19; 中島 2012, 33頁]。

フェレーラの1996年の論文はしかし、福祉の供給におけるインフォーマルな慣行にも目配りしているとはいえ、南欧において家族と女性 (母親) が果たしている重要な役割に言及していない。フェレーラが南欧諸国の「家族主義」を類型構築のなかに明示的に組み込んだのは、彼の2000年の論文である [Ferrera 2000; 中島 2012, 32頁以下]。この論文においてフェレーラは、南欧型福祉国家が示す上記の4つの特徴に加えて、これら諸国においては社会的支出に偏りがある点を指摘するとともに、そうした諸特徴が少なくとも1980年代までは「家族主義」とうまくかみ合っていたと述べている。ちなみに、彼の指摘する社会的支出の偏りとは、①社会的支出全体に占める年金支出の比重の大きさ、②家族手当や家族向けサービスの未発達、③公営住宅と住宅手当の未発達を指す。

「家族の強い絆の存在、公式の堅固な労働市場、そして年金のもつ重みのあいだには体系的な連関が見いだされる。実際、現役時代に安定した仕事を得る

可能性と、ライフ・サイクルのなかの重要な局面において家族内での（有形・無形の）高度な支援を受けうる可能性だけが、高齢者に集中する給付のあり方を支えることができるのであり、そのことがまた、若年の労働者かつ／または現役の労働者とその家族への給付やサービスに振り向けられるはずの資源を圧迫している」［Ferrera 2000, p.171］。

しかしながら、福祉をめぐる制度と慣行とのこうした組み合わせは、南欧諸国における高齢化の急激な進行と出生率の低下という内部要因、ならびにグローバル化と欧州統合（とくに EU の経済・通貨同盟に参加するための経済収斂基準）という外部要因によって、もはやそのままでは維持しがたくなっていると、フェレーラは指摘する［ibid., p.172］。

資本主義の多様性論

福祉国家／レジームを直接に扱っているわけではないが、それの類型化に深くかかわる議論として、P.A.ホールと D.ソスキスらによる「資本主義の多様性」論がある［ホール／ソスキス 2007］。

各国の資本主義をいくつかの異なる類型に分類する政治経済学上の試みには、1960年代の近代化論以来いくつかの潮流が存在してきたが、ホールとソスキスによる資本主義の多様性論は、1国の経済における主要な行為主体としての企業を重視するとともに、企業が他の行為主体（従業員、銀行や投資家、他企業、顧客、政府など）との関係をコーディネートする仕方の違いに焦点をあてているところに特徴がある。企業によるそうしたコーディネーションのあり方は、各国における諸制度の配置によって影響を受けながら、各国民経済のパフォーマンスを規定する。企業が解決を迫られるコーディネーションの問題領域として、ホールとソスキスはとくに、①資金調達とコーポレート・ガバナンス、②労使関係、③労働力に対する教育・訓練のあり方、④企業間の関係に着目する。そして、これら4つの問題領域に対する企業の戦略的対応の違いに沿って、「自由な市場経済（LMEs）」と「コーディネートされた市場経済（CMEs）」という資本主義の2大類型が提示される。前者の LMEs では、企業は主に競争的市場を通じて他の行為主体とのコーディネーション問題に取り組む。むろん、後者の CMEs においても市場はコーディネーションの媒体として機能しているけれども、そこでは市場以外のコーディネーション方法が重要な役割を演じている。LMEs はアメリカを典型とし、イギリス、アイルランド、カナダ、オーストラリア、ニュージーランドをふくんでおり、後者の CMEs はドイツを典型とし、オーストリア、オラ

ンダ、ベルギー、北欧諸国および日本もこの類型に分類される[7]。これら2つの類型はいわば両極端をなしており、上記以外の諸国は2つの極を結ぶ線上のどこかに位置づけられるという。

　ホールとソスキスらの二分法は、福祉国家の類型論にも関連している。資本主義の類型論から導き出される彼らの福祉国家類型論はさしあたって、エスピン=アンデルセンの類型論と同一である。すなわち、LMEs には自由主義的福祉国家が対応し、CMEs には社会民主主義的または大陸型の福祉国家が対応する［ホール／ソスキス 2007, xⅲ頁］。しかし、資本主義と福祉国家との関係の取り結び方は、エスピン=アンデルセンが描いた構図とは大きく異なっている。なぜなら、彼らによると福祉国家は「各国の生産システムの補完物」とみなされうるのであり［同前, 168頁以下］、エスピン=アンデルセンのいう労働力の「脱商品化」命題に反して、雇用と所得の保護は労働者をかえって企業と経営者によりいっそう依存させ、市場の働きと企業のパフォーマンスを改善する作用をもつからである［同前, xxⅱ頁］。

　ホールとソスキスによる資本主義の二分法は、単純であるがゆえに広い応用可能性を有しているものの、エスピン=アンデルセンによる福祉国家の3類型論と同様に、構築された類型にうまく収めることのできない国々を残してしまうことになる。多くの論者がこのような類型化の議論に参加しているが、なかでも B.アマーブルは、「製品市場競争」、「賃労働関係」、「金融部門」、「社会保障」、「教育」という5つの制度における各国の違いと、それら制度相互の補完性とに着目して、資本主義に関する次の5つの類型を提示している［アマーブル 2005, 201頁］。

① 　市場ベース型資本主義：アメリカ、イギリス、オーストラリア、カナダ
② 　社会民主主義型資本主義：スウェーデン、デンマーク、フィンランド
③ 　アジア型資本主義：日本、韓国
④ 　大陸欧州型資本主義：アイルランド、オランダ、オーストリア、スイス、ドイツ、ノルウェー、フランス、ベルギー
⑤ 　地中海型資本主義：スペイン、イタリア、ギリシャ、ポルトガル

EU新規加盟国における資本主義の類型論

　資本主義の類型論は、ホール／ソスキスのそれにせよアマーブルのそれにせよ、資本主義の長い歴史を有する国々を対象にしたものであった。それに対し、本書の第Ⅳ部で論じられるハンガリーやブルガリアをはじめとする EU新規加盟国は、1990年代に社会主義から資本主義へと移行し、2000年代半ば以降に EUに加盟したばかりの国々であり、当然のことながら独特の制度配置を示している。これら

諸国の経済に関する研究においては、1990年代までは社会主義から資本主義への「移行」が主たる関心事であったが、この「移行」が完了したと認識されるようになった2000年代半ば頃からは、これら諸国の経済における「福祉レジーム」あるいは「資本主義の多様性」を整理する試みが展開されることになる [柳原 2012, 222頁]。しかしながら、エスピン=アンデルセンの3類型論やホール／ソスキスの2類型論などに見られるような、発達した資本主義国を念頭に置く議論を、社会主義の遺産を何ほどかにおいて継承し、また西欧諸国に比して経済の発展水準も低いこれらEU新規加盟国に適用することには大いなる限界がつきまとう。しかも、これら諸国の資本主義を構成している諸制度は、市場メカニズムをふくめて、IMF（国際通貨基金）やEUといった国際的な、またはスプラナショナルな機関による助言と監視と統制のもとで新たに導入されたものであるにもかかわらず、ホールとソスキスの理論的枠組みには制度の発生・導入を説明する論理が見あたらないし、国際的またはグローバルな文脈への参照も基本的に欠落している。

　こうして、EU新規加盟国、とりわけ中東欧・バルトの諸国について独自の類型論を構築する試みがくり広げられるようになった。そうした試みにおける現時点での集大成といってもよい仕事が、D.ボーレとB.グレシュコヴィチによる類型論である [Bohle and Greskovits 2012]。彼女らは、『大転換』におけるK.ポランニーの観点を拡張して用いながら、EU新規加盟国の資本主義を3種類のレジームと1種類の「非レジーム」に分類した。すなわち、バルト3国（エストニア、ラトヴィア、リトアニア）の「新自由主義レジーム」、ヴィシェグラード諸国（チェコ、スロヴァキア、ハンガリー、ポーランド）の「埋め込まれた新自由主義レジーム」、スロヴェニアの「ネオコーポラティスト・レジーム」、そして以上の3類型のいずれにもうまくは該当しないバルカン諸国（ブルガリア、ルーマニア、クロアチア）の「非レジーム（Nonregime）」である。この区分を導く指標は、次の6つである。

① 経済が市場化されている度合（効率⇔商品化）
② 福祉国家の発展の度合い（社会的保護⇔パターナリズム）
③ 国家の自律性の度合い（行政能力⇔官僚制化）
④ マクロ経済の調整のあり方（経済の安定⇔規制の過剰）
⑤ 民主主義の発展の度合い（代表⇔統治不能）
⑥ コーポラティズムの浸透度（利害調停⇔特殊な利益の優越）

　容易に想像されるように、上記の①と②（および③）の指標は、自己調整的市場の膨張に対する社会の側からの防衛運動というポランニーの分析枠組みに依拠

したものである［ポラニー 1975］。ちなみに上記の各指標の末尾にある（　）内に記されているのは、各項目の適度な発展の帰結と過度な発展のそれとの対比である。たとえば①の指標で言うと、市場経済と競争の導入は効率の向上をもたらすが、それが度を越して進展すると、市場にすべてをゆだねるのがふさわしくない資産（土地、労働、貨幣など）が商品化される。

　これら6つの指標に照らしてみると、バルト諸国の新自由主義レジームは、市場経済を急速に導入したけれども、それにともなうリスクを緩和する産業政策と、不平等を是正する福祉国家の社会政策が立ち遅れている。リトアニアを例外として民主化も不十分であり、政労使によるコーポラティズムも欠落している。それに比べるとヴィシェグラード諸国は、ポランニーの表現を借りるなら、市場を社会へと「埋め込む」戦略を採用したといえる。これら諸国の政府は急速な市場化をおし進めたとはいえ、社会主義から継承した国有企業が民営化される際のコストをある程度まで補償したし、その後の多国籍企業の発展を助成もした。福祉国家による給付も相対的に寛大であった。他方、これら諸国では市民の享受する政治的権利の拡大が進んだとはいえ、コーポラティズムによる利益仲裁は衰退していった。

　中東欧・バルト諸国のなかで「埋め込み」の程度が最も高いのがスロヴェニアである。多国籍企業の導入を促進したヴィシェグラード諸国とは異なり、スロヴェニアは社会主義時代から継承した国内の企業を重視する産業政策をとった。福祉供給の度合いは中東欧・バルト諸国のなかで最も高度であり、コーポラティズムも体制移行期間において良好に機能した。最後に、ブルガリアとルーマニアは「新自由主義レジーム」に、クロアチアは「埋め込まれた新自由主義レジーム」に接近したけれども、明確な輪郭を描き出すことのできない流動的な状態にあるため、ボーレとグレシュコヴィチはこれら3国に「非レジーム」という用語をあてている［Bohle and Greskovits 2012, p.17ff.］。

　むろん、これらのEU新規加盟国はグローバル資本主義への、とりわけ欧州資本主義への編入の度合いにおいても違いを見せる。ヴィシェグラード諸国とスロヴェニアは、自動車や家電といった複雑な生産工程を有する製造業を擁してはいるが、それらは資本、技術、経営ノウハウにおいて資本主義の中枢諸国に頼らざるをえない。そのためボーレとグレシュコヴィチはこれら諸国を、——I.ウォーラーステインの術語を援用して——資本主義の国際的な布置連関における「準中核」と位置づけている。他方、バルト諸国とブルガリア、ルーマニアは「半周辺」の位置にあるという。バルト諸国はロシアからEUへと輸出される石油等の資源の経由地であり、ブルガリアとルーマニアは低賃金労働に依拠した西欧諸国向け

衣料品の輸出に重点を置いているからである［ibid., p.44ff.］。

　EU新規加盟国に形成された多様な資本主義を類型化するこのような試みの一方で、その多様性にもかかわらず、（スロヴェニアを除き）これら諸国のほぼすべてで、西欧諸国ではほとんど実施されていない、ある種の新自由主義的な改革が実施されているという大きな共通性が見られることもまた指摘しておくべきだろう。とりわけ、公的年金制度改革における部分的民営化・積立方式の導入（中東欧・バルト・南東欧地域の10カ国中、スロヴェニア以外の9カ国が一時的にでも導入）と、税制における個人所得税のフラットタックス化（単一の所得税率の導入。同8カ国が導入）は、その最も顕著な例である［たとえば、Beblavý 2014を参照］。

6．多次元的なヨーロッパ福祉レジーム

　類型論はなるほど、各類型が時間軸に沿って変容していく過程をとらえることもできる。実際、本節で紹介してきた福祉国家または資本主義の類型論は、歴史的な変容過程を何ほどかにおいて考慮に入れている。類型論はまた、視野を国民国家に限定して、閉ざされたナショナルな類型論の比較と経済競争力の採点作業にのみ専念するとは限らない。ところが類型論の主流は、歴史的な経緯からして国際的な文脈に由来する圧力を無視するわけにはいかないEU新規加盟国を対象にしたボーレ／グレシュコヴィチらを例外にして、国際的な、あるいはトランスナショナルな布置連関を度外視している。それは往々にして、多国籍企業・銀行を通じたナショナルな経済圏の相互浸透や従属関係も、IMFやEUのような機関による監視と圧力も存在せず、異なる国民経済が単純に併存し競争しているかのような地図を描き出す。この点は、今日の福祉国家・資本主義類型論の重大な欠陥である。なぜなら、グローバル化と地域統合の時代に政治経済の国境横断的な相互浸透と編入の過程にさらされているのは、けっしてEU新規加盟国に限定されないからだ。21世紀の資本主義論と福祉国家論は、資本と政治を形成し再形成するトランスナショナルな諸関係をもはや無視するわけにはいかないのである。

　しかも、先にエスピン＝アンデルセンの「福祉レジーム」概念を紹介した際に述べておいたとおり、福祉の供給とガバナンスの分析において国家にのみ着目することは不十分である。私たちは、国家以外に家族、市場、非営利セクターの役割を射程に入れる必要がある。

　要するに、「福祉国民国家」における「国民」という限定と「国家」という限定を相対化し、分析の視野を拡張しなければならない。この点で、M.フェレーラが提起している〈福祉のもろもろの境界線の開放と流動化〉という視座は、私

たちの考察にとって大いに参考になる。

　フェレーラが指摘しているように、1880年代にドイツを皮切りにして各国で導入された強制加入の社会保険制度は、給付を受ける者の範囲を自国の市民全体へと徐々に拡大していくことによって、国民国家の「社会的な主権（social sovereignty）」と対外的な境界線を強化した。そして第2次世界大戦後から1970年代半ばまでの経済成長と福祉国家の拡張の時代に、ナショナルな社会的シティズンシップは、市民がそこから退出することも、他国民がそこへ参入することも困難であるような閉ざされた地位身分となった。この過程はまた、福祉の管理と供給においてナショナルな福祉国家が、家族や市場といった他のセクターに比して優越した地位を、あるいは独占に近い地位を占めることをも意味していた。

　ところが、「主権的な福祉国家」から「半主権的な福祉国家（semi-sovereign welfare state）」への転換ともいうべき過程が1970年代から始まる。フェレーラによれば、この過程は、各国民国家にとって外生的な要因と内生的な要因によって進行した。外生的な要因は、欧州共通市場の建設にともなうEC（欧州共同体）加盟国市民への非差別原則の確立であり、この原則によって、さしあたりは国境を越えて他のEC加盟国へ移住する労働者に対し、移住先の国の市民と同等の社会的権利を保障することが加盟国に義務づけられていく。また、社会政策において欧州レベルでの立法や政策調整も活発になっていった。他方で、ナショナルな福祉国家の主権を掘り崩していった内生的な要因とは、国家によって助成される非強制的保険の発展であり、民間保険の拡張であった。それはとくに年金の分野において顕著であり、年金ファンドのようなアクターが福祉の財源管理において大きな役割を演じるようになっている［Ferrera 2005］。

　こうして、福祉の提供における国民国家の中心的な位置は維持されているとはいえ、その閉鎖性と半-独占状態は突き崩されていった。

　私たちが本書で提起する「多次元的なヨーロッパ福祉レジーム」という術語は、ナショナルな福祉国家を中心にして配置されている複数の「次元」と「セクター」を射程に入れ、それらのあいだの新しい分業関係に着目しようとするものである。図表 序-6 の縦軸に沿って配置されているのが、福祉の（主として）ガバナンスにかかわる複数の領域的な「次元」であり、1）EUの次元、2）ナショナルな次元、3）サブナショナルな次元からなる。21世紀に入ってから、加盟国のマクロ経済政策、雇用政策、社会的包摂政策に対するEUによる調整は強まっており、本書の第2章第3節で述べるように、加盟国の財政政策に対するEUからの締めつけはユーロ危機を経て格段に強化され、そのことが加盟国の「社会的な主権」を制約する重大な要因となっている。同時に、いくつかのEU加盟国において進

図表 序-6　ヨーロッパ福祉レジームにおける分業関係とその変化

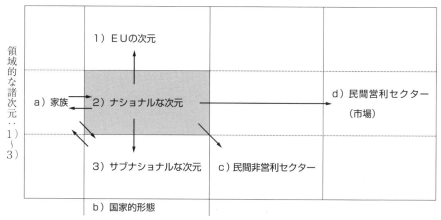

※福祉を供給する諸セクター：a）〜d）
出所：中村が作成

展した地方分権は、とくにイタリアをはじめとする南欧諸国において顕著なように、福祉の供給においてサブナショナルな次元が果たす役割の増大をともなっている（本書の第7章参照）。

　他方、図表 序-6 の横軸に沿って分業関係に置かれるのが、福祉の（主として）供給にかかわる複数の「セクター」であり、a）家族、b）国家（または国家的形態：statehood, Staatlichkeit）、c）民間非営利セクター、d）民間営利セクター（市場）からなる。福祉の供給における家族の役割は、福祉国家の建設にともなって縮小していったとはいえ、家族は南欧諸国において重要な役割を演じてきた。また、民間の非営利セクターは多くの西欧諸国で、国家の財政的な支援を受けながら主としてサブナショナルな次元において各種の福祉サービスを提供している。そして、規制緩和と民営化の進展にともない、先述したとおりサービスの提供と財源管理における民間営利セクターの比重がいずれの国でも高まっている。

　断っておかなければならないが、福祉を供給するセクターは必ずしも単一の国民国家にのみ所属しているとは限らず、しばしば国境線を越えて活動を展開する。EUのサービス自由化指令（2006年採択）が施行されるにともないサービス供給に関する欧州単一市場がいっそう進化しているなかにあって、民間企業による国境を越えるサービス供給が発展している。そしてナショナルな福祉国家もまた、移入してきた他のEU加盟国の市民に対して――ひいてはEU加盟国での居住を認められている第3国の市民に対しても[8]――自国の市民と同一の社会的権

利を保障しなければならなくなっている。

　本書の第Ⅱ部以下の各章では、EU の各加盟国における雇用政策と社会保障制度の変容が分析される。その際、上で提示した「多次元的なヨーロッパ福祉レジーム」という分析枠組みへの準拠の度合いは、各国の特性と各章の特殊な問題関心に応じて当然のことながら異ならざるをえない。「多次元的なヨーロッパ福祉レジーム」という概念はしかし、本書が主題とするような、ユーロ危機というトランスナショナルな危機のもとでのナショナルな福祉レジームの変容に迫ろうとする場合、とくに有益であると思われる。

【注】
1　「フレキシキュリティの共通原則」の全文訳は、［中村 2012, 12頁］に掲載されている。
2　パートタイム労働指令と期限付き労働指令の日本語訳は、［小宮／濱口 2005, 197頁以下］に採録されている。
3　加えて、労働市場の「柔軟性」を高めて非典型雇用を増やしたとしても、それによって就業率が必ずしも上昇するとはかぎらない。この点については、［中村 2012, 13頁以下］を参照せよ。
4　フランス語の insertion の動詞insérer は他動詞で目的語をもつ。すなわち、社会的排除における insertion が意味するものは、「国家あるいは社会を構成する主体が、困難をかかえ排除された人びとや社会集団を、社会の主流へと参入させること」にある。
5　OECD　'37th OECD Council Meeting at Ministerial level', 27-28 April 1998, http://www.g7.utoronto.ca/oecd/oecd98.htm
6　実際、欧州委員会は社会的包摂に関連して次のように述べている――「労働市場から最も遠ざかっている人びとは、低技能の不安定な雇用と失業とのあいだを行き来する回転ドアのような状態を避けるためには、彼らがいったん仕事を得たとしても継続する効果的な社会的支援をも必要としている」［European Commission 2008a, p.6ff.］。
7　ホールとソスキス自身が指摘しているように［ホール／ソスキス 2007, 5頁］、彼らによる CMEs と LMEs という二分法は、M.アルベールによる「ライン型資本主義」と「アメリカ型資本主義」という対比に近い［アルベール 1996］。
8　EC規則（1408/71）の改正により2003年5月からは、出身国以外のEU加盟国に居住するEU市民にとどまらず、EU域外の第3国の市民に対しても社会的諸権利に関する非差別・平等の原則が導入された。これにより、雇用保護と社会的保護については第3国の市民も、彼または彼女がEU加盟国のひとつに合法的に居住しているかぎり、EU市民と同一の諸権利を享受することができる［Ferrera 2005, pp.236-7］。また、リスボン条約（2009年12月発効）によって法的拘束力を付与されたEU基本権憲章は、「人間にふさわしい生活を保障すべき社会的支援および住宅のための支援に対する権利」等の社会的諸権利を享受しうる主体を「EU市民」に限定せず、この種の諸権利を「万人（everyone）」に対して認めている［中村 2006, 187頁以下］。

【参考文献一覧】

Armstrong, Kenneth A. 2010: *Governing Social Inclusion: Europeanization through Policy Coordination*, Oxford: Oxford University Press.

Barnes, Matt 2005: *Social Exclusion in Great Britain: an Empirical Investigation and Comparison with the EU*, Aldershot: Ashgate.

Beblavý, Miroslav 2014: Why is "New" Europe More Neoliberal? Pension Privatization and Flat Tax in the Postcommunist EU Member States, in: *Eastern European Economics*, Vol. 52, No.1.

Bohle, Dorothee and Greskovits, Béla 2012: *Capitalist Diversity on Europe's Periphery*, Ithaca/London: Cornell University Press.

Council of the EU 2008: Council Conclusion on common active inclusion principles to combat poverty more effectively.

―――― 2009: Council Conclusions on Flexicurity in times of crisis.

Dahlstedt, Magnus 2013: The Politics of Labour Market Activation: Employability, Exclusion and Active Citizenship, in: *Revija Sociologiju*, 43, 1.

De Haan, Arjan 2007: *Reclaiming Social Policy: Globalization, Social Exclusion and New Poverty Reduction*, Basingstoke: Palgrave Macmillan.

Esping-Andersen, Gøsta 1990: *The Three Worlds of Welfare Capitalism*, Cambridge: Polity Press. G.エスピン=アンデルセン著、岡澤憲芙／宮本太郎監訳『福祉資本主義の三つの世界：比較福祉国家論の理論と動態』ミネルヴァ書房、2001年。

―――― 1999: *Social Foundations of Postindustrial Economies*, Oxford: Oxford University Press. G.エスピン=アンデルセン著、渡辺雅男／渡辺景子訳『ポスト工業経済の社会的基礎：市場・福祉国家・家族の政治経済学』桜井書店、2000年。

European Commission 1992: Towards a Europe of Solidarity: Intensifying the Fight against Social Exclusion.

―――― 2004: Employment in Europe 2004.

―――― 2005: Communication from the Commission on the Social Agenda, COM (2005) 33 final.

―――― 2006a: Concerning a consultation on action at EU level to promote the active inclusion of the people furthest from the labour market, COM (2006) 44 final.

―――― 2006b: Joint Employment Report 2005/2006. More and Better Jobs: Delivering the Priorities of the European Employment Strategy.

―――― 2007: Towards Common Principles of Flexicurity: More and better jobs through flexibility and security, COM (2007) 359 final.

―――― 2008a: Public Consultation on Active Inclusion: Synthesis Report by the Commission Services.

―――― 2008b: Commission Recommendation on 3 October 2008 on the active inclusion of people excluded from the labour market, 2008/867/EC.

Ferrera, Maurizio 1996: The 'Southern Model' of Welfare in Social Europe, in: *Journal of European*

Social Policy, Vol.6, No.1.
――――― 2000: Reconstructing the welfare state in Southern Europe, in: Stein Kuhnle (ed.), *Survival of the European Welfare State*, London/New York: Routledge.
――――― 2005: Beyond national social rights?, in: Nicola McEwen and Luis Moreno (eds.), *The Territorial Politics of Welfare*, London/New York: Routledge.
Keune, Maarten and Jepsen, Maria 2007: Not balanced and hardly new: the European Commission's quest for flexicurity, WP 2002.01, European Trade Union Institute for Research, Education and Health and Safety.
Lenoir, René 1974: Les exclus: un Français sur dix, Paris: éd. du Seuil.
Madsen, Per Kongshøj 2006: Flexicurity: A new perspective on labour markets and welfare states in Europe, *CARMA Research Paper* 2006: 03, Centre for Labour Market Research: Aalborg University.
Mailand, Mikkel 2010: The common European flexicurity principles: How a fragile consensus was reached, in: *European Journal of Industrial Relations*, Vol.16, No.3.
Munck, Ronaldo 2004: *Globalization and Social Exclusion: A Transformationalist Perspective*, Bloomfield: Kumarian Press.
OECD 2006: *Employment Outlook: Boosting jobs and income*, Paris.
Paugam, Serge 1991: *La Disqualification sociale: Essai sur la nouvelle Pauvreté*, Paris: PUF.
――――― 1996: Introduction: La constitution d'un paradigme, in: Serge Paugam (éd.), *L'Exclusion: L'Etat des savoirs*, Paris: Découverte.
Room, Graham 1999: Social Exclusion, Solidarity and the Challenge of Globalization, in: *International Journal of Social Welfare*, No.8.
Wilthagen, Ton 1998: Flexicurity: A New Paradigm for Labour Market Policy Reform?, Discussion Paper FS-I 98-202, Berlin.
Wolfensohn, James D. 1997: The Challenge of Inclusion, Boards of Governors, 1997 Annual Meeting Hong Kong, China, September 23, 1997.
アルベール, M. 1996: 小池はるひ訳『資本主義対資本主義』竹内書店新社。
アマーブル, B. 2005: 山田鋭夫／原田裕治ほか訳『五つの資本主義：グローバリズム時代における社会経済システムの多様性』藤原書店。
居神浩 2012:「政権交代とアクティベーション政策の行方：イギリス」、福原宏幸／中村健吾編『21世紀のヨーロッパ福祉レジーム：アクティベーション改革の多様性と日本』糺の森書房。
エスピン=アンデルセン, G. 2001: 岡澤憲芙訳「日本語版への序文」、岡澤憲芙／宮本太郎監訳・前掲訳書。
樫原朗 2005:『イギリス社会保障の史的研究 V：20世紀末から 21世紀へ』法律文化社。
小宮文人／濱口桂一郎（訳）2005:『EU労働法全書』旬報社。
嶋内372012:「就労アクティベーションからワークフェアへ？：デンマーク」、福原宏幸／中村健吾編、前掲書。

都留民子 2000:『フランスの貧困と社会保護:参入最低限所得(RMI)への途とその経験』法律文化社.

中島晶子 2012:『南欧福祉国家スペインの形成と変容』ミネルヴァ書房.

中村健吾 2002:「EUにおける社会的排除への取り組み」,『海外社会保障研究』141号.

─── 2006:「トランスナショナルな市民社会におけるシティズンシップと人権:欧州憲法条約の可能性と限界」,『社会学雑誌』23号.

─── 2012:「EUの雇用政策と社会的包摂政策:リスボン戦略から『欧州2020』へ」,福原宏幸/中村健吾編,前掲書.

濱口桂一郎 2009:「EU派遣労働指令の成立過程とEU諸国の派遣法制」,『季刊 労働法』225号.

バラ, A.S./ラペール, F. 2005: 福原宏幸/中村健吾監訳『グローバル化と社会的排除:貧困と社会問題への新しいアプローチ』昭和堂.

廣瀬真理子 2012:「アクティベーションの導入による『ハイブリッドな福祉国家』の変容:オランダ」,福原宏幸/中村健吾編,前掲書.

福原宏幸 2005:「EU雇用戦略がめざすもの」,『部落解放研究』163号.

───2007:「社会的排除/包摂論の現在と展望:パラダイム・『言説』をめぐる議論を中心に」,福原宏幸編著『社会的排除/包摂と社会政策』法律文化社.

───2012:「社会的排除/包摂と社会的連帯経済:社会的承認論からのアプローチ」,『福祉労働』137号.

───2014:「アクティベーション:社会的連帯経済の可能性」,岩崎晋也/岩間伸之/原田正樹編『社会福祉研究のフロンティア』有斐閣.

ホール, P.A./ソスキス, D. 2007: 遠山弘徳ほか訳『資本主義の多様性:比較優位の制度的基礎』ナカニシヤ出版.

ポラニー, K. 1975: 吉沢英成ほか訳『大転換:市場社会の形成と崩壊』東洋経済新報社.

松原仁美 2008:「フランス雇用政策における非市場領域の形成:新たな参入経路の登場」,『経済学雑誌』109巻1号.

三浦まり/濱田江里子 2012:「能力開発国家への道:ワークフェア・アクティベーションによる福祉国家の再編」,『上智法學論集』56(2・3).

宮本太郎 2001:「訳者解説」, G.エスピン=アンデルセン著,前掲訳書.

柳原剛司 2012:「EU新規加盟国の雇用政策の変容:ハンガリー」,福原宏幸/中村健吾編,前掲書.

若森章孝 2013:『新自由主義・国家・フレキシキュリティの最前線:グローバル化時代の政治経済学』晃洋書房.

第Ⅰ部

EU

第1章
ユーロ危機にあえぐ欧州の経済と社会

中村健吾

　ユーロ危機が頂点に達していた2012年、EUはその「中途半端な」通貨同盟について G20 などで他の先進国政府から批判を浴びせられ[1]、エコノミストたちはユーロ圏からのギリシャの離脱どころか、経済・通貨同盟（EMU）それ自体の崩壊についても予言をふりまいた。EMUの解体を主張する世論は、ドイツやフランスのような EMU の中枢国においても台頭するにいたった。ユーロはたしかに一時、存亡の危機に立たされた。ところが、EMU は崩壊しなかった。それどころか、EU はその加盟国を 27 から 28 へと拡大し（2013年7月にクロアチアが EU に加盟）、ユーロ圏は 2014年1月におけるラトヴィアの加入、ならびに 2015年1月におけるリトアニアの加入によっていまや 19カ国を擁するにいたった。これにより、1991年に旧ソ連から独立したバルト3国（エストニア、ラトヴィア、リトアニア）はすべてユーロ圏に編入された。

　だからといって、EU経済が確実な立ち直りの軌道に乗ったわけではけっしてない。2014年に入ってからユーロ圏と EU の経済は一部で回復の兆しを見せているけれども、2008年以降のグローバル恐慌と 2009年末以降の欧州債務危機の後遺症からまだ脱していない。そして、これらの危機は、EU が 2010年に決定した中期発展戦略である『欧州2020』の目標達成に疑問を投げかけただけでなく、加盟国の市民のあいだで EU の正当性への深刻な疑念を生じさせている。

　本章では、ユーロ存亡の危機にまで深刻化した欧州金融・経済危機の推移をあらためて振り返り（第1節）、この危機の背景を探るとともに（第2節）、それが EU加盟国の経済と社会にもたらした帰結を概観する（第3節）。

1．グローバル恐慌のなかの欧州金融・経済危機

　2008年9月に、アメリカの投資銀行（証券会社）であるリーマン・ブラザーズが倒産したことを引き金にして、まずは連鎖的な金融危機が、そしてその後は不況が、世界中に波及することになった。アメリカと欧州では多くの金融機関が国

有化された。2004年と2007年にEUに加盟した旧社会主義諸国も、ハンガリーを筆頭に急激な資本逃避と通貨安に襲われ、緊縮政策の実施を条件にしてEUとIMF（国際通貨基金）から融資を受けた。日本も不況に襲われ、2008年末から「派遣切り」と呼ばれる派遣社員の解雇が相次いだ。それは、規模においても波及の速度においても「グローバル恐慌」と呼ぶに値する危機であった。

リーマン・ブラザーズやメリルリンチといったアメリカの投資銀行が経営破綻した主な原因は、周知のとおり、低金利政策を背景とする住宅バブルの形成・破裂と、サブプライム・ローン関連証券をはじめとする金融デリバティブの暴落にあった。アメリカにおいて、債務返済能力が低いため銀行による住宅ローンの対象とはなりにくい所得階層にまで住宅ローンが大量に提供されたのは、住宅価格が上がりつづけると無謀にも想定され、金融工学を駆使したローン債権の分割・証券化や債務破綻保険（CDS）のような金融商品が開発されたせいであった。

グローバル恐慌は欧州から始まった

　グローバル恐慌の起点としては、2008年9月のリーマン・ブラザーズの破産がしばしば挙げられる。しかし、危機の兆候は実は「リーマン・ショック」以前にアメリカと欧州で同時に発現していた。すなわち、2007年6月にはアメリカにおいてベア・スターンズ傘下の2つのヘッジ・ファンドが経営に行き詰まるとともに、同年8月にはフランス首位の銀行であるBNPパリバの傘下のファンドが顧客との取引を一時的に停止する口座凍結を行なったのである（パリバ・ショック）。これとならんでドイツでも、2007年8月にドイツ産業銀行（IKB）とザクセン州立銀行の傘下のファンドが資金繰り困難に陥った。しかも、リーマン・ショックのあと、欧州では2008年9月末から10月初めにかけて、イギリスの中堅銀行ブラッドフォード＆ビングレー、ドイツの不動産金融専門銀行ヒポ・リアル・エステート、ベネルクス3国の多国籍銀行フォルティス、ベルギー・フランスの多国籍銀行デクシアが相次いで倒産した。

　金融危機が大西洋をまたいで発現した理由は、サブプライム・ローン関連証券をはじめとする高リスクの金融商品を、欧州の金融機関もまた、ウォール・ストリートの海外支店ともいうべきロンドンのシティで大量に購入していたことにあった。サブプライム・ローンの証券化という手法それ自体はウォール・ストリートの発明品であるが、アメリカだけでなく欧州の金融機関までもがそれを見境なく買いあさったのである。サブプライム危機による金融機関の損失は、アメリカが5割、欧州（イギリスと大陸）が4割、その他が1割という分布になった［田中 2010a, p.121］。欧州の損失はアメリカのそれに匹敵するのである。なるほど

欧州の銀行は、グラス・スティーガル法（1933年）によって銀行業と証券業との兼営が1999年にいたるまで禁止されていたアメリカとは異なり、もともとユニバーサル・バンク制度のもとで商業銀行本体が投資銀行業務をも営むことができた。だが、企業による資金調達方法が間接金融（銀行による融資）から直接金融（社債やコマーシャル・ペーパーによる資金調達）へと比重を移していくにつれて、欧州大陸の大手金融機関は米英の専業投資銀行を次々と買収することにより[2]、証券化商品の組成や販売といったトレーディング業務に進出していった。こうして、2008年のグローバル恐慌の勃発以前には、ドイツをはじめとする欧州の大手銀行において、トレーディング業務からの収入が収入全体の4割に達していた［新形 2010, 31頁以下］。

　ユーロ圏ではユーロの金利が域内の経済情勢の平均を目安にして設定されるため、アイルランドやスペインといったインフレ率の高い国では実質金利が低くなり、21世紀に入ってからの住宅開発ブームをあと押しした。2001年から2007年までの住宅価格の上昇率は、これら2カ国（ならびにオランダ、イギリス、フランス、デンマーク、イタリア、フィンランド）ではアメリカのそれを上回っていたという。この住宅バブルに乗じてアイルランドの銀行は、住宅ローンと不動産デベロッパーへの融資を大量に引き受けた。同国での住宅向け融資は、パリバ・ショック勃発前にはGDPの190％にまで膨れあがっていた。他方、スペインでは「カハ（Caja）」と呼ばれる中小貯蓄銀行が住宅向け融資を展開し、その融資額の53.7％（2011年）が建設・不動産部門に向けられていた。しかし、住宅の価格はアイルランドでは2006年から、スペインでは2007年から下落しはじめ、パリバ・ショックとリーマン・ショックを経て住宅バブルは破裂した。これにより、両国の銀行が行なってきた不動産関連融資の多くが不良債権と化し、結局は両国の政府が銀行に対して資本注入を実施することになった［田中 2010a, 123頁以下; 田中 2010b, 19頁以下; 藤井 2013, 31頁以下］。

　リーマン・ショック直後にEU域内の4つの銀行が破綻したのを受けて、2008年10月中旬に開かれたユーロ圏諸国とイギリスの首脳会議において、総額1兆8120億ユーロの資金を金融機関に注入することが決まった。この額は、ユーロ圏15カ国（当時）のGDPの20％にのぼった。これはしかし、各国が独自に行なう資本注入を合算したものであって、EUまたはユーロ圏としての取り組みではなかった［田中 2010a, 136頁以下］。ともあれ、この銀行救済を契機にして、EU加盟国の財政状態は2008年頃から急激に悪化していくのである（後掲の図表1-12, 1-13参照[3]）。銀行支援のためのそうした大規模な財政支出はしかし、南欧諸国やアイルランドをはじめとする経済規模の小さい国々の政府にとってソブリン・リスク

の源泉となっていった。銀行危機が政府の債務危機へと転化するのである。

ギリシャ危機からユーロ存亡の危機へ

　2009年10月にギリシャの総選挙で全ギリシャ社会主義運動（PASOK）が保守系の新民主主義党（ND）に圧勝し、パパンドレウを首相とする新政権が誕生した。前政権が「GDPの3.7％」であると発表していた2009年の財政赤字を新政権が調べなおしたところ、財政赤字は実際にはGDPの12.5％であることが判明した（その後、最終的に13.6％に修正）。ギリシャ政府による粉飾会計は、同国がユーロ圏に加入した2001年にすでに始まっていた。このとき、財政の粉飾を当時のギリシャ政府（パパデモス財務相[4]）に指南したのがアメリカの投資銀行ゴールドマン・サックスであったことは、いまや公然の秘密となっている。いずれにせよ、実際の財政状態が暴露されたことで、ギリシャ国債は格付けを下げられて価格が暴落し、その利回り（利子÷国債価格）は急騰することになった。ギリシャの国債の7割から9割は国外の銀行やファンドなどが保有しており、とくにフランスやドイツなどの銀行がギリシャ国債を大量に購入していた。この構図はアイルランド、ポルトガル、スペインにもあてはまる（図表1-1）。投資家たちは、リーマン・ショックが起きる前まではドイツの国債も南欧諸国の国債も「同じユーロ建て国債」であると認識していたので、ユーロ圏の諸国債のあいだの利回り格差（スプレッド）は無視しうる程度のものであった。ところが、ギリシャの粉飾会計によっ

図表1-1　外国の銀行がギリシャ、アイルランド、ポルトガル、スペインに対して有していた債権の内訳（2010年3月現在、単位：10億ドル）

		銀行の国籍								
		ドイツ	スペイン	フランス	イタリア	左記以外のユーロ圏	イギリス	日本	アメリカ	その他	計
ギリシャ	公的部門	23.1	0.9	27.0	3.3	22.9	3.6	4.3	5.4	2.0	92.5
	全体	51.0	1.6	111.6	8.8	47.9	16.5	5.9	41.2	12.7	297.2
アイルランド	公的部門	3.4	0.2	8.7	0.9	3.8	7.3	1.8	1.9	1.8	29.7
	全体	205.8	16.2	85.7	28.6	92.5	222.4	22.9	113.9	55.8	843.8
ポルトガル	公的部門	9.9	10.6	20.4	2.2	11.5	2.6	2.3	1.6	1.7	62.9
	全体	46.6	108.0	49.7	9.4	29.1	32.4	4.0	37.3	6.0	322.4
スペイン	公的部門	30.0	:	46.9	2.3	19.1	7.6	12.5	4.9	4.4	127.6
	全体	217.9	:	244.2	42.5	200.6	141.7	30	186.4	39.3	1102.6
上記4カ国の合計	公的部門	66.4	11.7	103.0	8.7	57.3	21.1	20.9	13.8	9.9	312.7
	全体	521.3	125.8	491.2	89.3	370.1	413.0	62.8	378.8	113.8	2566

出所：［EuroMemo Gruppe 2011, S.12, Tabelle 1］

て各国の財政状態と経済パフォーマンスの違いに注目が集まると、同じユーロ圏であっても各加盟国の国債は異なるリスクをかかえる別々の証券とみなされるようになったのである［田中 2010a, 157頁以下, 174頁］。ギリシャは国債の借り換えができなくなり、債務不履行（デフォルト）の危機に直面した。そして国債の格付けの引き下げと利回りの急騰は、ギリシャから他の南欧諸国やアイルランドにまで伝播していった。銀行救済のせいで膨張した政府の財政逼迫に対して、投資家たちはただちに反応したのである。国債の利回りはアイルランドとポルトガルでは２ケタ台、イタリアとスペインでは７％台にまで達した［藤井 2013, 29頁］。

しかし、債務危機の発生以前から多額の債務残高をかかえていたギリシャやイタリアと、健全財政を維持していたアイルランドやスペインとは、慎重に区別しなければならない。先述のとおり、アイルランドとスペインの危機の発端は低金利下で発生した住宅バブルが崩壊したことにあった。これら２国やバルト３国（エストニア、ラトヴィア、リトアニア）は2000年代半ばのアメリカと同様に、C.クラウチのいう「民営化されたケインズ主義」によって住宅建設を中心とするバブル経済を謳歌したあと、それのツケを支払わされたのである［堀林 2014, 157頁以下］。「民営化されたケインズ主義」とは、本来のケインズ主義のように政府の財政支出と債務によって有効需要が創出されるのではなく、家計や個人が民間金融からの借金によって購買力を高めることを意味する。低位の所得層に対してはサブプライム・ローンと住宅価格の高騰が、高位の所得層に対してはさまざまな金融派生商品が、消費をうながしたのである［Crouch 2009］。しかもそうした借金は、アイルランドとスペインの場合はフランス、イギリス、ドイツといった西欧の銀行からの、バルト３国の場合は主にスウェーデンの銀行からの融資によるものであった。バルト３国に関していえば、2006年現在において、エストニアでは銀行資産の99％、リトアニアでは77％、ラトヴィアでは65％を、スウェーデンの３つの銀行を筆頭とする外国銀行が保有していたという［田中 2010c, 172頁］。南欧諸国とバルト３国（およびハンガリー）は、自由化されたトランスナショナルな金融市場による恣意的な資本投下・配分と「従属的な金融化」のもとでのバブル経済を経験していたことになる［Becker 2011, S.270; Heinrich/Jessop 2013, S.24］。

２．EUのドイツ化と環大西洋蓄積レジーム

域内不均衡とドイツの一人勝ち

欧州金融・経済危機の背景として、ユーロ圏のみならずEU全体にかかわる域内不均衡の問題が指摘されている。実際、各国の経常収支を比較すると、明らか

図表1-2　経常収支の対GDP比（単位：％）

	2005	2007	2009	2011	2013
ベルギー	2.9	1.9	0	0.1	-1.7
ドイツ	3.9	6.3	6.5	6.4	7.3
エストニア	-10.9	-13.8	-7.5	2.5	-0.4
アイルランド	-1.4	-4.1	-4.4	0	4.0
ギリシャ	-6.7	-11.2	-13.6	-10.4	-3.8
スペイン	-5.4	-8.8	-8.1	-4.3	-1.4
フランス	0.2	-0.7	-1.4	-1.5	-1.8
イタリア	-0.7	-1.2	-2.0	-2.6	-0.7
キプロス	-4.4	-8.2	-12.7	-8.0	-4.0
ラトヴィア	-11.2	-19.2	-9.0	3.1	-1.8
ルクセンブルク	10.5	10.7	7.6	7.2	5.9
マルタ	-5.8	-8.1	-6.6	-5.2	0.9
オランダ	6.9	7.8	5.4	7.2	9.8
オーストリア	2.0	2.8	3.7	2.6	2.2
ポルトガル	-8.4	-10.4	-11.2	-9.5	-2.8
スロヴェニア	-1.7	-2.6	-3.4	-0.1	3.1
スロヴァキア	-7.4	-7.2	-4.7	-3.4	0.2
フィンランド	4.8	3.9	2.9	0.6	-1.3
ブルガリア	-7.8	-18.1	-19.1	-3.4	0.4
チェコ	-4.0	-2.4	-2.9	-3.0	-1.8
デンマーク	3.6	2.9	2.5	5.1	6.4
クロアチア	-5.2	-6.3	-6.9	-2.2	0.1
リトアニア	-7.1	-10.7	-7.9	0	-0.8
ハンガリー	-8.0	-7.4	-4.9	0.1	1.4
ポーランド	-3.4	-4.1	-5.5	-4.7	-3.4
ルーマニア	-7.6	-10.8	-9.7	-4.3	-3.3
スウェーデン	6.8	8.3	8.2	6.2	6.1
イギリス	-2.1	-2.8	-1.5	-1.8	-3.2

出所：Eurostat

な分化を見て取ることができる（図表1-2参照）。すなわち、もろもろの危機にもかかわらず経常収支の黒字を計上しつづける西欧および北欧の諸国（ドイツ、ルクセンブルク、オランダ、デンマーク、スウェーデン）と、赤字から脱却することのできない南欧および中・東欧諸国との分化である。とくにドイツは、2000年代の半ばまで「欧州の病人」と揶揄されるほどの停滞に苦しんでいたにもかかわらず、ユーロ安と賃金の抑制によって国際競争力を強め、欧州危機のさなかにあっても中国をはじめとするアジア市場への輸出によって「一人勝ち」ともいうべき状態にある。他方、南欧諸国、中・東欧諸国、なかでもとくにバルト3国は危機発生の以前から、危険水準であるといわれる5％を大幅に上回る経常収支の赤字を示していた。その赤字はいまでは、バブル景気の終焉にともなう輸入の激減によっ

て低下している。それはしかし、これら諸国の経済競争力の向上をけっして意味してはいない。国際競争力における南北格差と東西格差は、一連の危機によってむしろいっそう固定化された感がある。

　ギリシャやスペインのようにインフレ率の高い諸国は、平価の切下げが生じないユーロ圏内において、欧州経済危機の勃発以前にすでに産業の競争力を喪失していく傾向にあった。もともとギリシャは海運業、観光業、農業が主たる国内産業であり、輸出力は脆弱であった。スペインでは、GDPに占める工業のシェアが1997年の29.3％から2007年の29.8％へと微増しているものの、それのほとんどは住宅バブルを支えた建設業の拡大によるものであった。対照的に、同国のGDPに占める製造業の比率は同じ期間に19％から15.2％へと低下した［田中 2010a, 184頁以下］。工業の拡大は製造業の発展をともなっておらず、したがって生産基盤と長期的な成長をもたらすものとはならなかった。

　EUの新規加盟国のなかでもいわゆるヴィシェグラード諸国（ポーランド、ハンガリー、チェコ、スロヴァキア）の経済は、製造業と金融業の両面で外資に依存した輸出志向モデルによって特徴づけられている［堀林 2014, 160頁以下］。かつては社会主義国であったこれらの国の国営企業が民営化されるにともない、西欧をはじめとする先進資本主義国からの海外直接投資（FDI）が1995年頃から急増して、旧国営企業を多国籍企業が買収するケースが相次いだ。西側の多国籍企業にとって、低賃金でありながら優秀な労働力が存在し、法人税率も低く設定されたヴィシェグラード諸国は魅力的な進出先となった。たとえば、ドイツ企業はこれら諸国において、本国の10分の1から5分の1程度の賃金で労働力を確保することができた。

　ヴィシェグラード諸国に流入したFDIの残高を部門別に見ると、いずれの国でも製造業の比率が最も高く、そのなかでも自動車産業のシェアが他の業種を圧倒している。1991年にドイツのフォルクスワーゲンがチェコのシュコダを買収したのを皮切りに、欧米と日本や韓国の自動車メーカーがこれら諸国に進出した。とくにEUの自動車産業は自社の生産工程を分解し、研究・開発や精密な製造は西欧内の施設で行ない、製品の最終組み立てと部品の生産を東欧諸国の工場で行なうという垂直分業体制をとった［田中 2007, 第3章］。そして、ドイツをはじめとする西欧の本社は、ヴィシェグラード諸国から送られてきた完成品を海外へと輸出するのである。これらの諸国におけるそうした国際分業の構造は、自動車産業への顕著な依存と相まって、ドイツによる輸出動向の好調・不調に自国の景気が左右されるという脆弱性を有していた。また、経済が輸出志向型であるにもかかわらず、ヴィシェグラード諸国の経常収支が赤字でありつづけた理由のひとつ

は、多国籍企業がこれら諸国の子会社から西欧の本社へ利潤を送金していることにある［Becker 2011, S.271］。

　ドイツをはじめとする西欧の政界やマス・メディアにおいては、多次元的な欧州危機が南欧諸国の単なる債務危機に還元され、危機対策としてはもっぱら均衡財政の実現が強調される。危機の原因のひとつとして南欧や中・東欧諸国における経常収支赤字が指摘されるとしても、その要因はしばしば、これらの諸国における財政規律の弛緩、労働市場の硬直性、国際競争力の欠如にのみ帰せられがちである。場合によっては、「勤勉な西欧・北欧」と「怠惰な南欧」といった——もしくは反対に、現在のドイツとナチス・ドイツとの単純な同一視といった——民族主義的な表象のステレオタイプが、国民間の不信と憎悪をかきたてている。しかし、経常収支の不均衡の要因は、欧州委員会ですら指摘しているように[5]、ドイツをはじめとする西欧諸国にも見いだされる。ドイツの輸出産業の国際競争力は、ユーロ圏において平価の切下げが生じないという事情によって保証されていることもさることながら、2001年から2009年にかけてEUではドイツだけが実質賃金の低下を経験し（図表1-3）、その結果、ユーロ圏の他の国に比べて単位労働コストの上昇が大幅に抑制されたことに起因している。債務危機に見舞われたギリシャ、アイルランド、イタリア、ポルトガル、スペインのいわゆるGIIPS諸国はさすがに2010年以降、賃金抑制のせいで単位労働コストが低下しているものの、2001年から2009年までの範囲で見るならドイツの指数の伸びの控えめさは群を抜いている（図表1-4）。単位労働コストの伸びの格差は、為替相場の変動がないユーロ圏においてはただちに国際的な価格競争力における格差の拡大と

図表1-3　2001-2009年におけるEU加盟国の実質賃金の伸び率（単位：％）

ベルギー	6.0	ポルトガル	6.4
ドイツ	**-6.2**	スロヴェニア	23.6
エストニア	75.0	スロヴァキア	27.8
アイルランド	20.8	フィンランド	15.2
ギリシャ	13.4	ブルガリア	29.7
スペイン	10.7	チェコ	33.7
フランス	8.4	デンマーク	15.1
イタリア	5.6	クロアチア	20.1
キプロス	11.3	リトアニア	56.9
ラトヴィア	74.8	ハンガリー	22.7
ルクセンブルク	3.4	ポーランド	11.4
マルタ	13.6	ルーマニア	121.3
オランダ	11.7	スウェーデン	11.0
オーストリア	5.0	イギリス	18.3

出所：［Schulten 2013, S.596, Abbildung 5］

なって現われる。この点は、フランスの財務大臣であったクリスティヌ・ラガルド（現IMF専務理事）やルクセンブルクの首相であったジャン＝クロード・ユンカー（現欧州委員会委員長）から、ドイツによる近隣窮乏化政策あるいは賃金ダンピングだとして批判されながらも、2010年頃からドイツ経済が危機から立ち直るにつれて等閑視されるようになった。そうした批判に代わって聞かれるようになったのはドイツの経済発展モデルへの賞賛であり、たとえば欧州中央銀行のジャン＝クロード・トリシェ総裁（当時）はフランスの『ル・フィガロ』紙（2010年9月3日付）のインタビューに答えて、ドイツにおける労働市場の改革とそれにもとづく抑制的な賃金政策とをヨーロッパにとっての「模範」としてもち上げたのだった［Schulten 2011, S.362］。こうして生み出されたドイツの経常収支の黒字は、内需に乏しいドイツ国内に投下されるのではなく、南欧諸国や中・東欧諸国といった欧州の周辺部に対する直接投資や融資へ振り向けられることになったのである［Lapavistas et al. 2012, p.2］。

ドイツ化するEU

　欧州危機の過程においては、節目をなすEUレベルでの意思決定においてドイツのメルケル政権の意向がしばしば事を決した。ドイツは、同国と同様に経常収支の黒字を誇っているオランダ、オーストリア、ベルギー、北欧諸国の利害を代表しているといえる。フランスのオランド政権はときに南欧諸国の立場を代表し、

図表1-4　名目単位労働コストの推移（2005年の値を100とした場合）

	2001	2003	2005	2007	2009	2001年と2009年との差	2011	2013
ベルギー	96.0	99.2	100	104.2	113.0	**17.0**	115.7	122.8
ドイツ	99.8	101.4	100	97.2	105.0	**5.2**	105.0	110.4
アイルランド	86.5	91.8	100	108.8	113.1	**26.6**	101.3	102.3
ギリシャ	83.8	93.7	100	101.4	113.2	**29.4**	111.0	98.1
スペイン	89.2	94.4	100	107.4	115.1	**25.9**	111.9	106.8
フランス	92.5	97.2	100	103.5	110.7	**18.2**	113.0	116.8
イタリア	89.0	95.7	100	103.6	112.6	**23.6**	118.3	117.4
オランダ	93.3	100.2	100	102.3	110.9	**17.6**	111.5	116.9
オーストリア	97.7	99.2	100	102.2	111.4	**13.7**	112.5	118.8
ポルトガル	89.2	95.6	100	102.1	108.9	**19.7**	106.5	105.2
フィンランド	96.4	97.9	100	100.9	117.3	**20.9**	117.6	125.7

出所：Eurostat

緊縮政策の制度的強化を唱えつづけるドイツに対抗して、欧州レベルでの財政支援を引き出し、「成長・雇用協約」（2012年6月）のような景気刺激策をEUが打ち出すことに尽力したが、この協約は緊縮政策という劇薬を包むオブラート以上のものではなかった（本書の第2章第3節参照）。独仏間の力関係は、H.コールとF.ミッテランが両国の首脳であった時代のそれから大きく変化してしまった。他の加盟国を圧倒する経済的パフォーマンスを誇り、債務危機に見舞われた諸国に対して最大の財政支援を負担するドイツは、欧州委員会、欧州中央銀行、IMFの「トロイカ」体制による加盟国への緊縮政策の強制を操る非公式のヘゲモニーをEUにおいて獲得することになった。ドイツのそうしたヘゲモニーを、欧州の著名な社会学者たちは「ドイツのヨーロッパ」［Beck 2012］、あるいは「EU2[6]」と呼んで批判している［Giddens 2014, p.6ff.］。

　なるほど、U.ベックらが主張しているように、EUはその意思決定構造においてドイツのヘゲモニーのもとに置かれ、そのかぎりにおいて「ドイツ化した」といえるかもしれない。その「ドイツ化」はしかし、政治的な意思決定の次元にとどまるものではない。経済・通貨同盟（EMU）がその出発点から内部にかかえ込んでいたドイツ型の成長モデルは、欧州金融・経済危機への対処の過程でますます肥大化していきつつある。つまり、EMUのドイツ化のさらなる深まりが進行しているのである。

　M.アグリエッタがあらためて確認しているとおり、単一通貨ユーロの導入は、EMUを創設したマーストリヒト条約（1992年調印）におけるドイツとその他の西欧諸国（とくにフランス）との政治的妥協に由来している［Aglietta 2012, p.39］。東西が統一して大国となったドイツは、資本主義に移行していく中・東欧諸国へと経済の軸足を移していき、欧州共同体（EC）という枠組みから離れていくのではないかという懸念が、他の西欧諸国からは生じた。他方、ドイツの経済エリートたち（とくにドイツ連邦銀行）はもともと、安定した通貨であるマルクを放棄して、通貨がインフレ気味である南欧諸国とともにユーロ圏へ加入することに消極的であったが、ドイツ統一を他の西欧諸国に承認してもらうことと引き換えに、ユーロ圏への参加を受け容れた。しかし、ドイツは同時に、EMUの構造をドイツの経済ガバナンス・モデルに沿って設計することを頑強に主張した。このドイツ・モデルは、①物価の安定を至高の目的とする金融政策、②この政策を支える中央銀行の政府からの独立性、③インフレーションを抑止するための健全財政の維持、④賃金上昇の抑制と労働生産性の上昇とにもとづく輸出志向の経済成長などによって構成される。これらの構成要素のうち、EMUは少なくとも、欧州中央銀行の政策目標設定と意思決定の構造において①および②を、ドイツの主張で実現

した安定・成長協定（1997年調印）によって③を、欧州レベルで制度化したのだった。そして欧州危機へのEUによる対処の過程は、第2章第3節で見ていくように、メルケル政権の主張に引きずられながら安定・成長協定に沿った緊縮財政の加盟国への強制を極限にまで強めていった。ドイツのヘゲモニーのもとでのEMUのそうした形状を、J.-P.フィトゥーシらは「ベルリン-ワシントン・コンセンサス」と呼んでいる[7]［Fitoussi and Saraceno 2013］。このコンセンサスに沿って形成された通貨・財政レジームは、「〔物価の〕安定のための権威主義的レジーム」［Urban 2011, S.47］、「欧州における危機の立憲主義」［Bieling 2013, S.97］、あるいは「欧州多次元レジームとしての公債整理国家」［Streeck 2013, S.159ff.］などと特徴づけられている。

「ドイツ・モデル」の変質

しかし、EUが「ドイツ化」しているという言説は、ドイツの経済・社会モデルそれ自体がグローバル化と欧州統合の深化の過程で深甚な変化をとげていることを見落としているなら、生じている事態の半面をとらえただけにとどまる。ドイツは、「資本主義の多様性」論における「コーディネートされた市場経済」の類型［ホール/ソスキス 2007］からはすでに乖離しているし、P.A.ホールとD.ソスキスがこの類型を構築する際に有力な見本を提供した「ドイツ・モデル（Modell Deutschland）」は1980年代の半ばからゆっくりと浸食されてきたのである。

「ドイツ・モデル」という観念の原型は、1970年代におけるネオ・コーポラティズムに関する研究が析出してきた、英米型の自由主義的な資本主義類型とは異なるドイツ資本主義の（主として労使関係に着目した）諸特徴に求められる。この言葉はしかし、1976年のドイツ連邦議会選挙において勝利した社会民主党が選挙スローガンとして前面に押し出すことによって、アメリカ型の資本主義に対抗してドイツが擁護し発展させるべき──ひいては他の大陸ヨーロッパ諸国も模倣すべき──望ましいモデルとしても提示されることになった［Jessop 2014］。「ドイツ・モデル」の最大の特徴は、しばしば「ネオ重商主義」とも形容される特殊な輸出依存型経済成長にあるとされた。そして、この成長を保証する制度配置としては、①多様化された高品質の生産、②賃金の上昇を穏当な水準に抑制することのできる政労使の協調的な関係、③政府の求めに応じて雇用の維持や国際競争力の強化のためにインフレーションまたは平価の切下げに訴えたりはしない独立した中央銀行などが挙げられた［Streeck 2009, p.108ff.］。「ドイツ・モデル」のこうした諸特徴はなるほど、経済・通貨同盟を通じてEUが追求してきた諸目標にみごとに合致する。そのかぎりにおいて、EUの「ドイツ化」という命題には半面の真理

が宿っている。

　しかしながら、この「ドイツ・モデル」の一部は、当のドイツにとってすでに過去のものとなっている。W.シュトリークが明らかにしているように、ドイツは、従来からの労使協調的な要素を再編しつつ維持しながらも、自由化され脱組織化された英米型資本主義の類型へと接近していった。すなわち第1に、産業別の団体交渉による統一的な賃金設定の慣行は、企業ごとの労使合意、産業別の賃金合意に対する企業の自発的な尊重、あるいは労働組合を介さない企業の一方的な賃金設定といった分権的な諸形態へと移行した。こうした団体交渉制度の変化に対応して第2に、労働組合や企業間組織（あるいは雇用主の団体）はその成員数を減らしていき、ドイツのネオ・コーポラティズムの基盤を侵食していった。第3に、失業手当関連支出の大胆な削減を行なった社会民主党と緑の党の連立政権による「ハルツ改革」（2003-2004年）は、ネオ・コーポラティズム型の政労使合意の枠組みを——とりわけ労働組合の発言力を——決定的に侵食し、社会政策の策定における政府・与党の優越と、労組以外の利益団体による影響力の行使（利益代表の多元化）をもたらした。第4に、1970年代半ば以降に財政赤字と債務の増加に直面するようになったドイツの連邦政府と州政府は、ご多分に漏れず、国営企業の民営化（鉄道、郵便、電信電話）や公共サービスへの競争原理の導入に乗り出すことになる。そうした変革は当然のことながら、それまで公務員に対して保証されていた終身の安定した地位を掘り崩し、低賃金の不安定雇用を拡大し、そうすることで「ドイツ・モデル」をさらにいっそう侵食していった。第5に、「株式会社ドイツ（Deutschland AG）」とも呼ばれた銀行と企業、企業と企業とのあいだの融資や株式の持ち合いを通じた緊密な結びつきは衰退していった。銀行は、ドイツ最大の銀行であるドイチェ・バンクをはじめとして、1980年代の半ばから大企業に対するメイン・バンクとしての役割を放棄しはじめ、英米流の国際的な投資銀行業務に軸足を移すようになった。他方で、銀行から株の保有も融資も見込めなくなった企業のほうは、銀行に依存しない直接金融方式のもとで株主重視の経営へ向きを転じるとともに、他企業の買収や海外市場を志向する各々の独自の利益を追求するようになった。要するに、ドイツは1980年代半ば以降、シュトリークが「脱組織化」と総括的に呼んでいる過程のもとで［ibid., 149ff.］、——民間レベルでの分権的なコーディネーションの諸要素を維持しながらも——米英を典型とする金融主導型資本主義へと接近していったのである。

　それどころか、構造の異なるナショナルな資本主義が併存し互いに比較優位を競いあっているという想定を超えて、EUの中枢経済圏は金融の連鎖により、イギリスを媒介にしてアメリカの「ドル-ウォールストリート・レジーム」へと接

合されていった［Gowan 1999, 2009; Bieling 2011, S.177; Heinrich/Jessop 2013, S.21］。サブプライム・ローン危機の顕在化がパリバ・ショックという形態をとって欧州から始まったという事実は、象徴的な意味を有している。

金融によって支配される環大西洋蓄積レジームの危機

著者はかつて、「トランスナショナルな金融主導型蓄積レジーム」が欧州において形成されつつあることを指摘しておいた［中村 2005, 19頁以下］。それは、グローバル化とEUの単一市場プログラムからの圧力を受けて、アメリカ型の蓄積レジームが欧州にも浸透しつつあるという仮説であった。「金融によって支配される蓄積体制」または「金融化された蓄積レジーム」という概念は、1990年代末にフランスの経済学者F.シェネらによって提唱され、その後、M.アグリエッタをはじめとする同国のレギュラシオニストらによって類似の概念が用いられるようになった[8]。レギュラシオニストたちが用いた諸概念は主として世紀転換期以降のアメリカ経済のあり方を特徴づけるための概念であったのに対して、F.シェネは、彼がこの概念を用いはじめたときからすでに、「金融によって支配される蓄積レジーム」がグローバルな波及力を有すると診断していた[9]。そしてシェネは、フランスの金融資本家と政府がこのレジームを自国へ移植するだけでなく、フランスをアメリカの金融市場（およびNATO）という「環大西洋の枠組み」へ編入しようと試みていることを指摘したうえで［Chesnais 2001, p.28］、この蓄積レジームがEUにおいても萌芽的な仕方で根づきつつあることを、パリバ・ショック以前の段階ですでに示唆していたのである［Chesnais 2004, S.242］。

実際、EUとその有力な加盟国の政策によって導かれながら、欧州の金融市場とコーポレート・ガバナンスの構造はアメリカ型のそれへと接近していった。そのような接近を助長した第1の柱は、欧州委員会が1999年に発表した「金融サービスに関する行動計画」（1999-2005年）である。この計画は、国境を越え、かつまた高いリスクをもともなう金融サービスの競争と取引をうながすことで、企業等による資本調達のコストの軽減、コーポレート・ガバナンスに対する金融市場による監視、ハイリスク・ハイリターンの金融商品の流通、年金積立金の金融市場への投入をめざすものであった。そして第2の柱は、欧州委員会の策定した「会社法を近代化しコーポレート・ガバナンスを向上させる」行動計画（2003年）であり、この計画に沿って決定されたテイクオーヴァー指令（2004年）をはじめとする一連の指令であった。これらの指令は、すでに2001年に決定されていた「欧州会社定款」と相まって、加盟国の会社法の接近をうながし、経営・資産情報の開示を企業に迫ることで、投資家による企業株の取引を容易にする環境を作り出

した［中村 2011］。2008年10月時点で、約140兆円にのぼるサブプライム・ローン関連証券のうちの半分近くを欧州が保有していた［田中 2009, 67-8頁］。この事実は、アメリカの金融商品が生む利益とその金融市場の深みに魅せられた欧州の金融機関と企業が、金融の流れを媒体にし、EUの政策展開によって後押しされながら、アメリカの資本蓄積レジームへと組み込まれていったことの証である。

　アメリカの危機と欧州の危機は連鎖していた。そのため、イギリスの政治学者であるB.ジェソップらはこれを「北大西洋金融危機」と呼んでいる［Sum/Jessop 2013, p.416ff.］。しかし、大西洋を横断する連鎖は当然のことながら危機の局面において初めて形成されたわけではない。欧米の金融・債務・経済危機はむしろ、ヒエラルヒーと従属と競争をはらみながら斑模様を描きつつ形成され再形成されている単一のグローバルな資本主義[10]の内部における、〈金融によって支配される環大西洋蓄積レジーム〉のもとで生じたのである。

　2013年7月以来EUとアメリカとのあいだで交渉が進められている「環大西洋貿易・投資パートナーシップ（TTIP）」協定は、関税にとどまらないさまざまな参入・取引規制を撤廃ないし緩和することを目的にしており、対象となる分野は農業、食糧品の安全、生産・技術規格、サービス部門の規制、知的所有権の保護、公的な当局による民間への業務委託などにわたっている［EuroMemo Gruppe 2014, S.68］。そして、あろうことかオバマ政権よりはむしろ欧州委員会側のイニシアティブによって、このTTIPに金融取引をも対象としてふくめるべく交渉が進められている。そこでは、大西洋をはさんですべての金融取引を相互によりいっそう開放するために、禁止される事項のみを列挙するネガティブ・リスト方式による規制、EUまたはアメリカのいずれか一方で認められている取引を他方も承認するという相互承認原則、民間金融機関が政府による規制の不当さを訴えることのできる仲裁機関の設立などが検討の対象になっている［Stichele 2013］。TTIPは、「金融によって支配される環大西洋蓄積レジーム」をいっそう強固にするだけでなく、「北大西洋金融危機」の再発をももたらしかねない。

3．危機を経たEUの経済と社会の現状

　2008年以来続いたユーロ圏およびEUにおける不況は、2014年に入ってようやく底を脱したように見える。

　ギリシャ発の債務危機がスペインはもとよりEUの第4の経済大国であるイタリアにまで押し寄せ、イタリア国債が借り換え不能（デフォルト）に陥ることが懸念された2012年7月、欧州中央銀行（ECB）のマリオ・ドラギ総裁はロンドン

において、「ECBは権限の範囲内で、ユーロを維持するためにやれることを何でもする」と発言した。そして、ECBは翌8月に「即時金融取引（OMT）」の発動の用意を表明した。OMTは、民間の銀行等が保有している公債をECBが無制限に買い取る操作である[11]。ECBがこのように表明したことの「アナウンス効果」により［長部 2014, 105頁］、国債への投機はさしあたり沈静化し、スペインとイタリアの国債の利率は2012年後半以降に下落していった。ECBはこれにより、EU運営条約で禁じられているはずの「最後の貸し手」としての役割を部分的にせよ事実上引き受けたともいえる［Fitoussi and Saraceno 2013, p.491; Hodson 2013, p.188ff.］。それはしかし、地中海のタックス・ヘイブン（租税回避地）であるキプロスの金融・財政危機の勃発（2013年3月）を防止するまでにはいたらなかった。

脆弱な経済回復とデフレ傾向

ともあれ、2014年の実質GDP成長率は、ユーロ圏（18カ国）で0.8％、EU（28カ国）で1.3％にまで回復すると予想されている（図表1-5参照）。銀行危機のせいで2013年5月になってEUとIMFから融資を受けたキプロスは依然としてマイナス成長となるものの、それ以前に債務危機に陥っていたGIIPS諸国（ギリシャ、アイルランド、イタリア、ポルトガル、スペイン）はイタリアを除いてプラス成長に転じようとしている。北欧・西欧諸国の銀行からのユーロ建てローンによって住宅建設を中心にバブル経済の膨張と破裂を経験した中・東欧諸国は、EUで最も高い成長率を記録しつづけたポーランドを例外として、2009年以降に軒並み不況に陥った。とりわけバルト3国はいずれも2009年にGDP成長率がマイナス10％を超えるほどの深刻な不況に喘いだが、そのバルト3国もいまでは落ち着きを取りもどしている。しかし、ドイツ、フランス、イタリアといったユーロ圏の大国による経済回復は依然として微弱であり、その点が不安材料となっている[12]。

欧州中央銀行（ECB）の主要な政策目的は「物価の安定」に、とりわけインフレーションの抑止に置かれており、この目的を妨げないかぎりで他の政策目的（雇用や経済成長）を支援することができる（EU運営条約127条）。具体的には、インフレ率を「2％以下」に、場合によっては「2％近傍」に抑えることがECBの目標となる。図表1-6は、インフレ率の推移を示している。2007年から2008年にかけてバルト3国は激しいインフレーションに見舞われた。当時、ユーロとのあいだで厳格な固定相場を敷いていたこれら3国では、ユーロの低金利のせいで実質金利はマイナスとなり、それが企業や家計によるユーロ建ての外貨借り入れをうながして消費バブルを引き起こした。しかし、グローバル恐慌と欧州危機のなかでインフレは鎮静化し、ユーロ圏のみならずEU全体では、日本が最近まで経験

図表1-5　実質GDP成長率（単位：％）

	2005	2006	2007	2008	2009	2010	2011	2012	2013	2014
ベルギー	1.9	2.6	3.0	1.0	-2.6	2.5	1.6	0.1	0.3	1.1
ドイツ	0.7	3.7	3.3	1.1	-5.6	4.1	3.6	0.4	0.1	1.6
エストニア	9.5	10.4	7.9	-5.3	-14.7	2.5	8.3	4.7	1.6	2.1
アイルランド	5.7	5.5	4.9	-2.6	-6.4	-0.3	2.8	-0.3	0.2	4.8
ギリシャ	0.9	5.8	3.5	-0.4	-4.4	-5.4	-8.9	-6.6	-3.9	0.8
スペイン	3.7	4.2	3.8	1.1	-3.6	0	-0.6	-2.1	-1.2	1.4
フランス	1.6	2.4	2.4	0.2	-2.9	2.0	2.1	0.2	0.7	0.2
イタリア	0.9	2.0	1.5	-1.0	-5.5	1.7	0.6	-2.8	-1.7	-0.4
キプロス	3.9	4.5	4.9	3.6	-2.0	1.4	0.3	-2.4	-5.4	-2.3
ラトヴィア	10.2	11.6	9.8	-3.2	-14.2	-2.9	5.0	4.8	4.2	2.4
ルクセンブルク	4.1	4.9	6.5	0.5	-5.3	5.1	2.6	-0.2	2.0	：
マルタ	3.8	1.8	4.0	3.3	-2.5	3.5	2.1	2.5	2.3	3.5
オランダ	2.2	3.5	3.7	1.7	-3.8	1.4	1.7	-1.1	-0.5	1.0
オーストリア	2.1	3.4	3.6	1.5	-3.8	1.9	3.1	0.9	0.2	0.3
ポルトガル	0.8	1.6	2.5	0.2	-3.0	1.9	-1.8	-4.0	-1.6	0.9
スロヴェニア	4.0	5.7	6.9	3.3	-7.8	1.2	0.6	-2.6	-1.0	2.6
スロヴァキア	6.5	8.3	10.7	5.4	-5.3	4.8	2.7	1.6	1.4	2.4
フィンランド	2.8	4.1	5.2	0.7	-8.3	3.0	2.6	-1.4	-1.3	-0.1
ユーロ圏	**1.7**	**3.2**	**3.0**	**0.5**	**-4.5**	**2.0**	**1.6**	**-0.9**	**-0.4**	**0.8**
ブルガリア	6.0	6.5	6.9	5.8	-5.0	0.7	2.0	0.5	1.1	1.7
チェコ	6.4	6.9	5.5	2.7	-4.8	2.3	2.0	-0.8	-0.7	2.0
デンマーク	2.4	3.8	0.8	-0.7	-5.1	1.6	1.2	-0.7	-0.5	1.1
クロアチア	4.2	4.8	5.2	2.1	-7.4	-1.7	-0.3	-2.2	-0.9	-0.4
リトニア	：	7.4	11.1	2.6	-14.8	1.6	6.1	3.8	3.3	2.9
ハンガリー	4.3	4.0	0.5	0.9	-6.6	0.8	1.8	-1.5	1.5	3.6
ポーランド	3.5	6.2	7.2	3.9	2.6	3.7	4.8	1.8	1.7	3.4
ルーマニア	4.2	8.1	6.9	8.5	-7.1	-0.8	1.1	0.6	3.4	2.8
スウェーデン	2.8	4.7	3.4	-0.6	-5.2	6.0	2.7	-0.3	1.3	2.3
イギリス	2.8	3.0	2.6	-0.3	-4.3	1.9	1.6	0.7	1.7	3.0
EU	**2.0**	**3.4**	**3.1**	**0.5**	**-4.4**	**2.1**	**1.7**	**-0.5**	**0.1**	**1.3**
アメリカ	3.3	2.7	1.8	-0.3	-2.8	2.5	1.6	2.3	2.2	2.4

注：EUへの加盟は、ルーマニアとブルガリアが2007年、クロアチアが2013年である。そして経済・通貨同盟（EMU）への加盟は、スロヴェニアが2007年、マルタとキプロスが2008年、スロヴァキアが2009年、エストニアが2011年、ラトヴィアが2014年、リトアニアが2015年である。ただし、この図表1-5をふくむ本章と第2章の一連の図表の数値は便宜上、EU加盟国を28カ国、EMU加盟国を（リトアニアを除く）18カ国にして算出している。
出所：Eurostat

してきたようなデフレのほうが懸念される。デフレはGIIPS諸国と中・東欧諸国において顕著である。

失業率の高止まり

　失業率は、2005年から2008年にかけてEU全体で着実に減少していく趨勢が見られた。減少の幅は、中・東欧諸国のうちユーロ圏に加入していない国々において顕著であった。失業はしかし、一部の例外的な国を除いて2009年から増大へと転じる（図表1-7参照）。その例外的な国の典型は、やはりドイツである。ドイツ経済は2006年頃から好況へと転換した。そして、2005年に11.2％に達してい

図表1-6　インフレ率（単位：％）

	2005	2007	2009	2011	2013	2014
ベルギー	2.5	1.8	0	3.4	1.2	0.5
ドイツ	1.9	2.3	0.2	2.5	1.6	0.8
エストニア	4.1	6.7	0.2	5.1	3.2	0.5
アイルランド	2.2	2.9	-1.7	1.2	0.5	0.3
ギリシャ	3.5	3.0	1.3	3.1	-0.9	-1.4
スペイン	3.4	2.8	-0.2	3.1	1.5	-0.2
フランス	1.9	1.6	0.1	2.3	1.0	0.6
イタリア	2.2	2.0	0.8	2.9	1.3	0.2
キプロス	2.0	2.2	0.2	3.5	0.4	-0.3
ラトヴィア	6.9	10.1	3.3	4.2	0	0.7
ルクセンブルク	3.8	2.7	0	3.7	1.7	0.7
マルタ	2.5	0.7	1.8	2.5	1.0	0.8
オランダ	1.5	1.6	1.0	2.5	2.6	0.3
オーストリア	2.1	2.2	0.4	3.6	2.1	1.5
ポルトガル	2.1	2.4	-0.9	3.6	0.4	-0.2
スロヴェニア	2.5	3.8	0.9	2.1	1.9	0.4
スロヴァキア	2.8	1.9	0.9	4.1	1.5	-0.1
フィンランド	0.8	1.6	1.6	3.3	2.2	1.2
ユーロ圏	**2.2**	**2.2**	**0.3**	**2.7**	**1.3**	**0.4**
ブルガリア	6.0	7.6	2.5	3.4	0.4	-1.6
チェコ	1.6	3.0	0.6	2.1	1.4	0.4
デンマーク	1.7	1.7	1.1	2.7	0.5	0.3
クロアチア	3.0	2.7	2.2	2.2	2.3	0.2
リトアニア	2.7	5.8	4.2	4.1	1.2	0.2
ハンガリー	3.5	7.9	4.0	3.9	1.7	0
ポーランド	2.2	2.6	4.0	3.9	0.8	0.1
ルーマニア	9.1	4.9	5.6	5.8	3.2	1.4
スウェーデン	0.8	1.7	1.9	1.4	0.4	0.2
イギリス	2.1	2.3	2.2	4.5	2.6	1.5
EU	**2.3**	**2.4**	**1.0**	**3.1**	**1.5**	**0.6**
アメリカ	3.7	2.6	-0.8	3.8	1.3	1.3

出所：Eurostat

たドイツの失業率は、欧州経済がもろもろの危機を経由したにもかかわらず減っていき、2014年には5.0％にまで下落しようとしている。ドイツと同じく経常収支が黒字になっている西欧や北欧の国々と比べてみても、雇用面におけるドイツのパフォーマンスは際立っており、同国のマス・メディアでは「雇用の奇跡」が語り草になっている。

　それとは対照的なのがGIIPS諸国（とキプロス）である。これら諸国においては、銀行の経営危機から始まった不況を政府の緊縮政策が深刻化させるなかで、2009年頃から失業率が急増した。そして、実質GDP成長率が回復軌道にある2014年においても、これら諸国の失業率は高止まりしている。EU加盟28カ国のうちで最も高い失業率を2008年以来記録しつづけているギリシャとスペインにいたっ

ては、稼働年齢層の4人に1人が失業している状態が3年間も続いている。なお、2014年12月現在におけるユーロ圏全体（リトアニアを除く18カ国）の失業率は11.1％、失業者数は1812万9000人であり、EU全体の失業率は9.7％、失業者数は2405万6000人である。

続いて、失業期間が1年以上に達する長期失業者の動向を見ておこう（図表1-8参照）。長期失業は、EUが1980年代半ばから取り組みを強めている「社会的排除」という社会現象の根幹に位置している問題である。長期失業率も失業率と同様に、ユーロ圏とEU全体において2005年から2008年にかけて減少し、2009年から増加へと転じた。そして、2005年から2013年にかけて長期失業率を半分以下に低下させたドイツは、EUのなかで唯一の例外的に良好な状態にある。対照的にGIIPS諸国とキプロスの状態は深刻であるが、長期失業率の急増ぶりに関しては、ギリシャ（2008年の3.7％→2013年の18.6％）、スペイン（2007年の1.7％→2013年の13％）、キプロス（2008年の0.5％→2013年の6.1％）が群を抜いている。ちなみに、

図表1-7　失業率（単位：％）

	2005	2007	2009	2011	2013	2014
ベルギー	8.5	7.5	7.9	7.2	8.4	8.5
ドイツ	11.2	8.5	7.6	5.8	5.2	5.0
エストニア	8.0	4.6	13.5	12.3	8.6	7.4
アイルランド	4.4	4.7	12.0	14.7	13.1	11.3
ギリシャ	10.0	8.4	9.6	17.9	27.5	26.5
スペイン	9.2	8.2	17.9	21.4	26.1	24.5
フランス	8.9	8.0	9.1	9.1	10.2	10.2
イタリア	7.7	6.1	7.7	8.4	12.1	12.7
キプロス	5.3	3.9	5.4	7.9	15.9	16.1
ラトヴィア	10.0	6.1	17.5	16.2	11.9	10.8
ルクセンブルク	4.6	4.2	5.1	4.8	5.9	6.0
マルタ	6.9	6.5	6.9	6.4	6.4	5.9
オランダ	5.9	4.2	4.4	5.0	7.3	7.4
オーストリア	5.6	4.9	5.3	4.6	5.4	5.6
ポルトガル	8.8	9.1	10.7	12.9	16.4	14.1
スロヴェニア	6.5	4.9	5.9	8.2	10.1	9.7
スロヴァキア	16.4	11.2	12.1	13.7	14.2	13.2
フィンランド	8.4	6.9	8.2	7.8	8.2	8.7
ブルガリア	10.1	6.9	6.8	11.3	13.0	11.4
チェコ	7.9	5.3	6.7	6.7	7.0	6.1
デンマーク	4.8	3.8	6.0	7.6	7.0	6.6
クロアチア	13	9.9	9.2	13.7	17.3	17.3
リトアニア	8.3	4.3	13.8	15.4	11.8	10.7
ハンガリー	7.2	7.4	10.0	11.0	10.2	7.7
ポーランド	17.9	9.6	8.1	9.7	10.3	9.0
ルーマニア	7.1	6.4	6.5	7.2	7.1	6.8
スウェーデン	7.7	6.1	8.3	7.8	8.0	7.9
イギリス	4.8	5.3	7.6	8.1	7.6	6.1

出所：Eurostat

図表1-8　長期失業率（単位：％）

	2005	2007	2009	2011	2013
ベルギー	4.4	3.8	3.5	3.5	3.9
ドイツ	6.0	4.9	3.5	2.8	2.4
エストニア	4.4	2.3	3.7	7.1	3.8
アイルランド	1.5	1.4	3.5	8.7	7.9
ギリシャ	5.2	4.2	3.9	8.9	18.6
スペイン	2.2	1.7	4.3	8.9	13.0
フランス	3.7	3.2	3.2	3.8	4.1
イタリア	3.9	2.9	3.5	4.4	6.9
キプロス	1.3	0.7	0.6	1.6	6.1
ラトヴィア	4.6	1.6	4.5	8.8	5.8
ルクセンブルク	1.2	1.2	1.2	1.4	1.8
マルタ	3.3	2.7	2.9	3.1	2.9
オランダ	2.1	1.4	0.9	1.5	2.4
オーストリア	1.3	1.2	1.0	1.1	1.2
ポルトガル	4.1	4.2	4.7	6.2	9.3
スロヴェニア	3.1	2.2	1.8	3.6	5.2
スロヴァキア	11.8	8.3	6.5	9.3	10.0
フィンランド	2.2	1.6	1.4	1.7	1.7
ユーロ圏	**4.1**	**3.3**	**3.4**	**4.6**	**6.0**
ブルガリア	6.1	4.1	3.0	6.3	7.4
チェコ	4.2	2.8	2.0	2.7	3.0
デンマーク	1.1	0.6	0.6	1.8	1.8
クロアチア	7.5	5.9	5.1	8.6	11.0
リトアニア	4.4	1.4	3.3	8.0	5.1
ハンガリー	3.2	3.4	4.2	5.2	5.0
ポーランド	10.3	4.9	2.5	3.6	4.4
ルーマニア	4.0	3.2	2.2	3.1	3.4
スウェーデン	1.0	0.9	1.1	1.5	1.5
イギリス	1.0	1.3	1.9	2.7	2.7
EU	**4.1**	**3.1**	**3.0**	**4.1**	**5.1**
アメリカ	0.6	0.5	1.5	2.8	:
日本	1.5	1.2	1.4	1.8	:

出所：Eurostat

　EU全体では2013年に5.1％の労働力が長期失業の状態にあったわけだが、そのうちの半分以上にあたる2.9％は2年以上失業していた。

　失業は青年層においてとりわけ深刻であり、概して労働力人口全体のそれの2倍以上となっている（図表1-9参照）。この格差は、2013年の数値で見るならイタリア、ルクセンブルク、クロアチア、ルーマニアで3倍以上にまで達している。青年層における失業率のこうした極端な高さは、パートタイムや派遣労働といった期限付き雇用形態の拡大によるところが大きい。安定した雇用を享受することができた現在の中・高年齢層とは異なり、今日の青年たちが教育課程を修了したあとに手にすることができたのは、往々にして期限付きの雇用であり、それは不況の局面において最初に解雇の対象となるものであった──「最後に雇われ、最初に解雇される（last hired, first fired）」［Marí-Klose/Moreno-Fuentes 2015, p.7］──。

　雇用におけるドイツのパフォーマンスはたしかに際立って良好であるが、雇用の質という面に着目すると別の様相が見えてくる。図表1-10 は、自らの主な仕

図表1-9　15-24歳の年齢層の失業率（単位：%）

	2011	2012	2013
ベルギー	18.7	19.8	23.7
ドイツ	8.6	8.1	7.9
エストニア	22.4	20.9	18.7
アイルランド	29.1	30.4	26.8
ギリシャ	44.4	55.3	58.3
スペイン	46.2	52.9	55.5
フランス	22.6	24.4	24.8
イタリア	29.1	35.3	40.0
キプロス	22.4	27.8	38.9
ラトヴィア	31.0	28.5	23.2
ルクセンブルク	16.4	18.0	17.4
マルタ	13.8	14.2	13.5
オランダ	7.6	9.5	11.0
オーストリア	8.3	8.7	9.2
ポルトガル	30.1	37.7	37.7
スロヴェニア	15.7	20.6	21.6
スロヴァキア	33.7	34.0	33.7
フィンランド	20.1	19.0	19.9
ユーロ圏	**20.8**	**23.1**	**24.0**
ブルガリア	25.0	28.1	28.4
チェコ	18.1	19.5	18.9
デンマーク	14.3	14.0	13.0
クロアチア	36.1	43.0	49.7
リトアニア	32.6	26.7	21.9
ハンガリー	26.1	28.1	27.2
ポーランド	25.8	26.5	27.3
ルーマニア	23.7	22.7	23.6
スウェーデン	22.8	23.7	23.4
イギリス	21.1	21.0	20.5
EU	**21.4**	**23.0**	**23.4**

出所：Eurostat

図表1-10　15-64歳の全雇用に占めるパートタイム雇用と期限付き雇用の比率（単位：%）

		2003	2008	2013
ドイツ	パートタイム	21.2	25.1	26.2
	期限付き雇用	12.2	14.7	13.4
	上記の合計	33.4	39.8	39.6
アイルランド	パートタイム	16.7	18.1	23.5
	期限付き雇用	5.2	8.5	10.0
	上記の合計	21.9	26.6	33.5
ギリシャ	パートタイム	3.9	5.4	8.2
	期限付き雇用	11.2	11.5	10.0
	上記の合計	15.1	16.9	18.2
スペイン	パートタイム	8.2	11.6	15.7
	期限付き雇用	31.8	29.1	23.1
	上記の合計	40.0	40.7	38.8
フランス	パートタイム	16.8	16.8	18.1
	期限付き雇用	13.4	14.9	16.5
	上記の合計	30.2	31.7	34.6
イタリア	パートタイム	8.5	14.1	17.7
	期限付き雇用	9.9	13.3	13.2
	上記の合計	18.4	27.4	30.9
オランダ	パートタイム	44.6	46.8	50.0
	期限付き雇用	14.5	18.2	20.6
	上記の合計	40.1	65.0	70.6
ユーロ圏	パートタイム	16.1	18.8	21.5
	期限付き雇用	14.5	16.1	15.2
	上記の合計	30.6	34.9	36.7
ブルガリア	パートタイム	2.1	2.0	2.5
	期限付き雇用	6.5	5.0	5.7
	上記の合計	8.6	7.0	8.2
デンマーク	パートタイム	20.3	23.8	24.7
	期限付き雇用	9.3	8.5	8.8
	上記の合計	29.6	32.3	33.5
ハンガリー	パートタイム	4.1	4.3	6.3
	期限付き雇用	7.5	7.9	10.8
	上記の合計	11.6	12.2	17.1
スウェーデン	パートタイム	22.2	25.7	24.7
	期限付き雇用	15.1	16.1	16.9
	上記の合計	37.3	41.8	41.6
イギリス	パートタイム	25.0	24.2	25.5
	期限付き雇用	6.1	5.4	6.2
	上記の合計	31.1	29.6	31.7
EU	パートタイム	16.0	17.5	19.5
	期限付き雇用	12.7	14.1	13.8
	上記の合計	28.7	31.6	33.3

出所：Eurostat

事がパートタイム雇用か、または期限付き雇用であると申告した人がすべての被雇用者のうちに占める比率の推移を示したものである。フレキシキュリティとパートタイム雇用の先進国として知られるオランダがパートタイマーの比率において他国の追随を許さない高さを示していること（2013年で50%、女性のそれは77%）は、いまでは常識の部類に属するが、実はこの比率がEU加盟国のなかでオランダに次いで高いのはドイツであり、これにイギリス、デンマーク、スウェーデンなどが続いている。ドイツの産業は2009年の不況を、正社員の労働時間の削減とそれを補うパートタイム雇用とで乗り切ったのだった［EuroMemo

図表1-11 就労していながら貧困のリスクに見舞われている人の割合（単位：％）

	2006	2008	2010	2012	2013
ドイツ	5.5	7.1	7.2	7.8	:
アイルランド	6.2	6.5	5.5	5.4	:
ギリシャ	13.8	14.3	13.8	15.1	:
スペイン	10.1	11.2	12.8	12.3	10.5
フランス	6.0	6.5	6.5	8.0	:
イタリア	9.6	8.9	9.4	11.0	10.6
オランダ	4.4	4.8	5.1	4.6	:
ユーロ圏	**7.4**	**8.0**	**8.1**	**8.8**	:
ブルガリア	5.4	7.5	7.7	7.4	7.2
デンマーク	4.5	5.0	6.5	5.6	4.3
ハンガリー	6.8	5.8	5.3	5.3	6.6
スウェーデン	7.4	6.8	6.5	6.7	:
イギリス	7.8	8.5	6.8	9.0	:
EU	:	:	**8.4**	**9.1**	:

出所：Eurostat

Gruppe 2011, S.21ff.]。しかも、パートタイム雇用は女性に集中しており、2013年について言えば、EU全体では15-64歳の女性の32.1％がパートタイマーであるのに対し、男性は8.8％にとどまっている。他方、期限付き雇用は、オランダでは増加の傾向にあり、2013年で見るならポルトガル（21.5％）に次ぐ高い水準にある。

「より良い雇用」を置き去りにした「より多くの雇用」は、ワーキング・プアの拡大をもたらすかもしれない。図表1-11は、就労していながら貧困のリスクに見舞われている人（所得が各国の所得分布の中央値の60％以下にある人）の割合を示している。ギリシャ、スペイン、イタリア等の南欧諸国の数値が高いこともさることながら、ドイツにおいてワーキング・プアの割合が意外に多く、しかもそれが増大傾向にあることがわかる。欧州委員会の「雇用・社会問題・包摂担当総局」は、欧州危機を通じてほとんどのEU加盟国でワーキング・プアが増えたことは、「仕事の質の低下（パートタイム雇用と臨時雇いの増加）」に原因のひとつがあると率直に指摘している［European Commission 2014, p.56］。

緊縮政策下でなお続く財政赤字

では、ギリシャ政府による財政粉飾のせいで欧州危機が決定的に深化するきっかけをあたえた各国の財政状態はどうなっているのだろうか。よく知られているように、経済・通貨同盟（EMU）の加盟国に対しては安定・成長協定により、一般政府の財政赤字[13]についてはGDPの3％以下、一般政府の債務残高についてはGDPの60％以下という制約が課されており、しかもこの制約は、第2章第3節で述べるように欧州危機以降いっそう強化されるにいたっている。

図表1-12 は一般政府の財政収支の対GDP比を示しており、プラスの数値は収支の黒字を、マイナスの数値は赤字を表わしている。2007年までのユーロ圏では、ギリシャを除くすべての国がGDPの3％以下という財政赤字基準からそれほど乖離しない数値を示していたし、債務危機に見舞われることになるアイルランドとスペインは黒字すら達成していた。2002年から2005年にかけて対GDP比3‐4％台の赤字を続けてきたのは、むしろドイツ、フランス、イタリアなどの大国のほうであった。ところが、2008年からはギリシャのみならずアイルランド、スペイン、ポルトガルの赤字が急拡大していくのである。赤字の拡大は、フランスはもとより、ユーロ圏外のイギリスのような大国でも観察された。財政赤字は、各国政府

図表1-12　一般政府財政収支の対GDP比（単位：％）

	2005	2007	2009	2011	2013	2014	2015
ベルギー	-2.5	-0.1	-5.6	-3.8	-2.6	-2.6	-2.8
ドイツ	-3.3	0.2	-3.1	-0.8	0	0	-0.1
エストニア	1.6	2.4	-2.0	1.1	-0.2	-0.5	-0.6
アイルランド	1.6	0.2	-13.7	-13.1	-7.2	-4.8	-4.2
ギリシャ	-5.2	-6.5	-15.7	-9.6	-12.7	-1.6	-1.0
スペイン	1.3	2.0	-11.1	-9.6	-7.1	-5.6	-6.1
フランス	-2.9	-2.7	-7.5	-5.2	-4.3	-3.9	-3.4
イタリア	-4.4	-1.6	-5.5	-3.7	-3.0	-2.6	-2.2
キプロス	-2.4	3.5	-6.1	-6.3	-5.4	-5.8	-6.1
ラトヴィア	-0.4	-0.7	-9.2	-3.5	-1.0	-1.0	-1.1
ルクセンブルク	0	3.7	-0.7	0.2	0.1	-0.2	-1.4
マルタ	-2.9	-2.3	-3.7	-2.7	-2.8	-2.5	-2.5
オランダ	-0.3	0.2	-5.6	-4.3	-2.5	-2.8	-1.8
オーストリア	-1.7	-0.9	-4.1	-2.5	-1.5	-2.8	-1.5
ポルトガル	-6.5	-3.1	-10.2	-4.3	-4.9	-4.0	-2.5
スロヴェニア	-1.5	0	-6.3	-6.4	-14.7	-4.3	-3.1
スロヴァキア	-2.8	-1.8	-8.0	-4.8	-2.8	-2.9	-2.8
フィンランド	2.9	5.3	-2.5	-0.7	-2.1	-2.3	-1.3
ユーロ圏	**-2.5**	**-0.7**	**-6.4**	**-4.1**	**-3.0**	**-2.5**	**-2.3**
ブルガリア	1.0	1.2	-4.3	-2.0	-1.5	-1.9	-1.8
チェコ	-3.2	-0.7	-5.8	-3.2	-1.5	-1.9	-2.4
デンマーク	5.2	4.8	-2.7	-1.9	-0.8	-1.2	-2.7
クロアチア	-2.8	-1.9	-5.4	-7.8	-4.9	-3.8	-3.1
リトアニア	-0.5	-1.0	-9.4	-5.5	-2.2	-2.1	-1.6
ハンガリー	-7.9	-5.1	-4.6	4.3	-2.2	-2.9	-2.8
ポーランド	-4.1	-1.9	-7.5	-5.1	-4.3	5.7	-2.9
ルーマニア	-1.2	-2.9	-9.0	-5.5	-2.3	-2.2	-1.9
スウェーデン	2.2	3.6	-0.7	0.2	-1.1	-1.8	-0.8
イギリス	-3.4	-2.8	-11.4	-7.6	-5.8	-5.1	-4.1
EU	**-2.5**	**-0.9**	**-6.9**	**-4.4**	**-3.3**	**-2.6**	**-2.5**
アメリカ	:	:	-6.1	-10.6	-6.2	-5.4	-4.7
日本	:	:	-3.8	-8.8	-9.0	-7.4	-6.2

注1：一般政府財政収支とは、中央政府、地方政府、および社会保障基金を合わせた財政収支を指す。
注2：アメリカと日本の2009年の欄には、2005年から2009年までの平均値が記載されている。
出所：2005～2013年の数値はEurostatを、2014年と2015年の数値はEuropean Commission, European Economic Forecast, Spring 2014 を参照した。

の緊縮政策のおかげでここ数年のあいだに全般的に縮小してきた。2015年において対GDP比3％をかなり超過する赤字が予測されているユーロ圏の国は、アイルランド、スペイン、キプロスのみである。

対GDP比で60％以下に抑えることが義務づけられている一般政府債務残高の推移は、図表1-13 のとおりである。財政赤字についてと同様に、GIIPS諸国のうちアイルランドとスペインは、少なくとも2005年から2008年頃まで対GDP比60％以下という債務残高の基準を十分に満たしていた（ポルトガルも、他のEMU加盟国に比してことさら悪い成績を収めてはいなかった）。現時点で憂慮すべきは、対GDP比で100％を超えるGIIPS諸国とキプロスの債務残高が減少していく気配が見られないことである。これら諸国では不況下において、融資と引き換えに緊縮財政が強制され、それが不況に拍車をかけているのであるから、税収が増え

図表1-13 一般政府債務残高の対GDP比（単位：％）

	2005	2007	2009	2011	2013	2014	2015
ベルギー	92.0	84.0	96.6	99.2	101.2	101.7	101.5
ドイツ	68.6	65.2	74.6	80.0	78.4	76.0	73.6
エストニア	4.6	3.7	7.1	6.1	10.0	9.8	9.6
アイルランド	27.2	24.9	64.4	104.1	123.7	121.0	120.4
ギリシャ	101.2	107.2	129.7	170.3	175.1	177.2	172.4
スペイン	43.2	36.3	54.0	70.5	93.9	100.2	103.8
フランス	66.7	64.2	79.2	86.2	93.5	95.6	96.6
イタリア	105.7	103.3	116.4	120.7	132.6	135.2	133.9
キプロス	69.4	58.8	58.5	71.5	111.7	122.2	126.4
ラトヴィア	12.5	9.0	36.9	42.0	38.1	39.5	33.4
ルクセンブルク	6.1	6.7	15.5	18.7	23.1	23.4	25.5
マルタ	68.0	60.7	66.5	68.9	72.6	72.5	71.1
オランダ	51.8	45.3	60.8	65.7	73.5	73.8	73.4
オーストリア	64.2	60.2	69.2	73.1	74.5	80.3	79.2
ポルトガル	67.7	68.4	83.7	108.2	128.9	126.7	124.8
スロヴェニア	26.7	23.1	35.2	47.1	71.7	80.4	81.3
スロヴァキア	34.2	29.6	35.6	43.6	55.4	56.3	57.8
フィンランド	41.7	35.2	43.5	49.3	57.0	59.9	61.2
ユーロ圏	:	:	71.1	88.1	95.0	96.0	95.4
ブルガリア	27.5	17.2	14.6	16.3	18.9	23.1	22.7
チェコ	28.4	27.9	34.6	41.4	46.0	44.4	45.8
デンマーク	37.8	27.1	40.7	46.4	44.5	43.5	44.9
クロアチア	38.5	33.3	36.6	52.0	67.4	69.0	69.2
リトアニア	18.3	16.8	29.3	38.3	39.4	41.8	41.4
ハンガリー	61.7	67.0	79.8	82.1	79.3	80.3	79.5
ポーランド	47.1	45.0	50.9	56.2	57.0	49.2	50.0
ルーマニア	15.8	12.8	23.6	34.7	38.4	39.9	40.1
スウェーデン	50.4	40.2	42.6	38.6	40.5	41.6	40.4
イギリス	41.7	43.7	67.1	84.3	90.6	91.8	92.7
EU	:	:	:	83.0	88.9	89.5	89.2

注：ユーロ圏の2009年の欄には、2005年から2009年までの平均値が記載されている。
出所：2005〜2013年の数値はEurostatを、2014年と2015年の数値はEuropean Commission, European Economic Forecast, Spring 2014 を参照した。

る見込みは乏しい。とくにギリシャの場合、いわゆる「トロイカ」から計2400億ユーロにのぼる融資を受ける一方で、GDPは2008年から2014年までに25％も縮小している。「人道的危機」をもたらすほどの緊縮政策にもかかわらずギリシャの債務残高の対GDP比が2009年の129.7％から2014年の177.2％へ増加したのは、自明であると言わざるをえない。

　「トロイカ」によってギリシャ、ポルトガル、スペインに課された緊縮財政政策に対し、これら諸国ではゼネストや市民の異議申し立て行動が連続した。2012年5月のギリシャと2013年2月のイタリアでの総選挙において、欧州の金融政策実務の大物を首相候補に立てた政党が敗北したこと[14]は、有力な政治家とテクノクラートの独走がよりいっそう顕著になった現行の欧州統合のあり方に対する警告のメッセージであったはずだ。それにもかかわらず継続され強化されていった緊縮政策に対してギリシャの市民は、2015年1月の総選挙と同年7月の国民投票において、2度にわたる拒絶の意志を表明した。一般政府の年間歳入額が860億ユーロしかないギリシャが、総額3100億ユーロもの債務負担に耐えられるはずがない。IMFですら条件付きで認めたように、ギリシャに対する債務の減免は不可避であり、経済成長がないかぎり債務の返済は不可能なのだ［Sen 2015］。第2次世界大戦の以前と以後に西ドイツがかかえ込んだ300億マルクもの対外債務の約半分が、ギリシャ政府も同意した1953年のロンドン債務協定によって免除され、そのことが西ドイツの「経済の奇跡」に貢献したという史実を、メルケル政権はいまこそ想い起こすべきである［Habermas 2015］。

【注】
1　2012年6月のG20サミットでは、カナダのS.ハーパー首相がEUの「中途半端な」通貨同盟を厳しく批判し、オーストラリアのJ.ギラード首相（当時）は、欧州はオーストラリアの経済モデルから学ぶべきだと説教を垂れた［Hodson 2013, p.193］。
2　たとえば、ドイツ最大手のドイチェ・バンクは1984年に投資業務をロンドンに移し、1989年にはイギリスの投資銀行モルガン・グレンフェルを買収して、英米市場への本格進出を果たした［新形 2010, 33頁; Streeck 2009, p.105,164］。
3　本書の第1章と第2章の一連の図表は、それらの出所であるEurostatの統計処理に沿って、2015年1月にユーロを導入したリトアニアを「ユーロ圏」に加入していない国として扱っている。
4　ルーカス・パパデモスは2002年から欧州中央銀行副総裁を務めたうえ、2011年11月から2012年5月まではギリシャの連立政権の首相として緊縮政策を実行した。
5　欧州委員会は、「欧州セメスター」（本書の第2章第1節参照）の「国別勧告」のなかで次のように指摘している——「経常収支が『赤字』の国は自国の競争力を高めなければなら

ないし、『黒字』の国は自国の内需の伸びを阻んでいる構造的な障害物を取り除く必要がある」［European Commission 2013, p.4 傍点は引用者］。

6　A.ギデンズは、欧州委員会と閣僚理事会と欧州議会とによる通常の立法手続きに沿ったEUによる公式の意思決定構造を「EU 1」と呼び、メルケル首相をはじめとする西欧の有力な政治家が欧州委員会・欧州中央銀行・IMFからなる「トロイカ」体制の政策にお墨付きをあたえる非公式の構造を「EU 2」と名づけている。

7　フィトゥーシらはかつて、EMUの基礎に置かれるようになった統治エリート間の暗黙の合意を「ブリュッセル・フランクフルト・ワシントン・コンセンサス」と呼んでいた［Fitoussi and Saraceno 2004］。しかし、欧州危機への対処の過程で、本書の第2章第3節で紹介する「ユーロ・プラス協定」や「安定・調整・ガバナンス条約」に象徴されるようにドイツ政府を盟主とする政府間協力方式（intergovernmentalism）が台頭するにつれて、欧州委員会（「ブリュッセル」）の役割が後退していった。そのためフィトゥーシらは、上記の呼称に代えて「ベルリン・ワシントン・コンセンサス」という語を用いるようになったという［Fitoussi and Saraceno 2013, p.482］。

8　たとえばアグリエッタは「資産形成型成長レジーム」［Aglietta 1998］、A.オルレアンは「金融化された蓄積体制」［オルレアン 2001］、そしてR.ボワイエは「金融主導型成長レジーム」［Boyer 2000］という概念を用いている。

9　そのことは、シェネが「金融によって支配される蓄積レジーム」という概念を初めて提起した論文が、「金融によって支配されるグローバルな蓄積レジームの出現」と題されていたことにも表われている［Chesnais 1997］。彼はその後、この種の概念をすべての国または経済圏に対して一様にかつ性急に適用することを戒めるF.ロードンの指摘を受けて［Lordon 1999］、「グローバル（mondia）」という形容詞の使用を避けるようになった。シェネはしかし、「金融によって支配される蓄積レジーム」がグローバル化されていく可能性を、次のような意味において肯定している：「このレジームがごく少数の国、それどころかおそらくはただ1つの国において完全に系統的に根を降ろしただけであるという事実は、それが次のようにグローバル化されていくことを妨げはしない。すなわち、このレジームの機能作用は、それの存在自体と切り離すことができないほどにまで、金融だけでなく直接投資と商品取引においてもきわめて高度な自由化と規制緩和を要求するのである」［Chesnais 2001, p.26-7］。

10　「斑模様を描く単一の資本主義（single variegated capitalism）」という用語は、各国または各地域の資本主義が互いに孤立して存在し競争しあっているかのような構図を描くホールとソスキスらの「資本主義の多様性」論を批判しながら、今日のグローバルな資本主義の内部編成のあり方を縮約して表現する語として、B.ジェソップが近年多用している［たとえば、Jessop 2010, p.69 を見よ］。

11　ただし、OMTの発動には条件が付けられている。すなわち、OMTの恩恵を受ける国はそれに先立ってEUまたはIMFの金融支援を仰がなければならず、したがってこの支援の見返りとして財政緊縮プログラムを受け入れなければならない。

12　実際、欧州中央銀行のマリオ・ドラギ総裁は、2014年9月における同行の定例政策理事会

後の記者会見において、「ユーロ圏は成長の勢いを失っている」と述べ、0.05％という過去最低水準への政策金利引き下げなどの新たな措置を正当化した。
13 「一般政府の財政赤字」における「一般政府」には、中央政府、地方政府、および社会保障基金がふくまれる。「一般政府の債務残高」における「一般政府」も同様である。
14 2011年11月にギリシャの首相となり緊縮政策を断行したルーカス・パパデモス（注4参照）は、2012年5月の総選挙における与党の敗北により辞任を余儀なくされた。イタリアでは、欧州委員会の域内市場担当委員を務め、ゴールドマン・サックスの顧問でもあるマリオ・モンティが2011年11月に首相に就任したが、緊縮政策への反発が強まるなかで2012年12月に辞任へと追い込まれた。これを受けて2013年2月に行なわれたイタリアの総選挙でもモンティが率いた中道連合は敗北し、モンティ政権は幕を降ろした。

【参考文献一覧】

Aglietta, Michel 1998: Le capitalisme de demain, Notes de la Fondation Saint-Simon, numéro 101, novembre 1998, Paris.
―――― 2012: *Zone Euro: Éclatement ou Fédération*, Paris: Michalon Éditions.
Beck, Ulrich 2012: *Das deutsche Europa*, Berlin: Suhrkamp Verlag.
Becker, Joachim 2011: Wachstumsmodelle und Krisenmuster in Osteuropa, *WSI Mitteilungen*, 6/2011.
Bieling, Hans-Jürgen 2011: Die EU in der globalen Wirtschafts- und Finanzkrise: Konturen und innere Widersprüche des europäischen Krisenmanagements, in: Oliver Kessler (Hg.), *Die internationale Politische Ökonomie der Weltfinanzkrise*, Wiesbaden: VS Verlag.
―――― 2013: Das Projekt der Euro-Rettung und die Widersprüche des europäischen Krisenkonstitutionalismus, in: *Zeitschrift für Internationale Beziehungen*, 20. Jg., Heft 1.
Boyer, Robert 2000: Is a finance-led growth regime a viable alternative to Fordism?: A preliminary analysis, in: *Economy and Society*, Vol. 19, No.1.
Chesnais, François 1997: L'émergence d'un régime d'accumulation mondial à dominante financière, dans: *La Pensée*, numéro 309.
――――2001: La théorie du régime d'accumulation financialisé: contenu, portée et interrogations, le rapport présenté à Forum de la regulation, Paris, 11-12 octobre 2001.
―――― 2004: Das finanzdominierte Akkumulationsregime: theoretische Begründung und Reichweite, in: Christian Zeller (Hg.), *Die globale Enteignungsökonomie*, Münster: Westfälisches Dampfboot.
Crouch, Colin 2009: What Will Follow the Demise of Privatized Keynesianism?, in: *University of Warwick institutional repository*, http://go.warwick.ac.uk/wrap
EuroMemo Gruppe 2011: *EuroMemo 2010/11*, Hamburg: VSA Verlag.
―――― 2014: *EuroMemo 2014*, Hamburg: VSA Verlag.
European Commission 2013: 2013 European Semester: Country-Specific Recommendations:

Moving Europe beyond the Crisis, COM (2013) 350 final.

―――― 2014: Employment and Social Developments in Europe 2013, Commission staff working document (Directorate-General for Employment, Social Affairs and Inclusion).

Fitoussi, Jean-Paul and Saraceno, Francesco 2004: The Brussels-Frankfurt-Washington Consensus: Old and New Tradeoffs in Economics, *OFCE Working Paper*, No.2004-02.

―――― 2013: European economic governance: the Berlin-Washington Consensus, *Cambridge Journal of Economics*, Vol.37.

Giddens, Anthony 2014: *Turbulent and Mighty Continent: What Future for Europe?*, Cambridge: Polity Press.

Gowan, Peter 1999: *Global Gamble: Washington's Faustian Bid for World Dominance*, London/New York: Verso.

―――― 2009: Crisis in the Heartland: Consequences of the New Wall Street System, in: *New Left Review*, No.55.

Habermas, Jürgen 2015: Habermas: Warum Merkels Griechenland-Politik ein Fehler ist, in: *Süddeutsche Zeitung*, 22. Juni 2015.

Heinrich, Mathis/Jessop, Bob 2013: Die EU-Krise aus Sicht der Kulturellen Politischen Ökonomie: Krisendeutungen und ihre Umsetzung, in: *Das Argument*, 301/2013.

Hodson, Dermot 2013: The Eurozone 2012: "Whatever It Takes to Preserve the Euro"?, in: *Journal of Common Market Studies*, Vol.51, No.S1.

Jessop, Bob 2010: What follows Neo-liberalism?: The Deepening Contradictions of US Domination and the Struggle for a New Global Order, in: Robert Albritton et al. (eds.), *Political Economy and Global Capitalism: The 21st Century, Present and Future*, London/New York: Anthem Press.

―――― 2014: Variegated Capitalism, das Modell Deutschland, and the Eurozone Crisis, in: *Journal of Contemporary European Studies*, Vol.22, No.3.

Lapavistas, Costas et al. 2012: *Crisis in the Eurozone*, London/New York: Verso.

Lordon, Frédéric 1999: Le nouvel agenda de la politique économique en régime d'accumulation financialisé, dans: Gérard Duménil /Dominique Lévy, *Le Triangle infernal: Crise, mondialisation, financialisation*, Paris: PUF.

Marí-Klose, Pau and Moreno-Fuentes, Francisco Javier 2015: The Southern European Welfare Model in the Post-Industiral Order: Still a distinctive cluster?, in: Francisco Javier Moreno-Fuentes and Pau Marí-Klose (eds.), *The Mediterranean Welfare Regime and the Economic Crisis*, London/New York: Routledge.

Schulten, Thorsten 2011: Europäischer Tarifbericht des WSI - 2010/2011, in: *WSI Mitteilungen*, 7/2011.

―――― 2013: Europäischer Tarifbericht des WSI - 2012/2013, in: *WSI Mitteilungen*, 8/2013.

Sen, Amartya 2015: The economic consequences of austerity, in: *New Statesman*, 4 June, 2015.

Stichele, Myriam Vander 2013: TTIP Negotiations and Financial Services: Issues and Problems for Financial Services Regulation, Centre for Research on Multinational Corporations.
Streeck, Wolfgang 2009: *Re-Forming Capitalism: Institutional Change in the German Political Economy*, Oxford: Oxford University Press.
――― 2013: *Gekaufte Zeit: Die vertagte Krise des demokratischen Kapitalismus*, Berlin: Suhrkamp Verlag.
Sum, Ngai-Ling and Jessop, Bob 2013: *Towards a Cultural Political Economy: Putting Culture in its Place in Political Economy*, Cheltenham/Northampton: Edward Elgar.
Urban, Hans-Jürgen 2011: Das neue Europa: Europas Weg in einen neuen Autoritarismus, in: Joachim Bischoff u.a., *Europa im Schlepptau der Finanzmärkte*, Hamburg: VSA-Verlag.
長部重康 2014:「ユーロ危機とEUの将来:発生、深化・拡大、救出」、『日本EU学会年報』34号。
オルレアン, A 2001: 坂口明義／清水和巳訳『貨幣の権力』藤原書店。
田中素香 2007:『拡大するユーロ圏:その強さとひずみを検証する』日本経済新聞出版社。
――― 2009:「EU経済通貨統合と世界金融・経済危機」、福田耕治編著『EU・欧州統合研究』成文堂。
―――2010a:『ユーロ:危機の中の統一通貨』岩波新書。
―――2010b:「世界経済・金融危機とEU」、田中素香編著『世界経済・金融危機とヨーロッパ』勁草書房。
――― 2010c:「世界金融・通貨危機とユーロ」、田中素香編著、前掲書。
中村健吾 2005:『欧州統合と近代国家の変容:EUの多次元的ネットワーク・ガバナンス』昭和堂。
――― 2011:「リスボン戦略の十年でEUはどう変わったか:金融によって支配される蓄積レジームの危機」、田中浩編『EUを考える』未来社。
新形敦 2010:「米国発のサブプライム危機と欧米金融機関」、田中素香編著、前掲書。
藤井良広 2013:『EUの知識〈第16版〉』日本経済新聞出版社。
ホール, P.A./ソスキス, D. 2007: 安孫子誠男訳「資本主義の多様性論・序説」、P.A.ホール/D.ソスキス編、遠山弘徳ほか訳『資本主義の多様性:比較優位の制度的基礎』ナカニシヤ出版。
堀林巧 2014:『自由市場資本主義の再形成と動揺:現代比較社会経済分析』世界思想社。

第2章
『欧州2020』戦略とEUによる危機への対応

中村健吾

　ギリシャ発の債務危機が他の国へ波及しようとしていた2010年6月、EUは『欧州2020』と呼ばれる発展戦略を決定した。それは、2020年までに達成されるべき数値目標を掲げて、EU加盟国の財政、経済、雇用、研究・開発、エネルギー、教育、社会的包摂といった各種政策を調整し誘導しようとする試みである。しかし、ユーロの存立が危ぶまれるほどにまで深刻化した金融・経済危機が進行するなかで、EUは『欧州2020』戦略を補強して、あるいはこの戦略の枠を超えて、加盟国の財政・経済政策への締めつけを強化する諸制度を設けていくことになる。金融危機への予防策および事後対策として、とくにEUの首脳レベルで検討が続けられたのは、「銀行同盟」の設立であった。

　本章では、第1節において『欧州2020』戦略の概要とそれの現時点での到達点を検討し、第2節から第4節にかけて金融・経済危機へのEUの新たな対応策を見ていく。そうした対応策の中心に置かれた財政規律の際限ない強化の陰で後回しにされてきた、EUによる社会的包摂への最近の取り組み(「経済・通貨同盟の社会的側面を強化する」)については、第5節で紹介する。

1．折り返し地点に立つ『欧州2020』戦略

　EUは2000年3月にリスボンで開かれた欧州理事会において、向こう10年間にわたる野心的な中期発展戦略を決定した。この戦略は「リスボン戦略」という通称で知られるようになった。同戦略は、「より多くのより良い仕事とより高い社会的結束とをともなう持続可能な経済成長を達成しうる、最も競争力に富みかつ最もダイナミックな知識基盤型経済」の実現を謳いあげるとともに、2010年までの数値目標として、就業率(15-64歳の年齢層に占める就業者の割合)を61%から70%に、女性の就業率を51%から60%に引き上げることを決めた。そして、2001年3月のストックホルム欧州理事会では、高齢者(55-64歳)の就業率を50%に引き上げると決定したのだった。

リスボン戦略は、アメリカにおける「ニュー・エコノミー」の外見的成功という印象のもとで組み立てられたものであり、IT産業と金融によって成長を持続させようとするアメリカの経済モデルへのキャッチアップを志向していた。
　なるほど、リスボン戦略の期間中に南欧諸国や中・東欧諸国は高い経済成長を享受したけれども、その多くはバブルであったことがいまでは明らかになっている。そして、リスボン戦略が完結を迎える年であった2010年、EUはギリシャに端を発する債務危機に見舞われたのである。2009年の（クロアチアを除く）EU27カ国における就業率は64.6％（EU加盟国のうち中・東欧諸国を除く西欧15カ国だけの就業率は65.9％：以下の括弧内の数値も同様）、女性のそれは58.6％（59.9％）、高齢者のそれは46.0％（48.0％）にとどまった。そして西欧15カ国における失業率は、2000年の7.7％（中・東欧をふくむ27カ国は8.7％）から、リーマン・ショック後の数値であるとはいえ2009年の9.0％（EU27カ国は8.9％）へと上昇した。リスボン戦略は、その数値目標を達成することができないまま、――EUは公式に認めていないが――失敗に終わったのである。
　目標を達成できなかったリスボン戦略に代わって、2010年3月に欧州委員会が草案を発表し、2010年6月の欧州理事会によって公式に採択されたのが、2020年までのEUの中期戦略を描いた『欧州2020』である。それは、「21世紀にふさわしい欧州の社会的市場経済の構想を提示している」という［European Commission 2010, p.5］。
　では、『欧州2020』は2008年秋以降の金融・経済危機の教訓をふまえて、リスボン戦略の基礎に置かれていたようなアメリカ型成長モデルの偶像視をやめ、欧州にふさわしい社会モデルの構築を志向しているのだろうか。私見によれば、アメリカ・モデルへのキャッチアップという路線を『欧州2020』は踏襲している。欧州はアメリカに比べて、情報通信技術をはじめとする研究・開発への重点的投資、規制緩和と民営化、労働時間の延長と就労年齢の引き上げにおいて立ち遅れているとみなされている［ibid., p.7］。

優先事項と主要目標

　『欧州2020』は、3つの「優先事項」と5つの「主要目標」を定めている。3つの「優先事項」は以下のとおりである。

① 活発な成長：知識とイノベーションに依拠する経済を発展させる。
② 持続可能な成長：よりいっそう資源効率が高く、よりいっそう環境保護志向で、しかもより高い競争力をもつ経済を促進する。

③　包摂的な成長（inclusive growth）：経済的・社会的・地域的結束をもたらすような、高水準の雇用をともなう経済を育成する。

　これら3つの「優先事項」のうちでやや耳慣れない「包摂的な成長」という術語について、「欧州2020統合指針」の前文は次のように簡潔に説明している──「包摂的成長とは、変化を予期し統御する能力を人びとが授けられ、そうすることで社会と経済に積極的に参加することのできるような、結束力のある社会を建設することを意味している」〔Council of the EU 2010b, p.6〕。
　以上のような3つの優先事項を具体化したのが、2020年までに達成されるべき5つの「主要目標」である（図表2-1参照）。これらの「主要目標」のうち、研究・開発への投資に関する目標は、リスボン戦略が掲げていたそれと同一であり、エネルギー消費に関する目標は、『欧州2020』に先立ってEUがすでに表明していたものであるから、目新しさはない。しかし、社会問題についてリスボン戦略が数値目標まで掲げていたのは就業率だけであったのに対し、『欧州2020』は教育と貧困に関しても目標数値を明示した。とくに、貧困の問題にEUが深入りすることに対して加盟国の政府が従来は警戒的であっただけに、これについての数値目標を定めたのは画期的なことである。この点だけを見るなら、先行している「市場のヨーロッパ」を少なくとも補うような「社会的ヨーロッパ」の建設にEUが本腰を入れはじめたような印象をあたえる。ともあれ、これらの「主要目標」に沿って各加盟国は、独自のナショナルな「主要目標」を具体化することになった。
　ただし、これらの「主要目標」のうちの第4と第5の目標については、『欧州2020』を公式に認可した2010年6月の欧州理事会の議長総括において変更が加えられた。すなわち、第4の教育に関する目標では、中等教育の中断率を2020

図表2-1　『欧州2020』の掲げる5つの主要目標

①　20‐64歳の人口における就業率を現状の69％から少なくとも75％へと高める。
②　研究・開発にGDPの3％を投資するという目標の堅持。
③　温室効果ガスの排出を、1990年の水準に比して少なくとも20％削減する。あるいは、条件が整うなら30％削減する。最終的なエネルギー消費に占める再生可能なエネルギー源の割合を20％にまで高める。そして、エネルギー効率を20％高める。
④　中等教育の中断率を現状の15％から10％〔未満〕へ低下させ、30‐34歳の年齢層に占める第3次教育（高等教育および職業教育）修了者の比率を、31％から2020年には少なくとも40％へと高める。
⑤　各国の貧困線以下の生活を送っている欧州人の数を25％減らし、そうすることで2000万人以上の人びとを貧困〔と排除のリスク〕から救い出す。

注：〔　〕内の語句は、2010年6月の欧州理事会による変更点を示している。
出所：〔European Commission 2010, p.10ff.; European Council 2010, p.12〕

年までに（10%ではなくて）「10%未満にまで」下げる。そして第5の貧困に関する目標では、25%削減という目標値が消え、かつまた貧困線に代えて「貧困と排除のリスク」という指標を用いつつ次のように述べられている──「少なくとも2000万人の人びとを貧困と排除のリスクから救い出すのをめざすことにより、とりわけ貧困の縮減を通じて社会的包摂をうながす」［European Council 2010, p.12］。

「貧困と排除のリスクに見舞われている人びと」は、①「貧困のリスクに見舞われている」、②「物質的な剥奪」、③「就労者のいない世帯」という3つの指標のうち、最低でもいずれか1つがあてはまる世帯に属する人びととして定義される。加盟国は自国の貧困削減目標を設定するうえで、それぞれの国内事情に応じてこれら3つのうちで適切だと思われる指標を自由に選んだり、組み合わせたりしてよい［ibid., p.12］。ちなみに、3つの指標のうちの①は各国の可処分所得中央値の60%未満の世帯に属する人びとを、②は物質的剥奪にかかわる9つの項目[1]のうちの4つ以上が欠落している世帯に属する人びとを、そして③は18-59歳の世帯員のうち誰ひとりとして働いていないか、あるいはこの年齢層の就労時間の平均値が著しく短い世帯を指す。

こうして、『欧州2020』に関する欧州委員会の原案に記されていた貧困に関する一次元的な指標（貧困線）が退けられ、それに代えて貧困と社会的排除にかかわる上記のような多次元的な指標が挿入された。そして、貧困削減の目標設定における各加盟国の裁量の余地も拡大された。これは、欧州委員会の原案を支持していたオーストリア、ベルギー、キプロス、フランス、イタリア、ポルトガル、スペインの7カ国が、画一的な目標設定を嫌っていたスウェーデン、イギリス、中・東欧諸国の主張に歩み寄った結果であるという［Copeland and Daly 2012, p.277ff.］。

先述したように、リスボン戦略は「より多くのより良い仕事」の提供を標語として掲げていたが、『欧州2020』にはもはや「より良い仕事」への言及が見られなくなった。この点は、多くの加盟国でパートタイム雇用や期限付き雇用などの非典型雇用が広がっているだけに、気になる点である［Pochet 2010, p.142］。『欧州2020』の第5目標に関する選択肢の1つとして「就労者のいない世帯」を減らすことが掲げられたが、非典型雇用を増やして就業率を上げたとしても、それが貧困の削減に結びつくとは限らない。第5目標はもともと貧困削減にかかわるものであったにもかかわらず、「就労者のいない世帯」を指標として盛り込むことにより、かえってワーキング・プアの増大を正当化してしまう恐れすらある[2]。また、リスボン戦略では全体の就業率だけでなく女性（と高齢者）の就業率についても目標値が設定されたが、『欧州2020』では全体の就業率だけが達成目標とされている。この点について、EUにおけるジェンダーの視点の後退を指摘する

見解もある［EuroMemo Gruppe 2011, S.38］。

「欧州2020統合指針」と新しいガバナンスの仕組み

　EUはリスボン戦略のもとで、加盟国が取り組むべき経済政策と雇用政策に関する指針を定め、「裁量型調整方式（OMC）」と呼ばれるソフトなガバナンスの手法[3]を通じて政策調整を進めてきた。EUが定めた2005-2010年の政策指針は24も存在していた（16の全般的経済政策指針と8つの雇用政策指針）。これに対し、『欧州2020』のもとでの新しい指針は10にまで圧縮された（6つの経済政策指針と4つの雇用政策指針）。図表2-2は新しい指針（「欧州2020統合指針」）の見出しのみを示したものだが、実は経済政策指針のなかには環境政策の指針（第5指針）が、そして雇用政策の指針のなかには社会的包摂政策の指針（第10指針）が挿入されている。この「欧州2020統合指針」は2014年まで基本的に変更を加えないことになっている[4]［Council of the EU 2010a, p.7］。

　ただし、『欧州2020』におけるガバナンスの仕組みは、統合指針の内容に応じて異なっている。

　経済政策指針のうちの第1指針から第3指針までがカバーしているマクロ経済の分野では、「国別報告活動」と呼ばれる仕組みが活用される。そのなかでもとくに厳しいのが、加盟国の財政政策に対する「多角的な監視」のメカニズムである。それにしたがえば、経済・通貨同盟（EMU）の加盟国は向こう4年間にわたる「安

図表2-2　『欧州2020』統合指針

【加盟国とEUによる経済政策のための全般的指針：欧州2020統合指針第Ⅰ部】
第1指針：公財政の質と持続可能性とを確保する
第2指針：マクロ経済の不均衡に対処する
第3指針：ユーロ圏における不均衡を縮減する
第4指針：研究・開発とイノベーションへの支援を最大化し、知識の三角形※を強化し、デジタル経済へと向かう潜在力を解き放つ
第5指針：資源効率を改善し、温室効果ガスを削減する
第6指針：ビジネスと消費者をとりまく環境を改善し、産業基盤を近代化する
【加盟国による雇用政策のための指針：欧州2020統合指針第Ⅱ部】
第7指針：労働市場への参加を拡大し、構造的な失業を減らす
第8指針：労働市場のニーズに対応するようなスキルを有する労働力を育て、仕事の質を高め、生涯学習を促進する
第9指針：あらゆる次元の教育・訓練システムのパフォーマンスを改善し、第3次教育への参加を拡大する
第10指針：社会的包摂を促進し、貧困と闘う

※「知識の三角形」とは、研究、教育、イノベーションの相互作用がもたらす相乗効果を指す。
出所：［Council of the EU 2010a, 2010b］

定プログラム」を、それ以外のEU加盟国は「収斂プログラム」を、毎年4月に欧州委員会へ提出する。欧州委員会と閣僚理事会は、それらのプログラムが各加盟国の「中期予算目標」(本章の第3節参照)に合致しているかどうか等を吟味し、欧州委員会と閣僚理事会が「ガイダンス」を加盟国政府に提示する。この新しい仕組みの意図は、各年度の予算案が加盟国の議会で審議される以前に、予算案に対するEUレベルでの監視と一定の規制を施そうとする点にある。

　こうした仕組みはEMUのかかえる「民主主義の赤字」をいっそう深刻化させるという懸念の決議を、欧州議会は2011年に採択した。欧州議会の懸念が的を射たものであるかどうかについては、研究者のあいだで意見の相違がある[5]。しかし、その後の経緯を見るなら欧州議会の懸念はけっして的外れではなかった。

　他方、統合指針の第4指針から第10指針までがかかわる分野(つまりはミクロ経済、雇用、教育、社会的包摂)には、「テーマ志向アプローチ」と呼ばれる手続きが適用される。そこでは、各加盟国は「統合指針」に沿って「国別改革プログラム」を毎年策定する。同プログラムでは、『欧州2020』の「主要目標」を具体化した「国別目標」を達成するための努力と、持続可能な成長を各国の次元で妨げている「障害物」を除去する措置とが重視されるという。欧州委員会と閣僚理事会によるモニター活動(「年次成長調査」)に依拠して、欧州理事会は毎年、EUと加盟国による『欧州2020』の実施状況を評価する［ibid., p.3］。

　欧州委員会と閣僚理事会はまた、特定の加盟国の実践に対して「国別勧告」を発することができる。この「勧告」には加盟国が行動をとるべき期限(たとえば2年間)が設けられており、その期限内に加盟国が勧告に対して適切に応答しない場合、欧州委員会はEU運営条約121条4項にもとづいて当該加盟国に対し「政策警告」を発することができる［European Commission 2010, p.28］。ただし、「国別勧告」に始まるこの手続きは、貧困削減の目標に関しては適用されないことになった［Copeland and Daly 2012, p.279］。

　『欧州2020』のもとで導入される、1期が約6カ月におよぶ(財政政策に焦点を定めた)政策監視・調整のサイクルは、「欧州セメスター」と呼ばれている。それによれば、欧州委員会は毎年1月に上述の「年次成長調査」を発表する。「年次成長調査」では、マクロ経済報告と合同雇用報告のほか、『欧州2020』の「主要目標」の進捗状況が示される。3月の欧州理事会および閣僚理事会は、この「年次成長調査」を参照しながら、EUが直面している経済的な課題を指摘するとともに、もろもろの政策に関する「戦略的な助言」を行なう。加盟国はこの「助言」をふまえて、前述の「安定プログラム」または「収斂プログラム」と「国別改革プログラム」を4月に欧州委員会へ送付する。これら2つのプログラムに関する

欧州委員会の評価にもとづき、欧州理事会および閣僚理事会は6月から7月にかけて、加盟国による翌年度の予算案が決定される前に、国別の「政策アドバイス」を発する。そして、毎年の後半の7月から12月が、各国による取り組みがなされる「国別セメスター」となる。なお、2011年12月に発効した後述の「シックス・パック」は、この「欧州セメスター」のうち第1-第3統合指針にかかわる「多角的な監視」にEU法上の根拠を付与した。

『欧州2020』の中間決算

　『欧州2020』が決定されてから今日まで、すでに5年以上の歳月が流れている。『欧州2020』はギリシャ危機勃発の直後に決定されたため、それの掲げる目標をEUが達成することには大いなる困難がともなう。しかも、EUと加盟国の首脳たちが最大の労力を傾注したのは、本書が主題にしている失業や貧困といった社会問題ではなくて、債務危機の後始末とそれの予防策の構築であった。では、折り返し地点を迎えつつある『欧州2020』は、社会問題に関して一体どれほどの成果を収めたのであろうか。この点を、『欧州2020』の第1目標、第4目標、および第5目標（図表2-1参照）に即して見ておこう。

　第1目標にかかわる就業率の推移は、図表2-3のとおりである。この図表の「目標値」の列に記されている一連の数値は、『欧州2020』の「主要目標」に沿って各加盟国が立てた目標値を示している[6]（図表2-4、2-5の「目標値」も同様）。就業率に関しては、これを2020年までにEU全体で75％へ引き上げることが目標であるが、EU全体では2008年に70％の大台を超えたものの、それ以降に若干低下し、2010年からほとんど変化せず68％台にとどまっている。低下の幅は、EU全体よりもユーロ圏のほうがやや大きい。なるほど、欧州危機以降の就業率の低下はGDPの低下ほど激しくはないが、裏を返せばそのことは、たとえ欧州の景気が回復したとしても就業率の上昇がそれほど期待できないということをも暗示している。そして、すでに目標値に達しているのはドイツやスウェーデンのような西欧・北欧の一部の国だけであり、ギリシャ、イタリア、ポルトガル、スペイン、キプロスといった危機に見舞われた国では就業率は2009年頃から一貫して低下している。

　図表2-3の2013年の列にある（　）内の数値は20-64歳の女性の就業率を示している。女性の就業率も男女全体のそれとほぼ同じ推移をたどっているが、女性の就業率は全体のそれに比べるならほとんどの国で一貫して5％ポイントほど低い。この格差はギリシャでは10％ポイントほどにまで達している。

　『欧州2020』における第4目標のうちの中等教育中断率の推移は、図表2-4が

示している。これを EU 全体で 2020 年までに 10％未満に下げることが目標であり、数値の推移を見ると EU でもユーロ圏でも中断率はゆっくりと低下しているので、目標は達成されそうに見える。だが、スペイン、イタリア、ポルトガルのような南欧諸国では中断率が高い。加えて、教育中断率は EU 全体では男性のほうが女性よりも 30％ほど高く、移民の中断率はネイティブのそれの 2 倍以上に達して

図表2-3　20-64歳の年齢層全体の就業率（単位：％）

	2005	2007	2009	2011	2013	目標値
ドイツ	69.4	72.9	74.2	76.3	77.1 (72.3)	77
アイルランド	72.6	73.8	66.9	63.8	65.5 (60.3)	69
ギリシャ	64.6	66.0	65.8	59.9	53.2 (43.3)	70
スペイン	67.2	69.7	64.0	62.0	58.6 (53.8)	74
フランス	69.4	69.8	69.5	69.2	69.5 (65.5)	75
イタリア	61.6	62.8	61.7	61.2	59.8 (49.9)	67
キプロス	74.4	76.8	75.3	73.4	67.2 (62.2)	75
オランダ	75.1	77.8	78.8	77.0	76.5 (71.6)	80
ポルトガル	72.3	72.6	71.2	69.1	65.6 (62.4)	75
ユーロ圏	**67.9**	**69.9**	**68.8**	**68.5**	**67.7 (62.0)**	：
ブルガリア	61.9	68.4	68.8	62.9	63.5 (60.7)	76
デンマーク	78.0	79.0	77.5	75.7	75.6 (72.4)	80
ハンガリー	62.2	62.6	60.5	60.7	63.2 (57.0)	75
スウェーデン	78.1	80.1	78.3	79.4	79.8 (77.2)	80
イギリス	75.2	75.2	73.9	73.6	74.9 (69.4)	：
EU	**67.9**	**69.8**	**69.0**	**68.5**	**68.4 (62.5)**	**75**
アメリカ	74.8	75.3	71.3	70.4	：	：
日本	73.9	75.3	74.5	74.9	：	：

注：2013年の列にある（　）内の数値は、20－64歳の女性の就業率を示している。
出所：Eurostat

図表2-4　18-24歳の年齢層のなかで教育または訓練を中断した人が占める割合（単位：％）

	2005	2007	2009	2011	2013	目標値
ドイツ	13.5	12.5	11.1	11.7	9.9	10.0
アイルランド	12.5	11.6	11.7	10.8	8.4	8.0
ギリシャ	13.6	14.6	14.5	13.1	10.1	9.7
スペイン	31.0	30.8	30.9	26.3	23.6	15.0
フランス	12.2	12.6	12.2	11.9	9.7	9.5
イタリア	22.3	19.7	19.2	16.2	17.0	16.0
キプロス	18.2	12.5	11.7	11.3	9.1	10.0
オランダ	13.5	11.7	10.9	9.1	9.2	8.0
ポルトガル	38.8	36.9	31.2	23.2	19.2	10.0
ユーロ圏	**17.7**	**16.8**	**15.9**	**14.7**	**12.9**	：
ブルガリア	20.4	14.9	14.7	11.8	12.5	11.0
デンマーク	8.7	12.9	11.3	9.6	8.0	10.0
ハンガリー	12.5	11.4	11.2	11.2	11.8	10.0
スウェーデン	10.8	8.0	7.0	6.6	7.1	10.0
イギリス	11.6	16.6	15.7	15.0	12.4	：
EU	**15.7**	**14.9**	**14.2**	**13.4**	**12.0**	**10.0**

注：「教育または訓練を中断した人」とは、中等教育の低段階を終えたあと、それ以上の教育や訓練を受けていない人を指す。
出所：Eurostat

図表2-5　30-34歳の年齢層のなかで高等教育を修了した人が占める割合（単位：％）

	2005	2007	2009	2011	2013	目標値
ドイツ	26.1	26.5	29.4	30.7	33.1	42.0
アイルランド	39.2	43.3	48.9	49.7	52.6	60.0
ギリシャ	25.3	26.2	26.5	28.9	34.6	32.0
スペイン	36.9	40.9	40.7	41.9	42.3	44.0
フランス	37.7	41.4	43.2	43.2	44.0	50.0
イタリア	17.0	18.6	19.0	20.3	22.4	26.0
キプロス	40.8	46.2	45.0	46.2	47.8	46.0
オランダ	34.9	36.4	40.5	41.1	43.1	40.0
ポルトガル	17.7	19.8	21.1	26.1	29.2	40.0
ユーロ圏	**29.2**	**31.0**	**32.5**	**34.0**	**35.8**	**：**
ブルガリア	24.9	26.0	27.9	27.3	29.4	36.0
デンマーク	43.1	38.1	40.7	41.2	43.4	40.0
ハンガリー	17.9	20.1	23.9	28.1	31.9	30.3
スウェーデン	37.6	41.0	43.9	46.8	48.3	40.0
イギリス	34.6	38.5	41.5	45.8	47.6	：
EU	**28.1**	**30.1**	**32.3**	**34.6**	**36.9**	**40.0**

注：「高等教育を修了した人」とは、大学またはそれに相当する高等教育機関の課程を終えた人を指す。
出所：Eurostat

いる。移民における中断率の高さは、言語の障壁および出身家庭の社会経済的地位の低さに関連していると推定されている［Eurostat 2014］。

　高等教育修了者が30-34歳の人口に占める割合の推移を示したのが、図表2-5である。これについては、すでに目標値を達成している国もかなり見られ、EU全体で40％という目標は達成されそうにも思える。ただし、この点については若干の留保条件を付さなければならない。第1に、EUでは1999年から開始された「ボローニャ・プロセス」のもとで、2010年までに「欧州高等教育圏」を確立するという目標を設けて、欧州の高等教育を標準化する取り組みが進んだことである。これにより、学士課程を短縮して3年で修了することができるようになりつつある。そのため、『欧州2020』の実施を待つまでもなく、EU全体では2000年から2010年にかけて高等教育修了者の数が11.2％も増えていた［Gros and Roth 2012, p.45］。北欧諸国を中心に、『欧州2020』を決定する以前の時点で40％を超える高等教育修了率を誇っていた国もかなり存在していた。第2に、ドイツ（とオーストリア）は高等教育修了者数に関する自国の目標値のなかに「デュアル・システム」の修了者の数を算入すると決定したので、ドイツは2012年の段階で40％という目標をすでに達成している（図表2-5におけるドイツの数値には、「デュアル・システム」の修了者は算入されていない）。デュアル・システムとは、義務教育修了者を対象にして職業学校での理論教育と企業での実習とを並行して行なう職業教育・訓練制度である。ドイツ政府は、デュアル・システムは他国での高等教育に相当すると主張することでこの決定を正当化しているが、目標達成の見込みがないと判断された時点での姑息な変更だという印象は拭い去れないし、『欧

州2020』が掲げる目標の信頼度を低めるものでもある［ibid., p.48］。

　貧困と社会的排除にかかわる第5目標について各加盟国が立てた目標値は、図表2-6 に記されている。ドイツ、エストニア、デンマーク、スウェーデン、イギリスなどは、他の国とは異なる仕方で目標を設定しているので、各国が自国の目

図表2-6　『欧州2020』にかかわる各国の貧困削減目標

ベルギー	38万人
ドイツ	長期失業者を33万人減らす
エストニア	貧困率を2010年の17.5%から15%へ減らす
アイルランド	2016年までに18万6000人
ギリシャ	45万人
スペイン	140 - 150万人
フランス	160万人
イタリア	220万人
キプロス	2万7000人
ラトヴィア	12万1000人
ルクセンブルク	目標なし
マルタ	6560人
オランダ	10万人
オーストリア	23万5000人
ポルトガル	20万人
スロヴェニア	4万人
スロヴァキア	17万人
フィンランド	15万人
ブルガリア	26万人
チェコ	3万人
デンマーク	就労の度合いが非常に低い世帯に属する人を2万2000人減らす
リトアニア	17万人
ハンガリー	45万人
ポーランド	150万人
ルーマニア	58万人
スウェーデン	非就業者、長期失業者、長期療養休暇の人を14%以下に減らす
イギリス	2010年の子どもの貧困法の数値目標を達成する
ＥＵ	**2000万人**

出所：［Gros and Roth 2012, p.98, Table A.1］より抜粋

図表2-7　貧困と社会的排除のリスクに見舞われている人が全人口に占める割合（単位：%）

	2005	2007	2009	2011	2012	2013
ドイツ	18.4	20.6	20.0	19.9	19.6	:
アイルランド	25.0	23.1	25.7	29.4	30.0	:
ギリシャ	29.4	28.3	27.6	31.0	34.6	:
スペイン	24.3	23.3	24.5	27.7	28.2	27.3
フランス	18.9	19.0	18.5	19.3	19.1	:
イタリア	25.0	26.0	24.7	28.2	29.9	28.4
キプロス	25.3	25.2	23.5	24.6	27.1	27.8
オランダ	16.7	15.7	15.1	15.7	15.0	:
ポルトガル	26.1	25.0	24.9	24.4	25.3	:
ユーロ圏	**21.7**	**21.8**	**21.4**	**22.9**	**23.4**	**:**
ブルガリア	:	60.7	46.2	49.1	49.3	:
デンマーク	17.2	16.8	17.6	18.9	19.0	18.9
ハンガリー	32.1	29.4	29.6	31.0	32.4	33.5
スウェーデン	14.4	13.9	15.9	16.1	15.6	:
イギリス	24.8	22.6	22.0	22.7	24.1	:
ＥＵ	:	:	:	**24.3**	**24.8**	:

出所：Eurostat

標を完全に達成するならEU全体で2000万人を貧困と排除の状態から救い出すことができるのかどうかは判定できなくなっている。各国の目標値をおおまかに合計してみてもせいぜい1070万人程度にしかならないという試算もある [ibid., p.3]。この第5目標については、4種類の数値により到達点を測ることができる。包括している人の範囲が最も広いのが、図表2-7にある「貧困と社会的排除のリスクに見舞われている人」の割合である。国の違いに着目して大まかな分類をするなら、貧困と排除の度合いが一貫して低いグループは北欧諸国であり、これに次いでドイツ、フランス、オランダのような大陸の西欧諸国が位置している。それらに続くのがイギリスやアイルランドのような自由主義的傾向の強い国、南欧諸国、ハンガリーのようなヴィシェグラード諸国であろう。そして、ブルガリアをはじめとするバルカン諸国の状態は最も深刻である。次に数値の推移に着目するなら、EU全体でもユーロ圏でも皮肉なことに『欧州2020』が決定された2010年頃から数値は少しずつ増加している。ギリシャを筆頭にして、スペイン、イタリアのような南欧諸国では増加が顕著である。

　所得に限定した狭義の貧困状態にある人の割合の推移は、図表2-8に示されており、停滞ないしは微増の傾向にある。ドイツですら微増の傾向を示している。そして、就労時間が非常に短い成人が家計を支えている世帯に属する人の割合（図表2-9）もまた、全般的には停滞または微増しているが、ギリシャとスペインでは2009年から2012年にかけて数値がほぼ2倍になっており、ポルトガルでも伸び幅が大きい。このことは、南欧諸国における貧困と社会的排除のこれからの動向を予測するうえで重要な意味をもつと思われる。南欧諸国は発展途上にある公的な社会保障を家族・親族による相互扶助が肩代わりする家族主義レジームとして特徴づけられ、そうした相互扶助が、失業等による所得の減少を貧困に直結させない緩衝装置の役割を果たしてきた[7]。この家族主義は、男性稼ぎ手モデルのもとで、就労または職業的キャリアを犠牲にして家事・育児・介護を一手に引き受ける女性たちによって支えられてきた。むろん、家族主義による相互扶助は必ずしも長続きしないし、南欧の家族主義レジームにも、近年における新しい家族形態の浸透（結婚年齢の遅れ、1人親世帯、結婚しないカップルなど）によりほころびが目立つようになったと指摘されている。南欧諸国の若い世代のあいだには、西欧や北欧に見いだされるような個人主義的な態度がスペインを筆頭にして浸透しつつあるという [Moreno and Marí-Klose 2015]。だとすれば、家計を支える成人が失業しているか、あるいはきわめて短時間しか就労していないような若年世代の世帯は、近い将来に深刻な物質的剥奪の状態へといたるかもしれない。

　貧困と社会的排除の状態を示す数値の最後は、「深刻な物質的剥奪をこうむっ

ている人」の割合である（図表2-10）。これは、図表2-8 に示されている所得の面での貧困とは異なり、各々の社会における「主流の生活水準や標準的なライフ・スタイル」に達していない人びとの比率を示している。そのかぎりにおいてこの数値は、「社会的排除」の過程にさらされている人びとの数を表わしているといえる。EU全体でもユーロ圏でもこの社会的排除に見舞われている人びとが増加しつつあり、それは債務危機に陥ったアイルランド、ギリシャ、イタリア、キプロスにおいて著増している。また、ブルガリアの数値がずば抜けて高いことも注目される。

『欧州2020』はギリシャの債務危機が深刻化するなかで決定されたものではあ

図表2-8　社会的所得移転後に貧困のリスクに見舞われている人が全人口に占める割合（単位：%）

	2005	2007	2009	2011	2012	2013
ドイツ	12.2	15.2	15.5	15.8	16.1	:
アイルランド	19.7	17.2	15.0	15.2	15.2	15.7
ギリシャ	19.6	20.3	19.7	21.4	23.1	:
スペイン	20.1	19.7	20.1	22.2	22.2	20.4
フランス	13.0	13.1	12.9	14.0	14.1	:
イタリア	18.9	19.8	18.4	19.6	19.4	19.1
キプロス	16.1	15.5	15.8	14.8	14.7	15.3
オランダ	10.7	10.2	11.1	11.0	10.1	:
ポルトガル	19.4	18.1	17.9	18.0	17.9	:
ユーロ圏	**15.3**	**16.3**	**16.0**	**16.9**	**17.0**	**:**
ブルガリア	14.0	22.0	21.8	22.2	21.2	:
デンマーク	11.8	11.7	13.1	13.0	13.1	12.3
ハンガリー	13.5	12.3	12.4	13.8	14.0	14.3
スウェーデン	9.5	10.5	13.3	14.0	14.1	:
イギリス	19.0	18.6	17.3	16.2	16.2	:
EU	:	:	:	16.9	16.9	:

出所：Eurostat

図表2-9　就労の度合いが非常に低い世帯に属する人が全人口に占める割合（単位：%）

	2005	2007	2009	2011	2012	2013
ドイツ	12.0	11.5	10.9	11.2	9.9	:
アイルランド	14.7	14.3	20.0	24.2	23.4	:
ギリシャ	7.6	8.1	6.6	12.0	14.2	:
スペイン	6.9	6.8	7.6	13.4	14.3	15.7
フランス	8.7	9.6	8.4	9.4	8.4	:
イタリア	10.4	10.0	8.8	10.4	10.3	11.0
キプロス	4.4	3.7	4.0	4.9	6.5	7.9
オランダ	9.8	9.7	8.5	8.9	8.9	:
ポルトガル	6.0	7.2	7.0	8.3	10.1	:
ユーロ圏	**9.7**	**9.7**	**9.0**	**10.9**	**10.7**	**:**
ブルガリア	:	16.0	6.9	11.0	12.5	:
デンマーク	10.1	10.1	8.8	11.7	11.3	12.9
ハンガリー	9.5	11.3	11.3	12.2	12.8	12.6
スウェーデン	7.6	6.0	6.4	6.9	5.7	:
イギリス	12.9	10.4	12.7	11.5	13.0	:
EU	:	:	10.4	10.5	:

注：「就労の度合いが非常に低い世帯に属する人」とは、成人が前年の就労可能時間のうちの20%未満しか働かなかったような世帯に属する0 - 59歳の人を指す。
出所：Eurostat

図表2-10 深刻な物質的剥奪をこうむっている人が全人口に占める割合（単位：%）

	2005	2007	2009	2011	2012	2013
ドイツ	4.6	4.8	5.4	5.3	4.9	:
アイルランド	5.1	4.5	6.1	7.8	9.8	:
ギリシャ	12.8	11.5	11.0	15.2	19.5	:
スペイン	4.1	3.5	4.5	4.5	5.8	6.2
フランス	5.3	4.7	5.6	5.2	5.3	5.0
イタリア	6.4	6.8	7.0	11.2	14.5	12.4
キプロス	12.2	13.3	9.5	11.7	15.0	16.1
オランダ	2.5	1.7	1.4	2.5	2.3	:
ポルトガル	9.3	9.6	9.1	8.3	8.6	10.9
ユーロ圏	**5.9**	**5.5**	**5.9**	**6.8**	**7.7**	:
ブルガリア	:	57.6	41.9	43.6	44.1	:
デンマーク	3.2	3.3	2.3	2.6	2.8	3.8
ハンガリー	22.9	19.9	20.3	23.1	25.7	26.8
スウェーデン	2.3	2.2	1.6	1.2	1.3	:
イギリス	5.3	4.2	3.3	5.1	7.8	:
EU	:	:	:	8.9	9.9	:

出所：Eurostat

るが、金融・経済危機への対処を主題にして構想された戦略ではない。そのため、経済・通貨同盟（EMU）の加盟国とそれ以外の一部のEU加盟国は『欧州2020』とは別建てで、EU法ならびにEU枠外の合意や条約を用いながら各国に緊縮財政を義務づけるための枠組みを強化していった。むろん、そうした緊縮財政の強要は、リーマン・ショック後に国際収支の深刻な赤字に陥ったハンガリー、ラトヴィア、ルーマニアと債務危機に見舞われたギリシャ、アイルランド、ポルトガルとに対し、EUおよびIMF（国際通貨基金）による協調融資の見返りとして押しつけられたコンディショナリティのなかにすでに見いだされた。たとえば2010年5月に合意されたギリシャ向けの計1100億ユーロの融資（ユーロ圏各国からのギリシャへの2国間融資が800億ユーロ、IMFからの融資が300億ユーロ）への見返りとしてギリシャに課された条件は、債務の縮小はもとより、年金改革、労働市場改革、産業の規制緩和と国有大企業の民営化などをふくんでいた［Euromemo Gruppe 2012, S.18］。これらは、IMFが南米諸国やアジア諸国への融資の際に課したコンディショナリティの内容に類似している。

　EUとIMFによるこうした協調融資と財政規律の強要はあくまで緊急の措置であった。次節以下で紹介するのは、そうした緊急の措置を超えて危機への救済と予防を恒久化するための一連のEU法と条約である。それらの内容を以下では、債務危機の救済制度（第2節）、財政規律の強要（第3節）、銀行同盟（第4節）という3つの領域に分けて見ていくことにする。

2．債務危機の救済制度――欧州安定メカニズム

　2010年5月に合意されたギリシャへの緊急融資については、EU法に根拠をもちEU予算を財源とする「欧州金融安定メカニズム（EFSM）」から拠出をするという方途もありえたが、これは、ギリシャへの支援にEU予算をあてることに反対したイギリスなどの意見を受けて実施されなかった。その代わりに2010年6月、3年間の時限的制度として「欧州金融安定ファシリティ（EFSF）」が設けられた。EFSFは、EU法にではなくユーロ圏加盟国間の条約にもとづく制度であり、金融市場から資金を調達し、その資金をギリシャ支援にあてることになっていた。
　しかし、EFSFはあくまで時限措置であったため、恒久的な金融支援制度を設ける条約についての交渉が2011年から2012年初めにかけて行なわれた。ドイツでは、ユーロに対して懐疑的な保守派の連邦議会議員らが、そうした恒久的な支援制度に対するドイツの財政負担はドイツの主権を損なうとして、連邦憲法裁判所に違憲訴訟を起こした。しかし、同裁判所は2012年9月に、ドイツの負担金が1900億ユーロを超える場合には連邦議会の承認を要するという条件を付けながらも、条約に合憲の判断を下した。この判決を受けて2012年9月、やはりユーロ圏加盟国間の条約として「欧州安定メカニズム（ESM）」設立条約が発効した。ESMは7000億ユーロの資本金を備え、そのうち最大限で5000億ユーロを債務危機に陥った（あるいは陥りそうな）諸国に市場金利に近い条件で融資することができる。ESMはまた、加盟国の国債を銀行などから買い取るだけでなく、（欧州中央銀行には禁止されている）加盟国の政府から国債を直接買い取る業務をも行なうことができる。ESMへの加盟国の出資比率は欧州中央銀行への出資比率に対応しており、加盟国の財務大臣からなるESM理事会での各国の投票権数はESMへの出資比率に等しい。したがって、ESMに27%を出資しているドイツの投票権数は最大となる。債務危機に陥った特定の国への融資は、原則としてESM理事会の全会一致により決定される（国内手続きを要する加盟国もある）が、債務国に対する債権取り立てなどは、投票総数の80%以上の賛成で決定される。
　ESMによる融資が決定されると、欧州委員会、欧州中央銀行、場合によってはIMFが融資申請国と融資内容およびその条件について協議することになっており、これら3者（いわゆる「トロイカ」）は、融資を受けた国が財政赤字の削減に努めているかどうかを監視する。
　この仕組みによって、さしあたりユーロ圏内に限定されているとはいえ加盟国間における財政協調の仕組みが設けられたことになる。しかし、それは同時に、「ト

ロイカ」による加盟国の財政政策への監視という、欧州債務危機の過程で発動された構図を恒久化することをともなっている［田中 2012, 145頁以下; Schwarzer 2013, S.195ff.; 中村 2014, 129頁以下］。スペインは2012年に、キプロスは2013年にESMからの融資を認められ、ギリシャは2015年に融資を申請した。

3．財政規律の強要

　EMU加盟国に対しては、1997年に採択された安定・成長協定によって、一般政府の財政赤字を対GDP比3％以下に、債務残高を対GDP比60％以下に抑えることが義務づけられてきた。さらに、2009年末に発効したリスボン条約（EU運営条約）は、その123条や125条等においてEUの諸機関が加盟国政府の財政を支援することを禁じる「救済禁止条項」を設けている。すなわち、123条は欧州中央銀行と各国の中央銀行による加盟国政府への融資や公債の買い取りを禁止しており、125条は加盟国の債務の保証をEUが引き受けることを禁じている。EU加盟国は欧州債務危機の勃発をふまえて、加盟国の財政規律をさらにいっそう引き締めるEU法上の、あるいはEU外の諸制度を発展させていった。そうした新しい諸制度の意味を理解するためには、1997年の安定・成長協定の概要をあらかじめ把握しておく必要がある。

　2つのEU規則と欧州理事会決議からなる安定・成長協定は、「予防的措置」と「是正的措置」という2つの柱によって支えられている。予防的措置は、過剰な財政赤字の発生を防ぐための措置である。加盟国は、「財政収支を均衡または黒字にする」というEUレベルでの基準に沿ってそれぞれ「中期予算目標」を決定する。そして、財政状態の推移がこの「中期予算目標」から明らかに乖離していると判断される場合、経済・財務閣僚理事会は当該加盟国に対して勧告を発する。加盟国がこの勧告に従わない場合、当該加盟国に対しては対GDP比0.2％以内の有利子預託金が科される。

　もうひとつの柱である「是正的措置」としては、対GDP比で財政赤字が継続的に3％以上、債務残高が60％以上に達したまま減少しない加盟国に対する「過剰財政赤字是正手続き」が用意された。対GDP比で見た2つの財政基準を満たしていないと認定された加盟国に対しては、閣僚理事会が是正勧告を発し、その後も基準への違反が解消されない場合、当該加盟国のGDPの0.5％を上限とする金額が制裁金として没収される。

　ところが、過剰財政赤字是正手続きを発動するには閣僚理事会における特定多数決が必要であったため、2002年から2005年にかけてドイツ、フランス、イタ

リアなどの大国が対GDP比3％を超える赤字を計上しつづけたにもかかわらず、多数決の壁に阻まれて過剰財政赤字是正手続きは停止されつづけた。こうした事態を受けて2005年には、各国の経済状況に応じた裁量的な運用の余地を広げるべく、安定・成長協定が改正された。すなわち、「財政収支を均衡または黒字にする」という当初の中期予算目標は、「構造的な財政赤字を対GDP比で1％以内にする」というふうに緩められたのだった。

シックス・パック

　こうしていったんは緩和された安定・成長協定を厳格化の軌道へと復帰させたのが、2011年12月に発効した「シックス・パック（Six Pack）」である。これは、安定・成長協定の予防的措置と是正的措置の両方を強化するとともに、『欧州2020』の「多角的な監視」の制度にEU法上の根拠を付与するものでもある。「シックス・パック」という通称は、それが5つのEU規則（Regulation）と1つのEU指令（Directive）[8]をふくんでいることに由来している。「シックス・パック」の概要は以下のとおりである。

　安定・成長協定の予防的措置に関しては、第1に、EMU加盟国の「中期予算目標」は「GDPのマイナス1％から収支均衡または黒字までの範囲で定義されるものとする」と明記された。第2に、「中期予算目標」への接近の度合いを測るべく、年間の財政支出の伸びの上限を示した「歳出基準」が新たに設けられた。具体的には、「政府収入を差し引いたネットの政府支出の成長が、潜在GDP成長率を超えてはならない」というのが歳出基準となる［嘉治 2013, 198頁］。もしこの基準を超えて歳出が伸びる場合、当該加盟国政府は追加的な歳入措置をとらなければならない。第3に、中期予算目標からの「明らかな乖離」が認定された加盟国に対して閣僚理事会は、加盟国の特定多数決による反対決議がなされないかぎり――これを「逆特定多数決（reversed qualified majority voting）」という――、対GDP比0.2％以内の有利子預託金を科すことになった。

　次に是正的措置に関しては、第1に、過剰財政赤字是正手続きの適用除外要件を厳格化し、裁量的解釈の余地を狭めた。すなわち、当初の安定・成長協定においては、債務残高について「十分に減少しており満足のいくペースで基準値に近づいている場合」には過剰財政赤字是正手続きが発動されないことになっていたが、シックス・パックによると、債務残高の対GDP比が60％を超えているEMU加盟国は、基準値とのギャップが(過去3年の平均で)1年間に20分の1減らなかった場合には、たとえ財政赤字が対GDP比3％以下であったとしても、過剰財政赤字是正手続きの適用を受けるのである[9]。第2に、従来の過剰財政赤字是正手

続きにおいては、それの最終段階においてようやく制裁が科されていたのに対し、シックス・パックでは、同手続きの開始以降ただちに、かつ容易に制裁を科すことができるようになった。具体的には、過剰財政赤字の存在が認定された段階で早くも対GDP比0.2％の無利子預託金が科され、閣僚理事会による是正勧告が出されると無利子預託金は制裁金として没収される。しかも、これらの措置はすべて、閣僚理事会での逆特定多数決によって決定される。

　シックス・パックはさらに、『欧州2020』に関連して「マクロ経済不均衡是正手続き（MIP）」を導入した。それによると、欧州委員会が毎年の終わり頃に公表する「警戒メカニズム報告」には、マクロ経済に関する10個の指標[10]からなる加盟国別の「成績表（scoreboard）」と、それに関する欧州委員会による「経済的な読解」とがふくまれている。「経済的な読解」とは、指標の機械的な読み方をせず、指標の数値以外の情報をも考慮に入れるということを意味している。「警戒メカニズム報告」は、経済・財務閣僚理事会とユーロ・グループ（ユーロ圏の経済・財務相会議）が検討し、意見を欧州委員会にフィードバックする。欧州委員会はこの意見にもとづき、どの加盟国について「詳細な再調査」を実施するかを決定する。この再調査の結果、マクロ経済の不均衡が存在していると判断された加盟国に対して、欧州委員会は「政策勧告」のための提案をする。また、この再調査によってEMUの加盟国のなかに深刻な、もしくは過剰な不均衡が見いだされた場合、欧州委員会は、当該加盟国に対して「過剰不均衡是正手続き」を適用するよう閣僚理事会に提案することができる。この手続きの対象となった加盟国は、行程表と期限を明示した是正行動計画を提出し、欧州委員会による監視を受ける。EMU加盟国に関しては、この是正行動計画が1回達成されなかった場合、理事会での逆特定多数決にもとづいて、利子付きの預託金が制裁として科される。失敗が2回目になると、預託金は罰金に変更される（上限はGDPの0.1％）。

トゥー・パック

　2013年5月には、経済・財務閣僚理事会が「トゥー・パック（Two-Pack）」と呼ばれる2つのEU規則[11]を採択した。これらの規則はいずれも、ユーロ圏の加盟国にのみ適用される。

　1つは、「ユーロ圏の加盟国の予算案に対するモニタリングおよび評価と過剰財政赤字是正の保証とをめざす共通規定に関する規則」であり、その名称が示しているとおり、主に2つの構成要素からなっている。第1の構成要素は、EMU加盟国の予算案に「共通の締切」を設けることで、「欧州セメスター」による監視のメカニズムを強化する取り組みである。この「締切」によれば、ユーロ圏の

加盟国は4月30日までに「安定プログラム」をEUに提出し、翌年度の予算案（素案）を10月15日までに（各国の議会での審議にかける前に）欧州委員会とユーロ・グループに提出する。欧州委員会は予算案に対する見解を11月30日までに公表し、加盟国はその意見をふまえて12月31日までに予算案を採択し公表しなければならない。予算案（素案）が安定・成長協定への重大な違反を示している場合、欧州委員会は当該加盟国に対し新たな予算案を3週間以内に再提出するよう要請することができる。これはいわば、EUの全加盟国に適用される「欧州セメスター」の予算案策定・調整手続きを、ユーロ圏加盟国に対しては春だけでなく秋にも義務づけるものといえる。第2の構成要素は、過剰財政赤字是正手続きの対象になっている加盟国に新しい義務を課す規定である。それによれば、同手続きの対象国は欧州委員会に対して、赤字削減のためにとった措置に関する情報を定期的に提供しなければならない。赤字是正が危ぶまれる場合、欧州委員会は当該加盟国に対して直接に勧告を発することができる。

「トゥー・パック」にふくまれるもう1つのEU規則は、「金融の安定性に関して深刻な困難を経験しているか、またはそれに陥りそうなユーロ圏の加盟国に対する経済と予算の監視を強化する規則」である。これによれば、EU（およびIMF）から財政支援を受けているユーロ圏加盟国に対しては「強化された監視」と呼ばれる手続きが適用される。すなわち、そうした加盟国は危機につながる不安定要因を特定し、欧州委員会とユーロ・グループに4半期ごとに報告しなければならない。財政状態が好転しない場合、ユーロ・グループは欧州委員会からの提案を受けて当該加盟国に対し改善措置を勧告するか、あるいは加盟国の作成するマクロ経済調整プログラムの草案を審査し認可する。そして、加盟国の行政能力が不十分であれば、当該加盟国は欧州委員会に技術的な支援を求めることが義務づけられる。しかも当該加盟国は、受け入れた財政支援額の75％以上を返済するまで、こうした義務を負いつづける［European Commission 2013d; 嘉治 2013, p.201; Hodson 2014, p.198］。

ユーロ・プラス協定

シックス・パックとトゥー・パックはいずれもEUの第2次法である。それに対し、「ユーロ・プラス協定」と「安定・調整・ガバナンス条約」はEU法の枠外での条約である。

まず、2011年3月に欧州理事会の場で調印された「ユーロ・プラス協定：競争力と収斂のための経済政策調整の強化」を見ておこう。この協定には、ユーロ圏17カ国（当時）のほかにブルガリア、デンマーク、ラトヴィア、リトアニア、ポー

ランド、ルーマニアの6カ国も参加しているため、「プラス」という語が付加されている。同協定の原型は、ドイツのメルケル首相とフランスのサルコジ大統領が2011年2月の欧州理事会で提示した「競争力のための協定」にある。この独仏提案では、給与の物価スライド制の廃止をふくめて、他の加盟国が受け入れることのできない内容が示されており、多くの批判を浴びたため、ヴァン・ロンプイ欧州理事会議長の作業グループと欧州委員会が独仏提案を練りなおして新しい協定案を提示したといわれている〔ジェトロ 2011; Urban 2011, S.36〕。ユーロ・プラス協定は調印国に対し、「欧州セメスター」のもとで4月に提出する「安定プログラム」「収斂プログラム」および「国別改革プログラム」のなかに、①競争力の強化、②雇用の促進、③財政の持続可能性の強化、④金融の安定性の強化という4つの分野で取り組みの計画を盛り込むよう求めている（図表2-11）。協定が加盟国に要求している改革の中身が新自由主義に傾斜している点もさることながら、加盟国の権限に属する事柄について、公式のEU法という形式をとらず政府間協力（intergovernmentalism）という手法により、欧州議会および加盟国議会のあずかり知らぬところで取り決めたということも問題をはらんでいる[12]。

図表2-11　ユーロ・プラス協定の概要

①競争力の強化
(i) 生産性に見合う生産コストの確保
・賃金交渉の集権化の度合いや賃金インデクセーションのあり方など、賃金決定制度を見直す
・民間部門の競争力を阻害しないような公共部門での賃金水準の決定
(ii) 生産性を向上させるための措置
・サービスと小売部門への不当な規制を除去する
・教育制度の改善と、研究開発・技術革新・インフラストラクチャー整備の促進
・中小企業をはじめとするビジネスの環境の改善
②雇用の促進
・「フレキシキュリティ」の推進、無申告の仕事の縮小、労働への参加の促進
・生涯学習
・労働にかかる税の軽減などの税制改革と、世帯内の第2の稼ぎ手の就労促進
③財政の持続可能性へのさらなる貢献
(i) 年金、医療、社会給付の持続可能性の確保
・年金支給開始年齢の引き上げと就業率の向上
・退職年齢の引き上げと（55歳以上の）高齢者の雇用促進
(ii) 安定・成長協定で定められた財政規則を（たとえば憲法の規定として）国内法化する
④金融の安定性の強化
・銀行破綻処理に関する国内法の整備
・銀行に対する定期的なストレス・テストの実施
・脱税や租税回避を克服するための租税政策における国際協調
・共通法人税の検討

出所：〔European Council 2011〕より著者が作成

安定・調整・ガバナンス条約

続いて2012年3月には、イギリスとチェコをのぞく25のEU加盟国（当時）が「安定・調整・ガバナンス条約」に調印した。この条約は、2012年末までにベルギー、マルタ、ルクセンブルク、オランダをのぞくユーロ圏の全加盟国が批准したので、2013年1月に発効した。ユーロ・プラス協定と同様にこの条約もEU枠外の条約であるが、発効から5年以内（つまり2018年1月まで）にはこの条約をEU法に編入することが予定されている。同条約の財政に関する部分（第3部）を、とくに「財政協約（Fiscal Compact）」という。財政協約の最も重要な点は、（景気の悪化や一時的な支出増は別にして）構造的な財政赤字をGDPの0.5％以下に抑えるという中期予算目標を「各国の憲法をはじめとする拘束力があり永続的な性格を有する法」に書き込むことを各国に義務づけて、緊縮財政の永続化を定めていることにある[13]。シックス・パックは財政赤字をGDPの1％以下と定めていたが、これが0.5％以下にまで厳格化された点も見逃せない。そして、この中期予算目標の政府による遵守状況を監視する機関について、各国は憲法等において規定することになっている。さらには、いずれの加盟国も、他の加盟国が中期予算目標の国内法制化を怠ったという訴えを欧州司法裁判所に提出することができ、この訴えを同裁判所が認定した場合、違反国に対しては同裁判所が当該国のGDPの0.1％までの制裁金を科す[14]［Hodson 2012, p.189; Hodson 2013, p.195］。

なお、2012年4月に行なわれたフランスの大統領選挙に先立って、社会党の大統領候補であったF. オランドは、この財政協約を交渉しなおすと主張していた。しかし、オランドは大統領当選後に同協約の再交渉を断念し、その代償として「成長・雇用協約（Compact for Growth and Jobs）」を締結することを提唱した。2012年6月の欧州理事会は、オランド大統領の発案を受け入れて「成長・雇用協約」を採択した［Hodson 2013, p.187］。しかし、成長・雇用協約の内容は、EUによる既存の施策と加盟国による財政支出とを積み上げただけのものであり、シックス・パックから財政協約にまでいたる緊縮政策の流れを反転させるものではなかった。フランスも結局2012年10月に財政協約を批准した。

シックス・パックから安定・調整・ガバナンス条約にまでいたる以上のような財政とマクロ経済に関するガバナンスの改革は、スプラナショナルな要素と政府間監視の要素とを併せもちながら加盟国を財政規律で締めあげるものとなっている。こうした制度配置は、第1章第2節で述べたように「欧州多次元レジームとしての公債整理国家」と呼ばれるようになった［Streeck 2013, S.159ff.］。国家による資金調達は課税に代えて公債に依存するようになり、そうすることで結局は金融市場に従属するにいたった。この従属は、上述した一連のガバナンス改革によっ

ていっそう強化された。C.オッフェの言葉を借りれば、「ユーロは欧州の民主主義的な資本主義をよりいっそう資本主義的にするとともに、その民主主義的な性格を希釈化した。国家のなかに埋め込まれた市場から、(金融)市場のなかに埋め込まれた国家への変容が起きたのであり、ユーロはこの変容をうながした」のである［Offe 2015, p.43］。

4. 銀行同盟

債務危機を予防し是正するための以上のような制度改革と並行して、EU は民間金融機関に対する監督と破綻処理の仕組みを欧州レベルで統一する取り組みを進めてきた。加盟国ごとに分かれていた金融機関への監督当局を欧州レベルで連携させる「欧州金融監督システム (ESFS)」が 2010 年 11 月に発足し、金融機関の業態ごとに分かれた 3 つの監督機関[15] とともに 2011 年 1 月から業務を開始した。そして ESFS のもとには、欧州中央銀行総裁が議長を務め、金融システムの不安定性をモニターし評価する「欧州システミック・リスク理事会 (ESRB)」が設けられた。しかし、ESFS は各国の金融監督当局を連携させるだけの組織であり、国境を越える金融取引が日常となっている今日の金融機関に対する監督制度としては不十分であった。そこで、欧州委員会が 2012 年 5 月に提唱したのを皮切りにして、同委員会とヴァン・ロンプイ欧州理事会議長との共同により具体化が図られたのが、金融機関に対する監督と破綻処理の仕組みを EU へ移すことを柱にした「銀行同盟 (Banking Union)」の構想であり、それを基礎にしながら経済・通貨同盟 (EMU) をさらに深化させるという計画であった［藤井 2013, 55 頁以下］。

「真の経済・通貨同盟」という構想

まず、2012 年 6 月の欧州理事会において、ヴァン・ロンプイ同理事会議長の報告「真の経済・通貨同盟に向かって」(第 1 バージョン：van Rompuy 2012a) が提示され、銀行同盟をふくむ金融統合、財政統合、経済政策統合の深化に向けて議論を進めることが決まった。そして、欧州理事会からの付託を受けた欧州委員会は 2012 年 11 月、経済・通貨同盟に関する 3 段階の改革案である「深い本当の経済・通貨同盟のための青写真」を公表した。この「青写真」によれば、6 カ月から 18 カ月以内に行なわれる第 1 段階では、銀行同盟を完成させ、「収斂と競争力のための手続き」を設ける。後者の「手続き」は、①加盟国が構造改革に取り組むことを契約によって義務づけるとともに、②その構造改革を EU が財政面で支援するという 2 つの仕組みからなる。第 2 段階は 18 カ月目から 5 年以内に行な

われるものであり、租税政策と雇用政策をふくむ財政・経済政策における統一歩調（collective conduct）が強化される。また、EMU加盟国が共同で発行する短期ユーロ債、あるいは、債務残高がGDPの60％を超えた加盟国に融資をする債務履行基金（debt redemption fund）の創設も、この第2段階において考えられる。5年目以降の第3段階では、ユーロ圏のための独自の予算が創設され、ユーロ圏加盟国による共通の債券発行がなされることで、EMUは完成するという。

　欧州委員会のこの「青写真」は、銀行同盟という次元を超えて、財政統合、経済政策統合の深化と政治同盟の建設を提起し、加盟国の主権を欧州の次元へとさらにいっそう委譲することを求めるきわめて野心的な文書であった。それはJ.ハーバーマスによれば、「〔欧州金融・経済の〕危機の本来の原因に、すなわち主権的な諸国家（『諸条約の主人』）の連合という自明性に固執している通貨同盟の設計ミスに、立ち向かっている」［Habermas 2013a, S.88］。ところが、欧州委員会の「青写真」をふまえて2012年12月の欧州理事会でヴァン・ロンプイ議長が提示した最終報告「真の経済・通貨同盟に向かって」（第2バージョン：van Rompuy 2012b）は、欧州委員会の提案を「外交的な仕方で縮約したバージョン」になり果てていた［Habermas 2013a, S.86］。ハーバーマスに言わせれば加盟国の政府は、「主権の諸権利を欧州の次元へと公式に委譲するという灼熱の鉄を前にして尻込み」した［ebd., S.85］。

　ヴァン・ロンプイの最終報告では、「真のEMU」を3段階で実現することが提案されている。第1段階（2013年末まで）では、銀行監督一元化メカニズムと、欧州安定メカニズム（ESM）による銀行への直接的な資本再構成（recapitalization）の枠組みとが設けられる。第2段階（2014年末まで）では、共通の銀行破綻処理担当局の創設、ならびにEUから財政支援を受けてなされる加盟国とEUの諸機関との契約を基礎にした構造改革が推進される。そして第3段階（2015年以降）では、EUレベルで打ち立てられる保険を通じて国ごとの経済的なショックを吸収する限定的な財政枠組みが設けられる。ハーバーマスが言うように、EMUの「設計ミス」の克服という根本的な課題は先送りされ、銀行同盟の形成だけが議題として残ったようにも見える。実際、財政統合を前進させるどころか、EUの独自財源には依然としてEU全体の国民総所得（GNI）の1.24％という上限が課されたままである。しかも、EUはその歴史上初めて予算案の削減を決定した。すなわち、2013年2月の欧州理事会は、2014年から2020年までのEUの予算案（中期財政計画：MFF）を当初の1兆330億ユーロから9600億ユーロへと削減したのだった［EuroMemo Gruppe 2014, S.16］。

　投機的な金融取引を抑制するとともにEU独自の新たな財源としても構想され

ていた金融取引税（FTT）もまた、その大幅な見直しを余儀なくされている。欧州委員会が2011年9月に提示したFTT導入のためのEU指令案ではEUの全加盟国にこの税制を導入することを予定していたが、イギリスとスウェーデンはこれに強く反対した。加盟国の税制に関する決定は閣僚理事会における全会一致を必要とするため、全加盟国を対象とする指令の採択は不可能となった。そこで欧州委員会は、一部の加盟国だけによる統合の深化を可能とするべくEU条約第Ⅳ編で定められている「強化協力」の規定を活用し、FTTに合意する加盟国にのみこれを導入するための指令案を2013年2月にあらためて提示した。当然のことながら、一部の加盟国だけが導入する税制からの歳入をEUの財源とすることはできない。2013年2月の新指令案（COM/2013/71）は課税の対象として、①種類を問わずすべての金融市場、②株式であれデリバティブであれすべての金融手段、③銀行であれ資産運用会社であれすべての金融機関を挙げ（「トリプル・オール・アプローチ」）、株の取引には0.1％、デリバティブの取引には0.01％の最低税率を設定するという2011年の旧指令案の基本線を維持している。その一方で新指令案は、課税対象に関する「所在地原則」を「発行地原則」へと変更した[16]。しかし、FTTを導入する国は結局10カ国[17] にとどまる見込みであり、歳入見積り額は年間350億ユーロから60億ユーロへと減少し、2014年1月の導入予定も2016年1月に延期された。経済・財務閣僚理事会がFTT指令の細部について検討する作業もまだ残されており、指令の採択までにはなお時間がかかりそうである[18]。

銀行監督一元化メカニズム

銀行同盟は結局、次の3つの柱によって構想されている。

1）銀行監督一元化メカニズム（SSM）
2）銀行破綻処理一元化メカニズム（SRM）
3）共通預金保険制度（DGS）

1）のSSMの設立に関するEU規則[19] は2013年11月に採択され、SSMは2014年11月から活動を開始した。これは銀行の破綻の未然防止を目的とする制度であり、欧州中央銀行（ECB）と各国の金融監督官庁とが分担して、ユーロ圏に存在する約6000の銀行を監督の対象としている。SSMの枠内においてECBは、①ユーロ圏の6000の銀行に対する営業の認可とその取消、②銀行に対する資産評価（ストレス・テスト）、③銀行業に関するEUの法規制に沿った銀行の業務への監督という3つの主要な権限を有している。ただし、6000の銀行のうちでECB

が直接的な監督の対象とするのは、その資産規模が300億ユーロを超えているか、あるいは当該銀行の所在国の GDP の 20％以上に達している、または欧州金融安定ファシリティ（EFSF）や欧州安定メカニズム（ESM）から直接的な金融支援を受けた銀行などに限定されており、その数は約130行にとどまるといわれている。これら以外の中小の銀行に関しては各国の官庁が監督する[20]。しかし、ECB は必要があれば、そうした中小の銀行を直接的な監督のもとに置くこともできる[European Commission 2013b]。

　こうして、経済政策上の重要な権限が加盟国から EU へとまたひとつ委譲されたように見えるが、ECB にゆだねられた銀行監督上の権限は実は、同行のなかで金融政策に責任を負っている役員会[21]が担うのではなく、これとは別個に設けられた監督評議会が担うことになる。そして、この監督評議会には4名の ECB 代表とともに、すべての加盟国の監督官庁から役員が1名ずつ参加し、しかも評議会の議長は ECB 総裁が兼務するのではなく、各国の中央銀行総裁が加わる ECB 政策理事会の推薦にもとづいて決定される[22][Hodson 2014, p.193ff.]。先述した欧州システミック・リスク理事会（ESRB）では ECB 総裁が議長を務めていることと比べるなら、SSM における ECB の役割はかなり制約されると見てよいだろう。ここには、SSM の業務遂行において大国の利害が密室内で幅を利かせる余地が残されている。

銀行破綻処理一元化メカニズム

　銀行監督がこのようにして曲がりなりにも一元化されると、今度は銀行が破綻した際の処理も EU レベルへ移すことが要請される。なぜなら、銀行に対する監督業務は一元化されているのに、銀行の破綻処理の仕方が国ごとに異なるというのでは、単一市場の機能作用をゆがめると考えられているからである。「銀行破綻処理一元化メカニズム（SRM）」を設けるための EU 規則[23]は 2014年8月に発効したが、SRM は一定の準備期間をおいて 2016年1月から本格的に稼働することになった。

　SRM の主な構成要素は、個々の銀行の破綻とその処理方法をユーロ圏内で一元的に決定する「単一破綻処理評議会（SRB）」と、破綻処理にかかるコストの一部を拠出する「単一破綻処理基金（SRF）」の2つである。前者の SRB は、2014年4月に採択された「銀行再建・破綻処理指令（BRRD）」によって定められている破綻処理の「単一規則書」を適用する機関であり、その理事会は議長、副議長、4名の常任理事、および破綻処理の対象となる銀行の所在国の監督機関代表によって構成される。議長、副議長と4名の常任理事は公募される。ECB と

欧州委員会の代表者は常任のオブザーバーとして議事に参加する。SRBは、上述した銀行監督一元化メカニズムの監督評議会と同様に大銀行の破綻処理を担当し[24]、中小銀行の破綻処理については各国の担当官庁にゆだねる。

　破綻した銀行の負債については、まずはその株主と債権者が経済的な負担を負うが、資金が不足する場合には単一破綻処理基金（SRF）からの資金援助が提供されうる。同基金の規模は、銀行同盟に参加するすべての国における預金保険対象預金総額の1％を目標にしている。これは金額でいえば約550億ユーロに相当する（2011年の預金総額にもとづいて算出した場合）。基金の原資は、各国の民間銀行が目標総額の12.5％ずつを毎年拠出していき、これを8年間続けることで550億ユーロを蓄える計画である［European Commission 2014a］。SRFに対する政府からの拠出が予定されていないのは、経営危機に陥った銀行に対する政府の資金援助が、銀行危機を政府の財政危機または債務危機に転化させていった回路を塞ぐためである。

　銀行に対する認可・監督の権限と破綻処理の権限とが異なる機関にゆだねられている——前者の権限はSSMの監督評議会に、後者のそれはSRBに——のには、それなりの合理的な理由がある。すなわち、認可・監督の権限をもつ機関は銀行と緊密な関係を有することになるため、この機関が破綻処理をも担当することになれば、その判断の客観性と迅速性が損なわれる恐れがあるからである［Gros and Schoenmaker 2014, p.537］。しかしながら、SRFから資金が提供される際の手続きは複雑で時間がかかり、しかもSRBの理事会にECBと欧州委員会はオブザーバーとして参加するだけであるから、加盟国政府の意向が反映される仕組みになっている。SRMに関する欧州委員会の当初の指令案から乖離して、破綻処理の過程に対するEUの諸機関からの影響力を弱め、有力な加盟国の意向が反映される仕組みに代わってしまった背景には、ドイツ政府の頑強な主張があった。SRFに最大額の拠出を強いられるドイツ政府は、SRMのおかげで他国の銀行と政府がモラル・ハザードに陥ることを恐れたのである［Howarth and Quaglia 2014］。

預金保護制度の強化

　欧州銀行同盟の3つ目の構成要素である共通預金保険制度をめぐっては、各国の預金保険機構を欧州の次元へと一元化するのか、それとも各国の制度を調和させる既存のEU指令を強化するにとどめるのかという点が争点となった。2012年6月にヴァン・ロンプイ欧州理事会議長が提示した銀行同盟に関する最初の報告では、預金保護のための「共通のメカニズム」を設けると提案されていたのが［van Rompuy 2012a］、同議長による同年12月の最終報告では、各国の預金保険制度を

「調和させる」との表現に変更されている［van Rompuy 2012b］。結局、この制度に関連して閣僚理事会と欧州議会が採択し2014年6月に発効したのは、SSMやSRMのように欧州レベルでの制度の一元化をもたらすEU規則ではなくて、各国の預金保険制度に最低限の条件を課していた1994年以来の既存の指令を改正するEU指令[25]であった。すべてのEU加盟国はこの新指令に則って、2015年6月までに国内法を再整備することになった。

1994年に採択された指令は、各国の預金保険制度について最低限の調和を図るものであったため、保険でカバーされる預金の額、保険の対象となる預金口座の範囲、預金の払い戻し期間の上限などについて加盟国間で相当な違いを放置したままになっていた。そこで、2007年以降の金融危機をふまえて2009年に採択された改正指令は、保護される預金の額を従来の2万ユーロから2010年末までに10万ユーロへ引き上げ、預金を預金者に払い戻す期間の上限を20営業日以内にまで厳格化した。2014年に発効した新しい指令は、09年の改正指令をさらに強化して、図表2-12に示されているような規制を各国に義務づけた。

EU指令という形式をとった今回の改正は、EUによる単一の預金保険機構を設けるのではなく、各国の預金保険機構に対する規制を欧州レベルで強めるとい

図表2-12 預金保護指令（2014年）の概要

- 10万ユーロという標準的な預金保護額は変更されないが、住宅の購入、結婚、退職といった特別なケースにおいて預金者は10万ユーロを超える額の保護を（12カ月を限度として）求めることができる。預金の利子も保護の対象となり、払戻預金額から銀行ローンの額が控除されることもない。また、EU域外の国の銀行に預けられているEUの市民または企業の預金も保護の対象となる。
- 預金の払い戻し期間の上限を現行の20営業日以内からさらに引き下げていき、2024年の年始からは7営業日以内とする。
- 預金保護のために預金者に要求されていた煩わしい申請手続きは廃止され、各国の預金保険機構は独自の判断で預金を払い出すことができる。また、預金者は預金の際に、保護の対象となる預金の額などが記載されている預金保険機構の標準化された情報文書を手渡されるとともに、更新された情報文書が少なくとも1年に1回、銀行から届けられる。
- 銀行は各国の預金保険機構に対して事前に、かつ定期的に一定の額を納めなければならない。各預金保険機構は10年以内に、それが保護の対象にしている預金総額の0.8％に相当する額を積み立てることになっている*。銀行が預金保険機構に納める金額は、欧州銀行庁（EBA）から示される指針に沿って、各銀行の保有する預金額と経営におけるリスクの度合いとをかんがみながら決定される。そのため、リスクの高い業務を行なっている銀行の納入額は高く設定されることになる。なお、預金総額の0.8％という積立の比率は、中小銀行の口座保護を念頭に置いたものであり、大銀行に関しては銀行再建・破綻処理指令（BRRD）の規定が適用される。
- 各国の預金保険機構は必要に応じてお互いに資金を貸し借りすることができ、それでも資金が不足する際の最後の手段として、公共または民間の金融機関から借入をすることができる。

* 約半数のEU加盟国における預金保険機構は、この0.8％という積立金の水準をすでに達成しているか、あるいはそれに近い水準にまで到達している。
出所：［European Commission 2014b］にもとづいて著者が作成

う形態にとどまった。したがって、本来なら統一的に実施されるべき預金保護と破綻処理について、EUは前者の責任を加盟国に任せ、後者の権限のみを欧州化するという不均整で非効率な仕組みを設けてしまったのである。ちなみに、預金保護と破綻処理はアメリカでは連邦預金保険機構（FDIC）が、日本では預金保険機構（DICJ）が一元的に担っている[26]。

　ともあれ、こうして銀行同盟の3つの構成要素がヴァン・ロンプイによる最初の報告から約2年という短い期間内に一応は整えられたことにより、欧州金融・経済危機の深刻化を受けてEUの首脳レベルで取り組まれた経済・通貨同盟（EMU）のガバナンス改革はひとつの区切りを迎えた。しかし、その銀行同盟は、欧州危機の教訓を汲みとったとは言いがたい形状に落ち着いた。危機の予防という側面に関していえば、金融機関による投機を抑制するための金融取引税は、対象となる国の範囲がEU加盟国の半分以下の10カ国にまで縮小し、2016年1月に実際に導入されるかどうかもまだ不透明である。商業銀行をリスクの高い金融取引から隔離する、アメリカのかつてのグラス・スティーガル法のような規制は結局、検討の対象にすらならなかった。そして危機の事後処理という面では、債務危機の最後の爆発的拡散を何とか食い止めた、欧州中央銀行による事実上の「最後の貸し手」機能も、条約によって禁じられたままである。

　先述したように、『欧州2020』戦略は「2000万人の人びとを貧困と排除のリスクから救い出す」ことを目標のひとつに掲げていたが、EMUのガバナンス改革は結局のところ（中途半端な）銀行同盟の形成に還元されてしまい、危機の過程で深刻化した社会問題への対応は後回しにされた感がある。

5．経済・通貨同盟の社会的側面を強化する

　それでもなお、2012年12月の欧州理事会は欧州委員会に対し、経済・通貨同盟（EMU）の「社会的側面」を強めるための提案を作成するよう求めた。欧州委員会はこの付託に応えて、「EMUの社会的側面を強化する」と題された提案文書を2013年10月に公表した [European Commission 2013a]。この提案文書は、2012年11月に同委員会が提案したEMUの将来に関する「青写真」の部分的な具体化でもある。それは、次の3つの課題に関する提案をふくんでいた。

① 雇用と社会的課題への監視を強め、政策調整を強化する。
② 雇用と職場の移動とに関する責任、連帯、行動を強める。
③ 労使対話を強化する。

これらのうち、①の課題については、加盟国における貧困と社会的排除を測定するために欧州委員会が提案した新しい指標の一部が欧州理事会によってすでに認可され、『欧州2020』戦略に則った「年次成長調査」の2014年版から盛り込まれるにいたった[27]。また、③の労使対話の強化は、『欧州2020』による政策決定と執行のサイクルのなかに欧州レベルの労使の団体を関与させようとする提案をふくんでいる。具体的には、欧州委員会は「年次成長調査」を採択する前に労使の団体からそれへの意見を聴取し、その意見を毎年10月に開催されている「3者間社会サミット」（欧州委員会、閣僚理事会、欧州レベルの労使の団体の3者が参加）において閣僚理事会と共有すること、そして3月に開かれる3者間社会サミットでは「欧州セメスター」のあり方を主な議題にすえるべく、欧州委員会が制度改革を検討することなどが提案されている。
　しかし、①と③の課題をめぐるこうした改革は制度の微修正にとどまっている。それらよりも重要なのは、EUからの財政支出をともなう②の課題であろう。ここでは、②のなかでも「若者保障制度」と「最も剥奪されている人を欧州が支援する基金」を取りあげることにする。

若者に対するアクティベーションのプログラム
　「若者保障制度（Youth Guarantee）」は、「EMUの社会的側面を強化する」という欧州委員会の提案文書の公表に先立って2013年4月に閣僚理事会が採択した勧告により、実施されることになっている。このプログラムの先行例として欧州委員会がしばしば引き合いに出すのが、関係機関の連携を強めることでNEET[28]への支援を強めるというフィンランドの取り組みである。北欧諸国ではすでに1980年代の初めからそうした取り組みがなされていたという。
　若者保障制度とは、学校を出るかまたは失業してから4カ月以内に、「雇用、再教育、見習い、または研修」という4つの措置のうちのいずれかに関する「良質の提議（a good-quality offer）」を25歳以下のすべての若者に提供するというプログラムである［Council of the EU 2013］。ここでいう「良質な提議」の意味について欧州委員会は、「各人に沿ったガイダンスを提供し、個々人のための行動計画を策定することで、各人に適した提議をあたえること」だと説明している［European Commission 2013c, p.3］。欧州委員会によるこの説明は、閣僚理事会が2013年4月に採択した勧告に盛り込まれている「若者保障制度・国別スキーム」のための指針（図表2-13参照）の第10指針に沿っている[29]［Council of the EU 2013］。前述のように『欧州2020』は「より良い仕事」を提供することを目標と

しては断念しているので、「良質の提議」という考え方はそうした断念への代償として考案されているようにも見える。そして、この考え方はまた、「個人化されたアクティベーション」の枠組みにぴったりと適合する。

　このプログラムのために、2014-2020年の期間で60億ユーロの予算が確保されており、そのうちの30億ユーロは通常のEUの予算から、残りの30億ユーロは欧州社会基金から拠出される。これは、『欧州2020』において掲げられた5つの「主要目標」のうちの①、④、⑤を達成するために設けられたプログラムであり、若者の雇用や教育にかかわる各種の公共もしくは民間の機関のあいだでの協力のモデル（「若者保障制度・国別スキーム」）を各加盟国に設けさせようとするものである。すべての加盟国は「若者保障制度・国別実行計画」を2014年春までに欧州委員

図表2-13　「若者保障制度・国別スキーム」のための指針（要旨）

パートナーシップにもとづくアプローチをうち立てる
・国別スキームに責任を負い、パートナーシップを調整し、欧州委員会と連絡をとる公的な機関を決定する。
・職業紹介サービス、教育・訓練機関、若者支援サービスなどの協力を強めることにより、提供可能なサービスと支援に関する情報を若者に十分に供給する。
・提供される雇用、見習い、研修の量を増やすために、雇用主、政府、労働組合のあいだのパートナーシップを強める。
・国別スキームを構想し発展させる過程で、若者や青年組織による意見表明と関与の機会を保証する。
早期の介入とアクティベーション
・職業紹介サービスでの把捉と登録をうながすために、情報提供や啓発をふくめて、若者に対する効果的なアウトリーチ戦略を発展させる。その際、（社会的排除、貧困、または差別といった）複合的な障壁に直面している脆弱な若者およびNEETに焦点をあてる。
・情報が若者のあいだに行き渡るようにするべく、関係するすべての制度や機関の相互の調整を保障する中心的な組織を設けることを検討する。
・被支援者のドロップ・アウトを防止するための早い段階での相互的な義務および継続的な追跡調査の原則にもとづいて、職業紹介サービスは、若者を支援する他のパートナーたちとともに、各人に沿ったガイダンスと、個々人に適した支援のスキームをふくむ個人活動計画とを提供する。
労働市場への統合のための支援措置
技能を高める
・学校教育を中断した者や低い技能しかもたない若者に、彼らの特殊なニーズに見合う再教育や訓練の行程を提供する。
・技能と能力を高める取り組みのなかに、標準的な資格を得られるような情報通信技術の知識に関するプログラムを組み込む。
・学校、職業訓練センター、および職業紹介サービスが起業や自営業に関するガイダンスを若者に対して行なうよう促す。
労働市場に関連する措置
・必要であれば、非賃金労働コストを引き下げて、若者の採用を促進する。
・労働市場から遠ざかっている若者のための見習いや研修の機会を雇用主が増やせるようにするために、的をしぼった賃金補助金または雇用補助金を活用する。
・EU域内の別の地域や国での雇用、見習い、研修を見つけられるようにするべく、労働移動を促す。
・活性化（activation）のスキームから離脱した若者をふたたび活性化するための制度を強化する。

出所：［Council of the EU 2013］にもとづいて著者が作成

会へ提出した。同計画の実行過程は「欧州セメスター」の枠内で欧州委員会によってモニターされている。

最も剥奪されている人への支援

　欧州委員会はまた、「グローバル化への適応のための欧州基金（EGF）」[30] とならんで、「最も剥奪されている人を欧州が支援する基金（FEAD）」という新しい基金の創設を提案した。FEAD を設立するための EU 規則[31] は 2014 年 3 月に採択され、同月に発効した。

　FEAD は、深刻な物質的剥奪に直面している人びとに対して加盟国の政府が公共機関や非政府組織と協力しながら食糧、衣服、石鹸といった現物支給による支援を行なうための基金であり、『欧州 2020』の貧困削減目標を達成するための手段として導入されたことは明白である。2014 年から 2020 年までの基金の合計予算として 38 億ユーロ強が計上されているが、加盟国政府は自国の支援プログラムの予算のうちの最低 15％を自己負担する必要がある。加盟国は 2014-2020 年の支援プログラムを欧州委員会に提出し、その認可を得る。加盟国は、支援の対象となる人びとの社会的包摂を促進するためにそれが必要と判断するなら、基金の予算を現物支給以外の支援策に充当することもできる。

　現物支給以外の支援策として基金の運用で重視されているのは、支援の対象となる人びとが極端な貧困から抜け出すのを助ける「積極的な社会的包摂のための措置」である。社会的包摂を促進するための EU による基金としては、すでに欧州社会基金（ESF）が存在しているが、これは EU の雇用政策指針に沿って運用されているため、職業紹介や訓練といった積極的労働市場政策に対して重点的に資金援助をしている。それに対して FEAD は、職業訓練にいたる前段階での支援をうながすものと位置づけられており、FEAD に申請をする加盟国は、現物支給の計画のなかに被支援者への相談活動や能力向上などのプログラムを組み込むことを義務づけられる。こうして EU は、FEAD から ESF への橋渡しまたは連携を通じて、深刻な物質的剥奪の状態（たとえばホームレス状態）にある人びとを労働市場への包摂にまで導こうとしているようである。FEAD からの援助の第 1 号として、フランス政府による食糧提供プログラムが 2014 年 7 月末に認可された。このプログラムに対する 2014 年から 2020 年までの FEAD からの支援総額は 4 億 9900 万ユーロである（フランス政府の自己負担額は 8800 万ユーロ）。

　FEAD は、労働市場への包摂に限定されない広義の社会的包摂をめざす一方で、2012 年をもって廃止された「欧州共同体内で最も剥奪されている人びとへの食糧配分プログラム（MDP）」を引き継ぐという一面も有している。1987 年に創設さ

れたMDPは、欧州共同体（EC）による共通農業政策のもとで生じた余剰農産物を、貧困状態にある人びとへ食糧支援として支給するプログラムであった。しかし、共通農業政策の改革によって余剰農産物の量は減少し、かつまたドイツとスウェーデンの提訴にもとづく欧州司法裁判所の判決がMDPによる食糧の市場からの調達を違法と判断したため（2011年4月）、MDPは廃止を余儀なくされた。そこでFEADは、最も剥奪された人びとへの食糧の提供というMDPの性格を継承しつつ、食糧に限定されない現物による支援を制度化したのである。

2012年現在で、EU域内には1億2500万人に近い人びとが貧困または社会的排除のリスクにさらされていると見積もられ、そのうちの約5000万人が深刻な物質的剥奪をこうむっているとされている。欧州委員会の推計によれば、FEADからの資金提供を受けた各国のプログラムによって支援が届けられるのは、この5000万人のうちの400万人にとどまるという［European Commission 2014c, p.2］。

6.「埋め込まれた新自由主義」から「むき出しの新自由主義」へ？

2020年は、2010年と同様にふたたび「貧困および社会的排除に取り組む欧州年」として位置づけられている。『欧州2020』が貧困削減の数値目標を掲げたことはたしかに画期的であった。しかし、いまではこの数値目標は広告のためのアドバルーンでしかなかったように思えてくる。EUが加盟国に対して緊縮政策を強要するにとどまらず、安定・調整・ガバナンス条約に見られるように各加盟国自身が自らを永続的な緊縮財政へと法的に拘束するような制度配置のなかで、一体どうやって2000万人もの人びとを貧困状態から救いあげるというのであろうか。「失われた世代」とも呼ばれるようになった欧州の現在の若者たちが将来の見通しを自分自身で立てるためには、『欧州2020』の第4目標が謳っているような教育実績の改善もさることながら、「より多くのより良い雇用」を増やすことが大切である。だがそれは、緊縮財政のもとでは著しく困難である。「若者保障制度」がギリシャに対して予定している5億1700万ユーロの資金は、この国の35万人の若者に対して最低賃金で2カ月間の雇用を提供するほどの額にしかならないという。他方で、ギリシャ政府が2009年から2012年までのあいだに削減した歳出額は180億ユーロに達する［EuroMemo Gruppe 2014, S.34］。

ユーロ圏におけるデフレの傾向を抑止するべく、欧州中央銀行（ECB）はついに2015年1月、EMU加盟国の国債などを民間銀行から毎月600億ユーロ購入するという初めての量的緩和策を導入すると決定した。国債等の金融資産の購

入は2015年3月から2016年9月まで続けられる。そうすることによって、市場に大量の資金を供給し、金利の低下と消費の拡大と物価の上昇をもたらすことを、ECBは企図している。かつて2012年7月にECBのドラギ総裁が発表したのは、債務危機に陥ったEMU加盟国の国債を買い取る緊急の措置(「即時金融取引：OMT」)であり、これは結局発動されずに終わった。今回の措置はそれとは異なり、EMU加盟国のすべての国債をECBへの各国の出資比率に応じて買い取ることになっている。これは、「即時金融取引」のようにあからさまな形態ではないにせよ、ECBが「最後の貸し手」としての役割を間接的ながら引き受けたことをも意味する。しかしながら、ECBへの出資比率に応じて国債が買い取られるのであるから、出資比率の低いギリシャ等の南欧諸国の国債はそれほど多くは購入されない。せいぜい、ユーロの相場が下落することによってドイツの域外輸出がさらに伸びることが期待されるにとどまりそうである。

　中央銀行による技術的な市場介入、ならびに政治的目標とそれを彩るレトリックは別にして、EUにおける政治的・社会的力関係と法制度とガバナンスの構造は、「より良い雇用」や社会的結束や環境保護を脇に置いた見境のない経済回復・成長へと決定的に傾斜した。危機から脱出し成長へと復帰する道は、もっぱら安定・成長協定のさらなる厳格化と各加盟国の歳出削減努力とに求められている。EUは、ドイツのヘゲモニーのもとで進められている事態のそうした進行にお墨付きをあたえるだけの役割に甘んじている。

　オランダのB.ファン・アペルドーンはかつて、イギリスのブレア政権に代表される社会民主主義の新しい路線の影響力のもとでリスボン戦略に凝縮されていったようなEUの政策傾向を「埋め込まれた新自由主義」と特徴づけていた[van Apeldoorn 2002; 中村 2005, 18頁]。それは、根本において新自由主義的な政策を一定の社会的保護の仕組みのなかに埋め込むことで、政策のもたらす衝撃を緩和し政治的な正当性を維持しようとするものであった。この政策傾向を体現していたのが、労働市場の規制緩和と積極的労働市場政策とを同時進行させる「フレキシキュリティ」という戦略であったように思われる。しかし、C.クラウチによれば、債務危機の勃発を受けたGIIPS諸国に対する融資のコンディショナリティに見られるように、「埋め込まれた新自由主義」はいまや、1990年代の「むき出しの新自由主義」へと回帰した[Crouch 2013, p.41]。「埋め込み」の要素をまだかろうじて示していた『欧州2020』戦略もまた、「むき出しの新自由主義」の渦巻のなかに飲み込まれようとしている。

　こうした力関係と情勢を受けてドイツやフランスでは、EUに懐疑的な政党(ドイツにおける「ドイツのための選択肢」やフランスの「国民戦線」)が台頭している

だけでなく、欧州統合の政治的・社会的な深化をかつては訴えていた左派の知識人や政治家のなかからも、一部の加盟国のユーロ圏からの離脱、あるいはユーロ圏の解体を主張する者が出てきている。「ユーロの救済はヨーロッパの救済ではない」という主張である。ドイツでは F.W.シャープフと W.シュトリークが、ユーロ圏を解体して、危機に陥った国に平価の一時的な切り下げを認めるとともに、1970-1980年代の欧州における「スネーク」(「トンネルのなかのヘビ」) のような柔軟性を備えた固定相場制への復帰を提唱している [Scharpf 2011; Streeck 2012]。フランスでは J.マジエと P.プティが、――EU における連邦制的な財政制度の形成が政治的な抵抗によって不可能となる場合の次善の策としてではあるにせよ――現行の単一通貨を対外的な(単一の)ユーロと国別の(複数の)ユーロとに分割し、それらのあいだに再調整可能な固定相場を敷くことを提案するにいたっている [Mazier and Petit 2013]。

そうしたユーロ圏解体論に対しては、経済・通貨同盟を政治同盟と財政同盟によって深化させる構想が対置されている。ドイツでは J.ハーバーマスが「スプラナショナルな民主制」を通じた共通財政・経済政策の実施を提案し [Habermas 2013a, 2013b]、フランスでは M.アグリエッタらが連邦制的なガバナンスの構造を組み込んだ経済的・社会的統合の発展を唱えている [Aglietta et Brand 2013]。EU が前方へと進んでいく道は、国別の通貨の併存状態へと回帰するのではなく、統合を政治的、経済的、社会的に深化させていく方向にしかないという彼らの信念を、著者も共有している。欧州中央銀行がその主要目標をもっぱら物価の安定に置き、民主的に選ばれる政府からは独立し、同行には「最後の貸し手」としての権限があたえられず、共通財政政策が存在しないなかにあって加盟国の財政主権が切り詰められていくという経済・通貨同盟の「設計ミス」を放置したままであるなら、経常収支の赤字国が競争力を回復するための方途は、もっぱら賃金その他の「生産コスト」を引き下げることに求められてしまう。アグリエッタがくり返し指摘しているように、現状のユーロは実際のところ EMU 加盟国の市民にとって、人民主権の裏づけをもたない「外国の貨幣」でしかないのである [ibid., p.177]。そうした「設計ミス」を改修し、EU および加盟国政府と欧州市民との契約によって雇用ならびに生活の質の改善を達成義務に掲げる社会同盟を建設することこそ、EU がとるべき道である。

2014年の末から2015年の初めにかけて、EU では、これまでのトレンドに対抗するかのような動きが2つあった。1つは、欧州委員会委員長に就任したばかりのジャン＝クロード・ユンカー(元ルクセンブルク首相)が2014年11月にさっそく発表した「欧州のための投資計画」であり、もう1つは、2015年1月のギリシャ

の総選挙において緊縮政策の見直しを掲げる急進左派連合（SYRIZA）が勝利したことである。

　前者の「欧州のための投資計画」は、EUの予算から160億ユーロ、欧州投資銀行（EIB）から50億ユーロの計210億ユーロを投入して「欧州戦略投資基金（EFSI）」を設立し、この210億ユーロを元手にして加盟国政府や民間の投資を呼び込み、総額3150億ユーロの投資資金を確保するという計画である。すなわち、15倍ものテコの原理を想定して、元手の210億ユーロを3150億ユーロにまで膨張させるというのである。これはいわば、民間の投資ファンドが用いている資金調達の手法を公的な機関が採用するものである。欧州委員会によれば、15倍の「増幅効果」はEUとEIBによる過去の投資の経験からして過大な期待値ではないという［European Commission 2014d, p.8］。3150億ユーロは2015年から17年にかけて、ブロードバンドやエネルギー・ネットワークといった欧州規模の重要なインフラストラクチャーの整備、教育・研究・技術革新、あるいは従業員3000人未満の中小企業への金融支援に使われることになっている。EFSIを設立するためのEU規則は2015年6月に採択されたので、EFSIは同年の秋に運用を開始することになる。

　これまでのEUの政策基調が緊縮財政一辺倒であったことからすれば、官民合同のトランスナショナルなケインズ主義ともいうべき、新欧州委員会によるこの投資計画は、方向転換の兆しであるとみなされるかもしれない。興味深いことに、EFSIへの加盟国政府の出資は、安定・成長協定における「予防的措置」または「是正的措置」の適用を判定する際に考慮に入れないという意向を、欧州委員会は表明している［European Commission 2015c］。欧州レベルでの投資に対する貢献によって生じた加盟国の財政赤字は、これを大目に見て許容するというわけである。ここには、加盟国に対する緊縮財政の強要を、欧州レベルでの投資によって補償しようとする欧州委員会の姿勢が読み取れる。それは、幾重にも積み上がった財政規律の監視・強制メカニズムを廃止するまでにはいたらないものの、これを少なくとも迂回はしながら成長を刺激する方途を探ろうという姿勢である。

　しかし、2015年にくり広げられた緊縮政策と債務の見直しをめぐるEUとギリシャ政府との交渉の推移は、EUがトランスナショナルな緊縮財政強要装置を緩めるどころか、さらなる「ドイツ化」の傾向を強めていることを赤裸々に示した。ユーロ圏財務相会議は政治家の集まりではもはやなく、債権取立て屋の集団に堕している［Habermas 2015］。法的にも政治的にも経済的にも採用されえない選択肢であるにせよ、ギリシャをユーロ圏から一時的に排除するという提案をドイツ政府が提示し、国民投票で示された市民の意志をふみにじる過酷な緊縮政策

をギリシャに押しつけるにいたったことは、南欧諸国にとって単一通貨ユーロが所詮は「外国の貨幣」でしかないという過酷な現実をあらためて浮き彫りにした。EMU の政治的・社会的改造は喫緊の課題となっているにもかかわらず、「むき出しの新自由主義」によって阻まれたままである。

【注】
1 物質的剥奪にかかわる 9 つの項目とは、①予期せぬ支出をすることができる、②自宅を離れる休暇を 1 年に 1 週間とることができる、③未払い金の返済をすることができる（家賃など）、④ 2 日に 1 度、肉または魚の付いた食事をとれる、⑤適切な暖房設備、⑥洗濯機、⑦カラーテレビ、⑧電話、⑨自家用車、である。もともと欧州委員会が 2009 年に提案した物質的剥奪指標［European Commission 2009］においては、上記の 9 項目のうちの 3 つ以上が欠落している場合に「物質的に剥奪された世帯」とみなすことになっていたが、本文中で述べたように『欧州2020』では 4 項目以上の欠落に変更されている［Daly 2010, p.152ff.］。この変更により、「物質的に剥奪されている」とみなされる世帯の数は減ることになる。
2 「就労者のいない世帯」あるいは「不就労(joblessness)」という語は、オーストラリアやニュージーランドのような自由主義的傾向の強い国で 1990 年代に用いられるようになった比較的新しい言葉であり、貧困の原因を働こうとしない個々人の態度や性向に帰す含意をともなっているという。それはしたがって、所得再分配政策を斥け、就労アクティベーション政策を優先するという帰結をもたらす［Copeland and Daly 2012, p.281］。
3 裁量型調整方式(OMC)とは、①目標達成の期限をともなう EU レベルでの「政策指針」の作成、②各国における「最良の」政策や実践を比較・測定するための「量的・質的指標」の策定（ベンチマーキング）、③「政策指針」に沿った「国別行動計画」を加盟国の政府が作成し、欧州委員会に提出する、④「定期的なモニタリング、評価、見直し」をとおして加盟国による「相互学習」を促進するというサイクルからなる政策調整の手続きである。詳しくは［中村 2005, 30 頁以下］を参照せよ。なお、これまで OMC が用いられてきた雇用政策、教育政策、社会的排除対策の領域に、『欧州2020』のもとではやや厳格になった調整手続きが適用されることになり、とくに経済政策に関しては本文中で後述する「シックス・パック」によって加盟国に対する財政上の制裁措置ですら可能になっている。それゆえ OMC はいまでは主として、先進的な取り組みの実例に関する情報交換および相互学習といった限定的な目的のために使われているようである［European Commission 2013a, p.8］。
4 欧州委員会は 2015 年 3 月に、新しい「統合指針」の案を公表した。新指針の見出しは次のとおりである。第 1 指針：投資を増やす、第 2 指針：加盟国による構造改革の実施を通じて成長をうながす、第 3 指針：成長と雇用への主要な障害物を EU レベルで取り除く、第 4 指針：公財政の持続可能性と成長促進力とを改善する、第 5 指針：労働への需要を増やす、第 6 指針：労働供給とスキルを高める、第 7 指針：労働市場の働きを高める、第 8 指針：公平性の確保・貧困との闘い・機会均等を図る［European Commission 2015a, 2015b］。

5 ［Tsoukalis 2011, p.29］は、「多角的な監視」手続きのもとで欧州委員会と閣僚理事会が加盟国に対して発する勧告に一定の拘束力を認めているのに対し、［Hodson 2012, p.187］はそれを否定している。
6 これらの目標値は、各加盟国の政府が2011年4月に欧州委員会に提出した「国別改革プログラム」で提示されたものである。なお、イギリスの目標値の欄が空欄になっているのは、イギリス政府が地球温暖化対策にかかわる目標値以外の目標値を提示しなかったからである。
7 スペインではこれまで、「本当に貧しい人は家族のいない人だけだ」と言われてきたという［Moreno and Marí-Klose 2015, p.25］。
8 EU法における「規則」は、それの発効と同時にEU加盟国内におけるすべての自然人と法人に対して直接的な法的拘束力を有する。それに対してEU法でいう「指令」は、達成されるべき結果についてのみ加盟国を拘束するが、達成の形式・方法については加盟国にゆだねる。つまり「指令」は、それの内容を加盟国がなんらかの仕方で国内法に転化するよう義務づけるのである。ちなみに、シックス・パックにふくまれる5つの規則と1つの指令は以下のとおりである：Regulation (EU) 1173/2011; Regulation (EU) 1174/2011; Regulation (EU) 1175/2011; Regulation (EU) 1176/2011; Regulation (EU) 1177/2011; Regulation (EU) ; Directive 2011/85/EU.
9 この規定は、2013年6月にマルタに対して初めて適用された。
10 10個の指標は、①経常収支の対GDP比（過去3年の平均。閾値は＋6％〜－4％）、②純国際的投資ポジションの対GDP比（閾値は－35％以上）、③輸出市場シェアの過去5年間の変化（閾値は－6％以上）、④名目単位労働コストの過去3年間の変化（閾値は、ユーロ圏の国について＋9％、それ以外について＋12％）、⑤他の35の工業国に対する実質実効為替レートの過去3年間の変化（閾値は、ユーロ圏について±5％、それ以外は±11％）、⑥民間債務の対GDP比（閾値は160％以下）、⑦民間信用フローの対GDP比（閾値は15％以下）、⑧住宅価格の年間デフレ率（閾値は6％以下）、⑨一般政府債務残高の対GDP比（閾値60％以下）、⑩過去3年間の失業率の平均値（閾値は10％以下）である。これらのうち、①の経常収支に関しては黒字国よりも赤字国に対して厳しい閾値が設けられている。これは、経常収支の黒字を誇るドイツ（とくにCDUのヴォルフガング・ショイブレ財務相）の主張に譲歩した結果であるという［Hodson 2013, p.192］。ちなみに、2012年2月に欧州委員会が発表した「早期警告メカニズム報告書」にもとづいて、ベルギー、ブルガリア、デンマーク、スペイン、フランス、イタリア、キプロス、ハンガリー、スロヴェニア、フィンランド、スウェーデン、イギリスが、閾値から乖離した指標が多かったため、詳細な再調査の対象となった。しかし、欧州委員会は結局2012年には、2013年3月に銀行危機が勃発するキプロスをふくめて、どの加盟国にも「過剰な不均衡」を認定しなかった。
11 トゥー・パックにふくまれる2つの規則は以下のものである：Regulation (EU) 472/2013; Regulation (EU) 473/2013.
12 そのため、ドイツの哲学者であるJ.ハーバーマスは「ユーロ・プラス協定」について、「政府の首脳たちは、本来なら各国の議会（あるいは賃金協約の当事者である労使の団体）が

決めるべき事柄であるはずの、財政・経済・社会・賃金政策にかかわる一連の措置を自国においてそのつど実施することを〔この協定によって〕確約してしまったのだ」と批判した［Habermas 2011, S.121］。

13　ドイツはすでに2009年に、国債の起債の上限を原則として対GDP比0.35％にするという基本法（憲法）の改正を行なっていた。安定・調整・ガバナンス条約の規定は、こうしたドイツの先例を踏襲している。

14　財政協約はまた、ユーロ圏の加盟国の首脳が欧州中央銀行総裁と欧州委員会委員長の参加を得ながら集う「ユーロ・サミット」を年2回開催することを制度化し、2年半が任期の同サミット議長を選出することになった。

15　3つの監督機関とは、銀行を監督する欧州銀行庁（EBA）、資本市場や格付機関を監督する欧州証券市場庁（ESMA）、そして保険会社を監督する欧州保険・年金庁（EIOPA）である。

16　「所在地原則」とは、金融取引の当事者の一方が加盟国に所在しているなら当該取引を課税対象にするという原則であるのに対し、「発行地原則」は、たとえ加盟国に所在していない金融機関であっても、取引されている金融商品がいずれかの加盟国で発行されたものであるなら課税の対象にするという原則である。後者の原則は、「金融取引税（FTT）を導入したら金融取引が非課税国へ移転してしまう」というイギリス政府などの反対意見を考慮したものである。なお、イギリス政府は、FTTの導入に強化協力の規定を活用するとした2013年1月の経済・財務閣僚理事会による決定を取り消すよう、欧州司法裁判所に提訴したが、この提訴は2014年4月に同裁判所によって退けられた。

17　2014年5月6日の経済・財務閣僚理事会でFTTの導入に合意したのは、オーストリア、ベルギー、エストニア、フランス、ドイツ、ギリシャ、イタリア、ポルトガル、スロヴァキア、スペインの10カ国であった。

18　政府の歳入を増やすなら、金融機関の獲得した利益に課税する「金融活動税」のほうが、短期的な取引のうちでも今日の金融において有益で不可欠なものを阻害しないという点で、金融取引税よりも適しているのかどうかという問題について、ここでは立ち入らない。金融活動税の利点を主張する論稿として、［Grahl and Lysandrou 2014］がある。

19　Regulation (EU) 1024/2013.

20　ECBと各国の監督官庁とのこうした分業は、自国の州立銀行がECBによる監督の対象となることをドイツ政府が拒んだ結果として生まれた［田中 2013, 96頁］。

21　ECBの役員会は、同行の総裁、副総裁、および4名の理事によって構成されている。他方、ECBの政策理事会は、役員会の6名の成員にEMU加盟国の中央銀行総裁（19名）を加えて構成されている。

22　こうして監督評議会の初代議長には、フランスの中央銀行と銀行監督官庁で要職を務めはしたがECBのアウトサイダーであるダニエル・ヌーイ（Danièle Nouy）が選ばれた［Hodson 2014, p.194］。

23　Regulation (EU) 806/2014.

24　単一破綻処理基金（SRF）からの支援額が50億ユーロ未満のケースについては、欧州中央

銀行からの破綻に関する提言を受けて、単一破綻処理評議会（SRB）の理事会が破綻決定を下す。他方、SRFからの支援が50億ユーロ以上のケースについては、いずれかの加盟国政府からの召集要求を受けて、SRB理事会のメンバーに加えて全加盟国の担当官庁の代表が参加するSRBの総会（plenary session）が開催されうる。総会では、理事会による破綻決定案を基本的に単純多数決によって決定する。

25　Directive 2014/49/EU.

26　そのためD.グロスとD.シェーンメイカーは、預金保護と破綻処理の両方を担当するEUレベルの単一の機関を創設するよう提案していた［Gros and Schoenmaker 2014, p.536ff.］。2つの権限が加盟国とEUとに分担されていることの問題点については欧州委員会もどうやら自覚しているようであり、同委員会は、「汎欧州的な預金保険機構」の創設をにらんだ報告または法案を2019年に提出することを示唆している［European Commission 2014b, p.6］。

27　「EMUの社会的側面を強化する」という提案文書において欧州委員会は、『欧州2020』戦略の一環として欧州委員会が公表する「年次成長調査」のなかにふくまれている「合同雇用報告」に、社会問題に関する国別の「成績表」が盛り込まれるべきだと主張した。「成績表」に盛り込まれるべきだとして欧州委員会が挙げたのは、①失業の水準とその変化、②NEET率、③世帯の実質可処分総所得、④不平等（S80/S20率）の4つであった。なお、④のS80/S20率とは、世帯の所得分布を5分位に分けた場合の、最上位20％の世帯が得ている所得総額と最下位20％の世帯のそれとの比率を指す。これら4つの指標は2013年12月の欧州理事会において認可され、2014年の「合同雇用報告」のなかに盛り込まれて分析の対象となっている。他方、『欧州2020』の「マクロ経済不均衡是正手続き（MIP）」における「警戒メカニズム報告」の「成績表」に盛り込まれるべきだとして欧州委員会が提案した社会的な指標（就業率、長期失業率、青年の失業率およびNEETの比率、「貧困および社会的排除のリスクに見舞われている人びと」の比率）は、2014年現在ではまだ採用されていない。

28　NEETとは、Not in Education, Employment or Trainingの頭文字をとった略称であり、教育、仕事、訓練のいずれにも参加していない若者たちを総称する言葉である。もともとはイギリスのブレア労働党政権が「社会的排除」への対応策のなかで使いはじめた用語であり、16-18歳（または19歳）という年齢層に限定されて用いられていた。EUの『欧州2020』戦略では、15-24歳というやや広めの年齢層についてこのカテゴリーが使われている。それに対して日本政府は「ニート」について、15-34歳の非労働力人口のなかから学生と専業主婦を除き、求職活動にいたっていない者と定義している。

29　第10指針は次のように述べている：「〔加盟国政府は〕被支援者のドロップ・アウトを防止するための早い段階での相互的な義務および継続的な追跡調査の原則にもとづいて、職業紹介サービスが、若者を支援する他のパートナーたちとともに、各人に沿ったガイダンスと、個々人に適した支援のスキームをふくむ個人活動計画とを提供しうるようにする」［Council of the EU 2013］。

30　「グローバル化への適応のための欧州基金（EGF）」は、大企業の倒産や生産拠点の移転あるいは金融危機といった、グローバル化にともなう変動のせいで職を失った労働者に対し

て加盟国政府や自治体が実施する積極的労働市場政策を助成するための基金である。2014年から2020年まで1年につき最大で1億5000万ユーロまでの助成金が支給される。2017年末までは、失業者等に加えてNEETへの支援に対しても助成が可能とされている。
31　Regulation (EU) 223/2014.

【参考文献一覧】

Aglietta, Michel et Thomas Brand 2013: *Un New Deal pour l'Europe*, Paris: Odile Jacob.
Copeland, Paul and Daly, Mary 2012: Variety of poverty reduction: Inserting the poverty and social exclusion target into Europe 2020, in: *Journal of European Social Policy*, Vol.23, No.3.
Council of the EU 2010a: Recommendation for a COUNCIL RECOMMENDATION of 27.4.2010 on broad guidelines for the economic policies of the Member States and of the Union: Part I of the Europe 2020 Integrated Guidelines, SEC (2010) 488 final.
――――2010b: Proposal for a COUNCIL DECISION on guidelines for the employment policies of the Member States: Part II of the Europe 2020 Integrated Guidelines, COM (2010) 193 final.
――――2013: COUNCIL RECOMMENDATION of 22 April 2013 on establishing a Youth Guarantee, 2013/C 120/01.
Crouch, Colin 2013: Entrenching neoliberalism: the current agenda of European social policy, in: Nicola Countouris and Mark Freedland (eds.), *Resocializing Europe in a Time of Crisis*, Cambridge: Cambridge University Press.
Daly, Mary 2010: Assessing the EU Approach to Combating Poverty and Social Exclusion in the Last Decade, in: Eric Marlier and David Natali (eds.), *Europe 2020: Towards a More Social Europe?*, Brussels: P.I.E. Peter Lang.
EuroMemo Gruppe 2011: *EuroMemo 2010/11*, Hamburg: VSA Verlag.
――――2012: *EuroMemo 2012*, Hamburg: VSA Verlag.
――――2014: *EuroMemo 2014*, Hamburg: VSA Verlag.
European Commission 2009: Portfolio of indicators for the monitoring of the European Strategy for Social Protection and Social Inclusion - 2009 update.
――――2010: EUROPE 2020: A strategy for smart, sustainable and inclusive growth, COM (2010) 2020 final.
――――2013a: Strengthening the Social Dimension of the Economic and Monetary Union, COM (2013) 690 provisoire.
――――2013b: Legislative package for banking supervision in the Eurozone – frequently asked questions, MEMO/13/780.
――――2013c: Frequently Asked Questions on the Youth Guarantee.
――――2013d: 'Two-Pack' enters into force, completing budgetary surveillance cycle and further improving economic governance for the euro area, MEMO/13/457.
――――2014a: A Single Resolution Mechanism for the Banking Union – frequently asked questions,

MEMO/14/295.

―――― 2014b: Deposit Guarantee Schemes - frequently asked questions, MEMO/14/296.

―――― 2014c: Poverty: new Fund for European Aid to the Most Deprived – frequently asked questions, MEMO/14/170.

―――― 2014d: An Investment Plan for Europe, COM (2014) 903 final.

―――― 2015a: Annex to the Proposal for a COUNCIL Decision on guidelines for the employment policies of the Member States, COM (2015) 98 final, ANNEX 1.

―――― 2015b: ANNEX to the Recommendation for a Council Recommendation on broad guidelines for the economic policies of the Member States and of the Union, COM (2015) 99 final, ANNEX 1.

―――― 2015c: The European Fund for Strategic Investment: Questions and Answers, MEMO/15/3223.

European Council 2010: EUROPEAN COUNCIL 17 JUNE 2010 CONCLUSIONS, EUCO 13/10.

―――― 2011: EUROPEAN COUNCIL 24/25 MARCH 2011 CONCLUSIONS, EUCO 10/11/1 REV 1.

Eurostat 2014: Europe 2020 indicators - education.

Grahl, John and Lysandrou, Photis 2014: The European Commission's Proposal for a Financial Transactions Tax: A Critical Assessment, in: *Journal of Common Market Studies*, Vo.52, No.2.

Gros, Daniel and Roth, Felix 2012: *The Europe 2020 Strategy: Can it maintain the EU's competitiveness in the world?*, Brussels: Centre for European Policy Studies.

―――― and Schoenmaker, Dirk 2014: European Deposit Insurance and Resolution in the Banking Union, in: *Journal of Common Market Studies*, Volume 52, No.3.

Habermas, Jürgen 2011: Ein Pakt für oder gegen Europa?, in: derselbe, *Zur Verfassung Europas: Ein Essay*, Berlin: Suhrkamp Verlag.

―――― 2013a: Im Sog der Technokratie: Ein Plädoyer für europäische Solidarität, in: derselbe, *Im Sog der Technokratie*, Berlin: Suhrkamp Verlag.

―――― 2013b: Demokratie oder Kapitalismus?: Vom Elend der nationalstaatlichen Fragmentierung in einer kapitalistisch integrierten Weltgesellschaft, in: *Blätter für deutsche und internationale Politik*, 5/2013.

―――― 2015: Habermas: Warum Merkels Griechenland - Politik ein Fehler ist, in: *Süddeutsche Zeitung*, 22. Juni 2015.

Hodson, Dermot 2012: The Eurozone in 2011, in: *Journal of Common Market Studies*, Vol.50, No.S2.

―――― 2013: The Eurozone in 2012: "Whatever It Takes to Preserve the Euro"?, in: *Journal of Common Market Studies*, Vol.51, No.S1.

―――― 2014: Eurozone Governance: Recovery, Reticence and Reform, in: *Journal of Common Market Studies*, Vol.52, No.S1.

Howarth, David and Quaglia, Lucia 2014: The Steep Road to European Banking Union:

Constructing the Single Resolution Mechanism, in: *Journal of Common Market Studies*, Vol.52, Annual Review.

Mazier, Jacques and Petit, Pascal 2013: In search of sustainable paths for the Eurozone in the troubled post-2008 world, in: *Cambridge Journal of Economics*, Vol.37.

Moreno, Luis and Marí-Klose, Pau 2015: Youth, Family Change and Welfare Arrangements: Is the South still so different?, in: Francisco Javier Moreno-Fuentes and Pau Marí-Klose (eds.), *The Mediterranean Welfare Regime and the Economic Crisis*, London/New York: Routledge.

Offe, Claus 2015: *Europe Entrapped*, Cambridge: Polity Press.

Pochet, Philippe 2010: What's wrong with EU 2020?, in: *Intereconomics*, Vol.45, No.3.

Scharpf, Fritz Wolfgang 2011: Mit dem Euro geht die Rechnung nicht auf, in: *Max Planck Forschung*, 3/11.

Schwarzer, Daniela 2013: Integration und Desintegration in der Eurozone, in: Annegret Epplder/ Henrik Scheller (Hg.), *Zur Konzeptionalisierung europäischer Desintegration*, Baden-Baden: Nomos Verlagsgesellschaft.

Streeck, Wolfgang 2012: Auf den Ruinen der Alten Welt: Von der Demokratie zur Marktgesellschaft, in: *Blätter für deutsche und internationale Politik*, 12/2012.

―――― 2013: *Gekaufte Zeit: Die vertagte Krise des demokratischen Kapitalismus*, Berlin: Suhrkamp Verlag.

Tsoukalis, Loukas 2011: The JCMS Annual Review Lecture: The Shattering of Illusions - and What Next?, in: *Journal of Common Market Studies*, Vol.49, No.S1.

Urban, Hans-Jürgen 2011: Das neue Europa: Europas Weg in einen neuen Autoritarismus, in: Joachim Bischoff u.a., *Europa im Schlepptau der Finanzmärkte*, Hamburg: VSA-Verlag.

van Apeldoorn, Bastiaan 2002: *Transnational Capitalism and the Struggle over European Integration*, London: Routledge.

van Rompuy, Herman 2012a: Towards a Genuine Economic and Monetary Union, EUCO 120/12.

―――― 2012b: Towards a Genuine Economic and Monetary Union, 5 December 2012.

嘉治佐保子 2013:「ユーロ危機とガヴァナンス改革」、『日本EU学会年報』33号。

ジェトロ 2011:「経済政策協調を目指したユーロプラス協定の概要」。

田中素香 2012:「ユーロ危機と制度改革:構造問題を中心に」、田中素香/林光洋（編著）『世界経済の新潮流:グローバリゼーション、地域経済統合、経済格差に注目して』中央大学出版部。

田中友義 2013:「EU統合深化の行方:ファンロンパイ報告から見えてくる道筋」、『季刊 国際貿易と投資』92号。

中村健吾 2005:『欧州統合と近代国家の変容:EUの多次元的ネットワーク・ガバナンス』昭和堂。

中村民雄 2014:「ユーロ危機対応とEU立憲主義」、『日本EU学会年報』34号。

藤井良広 2013:『EUの知識〈第16版〉』日本経済新聞出版社。

第Ⅱ部

イギリスとフランス

第3章
規律訓練型社会政策の連続と限界
──イギリス

居神 浩

1. 論点の再構成

　本章の論考を始める前に、前著［居神 2012］で示した論点を簡単にふり返っておこう。編著者のまとめによると、それは以下のとおりであった［中村／福原 2012, xi頁］。

　イギリスでは2010年に10年以上にわたった労働党政権から保守党・自由民主党の連立政権への交代があったが、アクティベーション政策にはどのような「連続」と「転換」が見られるのだろうか。その鍵は、連立政権が掲げる「大きな社会」構想が「政府」と「社会」との関係を具体的にどのように構築していくかにかかっている。連続性は、労働党政権が十分な解決を図ることができなかった「社会的な包摂に困難をかかえる」層の就労自立を、就労要求と就労促進のバランスをとりながら執拗に追求しつづけている点に求められる。転換は、連立政権がそれを戦後最大規模といえる緊縮財政のもとで、「政府」ではなく基本的に「社会」の側にその解決をゆだねる方向で実施しようとしている点に求められよう。労働党政権下でも、「ボランタリー部門」(とくに社会的企業)が社会的問題の解決を担う重要な役割を果たしてきたし、連立政権においてもその方向性は継続・強化されている。しかし、それはこれまで「政府」と「社会」との「補完」関係のもとで行なわれてきたのであって、「社会」による「政府」の「代替」をめざそうとする連立政権の構想は果たしてEU諸国共通の課題でもある「社会的な包摂に困難をかかえる」層の社会的包摂という大きな課題を解決しうるのであろうか。

　ところで、前著より少し前になるが、ワークフェアを検討した論考［居神 2007］では、前著で触れなかった論点を提示している。すなわち、ワークフェア

の本質を「規律訓練型社会政策」と規定し、そうした政策の限界を指摘したものであった。紹介が続くが、概念規定に関する箇所だけを抜粋して示しておこう［同前、46頁］。

　　ワークフェアを最も広義に「福祉と就労の連関を深める社会政策」と定義した場合、その連関をより強固に結びつけるための媒介項の存在を考えてみる必要がある。とりわけ近年のワークフェアにおいては、福祉の受給打ち切りという明白なサンクションの発動といういわば外発的な動機づけを強調するのではなく、むしろ「やる気あるものへの動機づけへの手当て」という内発的な動機づけを暗黙の前提としているように思われる。このように福祉と就労の連関を個々人の内面への働きかけとして理解するキーワードを「規律訓練」という言葉のなかに求めてみる。
　　ここで「規律訓練」（discipline）とは、近代国家が要請する国民あるいは労働力への陶冶を目的とする諸行為を意味するものであり、フーコー流に一人ひとりの内面に規律を植えつけるべく管理する権力（「規律訓練型権力」）の存在を含意する。近代国家においてそうした規律訓練の原理が貫徹する場所は、たとえば監獄や病院、工場そして学校である。学校は規律訓練の身につけ方しだいで近代国家にふさわしい労働力となるか、それとも国家が恩恵として提供する福祉の受給者になるかの岐路を強く意識させる契機となる場所である。端的にいって規律訓練の受容の程度は、学業成績の高低と強く相関し、また学業成績は当人の労働市場における位置づけを大きく規定する。このような視点からみればワークフェアとは、「教育機関における規律訓練の否定的結果を福祉の方向ではなく、規律訓練の再強化により就労の方向に導くための一連の政策」と把握することができよう。

　このような概念規定のうえ、そこで提示した論点は、規律訓練の優等生である政策立案者（研究者もそうなのだが）と規律訓練の劣等生である政策対象者とのあいだにある内面の動機づけに対する認識のギャップである。規律訓練の優等生は自己の努力で高い規律訓練の達成を可能にしてきた（あるいはそう信じている）ため、人は「罰と報酬の原理」で容易に動機づけられると思っている。しかし、果たして規律訓練の劣等生はそのような原理であるいはそれだけで動くのだろうか。そうでないとしたら、ワークフェア＝規律訓練型社会政策は空回りする危険をつねにはらんでいるのではないか。前著ではあえてこの視点を外したが、いまだ意味のある論点だと思われる。この視点からもう一度イギリスのアクティベー

ション政策の政策論理の本質を再検討してみたい。

それでは本章における論点の再構成を簡潔にまとめておこう。前著では政権交代後の「連続と転換」という視点から、労働党政権から保守・自由連立政権へと「連続」する政策論理と連立政権によって「転換」された政策論理を検討してみた。とくに着目したのは、「政府」と「社会」との関係における「転換」の側面であった［居神 2012］。しかし、もともとの問題意識としてあった「政府」と「個人」との関係、すなわち前々著で示した規律訓練型社会政策の視点［居神 2007］から再検討すると、「連続」の側面にこそイギリスのアクティベーション政策の真の政策論理とその限界が浮かび上がるように思われる。本章ではこのような視点から議論を進めていくが、限界を指摘するだけでなく、現実の政策論理の動きのなかから、限界を克服する一筋の光も見いだしていきたい。

2．連立政権のアクティベーション政策を支える政策論理
── アクティベーション政策の位置づけ

本節ではまず前著で示したアクティベーション政策の一般的位置づけについて確認したうえで、連立政権のアクティベーション政策を支える政策論理である「政府」と「社会」の関係における「転換」の側面を見ていきたい。

アクティベーション政策には、「就労要求的（demanding）」側面と「就労促進的（enabling）」側面という２つの側面が混在している（図表3-1を参照）。就労要求的側面が強まれば、狭義の「ワークフェア」（給付の条件として求職活動等の義務を課し、それを履行しない場合は給付に対して何らかの制裁を課すアプローチ）に近づき、「就労促進的」側面が強まれば、狭義の「アクティベーション」政策（職業訓練などにより、雇用可能性を高めることで、就労をうながすことを重視するアプローチ）に近くなる。

さらに現実の各国の政策は、この２つの側面が混在する方向で「収斂」する傾向にある。その背景には「社会的排除」の克服というEU加盟国に共通の課題がある。すなわち、加盟国がより「包摂的な」社会をめざすなかで明らかになってきたのは、包摂に大きな課題をかかえている人びと（vulnerable groups）の存在であり、彼らをアクティベートしていくためには、単なる「権利と義務（rights and duties）」の強化だけでなく、「訓練と支援（training and assistance）」をともなうものでなければ、うまく機能しえないということであった。

以上要するに、各国のアクティベーション政策はこの２つの側面の各要素の組み合わせのいわば「濃淡」によって特徴づけられるといえる。さらに言えば、そ

図表3-1　アクティベーション政策の2側面

就労要求的（Demanding）	就労促進的（Enabling）
1．手当の期間と水準 ・失業保険あるいは社会扶助の給付水準引き下げ ・最長給付期間の短縮 2．受給条件の厳格化と制裁条項 ・受諾すべき求人範囲の拡大 ・義務不履行の際の懲罰的制裁 3．個々人の活動に対する要件 ・社会統合契約 ・個人の求職努力のモニタリング ・積極的労働市場スキームへの義務的な参加（ワークフェア）	1．「古典的」な労働市場政策 ・職探しの支援やカウンセリング ・職業訓練体系 ・起業助成 ・補助金付き雇用 ・職業移動に対する助成 2．経済的インセンティブ（メーク・ワーク・ペイ） ・給付削減の適用除外となる所得に関する条項（給付つき税額控除） ・低賃金労働に対する賃金補助 3．社会サービス ・ケース・マネジメント、個別支援 ・心理的・社会的支援 ・育児支援など

出所：[Eichhorst and Konle-Seidl 2008]

のときどきの政権がどちらの側面のどの要素をどのように重視しているかを把握することで、その国の政策の現在および将来の方向性が見えてくる。その意味で政権交代期の分析はきわめて興味深い。政権交代による「濃淡」の変化のなかから、その国がかかえている問題の所在がよりいっそう浮き彫りにされるからである。イギリスはしばしば「ワークファースト」と分類されてきた国であるが、アクティベーション政策の政策要素の濃淡という視点から、「就労要求的」側面と「就労促進的」側面が政権交代の前後でどのように変化したかを追い、そのなかからイギリスがいまかかえている問題の本質がどこにあるのかを見きわめていくというのが前著の問題設定であった。ただし、その際の基本認識には、イギリスにおいては社会的排除の克服という重要な政策課題についての主要政党間でのコンセンサスが成立している点［今井 2011］を強調しておく必要がある。

アクティベーション政策の「転換」の側面

1997年に「大きな政府」でも「小さな政府」でもない「第3の道」を掲げる労働党のトニー・ブレアが政権を獲得して以来、「福祉から就労（welfare to work）」を目標に、「ニューディール」と呼ばれるさまざまな就労支援政策がとられ、とりわけ就労困難者に対しては単なる制裁的措置だけでなく、職業訓練や就労体験などの機会を積極的にあたえることで、彼らの社会への包摂を進めてきた。こ

れは狭義のワークフェアから狭義のアクティベーションへの政策転換の大きな1歩とみなすことができる。

当初は矢継ぎ早に政策の新機軸を打ち出すブレアの「新しい労働党」に対して熱い支持を送ってきた国民も、2008年のリーマン・ショックに端を発する世界的金融恐慌により受けた深刻な経済的ダメージから、政権交代の道を選択する。

2010年5月6日の総選挙で保守党が労働党に代わって第1党になり、自由民主党との連立で政権を握り、保守党党首のデービット・キャメロンが首相となった。キャメロンは、まだ野党党首であった2009年10月の保守党大会での演説で「大きな社会（Big Society）」構想を打ち出す。また、2010年総選挙での保守党マニフェストでも「Build the Big Society」を掲げる。さらにそれは、同年5月20日に発表された連立政権合意文書のなかでも、連立政権における政策理念のひとつとして位置づけられる。

これは端的に言えば、それまでの労働党政権の「大きな政府（Big Government）」指向が財政悪化と官僚主義による効率の低下を招いたと批判し、それを変革する理念として打ち出してきたものだが、対抗軸として「小さな政府」ではなく「大きな社会」をすえたところがポイントであろう。かつて保守党を率いたサッチャーは「社会というものは存在しない（There is no such thing as society）」と発言して、労働党などから社会を軽視する保守党の姿勢として非難を浴びた。では、連立政権が掲げる「大きな社会」論の具体的な内容とは何だろうか。それは端的に言って、これまで「大きな政府」によって管理されてきた公共サービスの実施に関する権限を地方自治体や地域団体などにゆだねる。各種給付や公共サービスの予算は削減されるが、革新的・効率的な民間部門の手法によって、より小さなコストでより多くのサービスが提供されるようになるという主張である。

しかしながら、社会的排除の克服というイギリス社会がかかえる課題の重要性について、党派間にさほど大きな隔たりがあるわけではない。むしろその点では党派色はないと言ってもよい。ではどこに党派色が現われるかといえば、「社会」に対する「政府」の位置づけである［今井 2011; 小堀 2010］。

キャメロンは保守党党首に選出されて以来、つねに自らを liberal Conservative と表明している。彼のいう「保守主義」の中身とは、「近代的で思いやりのある保守主義（modern, compassionate conservatism）」であり、キャメロン自身の言葉を借りれば「人びとを信用して、彼らに対し自分たちの人生についてより大きな力と責任をあたえることで、社会が強いものとなるという考え方」に求められる。より具体的には、社会問題を解決するのに政府がトップダウンでやるのではなく「私たちすべてを結びつけて、私たちの人生や生活を満たすよう

な中間的な制度(主として社会的企業などの社会的ボランタリー部門を指す)」を通じて行なうべきだというのがキャメロンの基本方針である。

　ここで留意すべきは、キャメロンは「社会」を「政府」との競合関係でとらえている点である。彼にとって、「社会」＝ボランタリー部門は「政府」に代替されるべき存在である。

　キャメロンが描く「大きな社会」とは、より多くの権限をボランティア団体、コミュニティ・グループ、地方政府などにあたえて、貧困や失業などの社会的課題に対応していく社会をいう［藤森 2010］。ここでの「社会」には、家族、地方政府などの幅広い集団がふくまれるが、キャメロンがとくに重視しているのが「ボランタリー部門」である。ボランタリー部門とは、公益を追求し、外部に資産や利益を表出しない民間非営利団体の総称であり、チャリティ、社会的企業、コミュニティ・グループなどがふくまれる。

　ただしブレア労働党政権でもボランタリー部門を重視する姿勢は見られ、「第3の道」という政策理念のもと、市民社会の活性化に向けてとりわけ社会的企業を重視する施策がとられた(この点は鈴木 2010 を参照)。この点でキャメロン政権の「大きな社会」は労働党政権の考え方を継承する側面をもつ。ただ、キャメロン政権では政府の財政規模を縮小するなかでボランタリー部門の役割を強化しようとしており、この点はブレア政権との大きな違いである。すなわち、キャメロンにとって「政府」と「社会」の関係は補完的なパートナーシップではなく、あくまで大きな政府にならないための代替的関係なのである(この点は永島 2011 を参照)。

　このように前著では、「政府」と「社会」との関係における「転換」の側面に着目してみた。この点はあながち的外れではなかったと思われるが、アクティベーション政策の真の政策論理の本質をとらえるためには、必ずしも的の中心を射ていないかもしれない。つまり「政府」と「個人」との関係についても検討しないと、現政権がそれまでの政権から引き継いでいる「連続」の側面が見えてこないように思われる。本稿ではこの点を再検討していくが、その前に現政権のアクティベーション政策の動向についてできるだけ最近の展開まで確認しておこう。

3．連立政権におけるアクティベーション政策の展開

「ワーク・プログラム」政策の概要

　連立政権によるアクティベーション政策の目玉は「ワーク・プログラム」政策であった。

この政策の概要を労働政策研究・研修機構の「海外労働情報」のレポートでいま一度確認しておこう[1]［居神 2012］。
　2011年6月、長期失業者や就職困難者を対象とした新たな雇用支援策「ワーク・プログラム（The Work Programme）」が導入された。今般の新たなプログラムは前政権による既存の複数のプログラムを統合のうえ、実施を民間業者や非営利団体に委託し、とくにプログラム参加者の困難の度合いや雇用が持続した期間などの成果に応じて委託費を支払う点に大きな特徴がある。委託を受けた元請事業者は、さらに各地域の専門的な企業・非営利団体などの下請け組織を通じて支援を展開する。
　プログラムの対象者は、一定期間を超えて失業状態にある「求職者手当受給者」および「就職困難者向け給付制度の受給者」である。彼らは就職が困難な度合に応じて8グループに分けられ、給付の受給期間など所定の条件に応じて担当機関（「ジョブセンター・プラス」）から元請事業者に紹介される。参加期間は最長で104週（2年間）。プログラム終了時に仕事が得られておらず、給付を申請する場合は、ふたたび担当機関による支援にもどることになる（図表3-2を参照）。
　このプログラムの大きな特徴である成果にもとづいた委託費の支払い制度の導入については、その有効性を疑問視する声も大きいという。これは前労働党政権のフレキシブル・ニューディールにおいても指摘されていたことだが、就職しやすい参加者を事業者が選択的に支援するのではないか、との懸念は根強い。雇用状況がいまだ厳しいなかで、継続的な雇用の実績により利益をあげるために、事業者が就職困難者や高失業地域の支援を放棄して、より就職が容易な層・地域を優先する可能性が危惧されている。とくに、前政権時から開始されている就労困難者向け給付（就労不能給付）受給者の受給資格の再評価作業を通じて、支援の難しい求職者や就労困難者は今後ますます増加すると見られると同レポートは指摘している。
　このプログラム内容から見てとれるのは、前労働党政権から続く「就労による自立」の困難者（労働市場から遠く離れたところにいる人たち）を何とか「社会的に包摂しよう」とする執拗なまでの追求という連続性であるが、これを「戦後最大規模の歳出削減」という連立政権の基本的な財政政策の文脈に乗せれば、その解決を「政府」ではなく「社会」の側にゆだねようとする新政権における転換あるいは断絶の側面が浮き彫りにされるであろう。

ワーク・プログラムの政策評価と展開
　以上が、前著で記した連立政権の発足当初に着手されたアクティベーション政

策の要点である。その後この政策はどのように展開していったか、同じく労働政策研究・研修機構のレポートから引用しておこう。

あらかじめ端的にまとめておくと、「就労から遠いところにいる人びと」にはなかなか政策効果が発揮できていない。そのためにより「就労要求的」側面

図表3-2 ワーク・プログラムの対象者と参加義務

グループ	対象者		委託開始時期*	参加義務
1	失業者(求職者手当受給者)	18 - 24歳	9カ月後**	義務
2		25歳以上	12カ月後**	義務
3		非常に不利な条件から早期の参加が必要な者(大きな困難をかかえる若者、ニート、犯罪歴のある者)	3カ月後	状況により義務または任意
4		就労不能給付から最近移行した者	3カ月後	義務
5	就労困難者(雇用・生活補助手当***受給者)	拠出制または所得調査制手当の受給者で、就労関連活動グループに属するが短期的には就労が困難な者、または支援グループに属する者	随時	任意
6		所得調査制手当の受給者で、就労関連活動グループ(3カ月以内に就労可能になると見込まれる場合)または支援グループに属する者	随時	状況により義務または任意
7		就労不能給付から最近移行した所得調査制手当の受給者で、就労関連活動グループ(3カ月以内に就労可能になると見込まれる場合)または支援ループに属する者	随時	状況により義務または任意
8	就労困難者(就労不能給付または所得補助受給者)	就労能力評価を受けていない者****	随時	任意

* 各種手当の受給開始からの期間。
** 従来のプログラムでは、若者向けニューディールが6カ月後、成人向けが18カ月後、これらを統合したフレキシブル・ニューディールが12カ月後となっていた。
*** 就労困難者向け給付制度として2008年10月に導入。健康上の問題の有無よりも就労に必要な能力に注目した「就労能力評価」にもとづき、申請者を(1)就労関連活動グループ(健康上の問題が軽度で就労に移行しやすい者)、(2)支援グループ(重度の健康上の問題がある者)、および(3)就労可能なグループ(雇用・生活補助手当の受給は不可)に区分して、受給の可否や条件を判断するもの。国民保険への拠出にもとづく拠出制と、低所得者向けの所得調査制がある。
**** 2014年までに求職者手当もしくは雇用・生活補助手当に移行予定。
参考資料:"The Work Programme - Invitation to Tender, Specification and Supporting Information" (2010), "Notification to bidders on changes to requirements in work programme - 28 January" (2011), DWP
出所:独立行政法人労働政策研究・研修機構のHP「最近の海外労働事情」より

を強化した（すなわち「制裁」の要素を色濃くした）新たな政策を打ち出そうとしているというのが、その後の政策展開の概要である。

　まず政策効果の評価について（独立行政法人労働政策研究・研修機構のウェブサイト、海外労働情報国別トピック・イギリス、2013年3月）。庶民院の決算委員会は2013年2月、政府の長期失業者等向け就業支援プログラム（ワーク・プログラム）の実績について厳しく批判する報告書を公表した。委託先の民間事業者の実績が導入当初の政府目標を大きく下回っているほか、支援が困難な若者や就労困難者などがほとんど支援を受けていないことなどを指摘、改善策を講じるよう要請している。

　プログラムを所管する雇用年金省は2012年11月、プログラムを通じた就業実績に関するデータを初めて公表した。これによれば、導入以降2012年7月までにジョブセンター・プラスから紹介された87万7880人のうち、継続的な（6カ月または3カ月以上の）仕事に就いている参加者は3万1240人（3.6％）となった。うち半数弱（約1万4500人）はプログラム開始当初の2011年6月および7月に参加した者だという。

　ダンカン＝スミス雇用年金相はこの結果について、プログラムは導入初期の段階にあるため、現時点での評価は尚早であると述べている。また、委託費は実績ベースで支払われるため税金は無駄になっていないこと、さらにプログラム参加者の半数以上が少なくとも1度は給付から離脱していることなどを挙げ、理解を求めている。またホーバン雇用担当大臣は、雇用実績の不振の要因として、不況の影響や、受託事業者側での支援のための資金不足、さらに政府の設定した目標値自体も高すぎたことなどが可能性として考えられるとしている。なお雇用年金省は、事業者ごとの実績に大きなばらつきがある点について、経済状況の違いによるものではなく、支援手法やマネージメントの差によるものであるとしている。

　以上のような芳しくない政策効果の評価を受けて、連立政権は新たな政策を導入する。こちらも同上レポート（独立行政法人労働政策研究・研修機構のウェブサイト、海外労働情報国別トピック・イギリス、2014年5月）からの引用で確認しておこう。

　政府が2014年4月末、長期失業者向けの新たな支援策として導入したのが「ヘルプ・トゥ・ワーク」である。これは従来から実施されている長期失業者支援策「ワーク・プログラム」の終了後も仕事を得られていない失業者が対象で、ジョブセンター・プラス（公共職業紹介機関）に毎日来所して求職活動の

支援を受けるほか、地域でのボランティアなどを義務づける。ただし、複数の非営利団体が不参加を表明するなど、プログラムには批判的な意見も見られるという。

新たなプログラムの内容は、2013年9月にオズボーン財務相が公表したものである。ワーク・プログラムによる2年間（半年間の延長が可能）の支援策によって仕事を得ることができなかった失業者は、ジョブセンター・プラスによる支援に戻ることになるが、その際、ジョブセンター・プラスのアドバイザーは3つの選択肢から対象者に最も適したものを選ぶことができる。

1つ目は、ジョブセンターに毎日来所し（通常は2週間に1度）、職探しの頻度や求人への応募件数、あるいはスキル向上のための活動状況など、求職活動の進捗に関してアドバイザーとの面談を義務づけるというもの。2つ目は、就業経験の不足している失業者に対して、週30時間、最長6カ月間のコミュニティ労働（地域の非営利組織等でのボランティア）および週4時間の求職活動を義務づけ、職場で働くうえでのスキルと経験を身につけさせる。最後に、学習困難者など就労に困難をかかえる失業者に対しては、アドバイザーがより集中的な支援を行ない、必要な訓練への参加や面談のための交通費や衣服の支給、あるいは就業体験の提供など、個人に合わせたより柔軟なオプションを提供する。アドバイザーは、ワーク・プログラムを提供した事業者からの個々の求職者に関するレポートなどをもとに、最適と考えられる手法を選択する。なお、プログラムに参加しない場合、手当の支給停止（1回目は4週間、2回目は13週間）をともなう制裁措置が適用される。

現地報道によれば、国内の70組織がプログラムを通じた求職者の受入れに合意しているという。このほか、2014年中に試験的な実施が決まっている新たな長期失業者支援策として、アドバイザーが週35時間、6カ月間にわたり求職活動を監督するというプログラムが一部地域で導入される予定である。

長期失業者および相対的に就業が容易とみられる求職者、各3000人が対象となると見られる「ヘルプ・トゥ・ワーク」の内容は、政府が過去に導入を検討したものの、就労促進の効果がないとの結果から、本格的な導入が保留となっていた「コミュニティ活動プログラム」と同じ内容であり、このため本プログラムについても、効果を疑問視する意見がある。加えて、求職者手当の受給の条件として無給でのボランティアを義務づけ、これに違反したとみなした場合には制裁措置を課すという政府の手法に反対する非営利団体や労働組合などが、プログラムによる求職者の受入れを行なわないよう非営利団体等に働きかけるキャンペーンを実施している。現地報道によれば、すでにオックスファム、

YMCA、救世軍などの一部の非営利団体がプログラムへの不参加を表明している。また地方自治体でも、リヴァプール市が受入れは行なわないとの方針を示しているという。

引用が少々長くなったが、以上が、連立政権による現時点（2014年）でのアクティベーション政策の展開の概要である。あらかじめ要点を述べておいたように、「就労要求的」側面（「制裁」の要素）がかなり前面に出てきたことが見てとれるだろう。しかし果たしてこれは政策の「転換」を意味するのであろうか。「政府」と「社会」という視点からだけではなく、「政府」と「個人」という視点からとらえなおすと、そこには連立政権の政策論理の「連続」の側面、しかも「真の」（本音と言ったほうがわかりやすいか）姿が浮かび上がってくるように思われる。

4．アクティベーション政策の本音（？）の政策論理

「アナキズム・イン・ザ・UK」の世界：「ブロークン・ブリテン」という本音

研究者は基本的に公表された政策メニュー（政策の審議過程や政策効果に関する評価報告書などもふくめて）から政策を支える論理は何かを読み解こうとする。それはきわめてオーソドックスな手法であるが、ときにはそうでないやり方——たとえばストリート・レベルの人間・社会観察から大きな示唆を得ることがある。

日本を出てイギリスの「底辺保育所」で自称「パンク保育士」として勤務してきたブレイディみかこ氏のエッセイ集（ブログで綴った文章をまとめたもの）はその点で非常に衝撃的であった。それはまったく知らなかった事実の発見というより、それまで不確かでもやもやしていた何かが、生々しいリアリティをもって確かなものに変わった経験を得られたからである。1つひとつのエッセイが実にリアルであるが、序文に書かれている次の文章にほとんどすべてが凝縮して述べられているので、少々長くなるが引用してみよう［ブレイディみかこ 2013, 序］。

90年代後半、「クールブリタニア」という言葉で希望の時代を演出しようとしたトニー・ブレアの労働党政権が、まるで臭いものに蓋をするかのようにアンダークラス層を生活保護で養い続けたため、この層は膨張し、増殖して大きな社会問題になった。この状態を「ブロークン・ブリテン」と呼び、英国は伝統的な保守党の価値観に立ち返るべきだと主張したのが現英国首相のデイヴィッド・キャメロンだ。以来、この言葉は、アンダークラス家庭での児童虐待や養育放棄、10代のシングルマザーの急増、飲酒、ドラッグ、暴力、ティー

ン・エイジ・ギャング、ナイフ犯罪などの荒廃した下層社会の問題を総括的に表現する用語になる。

　わたしは貧民街在住の人間なので、所謂ブロークン・ブリテンの世界に暮らしていることになるが、「壊れた英国」と支配者たちが呼ぶ下層の世界には、白屑と呼ばれる親子代々の生活保護受給家庭や、貧しい移民家庭や、自らの主義主張のために働くことを拒否し続けるアナキスト家庭もある。さまざまな人びとが、さまざまな考え方（または全然考えない）や美意識（またはそんなものにはファックオフをかます）にもとづき、さまざまなライフスタイルをもって暮らしている。

　働かずに生活保護を貰うことが生きる選択肢として堂々と存在する世界では、そうではない世界のモラルや価値観とは異なったものが生まれるのは当然だろうし、他国の人間がどんどん侵入してきて街を占領していく社会では、宗教観も善悪の基準も美意識も多様化し、「たったひとつの本当のこと」という拠り所はどこにも存在しなくなる。

　そこでは、自らを統治するのは自らだ。

　そこにある自由は、ロマンティックな革命によって勝ち取った自由ではなく、なし崩し的にフレームワークが壊れた後の残骸にも似た自由。

　「アナーキー・フォー・ザ・ＵＫ　それはいつか、たぶんやって来る」

　1977年にジョニー・ロットンはそう歌った。

　……アナーキー・フォー・ザ・ＵＫ

　それは予言どおりに、いつの間にかやって来た。

「ブロークン・ブリテン」（2011年の暴動の際にも、キャメロンはこの言葉を発したという）。ストリート・レベルから見れば、おそらくこれが現政権の政策論理の本質なのだろう。しかもそれは、ブレアの時代からさらには元をたどればサッチャーの時代から連綿と続いている（2013年のサッチャーの死はその一続きの道を思い起こさせてくれる）。そしてそれは「アナキズム」（「罰と報酬の原理」だけの政府からの自由！）として現代イギリスの社会に根付いてしまっている。このような社会の「ブロークン」さを「規律訓練」、すなわち「罰と報酬の原理」で何とかしようとする、あるいはできるという政策論理はどこか根源的な限界をかかえているのではないだろうか。

「規律訓練」的な人間観：真の政策論理

　「ビッグ・ソサエティー」（大きな社会）という言葉は、選挙マニフェストとし

てなかなか魅力的な響きをもつ。実際、政権獲得後は、そうした方向での政策メニューがどんどん提示されていった。しかし、その cosmetic な表向きとは裏腹に、底流には「ブロークン・ブリテン」（壊れた英国）という社会観、人間観が流れつづけているではないだろうか。

この感覚はすでに文章化したことがあるので、また少々長くなるが以下に引用してみたい。これは冒頭でも触れたように、ブレアの時代の若年就労支援政策の政策論理の本質について検討した文章であるが［居神 2007, 52-3頁］、本章では、「政府」と「個人」との関係にかかわる節を抜粋しておく。

そもそもニューディール政策とはまさに「New Deal」＝政府と個人との間の新しい契約関係にもとづくものである。この契約の基本理念は「責任なき権利はありえない」（no rights without responsibilities）という考え方［Giddens 1998］によっている。個人がその社会の正統な市民として「包摂」されるためには「責任」を行使しなければならない。責任の行使のために、個人には政府から教育訓練などの「機会」が与えられる。その機会をうまく活かし、社会の正統な市民になることこそ、個人に課せられた責任である。このような「責任」（Responsibility）―「包摂」（Inclusion）―「機会」（Opportunity）という価値命題（RIO）こそブレアの新労働党の指針（watchword）として高く掲げられたものであること（Lister 2004）をまずよく認識しておく必要がある。

次なる問題はこのような価値命題をどのように評価すべきかである。この点については、すでに「自己統治」（self-governability）の意欲や能力に欠けるものとされる人びとに制度的なスティグマを貼り付ける危険性があると指摘する齋藤純一の論考［齋藤 2001］や、本来は社会的な問題であるはずの失業などのリスクを、カウンセリングやセラピーの手法を用いて個人的な内面世界の管理という「自己責任」原理の罠へ落ち込ませる「個人化のポリティクス」の問題性を指摘した鈴木宗徳の議論［鈴木 2005］などがある。

これらの批判的評価を是認したうえで、さらに付け加えるとするならば、自己責任原理を中心とする価値命題を素直に受容できるのは、そもそも規律訓練を相当程度内面化できた層に限られるということである。新労働党政権とはまさにそうした階層を比較的多く含んでいるであろう中産階級の支持を取り込んで成立したのであった。そのような経緯を経て成立した政権の掲げる価値命題が、初めからいくらかの矛盾を内在させているのは当然のことである。

そうした矛盾をよりいっそう鮮明に浮き彫りにさせるのが「教育にも雇用にも職業訓練にも参加していない」いわゆる「NEET」（Not in Education,

Employment or Training）の存在であろう。若年者ニューディールはこうした若者を置き去りにしたのではないかとの批判がしばしばなされるが、彼らは置き去りにされたというよりも、むしろ規律訓練の網の目をするりとすり抜けて、政策の手が及ばないところに離脱した存在であると把握すべきであろう。彼らは総じて学校からのドロップアウト組であり、規律訓練の内面化の失敗者である。彼らはそうした自らの苦い経験から規律訓練の及ばぬ空間に自ら進んで身をおく。NEETとはすなわち「EET」（就学するか、就業するか、職業訓練に従事するか）たることを要請する政策権力に対する拒否の意思の反映である。

　政策立案者にとって最も厄介なのは、政策原理に正面から反対する存在ではなく、こうして政策原理を徹底的にいわば骨抜きにしてしまうような存在である。彼らは政策立案者の視野に入っていながら、把握しようとしてもますます遠ざかってしまう「逃げ水」のような存在でもある。

続けて、「ブロークン・ブリテン」の象徴である「アンダークラス」に関する記述もあるので、それも引いておこう［居神 2007, 56-7頁。なお、その前の節ではアンダークラスの別称ともいえる「Chav」について考察しているので、あわせて参照していただきたい］。

　ここでまず問われねばならないのが、そこで要請される規律訓練の内容とはそもそもいかなる水準のものなのか。これを最も的確に指摘した伊藤大一の論考［伊藤 2003］によれば、若年失業者ニューディールで実際に行われている教育・職業訓練とは「リテラシー（literacy）」（読み書き）や「ニューメラシー（numeracy）」（算数）を中心としたきわめて基本的な技能（basic skill）であったり、履歴書作成の指導や企業面接に向けた面接の訓練など職業訓練による技能形成とは程遠いものである。「知識集約型経済」（knowledge economy）に適応する技能の習得を高らかに掲げるニューディールの基本理念からすると、そこには相当の懸隔があるようである。しかしそれは1980年代より現れた新たな特徴をもった若年失業者層、いわゆる「アンダークラス」が身につけた価値観や行動様式を前提とすれば当然のことであるという。

ソーシャルワークの対象像の転換

以上、以前の論考を引用してみたが、ここで確認しておきたいのは、「アンダークラス」という存在の実態とか問題性ではなく、彼らのような社会から排除される人びとを見つめる「まなざし」の内実である。この点については、社会的包摂

の最前線に立つ専門職であるソーシャルワークのブレア時代以降の変化を考察した伊藤文人の論考がきわめて示唆的であるので、抜き書きのかたちで紹介しておきたい。

　伊藤によれば、サッチャー以降の福祉国家体制は、ニューライトからのあからさまな攻撃による再編過程に入ったという。それまで市民社会に受け入れられてきたソーシャルワークは、市民権を奪われていき、その結果クライエントの大半を占める労働者階級、とくに貧困で社会の周縁に追いやられた人びとに対する、より抑圧的・統制的な性格を志向するようになった［伊藤 2006, 126頁］。

　続けて、ソーシャルワークの対象像の転換について検討される。これはニューライトの思想と保守党政府の社会戦略を通じてなされてきたもので、「アンダークラス (underclass)」の出現を問題視する言説である。アンダークラス論によれば、ソーシャルワークのクライエントの大部分を構成するであろう貧困者や社会から周縁化された人びとは、市民としての権利を付与され（エンパワー）、完全な市民として社会復帰をめざす能力を有する社会成員（メンバー）ではないと声高に指摘されるようになった。彼らは社会から道徳的に非難されるべき存在としてとらえられ、一般市民とは異なる、逸脱行動をともなった文化的他者＝階級構成上の最下層よりもさらに下位 (under) に位置するといった「階級」ですらない。つまり、彼らは人間として承認されていないである。彼らはノーマルな結婚や家庭生活を築かないし（シングルマザー）、就労への倫理感に欠け（長期失業）、法と秩序を軽蔑し（犯罪の増加）、福祉給付に依存しつづけている。アンダークラスは、ソーシャルワークが追求してきた社会統合をうながすための介入ではなく、監視・管理と統制を常時必要としなければならない存在としかみなされていない。すなわち、ソーシャルワークによる人間の復権や名誉回復の概念は、いまや抑圧・処罰とアンダークラスの訓練・陶冶 (discipline) への要求へと取って代わられたのである［同前, 131-2頁］。

　ブレア政権においても、排除された人びとに雇用の場を機会の保障として公平に提供すること、そしてその条件を整備し、最低賃金を整備することが政府の責務と認識されてはいる。しかしその場合でさえ、排除された人びとがどのような種類の仕事を得て、どのような生活レベルになっているかということは大きな問題にはされない。仕事があったとしても、それは働いても働いても生活水準の向上を望めない、低賃金の惨めな仕事（ハードワーク）でしかない。それでも、むしろ機会を提供した国家に対するクライエントの義務と責任が、彼らの権利よりも強調されることになる。貧困者の社会統合を図るうえで直接的な影響力があると思われる所得を実質的に向上させる課題を、労働党の政治的レトリックはどう

であれ、それを政府の責任とせずに忌避しているのである［同前, 133頁］。

　ソーシャルワーカーは、「ケアの実践者」から、限りある資源を合理的にかつ有効に使用するために多くのクライエントを抑圧・監視・管理する「門衛（gatekeeper）」になりつつある。このようなソーシャルワーカーの門衛化を後押ししているのが、ソーシャルワークの対象認識の転換である。貧困者はその大半が「アンダークラスという危険な階級」なのであるから、わざわざ「社会統合」を図るような「実践」対象ではなく、社会秩序の安定の観点から秩序を脅かさない範囲で半ば「放置される状態」にしても構わない。それが嫌ならば、秩序に服することが要請されるべきである［同前, 135-6頁］。

　アンダークラスとされる人びとは、社会的包摂プログラムにどれほど捕捉されるかはわからない。プログラムに参加している人びとは政府から見て、社会に参加する意思ある者として認識できるが、アンダークラスはそういう意思なき者として認識される［同前, 136頁］。

　以上のような伊藤の論考に示されるブレアの時代の政策対象認識は、キャメロンの現在においてもほとんど変わっていないのではないだろうか。たとえば、Jones［2012］は『チャブズ──労働者階級の悪魔化（*Chavs: The Demonization of the Working Class*）』という最近の著作のなかで、労働者階級（正確にはさらにその下のアンダークラス）の悲惨な状況を彼ら自身の自己責任であるとすることで、エリート階級の富の蓄積を正当化しようとする新自由主義の言説戦略を糾弾している。このような自己責任言説批判それ自体はさほど目新しい視点ではないかもしれないが、それが現実の政策論理のなかでどのように見え隠れしているのかを探ろうとする視点はつねに必要であろう。

　さて、ここではあえてストリート・レベルの視点から「ブロークン・ブリテン」の no future な状況を浮かび上がらせてみたが、そこには本当に未来はないのであろうか。その一筋の光を2014年9月に行なわれたスコットランドの独立に関する住民投票のなかに見いだして本章のまとめとしたい。

5．政策論理転換の可能性
　　──スコットランド独立住民投票が示唆するもの

　2014年の夏、世界的に突如脚光を浴びた政治トピックが、英国からの独立の是非を問うスコットランドの住民投票であった。一時は独立を支持する動きが反対を上回る勢いであったが、投票の結果は10ポイントほどの差をつけて、反対が多数となり、独立は否決された。日本でも報道各社の社説や解説などでさまざ

な論評がなされたが、最も核心をつく論点を示していたのは、前節でも登場した在英の（自称パンク）保育士ブレイディみかこ氏のウェブ上の論評である［ブレイディみかこ 2014a, 2014b］。

　同氏は、「スコットランド狂騒曲——経済とスピリットはどちらが重いのか」、「スコットランド狂騒曲2——市民的ナショナリズムと民族的ナショナリズム」と題する2つのエッセイのなかで、スコットランド独立の是非を問う住民投票をめぐる左派新聞『ガーディアン』の論調の変化を指摘しているのだが、それが実に興味深い。『ガーディアン』は2014年9月12日の社説では「ナショナリズムは社会の不平等性を正す答えにはならない。その根本的な理由において、我々はスコットランドの人びとにNOと投票してほしい」と呼びかけていたにもかかわらず、投票直前になると独立賛成を訴える投稿を掲載した。そのロジックが実に秀逸である。

　すなわち、「スコットランドとウェールズ、アイルランドでは、ナショナリズムというのは、自らの運命は自分で決める権利を求める運動に与えられた名前である」、「BNP（英国国民党）の民族的ナショナリズムは一見して明らかである。それは民族性を基準にして人びとを排除するプランだ。だが、SNP（スコットランド国民党）は真逆である。それは僕たちが何であるかではなく、何処にいるかを基準としたインクルーシヴな社会をめざしているからだ」、「これは市民的ナショナリズムである。……全市民が自分たちが進む方向を決めるプロセスに参加するというコンセプト。それはナショナリズムというタブー言葉を活性化させる。抜本的な変革が起こる最大の機会を与えるのは、国のレベルでのデモクラシーなのだ」（以上、ブレイディみかこ氏の抄訳による）。

　今回の住民投票は「経済か、スピリットか」が争点（「罰と報酬の原理」！）であり、一時はスピリットを求める動きが大きくなったが、最終的には経済を求める声が上回ったという解説が一般的なように思われる。しかし、より本質的な争点はスピリットの内実ではないだろうか。

　ブレイディみかこ氏はそれを「The Spirit of 45」（同氏が呼ぶところの「左翼セレブ」の代表的人物、ケン・ローチ監督の映画の題名。ケン・ローチをはじめとする現代イギリスの代表的な左翼知識人を論評した［ブレイディみかこ 2014c］は非常に興味深い）に求める。すなわち、終戦の年1945年に、国を勝利に導いた名首相チャーチルが選挙でなぜか大敗し、「富裕層ではなく、庶民の生活を助ける政治」、「貧者がスラムで餓死することのない社会」を求めた民衆のパワーが労働党政権を誕生させた、その精神である。

　この1945年の精神が市民的ナショナリズムとして2014年のスピリットに引き

継がれているとするならば、今回の結果は経済の前にスピリットが敗れたという身も蓋もない現実ではなく、経済のことしか言わない現政権に対して、経済だけでは実は人は生きられないというスピリットが対抗理念として一定の勢力になったという意味で、未来への一筋の光が見えてきたようにも思われる。

　本章では、イギリスのアクティベーション政策における政権交代後も続く政策論理の再検討を通じて、「規律訓練型社会政策」が想定する「罰と報酬の原理」の連続性と限界を指摘してみた。政策的にはすっかり隘路に陥ってしまった感があるが、それを打開する一筋の光も見えてきたようである。その光はもしかしたらスコットランドの独立住民投票が示した「市民的ナショナリズム」の精神に見いだされるかもしれない。それはまた「ブロークン・ブリテン」にすっかり根付いてしまった「アナキズム」（「罰と報酬の原理」だけの政府からの自由）を克服する可能性をもつかもしれない。

　（付記）本章の校正時（2015年5月）にイギリスの総選挙が実施された。保守党・労働党接戦という当初の予想に反して、保守党が単独過半数（650議席中331議席）をとって政権を維持した。印象的だったのは、ある程度予想はできたことであったが、SNP（スコットランド国民党）が飛躍的に議席を伸ばしたことと（6議席から56議席へ）、予想外に労働党が大幅に議席を減らしたこと（256議席から232議席へ）であった。

　本文中でも示唆したように2大政党間における党派色が薄れるなか、労働党は最後まで独自色を出せず、代わりに「反緊縮財政」や「NHSの完全国営化」、「大学授業料無料の再導入」などを掲げるSNPの独自色が際立った。それは選挙民が「1945年のスピリット」を託せる政党が今回はSNP以外になかったということでもあろう。本章で提示した規律訓練型社会政策の限界を乗り越える論理が今後どのように展開されていくか、引き続き各政党の動向を見守っていきたい。

【注】

1　連立政権による福祉・就労政策全般については、［井上 2014］が詳しい。

【参考文献一覧】

Eichhorst, Werner and Konle-Seidl, Regina 2008: Contingent Convergence - a comparative analysis of activation policies, IZA Discussion Papers, 3905.

Giddens, Anthony 1998: *The Third Way : The Renewal of Social Democracy*, Cambridge: Polity Press.

Jones, Owen 2012: *Chavs: The Demonization of the Working Class*, London: Verso.

Lister, Ruth 2004: The Third Way's Social Investment Society, in: Jane Lewis and Rebecca Surender (eds.), *Welfare State Change*, Oxford: Oxford University Press.

"The Work Programme - Invitation to Tender, Specification and Supporting Information" (2010), http://www.publications.parliament.uk/pa/cm201012/cmselect/cmworpen/718/718i.pdf

"Notification to bidders on changes to requirements in work programme - 28 January" (2011), DWP http://indusdelta.co.uk/sites/indusdelta.co.uk/files/work-prog-esf-jan-update.pdf

居神 浩 2007:「規律訓練型社会政策のアポリア:イギリス若年就労政策の教訓」、埋橋孝文編『ワークフェア:排除から包摂へ?』法律文化社.

居神 浩 2012:「政権交代とアクティベーション政策の行方:イギリス」、福原宏幸／中村健吾編『21世紀のヨーロッパ福祉レジーム:アクティベーション改革の多様性と日本』糺の森書房.

伊藤文人 2006:「包摂の実践者か、排除の尖兵か?:イギリスにおける脱専門職化するソーシャルワーク」、『日本福祉大学研究紀要:現代と文化』113号.

伊藤大一 2003:「イギリスにおける『アンダークラス』の形成」、『立命館経済学』52巻2号.

井上恒男 2014:『英国所得保障政策の潮流:就労を軸とした改革の動向』ミネルヴァ書房.

今井貴子 2011:「党派性なき財政再建はありえるか:イギリスの財政危機と政権交代」、『世界』2011年6月号.

小堀眞裕 2010:「イギリス教育政策における『社会的排除との闘い』の問題状況:コンセンサス化する『社会自由主義』」、『立命館法学』333・334号.

齋藤純一 2001:「社会の分断とセキュリティの再編」、『思想』925号.

鈴木正明 2010:「英国の社会的企業の活動の現状と今後の日本への提言」、『ビジネス・レーバー・トレンド』2010年5月号.

鈴木宗徳 2005:「〈自由放任型個人主義〉から〈個人化のポリティクス〉へ」、唯物論研究会電子ジャーナルVol.0（試行版）.

独立行政法人労働政策研究・研修機構のウェブサイト、海外労働情報国別トピック・イギリス. http://www.jil.go.jp/foreign/jihou/backnumber/uk.html

中村健吾／福原宏幸 2012:「序」、福原宏幸／中村健吾編、前掲書.

永島 剛 2011:「イギリス『大きな社会』構想とソーシャルキャピタル論:福祉国家」との関係をめぐって」、『社会関係資本研究論集』2号.

藤森克彦 2010:「英国キャメロン政権の『大きな社会』とは何か」、みずほ情報総研レポート.

ブレイディみかこ 2013:『アナキズム・イン・ザ・UK:壊れた英国とパンク保育士奮闘記』Pヴァイン.

――― 2014a: http://bylines.news.yahoo.co.jp/bradymikako/20140914-00039090/（2014年9月28日確認）.

――― 2014b: http://bylines.news.yahoo.co.jp/bradymikako/20140917-00039157/（2014年9月28日確認）.

―――2014c:『THE LEFT　ザ・レフト　UK左翼セレブ列伝』Pヴァイン.

第4章
福祉・復職支援の一体改革に見る福祉レジームの再編
―― フランス

松原仁美

　フランスの福祉レジームはこれまで、生活保障と就労支援を両輪にして独自の発展を遂げてきた。とりわけ、1980年代末から最低生活を保障する参入最低限所得（Revenu minimum d'insertion：RMI）を導入するとともに、公共部門における雇用連帯契約（Contrats emploi-solidarité: CES）をとおして生活困窮者に手厚い支援を実施してきた。

　RMIは、失業保険や失業扶助（税財源）を受給し終えてもなお生活再建が困難な人びとに対して、最後のセーフティネットとして機能してきた。RMIは低所得であれば誰でも受給できる権利を保障する一方、「参入契約」を結ぶ義務を扶助受給者に課した。そのため、受給者はRMIを受給するとともに、支援付き雇用、研修、職業訓練をとおして生活再建をめざす。また、精神疾患やアルコール依存など雇用復帰に向けた活動をすぐに開始できない場合には、心身の治療も参入契約とみなされた。この点で、フランスの扶助制度は、受給者に競争的な労働市場への復帰や制裁的な給付要件を強制することはなく、英米型のワークフェアとは一線を画している。

　しかしながら2000年以降、貧困からの脱却を強化するため、福祉と復職支援を一体的に改革する気運が高まっていった。改革の目的は、働くことを通じて扶助から抜け出すことであり、貧困からの脱却をさらに確実なものとするため、一人ひとりに合わせて問題に対処していく付添い支援を強化することにあった。その結果、これまでのRMIは就業連帯所得（Revenu de solidarité active: RSA）へと移行し、受給者の主な受け皿である支援付き雇用契約も統廃合をくり返している（図表4-1）。

　一連の改革にともない、フランスはアクティベーションへと舵を切ったといえるが、近年の改革は同国の従来の福祉レジームをどれほどまで変容させるのかという問いが提起されている。あわせて、一体改革後の成果を見すえるうえで、世界同時不況さらにギリシャ危機に端を発したユーロ危機がフランス福祉レジームにおよぼす影響についても考慮する。もちろん、福祉レジームの再編をどうとら

えるかについては、もう少し月日の経過を待たなければならないが、本章では、ユーロ危機のなかで貧困から雇用へといたる経路ないしプロセスがどこまで一体改革によって保障されたのかを検証したい。

以下では、1980年代から90年代にかけてのフランス福祉レジームを概観し、2000年以降の福祉・復職支援の一体改革を念頭に置きながら、この改革が貧困対策におよぼした影響を考察する。

1. フランスの貧困対策の特徴
——1980年代から90年代にかけての展開

1988年12月1日法で創設された参入最低限所得（RMI）は、生活が困窮していれば誰でも生活再建までの所得を保障される制度であった。それまでのフランスの福祉が対象者を定めてきたのに対し、RMIは、ほぼ普遍的な扶助であり、25歳以上の人びとの最低生活を保障するセーフティネットの役割を果たしたという点で、扶助制度の転機となった［Alberola, Gilles et Tith 2012, p.1］。普遍的な扶助を創設したのは、当時のフランス社会において排除に対する危機感が浸透したためであった。1980年代、すでに慢性的に雇用情勢が悪化していたにもかかわらず、

図表4-1　1990年代以降の主な支援付き雇用契約の変遷

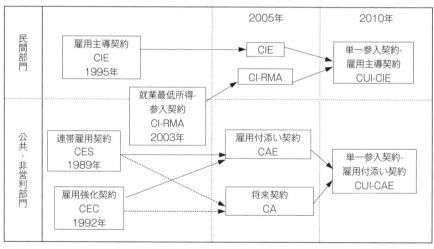

出所：［Dassault 2007; 松原 2012］

当時の扶助制度は長期におよぶ無業状態を想定していなかった。そのため、生活困窮者は経済的に困窮しただけでなく、長きにわたる無業状態のなかで心身ともに疲労困憊し、家族や友人知人との関係を断絶すると考えられた。RMI は、仕事にも生活にも困窮した者がふたたび生活再建への展望を見いだせるようにすることを社会の責務として位置づけた［都留 2000］。

その一方で、RMI を受給する権利は参入契約の義務をともなう。参入契約は、かつて連帯主義を唱えたブルジョワ（L. Bourgeois）の提起した「社会的債務」に対応するものとして設計され、社会は困難をかかえた者の包摂に要するコストを負うと同時に、個人もまた社会に貢献することが要求される。したがって、RMI は無条件で給付される制度ではなく、参入契約も慈善の精神から提供されるものではない。RMI 受給者は、給付開始から3カ月以内に参入契約書を作成して署名することが求められる。その内容は、ソーシャルワーカーだけでなく地方雇用局や地域青年参入支援局のカウンセラー、地域参入委員会や県雇用訓練局などが連携して決定する。

参入契約の内容が決定されると、扶助受給者は就労をとおし社会参加をめざしていく。扶助受給者の復職をめざすために用意されたのが支援付き雇用契約である。職業資格や学歴が高い受給者は民間部門の雇用主導契約（Contrats initiative emploi : CIE）を結ぶが、扶助受給者の多くは公共部門・非営利部門の連帯雇用契約（CES）を締結し、RMI 設立から10年が経過した1998年の時点では、RMI 受給者全体の16％が民間部門の支援付き雇用契約を、そして、約35％が公共・非営利部門の支援付き雇用契約を締結していた。この点で、公共・非営利部門の支援付き雇用契約は貧困者の職業的・社会的参入の受け皿であったと考えられる［松原 2012a］。

公共・非営利部門の支援付き雇用契約では、自治体、公共機関またはアソシエーションが直接の雇用主になり、生活困窮者と雇用契約を結ぶ。雇われた生活困窮者には最低賃金と社会保険への加入が保証され、雇用主には社会保障費と一定額までの賃金が免除される。その雇用主は主に、公共交通機関、市のサイクリング・クラブ、保育所、病院、教育機関、交響楽団、老人ホーム、自治体などであった［Bernard et Lefresne 1992, p.75-9, 83-6］。実際の活動内容は広範囲におよぶ。なかでも上位を占めたのは、図書館など公共施設での補助作業、地域の社会・文化活動、緑地公園の管理であったことが当時の労働省の調査から明らかにされている。こうした活動を通じて、ニーズがありながらも民間部門と公共部門では十分に供給されていない社会的に有用なサービスを提供する。そうした社会的有用活動は、企業での一般的な雇用ではないものの、最低賃金と社会保険への加入が保証され、

産業内部における生産活動と同等とみなされた[1]。

　RMI受給者の数が増えつづけるなか、健康状態に問題をかかえる人びとの治療行為も参入契約にふくまれるようになった。スュブレ（M.-J. Sublet）下院議員によれば、そうした治療行為等も生活再建への道のりを進むためには不可欠とされたためである［Sublet 1992］。このように、RMIは生活再建に向けた活動に参加することを義務づけている。ただしそれは、就労を義務化するのではなく、連帯の理念を継承することを志向している。公共・非営利部門の支援付き雇用契約は、国の責任のもとで公共機関やアソシエーションが扶助受給者の受入先となり、社会に有用なサービスを提供することで、社会とのつながりを回復する場となる。すなわち、RMIの参入契約は、競争的な労働市場から人びとを保護しながら、国や地方自治体や参入支援組織を通じて生活困窮者の自立をめざすものである［Meyer 1999］。この点で、扶助の支給要件として厳しい就労義務を課す英米型の福祉レジームとは一線を画していた。

2．福祉・復職支援の一体改革

「貧困の自己責任論」と福祉改革

　RMI受給者数は2001年に107万3500人、2005年には128万9500人に達した。RMIから脱却した割合は3割にとどまり、7割はRMIを主たる収入源として生活していた。このため、RMIは貧困の撲滅に寄与していないと指摘され、このことが福祉改革へとつながっていった。福祉改革の背景には、貧困に対する考え方の変化がある。これまで貧困は個人の責任を超えた問題であり、セーフティネットを整備していない社会の責任とされてきた。しかし、2000年以降、貧困の原因は扶助受給から抜け出そうとしない個人の側にもあると考えられるようになり、そうした観点からRMIの制度的な欠陥が指摘されるようになっていった［Paugam et Duvoux 2008］。

　受給者の脱貧困を阻む要因と考えられたのは、復職すると扶助を減額され、免税等の措置や各種の手当も打ち切られることにあった。RMIは最低限度の生活を保障する制度であり、復職して収入が増えていくにつれ減額されていく。たとえば、夫婦と子ども1人の世帯の場合、親の1人が復職して1カ月あたりの収入が最低賃金の70％を超えると、RMIは打ち切られる。また、RMI受給者であれば住民税やテレビ・ラジオ受信料は免除され、医療保険料のかからない普遍的医療保障にも加入できるが、収入を得るようになれば、そうした費用も支払わなくてはならなくなり、住宅手当や家族手当も減額される。もちろん雇用復帰を促進

するために、復職しても1年間だけは働いて収入を得ながら扶助も受給できる措置がとられていた。ただし、その措置も、収入分をまったく差し引かれることなく扶助を受給できるのは復職後の3カ月までであり、4カ月目からは減額された。そのため、たとえ復職しても賃金が低ければ生活の向上につなげることは難しかった。実際、RMI受給者と最低賃金で働く労働者の所得格差はほとんどなかったといわれる。さらに、参入契約の義務が機能していないことも、復職が進まない要因として挙げられた。RMI受給者は3カ月以内に支援付き雇用契約、研修、職業訓練、通院・治療行為など、参入契約の締結を義務づけられていたが、実際には何もしていなくても扶助を打ち切られることはなかった。RMIは、参入契約を締結しなかった場合に支給を停止する等の罰則規定や強制力を備えていなかった。このため、実際には2人に1人が参入契約を結ぶことなくRMIを受給していた［原田2010, 54頁］。

このような状況をかんがみて、スヴェ（L. Souvet）上院議員は、扶助受給者に対して積極的な求職活動を義務づけるとともに、監視体制を強化することを提言した。フランスの高失業の要因は労働市場の流動性の低さにあり、そのために扶助受給者が復職できず、貧困からの脱却も進まない。このように、福祉改革は、労働市場の流動性と扶助支給要件の厳格化がセットになって主張された［Souvet et Létard 2004, p.1-18］。

とはいえ、扶助受給者は雇用復帰したとしても、期限付きのパートタイムや支援付き雇用契約のあと、ふたたび扶助に戻ってしまい、生活再建にいたっていなかった。そこで、雇用復帰後も扶助を受給できるようにするとともに、個別の状況に柔軟に対応するため、付添い支援を導入する気運が高まった。スヴェ議員の提案は、左派の立場からも中道の立場からも受け入れられるものではなかったが、扶助受給者が社会の底流に沈滞している現状を打破しなければならないということは共通の認識になっていた。こうして福祉改革が進められ、その成果として就業連帯所得（Revenu de solidarité active: RSA）が成立した。

RSAを主導したイルシュ閣外相（M. Hirsch）は、もともとホームレス等の支援団体「エマウス」の代表であり、サルコジ大統領（N. Sarkozy）に請われて「貧困対策就業連帯委員会」の高等弁務官に就いた。イルシュによる貧困撲滅策のねらいは、少しでも働けば世帯収入の増加につながるよう制度を設計することにあった。すでに述べたように、従来の扶助制度の問題は、復職すると扶助と各種手当が減額されるか打ち切られ就労意欲を阻害してしまうことにあった。サルコジ政権下の福祉改革の目的は、この問題を解消し、働くことで扶助受給者の生活を改善できるようにするという点にあった。

2005年4月、イルシュは報告書『新たな社会方程式：子どもの貧困と闘うための15の解法』のなかで「就業連帯所得（RSA）」を構想し、働いても扶助の受給を認めるよう提案した［Ministère des solidarités, de la santé et de la famille. Commission Familles, Vulnérabilité, Pauvreté 2005］。その後、2007年の財政法では、働いて収入を得ながら扶助も受給できる期間をこれまでの1年から3年に延長する権限が県にあたえられ［Journal Officiel 2006］、労働雇用購買力法では、2007年11月から2009年中旬までRSAを試験的に運用することが定められた［Journal Officiel 2007］。2008年2月には、貧困対策就業連帯委員会がRSAを正式に導入するための『緑書』を提出している。そこでは福祉改革の目的として、(1) 雇用復帰の促進、(2) 効率的な財政援助、(3) 貧困からの脱却を挙げ、雇用復帰支援のあり方、雇用の質、権利と義務のバランス、財政、社会扶助の一元化などが議論の俎上に載せられた。2009年5月には評価委員会による最終報告書のなかで、全体の88％の再就職が確認されたとして雇用復帰の効果が高く評価された［Comité d'Evaluation des expérimentations 2009, p.29］。

　RSAの戦略は、雇用復帰の可能性に応じて扶助受給世帯の収入を引き上げることにより、働く意欲を喚起し、その結果として貧困から脱却をめざすことにあった。そこで、RSAでは、最低限の所得を保障する「基礎RSA」に加え、一定の就労所得額まで扶助を受給できる「就業RSA」を新たに設定した。ただし、「就業RSA」からの脱却は、諸手当に頼らなくても安定した生活を保障する雇用契約を前提としている。このため、福祉改革とあわせて復職支援制度も改革された。これが付き添い支援の強化であった。こうしてRSAでは扶助受給者を、①雇用あり・付添い支援なし、②不安定雇用・付添い支援、③失業（就労可能性高い）・付添い支援、④失業（就労可能性低い）・付添い支援という具合に就労可能性に応じて分け、それぞれに対して異なる権利 − 義務の内容を定めようとした［Le haut commissaire aux Solidarité actives contre la pauvreté 2008］。

復職支援改革

　2004年12月、カユック（P. Cahuc）とクラマルズ（F. Kramarz）は、当時のサルコジ経済産業大臣とボルロー（J.-L. Borloo）雇用労働大臣から委託され、報告書『不安定性から流動性へ：職業的社会保障にむけて』を提出した。この報告書は、フランスの労働市場の欠陥を解消するうえで労働市場の流動性と安定雇用とを高める構造改革を提言している。そのため、期限付き雇用契約を廃止して原則、無期限の雇用契約を前提にしつつ解雇規制を緩和する単一労働契約を打ち出した。単一労働契約のもとで企業は柔軟な労務管理が可能になる一方、解雇労働者数に

応じて税を課される。その税収は、非正規労働者・長期失業者・RMI受給者・若年失業者などの雇用対策費に充当される。このように、企業の社会的責任のもとで、解雇された者は税によって復職支援を保証される一方、正当な理由もなく求職活動を拒絶した場合には手当の給付を停止できるような罰則規定も盛り込まれた [Cahuc et Kramarz 2004]。しかし、個人に対して過度に制裁的な求職義務を課すことは回避された。2005年1月の社会統合法の制定にともない、支援付き雇用契約は、民間部門における雇用主導契約（CIE）と参入契約-就業最低所得（CI-RMA）、公共・非営利部門における雇用-付添い契約（CAE）と将来契約（CA）へと統廃合された。このなかで最も復職の可能性の高いCIEは、主に若者や中高年の失業者を受け入れ、契約期間後に企業で雇用されるケースが多い。また、CI-RMAは、扶助受給者のなかでも比較的復職能力の高い人びとを受け入れ、中小企業で多く見られた。一方、CAEは主に女性や長期失業者を受け入れていて、相談員と指導員による付添い支援が受けられる。そしてCAは、扶助受給者を主な対象としており、その運用にあたっては家事、育児、介護など家事労働の外部化の分野で雇用創出効果をもたらす非営利団体の役割に期待が寄せられた。

　支援付き雇用契約はこのように4つに統廃合され対象者が分かれたことから、公共・非営利部門の支援付き雇用契約は安定雇用に結びつかないというイメージが強くなっていった。実際、民間部門での支援付き雇用契約のほうが、無期限の

図表4-2　新規の支援付き雇用契約の状況　（％）

	民間部門				公共部門・非営利部門			
	2009年	2010年	2011年	2012年	2009年	2010年	2011年	2012年
	CIE+CI-RMA	CUI-CIE+CI-RMA	CUI-CIE	CUI-CIE	CAE+CAV	CUI-CAE+CAE+CAV	CUI-CAE	CUI-CAE
期限付き：CDD	32.3	38.4	31.5	35.3	100.0	98.8	99.0	98.9
期限なし：CDI・CNE*	67.8	61.6	68.5	64.7	0.0	1.2	1.0	1.1
平均契約期間（月）	11.4	12.1	8.9	8.6	9.3	8.7	7.0	6.8
週労働時間（時間）	32.6	32.7	32.2	32.0	24.8	25.3	23.6	23.6
パート：20時間未満	17.5	11.1	12.9	13.0	55.3	35.4	49.1	50.9
パート：20-26時間未満	17.5	6.1	6.8	7.7	55.3	15.5	17.9	15.3
パート：26-35時間未満	8.5	7.8	9.3	9.2	30.8	33.0	23.6	24.5
フル：35時間以上	74.0	75.0	71.0	70.1	13.9	16.1	9.4	9.3
国の平均負担率	41.7	43.3	30.4	32.5	85.9	91.4	80.1	82.9

*CNE: 新規雇用契約（2005～2008年）。
出所：Bahu, M. 2014: « Les contrats d'aide à l'emploi en 2012 », *Dares Analyses*, N° 021, p.7

雇用契約に結実しやすい。この点は、図表4-2 から確認できる。支援付き雇用契約は、民間部門では6割が無期限契約にいたったが、公共・非営利部門ではほぼ期限付き契約であり、安定雇用に復帰する可能性は民間部門のほうが明らかに高い。また、支援付き雇用契約の内容にも差が出てきて、民間部門では商品の販売やホテル・レストラン・レジャー施設でのサービス、職業資格を要する建設作業など、将来の求職活動に有利になるような職業経験が提供されていた。これに対して公共部門で提供される仕事は、公園の清掃や子どもの世話など、必ずしも職業経験を高めるものではなかった。

こうしてみると、フランスの支援付き雇用契約は、そもそも年齢、性別、職業資格、学歴に応じて対象者を選別していて、なかでも学歴は大きな影響をおよぼす。実は、学歴に応じた選別は1980年代からすでに指摘されていた。経済学者のウェルカン（P. Werquin）によれば、復職支援へのアクセスは労働市場と同じ

図表4-3　単一参入契約　（2012年法）

	民間部門 CUI-CIE （単一参入契約 - 雇用主導契約）	公共・非営利部門 CUI-CAE （単一参入契約 - 雇用付添い契約）
対象者	地域ごとに決定	
労働契約	無期限契約（CDI）または6-24カ月の期限付き契約（CDD） 特例を除く（扶助受給者、障がいのある労働者など） 50歳以上、RSA・ASS・ATA・AAH受給者*、 障がいのある労働者は最長1年の契約後、5年まで延長可	延長可：訓練活動を5年以内に修了した者（特例）。 ACI** の50歳以上、障がいのある労働者、AAH受給者は期限なし（例外）。
週の労働時間	20-35時間	協定で20時間未満の低賃金労働者は特例可。 期限付きの契約期間の一部または全部を地方自治体等で従事する場合、労働時間変更可。
国の負担	RSA受給者に県が助成する場合、県の条例・県議会が負担率決定	
	週35時間労働までは最低賃金の47％まで	週35時間労働までは最低賃金の95％まで、ACI** は105％まで
雇用主への優遇	社会保険の雇用主負担軽減・免除（併用可）など	週35時間労働・最低賃金までの社会保険の雇用主負担、家族手当の免除（労災負担金除く）、給与税、見習い税の免除

* RSA: 就業連帯所得　ASS: 特別連帯手当　ATA: 一時待機手当　AAH: 成人障がい者手当
** ACI: 参入支援作業所
出所：Bahu, M. 2014: « Les contrats d'aide à l'emploi en 2012 », *Dares Analyses*, N° 021, p.10

くらい選別的であり、施策の恩恵を最も受けるのは学歴と就労能力の高い階層であった。このような支援付き雇用契約に内在する格差を解消するため、2008年12月に支援付き雇用契約は単一参入契約（Contrat unique d'insertion：CUI）に統合され、民間部門は CUI-CIE、公共・非営利部門は CUI-CAE に統一され、手続きの短縮化が図られた。その目的は、復職可能性に応じた選別を防ぐことで支援付き雇用契約の就労格差を解消すること、貧困対策として復職支援を強化して雇用復帰の可能性を高めることにある。なぜなら、支援付き雇用契約は、これまで景気動向、財政状況、貧困者の復職状況に応じて政策目標がそのつど変更されたため、長期的視点に立つ首尾一貫した対策ではなかったからである。今回の復職支援改革では、扶助受給者かどうかにかかわらず、また学歴等に関係なく、等しく復職支援を提供するねらいがあり、さらには、復職に著しい困難をかかえる人びとへの特例措置も盛り込まれている（図表4-3）。

3．ユーロ危機下における一体改革の動向

付添い支援の強化

　福祉・復職支援の一体改革は、扶助受給者の雇用復帰を重視する点において、福祉と復職を連動させるために付添い支援を強化した。この付添い支援はもともと、1989年に「個別訓練基金」が創設された際に導入された。この基金の目的は、16歳から25歳までの無資格で初期訓練を終えた若者が、より高度な職業教育を受けられるように、セカンド・チャンスを提供することにあった。

　1997年になると、職業的参入に向けた「個別経路対策」が試験的に導入され、最も困難をかかえた若者と企業とをつなげるために付添い支援が導入された。この対策は若者に対して最長で18カ月の付添い支援を行なうものであり、イル・ド・フランス、ロレーヌ、ピカルディで実施された。付添い支援の試験導入によって明らかになったことは、仕事を機械的に割りあてるだけでは何の効果も生まないという点であった。そこで、個々人のかかえる問題に柔軟に対応するため、1人の相談員が一貫してかかわり合いをもちながら問題解決を模索する体制が整えられるようになった。

　1998年に「反排除法」が成立すると、3年間で76億ユーロの予算が付添い支援に投じられた。当時のオブリ労働大臣は、「すべての人びとに基本的権利——市民権、雇用、住宅、健康、文化——へのアクセス、とりわけ雇用にアクセスする機会を提供すること」を排除に対する闘いとして位置づけた。政府は何らかの復職支援につくまでの準備段階において付添い支援を強化することを宣言し、

長期失業者には「ニュー・スタート」プログラム、若者には「雇用への道のり（TRACE）」プログラムを実施した。
　2004年6月30日の社会統合法において雇用への復帰が優先されるようになると、付添い支援はさらに強化されることになった。社会統合計画を閣議に提出した当時のボルロー雇用労働社会統合大臣（J.-L. Borloo）は、手厚い扶助にもかかわらず貧困からの脱却が進んでいないことから、むしろ手厚い扶助制度が個人の就労意欲を削いでいるのではないかとの考えを示した。そして、貧困問題の解決のために、復職へのインセンティブを高めるような対策を導入することが検討された。付添い支援の強化案はこのような認識のうえで提起された。また、社会統合法では雇用の復帰を促進するだけではなく、不足しがちな貧困者向け住宅問題を解消するために、低所得者向けの社会賃貸住宅（logement locatif social）の拡充、空き家等民間住宅の活用、ホームレス向けの緊急宿泊施設の増設が盛り込また。
　このように、復職のみならず、さまざまな対策を有機的に連動させるべく、付添い支援は「扶助受給者の権利」として定められた。2005年には「社会生活に向けた参入契約（CIVIS）」が制定され、職業計画を作成するための支援、職業経路を実際に歩むための計画、計画を実施するための相談・アドバイスが提供されるようになった。その際、積極的な求職活動か、それとも復職に向けた支援かの選択は本人の状況に応じて異なるため、この点の判断は相談員にゆだねられることになった。契約期間は1年であり、目標を達成できない場合は最長もう1年間の延長が認められた。さらに、職業資格がない場合には更新回数に制限を設けず、持続的雇用にアクセスできるまで何度でも更新できることとした。こうした付添い支援を強化するために、国の財政支援によって相談員の職を増やした。

ユーロ危機下における貧困対策

　福祉・復職支援の一体改革を進めるなかで、ユーロ危機はフランスの貧困状況にどのような影響をおよぼしたのか。国立統計経済研究所（INSEE）によれば、ユーロ危機以降の傾向として、失業者のみならず低賃金労働者の貧困が目立つようになった。職を失った人は2008年の197万人から2013年になると281万人に膨れ上がり、低賃金労働者も100万人を超える。貧困状態に置かれた人は2008年から2012年のあいだに427万人から506万人へと80万人増加し、このうち40万人は「極貧」状態にある[2]［Houdré, Ponceau et Zergat Bonnin 2014, p.3］。
　雇用情勢の悪化とともに、貧困が長期化する傾向も見られるようになっている。失業期間を見ると、2013年の時点で1年以上失業している長期失業者の数は113万人と全体の4割に達し、さらに、その半数は失業期間が2年以上におよん

でいる［INSEE 2014, p.39-54］。もともとフランスではひとたび仕事を失うと失業期間は長期化する傾向が強い。この傾向はユーロ危機のなかでさらに深刻化している［Houdré, Missègue et Ponceau 2014, p.9-21］。このような状況のなかで、RSAを受給する世帯は2009年の173万世帯から2012年の196万世帯へと増えた。なお、2014年6月の時点でRSA受給世帯は230万世帯を超えたと公表されている。

とはいえ、RSA受給者の急増は必ずしも貧困対策の失敗とは考えられていない。たとえば、RSAの設立を主導したM.イルシュは、貧困からの脱却や雇用復帰が不十分であると認めつつも、RSAがユーロ危機の犠牲になった人びとの生活を支えた点を評価している［Le Figaro, 14 décembre 2011］。実際、ユーロ危機のあおりを受けてRSA受給者が急増したが、それは主に「基礎RSA」の増加に現われていて、雇用情勢が悪化するなかで、多くの就労・生活困窮者が「基礎RSA」によって救済されたといえる。

それでは、RSA受給後の生活再建への経路はどのように機能していたのか。この点について、扶助受給後の1年間の状況を追跡調査した結果を示した図表4-4によれば、「基礎RSA」受給者の多くが働くことなく扶助を受給していた。一方、働いている者に対して扶助を支給する「就業RSA」は、その受給者の4割が扶

図表4-4　RSA受給者の参入経路　（2010年1-12月）

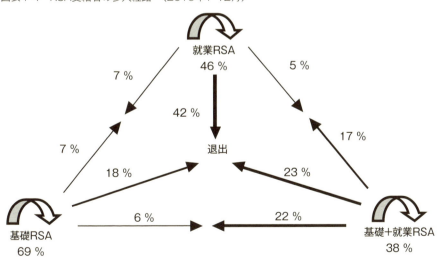

出所：［Fernandez et Marc 2013, p.3］

助から脱却していることがわかった。ここから、「基礎RSA」を受給している場合は扶助にとどまりつづけ、「就業RSA」の場合は安定雇用に戻れる可能性が比較的高いといえる。とはいえ、「就業RSA」でも6割は扶助を受けつづけており、いったんは脱却したものの、ふたたび「基礎RSA」に戻ってしまうケースも確認されている。扶助受給から1年後の状況を見ると、求職中か非就業が多く、多くのRSA受給者は貧困から抜け出せてはいなかった。

　このような現状について、RSAを設立したM.イルシュは、改善すべき課題はあるものの、低賃金で働く労働者を連帯のもとで支援するというRSAの原則は堅持されていると述べている［Le Point, 30 mai 2014］。一方、RSAに対する評価は右派と中道左派とで異なっている。右派の見解は、扶助受給者が急増した要因をユーロ危機による雇用情勢の悪化に求めながらも、「基礎RSA」を受給していれば働かなくても最低限の生活を送れるため、RMIと同様にRSAにおいても扶助から雇用復帰への移行が進んでいない点を問題視している。実際、「基礎RSA」受給者の多くは就労所得を得ていなかった。このため『フィガロ』紙は、扶助の申請手続きの煩雑さや不十分な広報活動などを批判しながらも、貧困対策失敗の要因は、働くことを望まない貧困世帯の増加に帰するとした［Le Figaro, 1 juin 2014］。

　これに対して中道左派は、扶助受給者が貧困から脱却できないのは、貧困対策の失敗ではなく安定雇用が欠如していることに起因すると主張する。その根拠として引き合いに出されたのが、「RSA受給150万世帯のうち安定雇用への復帰は15万世帯にとどまっている」という調査結果であった。この事実にもとづき、左派は積極的労働市場政策の失敗を問題視している［Libération, 24 avril 2014］。

　また、同様の見解は、国際的な社会改革団体として知られるATTAC（Association pour la Taxation des Transactions pour l'Aide aux Citoyens）の機関紙でも指摘されている。一体改革のなかで想定されていた貧困脱却の経路は、働いている者に対して扶助を支給することによって生活再建の展望が開かれ、最終的に安定雇用に就くことを想定していた。しかし実際には、扶助からの脱却は進まず、雇用復帰と連動した貧困対策は慢性的に不安定な雇用情勢のもとで機能しなかった。「就業RSA」が増えないのは、将来への展望をあたえない復職支援に対する拒絶である。安定雇用への望みが薄いのであれば、就労を通じた連帯は機能不全に陥り、フランス社会を断絶させ連帯主義を崩壊させる［Eydoux 2013］。実際、DARESの調査によれば、本来は受給資格を有する者のうち、「基礎RSA」では36％が未申請であったのに対して、「就業RSA」では実に68％が未申請であった［Warin 2011, p.2］。

　とくにシングルマザーや単身者で離婚・未婚・家庭崩壊などの困難をかかえて

いると、長く貧困にとどまるリスクが高くなる［Caf 2014, p.1-2］。しかし、貧困から生活再建へといたる経路は、現段階で多くの問題をかかえている。この点からすれば、「基礎RSA」から「基礎RSAと就業RSAの受給」へ、そして「就業RSA」から「安定雇用・生活再建」へといたる経路は、多くの扶助受給者にとって開かれた道だったとは言いがたい。このことは、「働いていない扶助受給者」と「働く扶助受給者」の固定化につながるおそれがある。ポーガム（S. Paugam）は「働く扶助受給者」をプレカリアートととらえ、連帯の危機をもたらすと指摘したが、そうした状況はいまや、働いていない扶助受給者の増加を引き起こしている。

　その一方で、付添い支援は就労困難な人びとの問題解決に直結するわけではないにせよ、一定の成果をあげている。たとえば、付添い支援を受けた扶助受給者は、安定雇用に就けていないにしても、カウンセラーや相談員と接点をもてるようになることで、厳しい状況にありながらも状況が若干好転していると語る。付添い支援を通じて受給者は、それぞれの状況に応じて、雇用契約を締結するか、あるいは求職支援（研修、求人、履歴書作成、支援付き雇用をふくむ雇用、職業計画立案、起業など）や社会的支援（健康・住宅・子育ての問題、自信回復など）を受けることができる。そのため、聞き取り調査によれば、付添い支援に対する扶助受給者の評価はおおむね高い。すなわち、「相談しやすい」、「自分の問題をよく理解してくれている」との意見が出され、1人の相談員がつくことに満足しているとともに、心の支えになっているとして、付添い支援が有効であると回答している。また、1人ひとりに相談員がつくことは、信頼関係の構築につながり自信を回復するとともに社会との接点となっている。この点において付添い支援は、貧困から抜け出すことの難しい扶助受給者にとって精神的支柱として機能していると見ることができる。

政権交代がおよぼした影響

　2012年5月の大統領選挙では、サルコジ大統領がオランド候補に敗れ、政権は右派から左派へと交代し、貧困対策も方針転換することになった。貧困対策に関するオランド政権の基本方針は、2013年1月に制定された「反貧困および社会的包摂に関する多年度計画」に示されている。この基本方針は、深刻化する貧困をもっぱら扶助受給者の自己責任に帰す方針を修正した。そして、社会権へのアクセス、「基礎RSA」支給水準の引き上げ、付添い支援の強化、支援付き雇用契約の増大、公共住宅・家族政策・医療保障の拡充を通じて不平等の改善をめざしている。この点において新政権は、扶助の不正受給キャンペーンや福祉攻撃を行なった前サルコジ政権とは逆の立場をとったと考えられる［都留 2013, 53頁］。実際、「基

礎RSA」支給水準の引き上げは、最低限の所得を保証するという点で、社会的権利へのアクセスを強化したとみなされている。社会問題監督庁は、初年度の政策評価報告のなかで貧困対策を好意的に評価している。ただし、諸権利へのアクセスや住宅政策については進展が見られるものの、家族政策、健康対策、金融包摂策[3]についてはいまだ不十分であった。したがって問題は、RSAそのものの機能不全にあるというよりも、それが他の社会政策とうまく連動していない点にあると指摘されている。この点の改善がオランド政権にとっての課題となるであろう［Chereque et Vanackere 2014］。

　一方でオランド大統領は、サルコジ前大統領と同様にドイツのメルケル首相と歩調を合わせ、フランスの課題である財政赤字の削減に本腰を入れるようになった。というのも、2013年にEUは加盟国の予算案を事前審査できる権限を有するようになり（本書の第2章第3節参照）、財政赤字の基準値となる3％を超えるフランスは是正勧告の対象国となっているためである。オランド政権は社会保護の拡充と財政赤字削減のはざまで困難な舵取りを迫られることになった。

　財政健全化を主導したのは、前政権時代に当時のサルコジ大統領の厚い信頼を受けた会計検査院院長のミゴー（D. Migaud）であった。彼は社会保障費を削減することを中心にすえて取り組みの強化を進めている。また、成長戦略としては、企業の税・社会保障負担の軽減に重点を置くことを発表している。その一環として雇用手当制度（Prime pour l'emploi: PPE）と「就業RSA」を一本化することを提案している。雇用手当制度は援助を必要としていない世帯まで受給している一方、「就業RSA」は申請手続きの煩雑さから未申請の問題が発生していた。雇用手当制度と「就業RSA」の統合は、前政権においても実現にいたらなかったが、目下オランド大統領のもとで、両制度を一本化するとともに25歳未満の若者に「就業RSA」の受給資格を新たに付与し、援助を必要とする人が受給できる制度に改めると主張されている。

　このように、近年貧困問題が広がりを見せているが、政権交代を果たした左派は貧困に対する自己責任の考え方を否定する立場をとった。しかし、労働市場の流動性や雇用安定化法[4]が実施されるなど、オランド政権の貧困対策は社会的権利の拡充と積極的労働市場政策とのはざまを揺れ動いている。

4．今後の展望

　フランスの貧困対策は手厚い扶助のもとで貧困者の社会・就労参入をうながすものであった。しかし2000年以降になると、貧困の自己責任論を前提にした福祉・

復職支援の一体改革が実施され、手厚い扶助制度が見直され、貧困から生活再建へといたる支援が強化された。福祉改革を経てRSAが誕生したことにより、少しでも働くことができれば扶助受給世帯の収入が引き上げられるような制度へと変更された。「基礎RSA」は、リーマン・ショックやユーロ危機のあおりを受けた人びとの貧困化を防ぐ防波堤として機能した点で評価されている。

　その一方、RSAに対しては、貧困から生活再建へといたるプロセスをめぐって論争が起きている。右派は貧困状態に甘んじている「働こうとしない」扶助受給者を批判した。ただし、この点については、申請手続きの煩雑さや制度についての情報が周知徹底されていなかった点もあわせて問題にされている［Domingo et Pucci 2012］。これに対して中道・左派は、生活再建を保証する雇用が確保されていない以上、アクティベーションだけでは決定的に不十分であると主張する。実際、統計数字が示すように、「基礎RSA」から「基礎RSAと就業RSAの受給」へ、そして「就業RSA」を経て「安定雇用・生活再建」へといたるプロセスは機能しているとは言いがたい。

　また、復職支援改革についても、支援付き雇用契約が再編されたものの復職の程度は改革前とあまり変わっていないことが確認される。とはいえ、就労改革で付添い支援が導入されたことによって、これまで選別的であった支援付き雇用契約には格差の是正が見られるようになった。付添い支援はまた、1人の相談員と一緒に職業上・生活上の問題解決に取り組むことから、信頼関係の構築、安心、そして自信の回復につながっているとして、その役割については肯定的に評価されている。

　以上のように、「基礎RSA」はユーロ危機のような事態が起きたときには生活困窮者を支える一面を有するが、RSAは「仕事のない扶助受給者」と「仕事のある扶助受給者」のあいだに溝を生み出している。「仕事のない扶助受給者」は、「基礎RSA」を受け取りカウンセラーや相談員との交流を通じて、かろうじて排除への転落を免れている。この点で、付添い支援は貧困からの脱却へといたる経路を強化するような積極的な役割を果たせてはいないものの、扶助受給者の自信の回復につながり社会の接点になっている。こうしたなかで、政権交代がなされたのち、オランド政権の貧困対策は労働市場の流動化と福祉拡充とのはざまを揺れ動いている。今後も、RSA受給者にとって貧困から生活再建へといたる経路が開かれず、しかも「基礎RSA」にとどまり続ける状況が改善されなければ、ふたたび改革が必要になると考えられる。

【注】
1 公共・非営利部門の支援付き雇用契約が社会的有用性の原則を打ち出した背景には、民間企業の雇用との競合を回避する意図もあった。
2 所得分布中央値の 50％を貧困線とした場合（OECD基準）。60％の場合であれば（EU基準）、2008年の 783万人から 2012年の 863万人へと 80万人増加したことになる。現在、国立統計経済研究所（INSEE）や国立貧困・社会的排除監視機構（ONPES）などは 50％と 60％を併記している。不平等監視機構（Observatoire des inégalités）は、中央値の 40％を下回る場合を「極貧」としている。
3 一部の低所得者や貧困層が金融サービスから排除されていることが社会問題になっていて、これを金融排除と呼ぶ。オランド政権では金融包摂策として、銀行サービスへのアクセスおよび累積債務の防止を進めている。
4 2013年6月16日に公布された雇用安定化法では、解雇規制を緩和して労働市場の流動性を高める一方、短期雇用の抑制、短期労働時間の下限設定など雇用の安定化が図られている。

【参考文献一覧】

Alberola, É., L. Gilles et F. Tith 2012: « Les effets du RSA peu perceptibles par les bénéficiaires », *Consommation et modes de vie du CRÉDOC*, N° 250.

Bahu, M. 2011-14: « Les contrats d'aide à l'emploi », *Dares Analyses*, N° 018 (en 2009 avec Y. Fendrich), N° 085 (en 2010), N° 088 (en 2011), N° 021 (en 2012).

Bernard, P.Y. et F. Lefresne 1992: « Contrats emploi-solidarité : Diversité des formes d'utilisation », *Travail et Emploi*, n° 52.

Caf 2014: « Les foyers bénéficiaires du Rsa fin juin 2014 », *RSA conjoncture*, n° 7.

Cahuc, P. et F. Kramarz 2004: *De la précarité à la mobilité : vers une Sécurité sociale professionnelle*, Paris, La documentation française.

Chereque, F. et S. Vanackere 2014: *Evaluation de la 1ère année de mise en œuvre du plan pluriannuel contre la pauvreté et pour l'inclusion sociale*, TOME Ⅰ, TOME Ⅱ, Paris, Inspection générale des affaires sociales.

Comité d'Evaluation des expérimentations 2009: *Rapport final sur l'évaluation des expérimentations rSa*, Paris, La documentation française.

Comité national d'évaluation du rSa 2011: *Rapport final*, Paris, La documentation française.

Dassault, S. 2007: *Rapport sur l'enquête de la Cour des comptes portant sur les contrats aidés*, Sénat, n° 255.

Domingo, P. et M. Pucci 2012 : « Les non-recourants au Rsa », *l'e-ssentiel*, n° 124.

Eydoux, A. 2013: « Du RMI et de l'API au RSA : les écueils de la "solidarité active" », *Les Possibles*, n° 01.

Fernandez, V. et C. Marc 2013: « Multiplicité et variabilité des trajectoires des bénéficiaires du Rsa », *l'e-ssentiel*, n° 136.

Houdré, C., J. Ponceau et M. Zergat Bonnin 2014: « Les niveaux de vie en 2012 », *INSEE Première*, N° 1513.

Houdré, C., N. Missègue et J. Ponceau 2014: « Inégalité de niveau de vie et pauvreté en 2011», *Les revenus et le patrimoine de ménages,* coll. INSEE Références.

INSEE 2014: *France, portrait social,* coll. INSEE Références.

Jornal Officiel 2006: Loi n° 2006-1666 du 21 décembre 2006 de finances pour 2007.

―――― 2007: Loi n° 2007-1223 du 21 août 2007 en faveur du travail, de l'emploi et du pouvoir d'achat.

Le Figaro, 1 juin 2014, 14 décembre 2011.

Le haut commissaire aux Solidarité actives contre la pauvreté 2008: *Livre vert vers un revenu de Solidarité active*, Paris, La documentation française.

Le Point, 3 mai 2014.

Libération, 24 avril 2014.

Meyer, J.-L. 1999: *Des contrats emploi-solidalité aux emplois jeunes*, Paris, L'Harmattan.

Ministère des solidarités, de la santé et de la famille. Commission Familles, Vulnérabilité, Pauvreté 2005: *Au possible, nous sommes tenus. La nouvelle équation sociale(15 résolutions pour combattre la pauvreté des enfants)*, Paris, La documentation française.

Paugam, S. et N. Duvoux 2008: *La régulation des pauvres: Du RMI au RSA*, Paris, PUF.

Souvet, L. et V. Létard 2004: *Rapport sur le projet de loi de programmation pour la cohésion sociale*, Sénat, N° 32.

Sublet, Marie-Josèphe1992: *Rapport sur le projet de loi portant adaptation de la loi du 1er décembre 1988 relative au RMI*, Assemblée Nationale, N° 2759.

Warin, P. 2011: « Le non-recours au RSA: des éléments de comparaison », *Odenore*, N° 13.

都留民子 2000:『フランスの貧困と社会保護：参入最低限所得（RMI）への途とその経験』法律文化社。

―――― 2013:「フランスにおける社会的排除論：失業・貧困対策にもたらした功罪」、『POSSE』21号。

服部有希 2012:「フランスにおける最低所得保障制度改革」、『外国の立法』253号。

原田康美 2010:「フランスにおける反貧困政策のアクティベーション」、『東日本国際大学福祉環境学部研究紀要』6巻1号。

―――― 2014:「フランスにおける積極的包摂政策の到達点と課題：稼働年齢層向け最低所得保障制度（RSA）と寄添い型就労支援」、『東日本国際大学福祉環境学部研究紀要』10巻1号。

福原宏幸 2012:「フランスの就労連帯所得とは何か：貧困な稼働層への最低所得保障と就労支援に向けての2009年改革」、大阪弁護士会編『世界の貧困と社会保障』明石書店。

松原仁美 2012a:「フランスの社会的排除と公的雇用の展開」、『経済学雑誌』113巻1号。

―――― 2012b:「フランスの復職支援改革と積極的労働市場政策：支援つき雇用契約の統廃合」、『公営企業』43巻11号。

第Ⅲ部

北 欧

第5章
社会的経済政策から見る就労支援
―― スウェーデンにおける長期失業者の社会的包摂

太田美帆

　スウェーデン南東部の町カトリーネホルムで2011年4月に開業した犬の保育園は、社会的経済の1つである協同組合型の企業として運営されており、2013年4月現在、27匹の犬を預かっている。この保育園では週20時間働いている職員が2人、週40時間働いている職員が1人おり、それに加え、国の就労支援事業におけるフェーズ3[1]の労働として事業に参加している人がいる。

　ここの従業員は、就労支援プロジェクトであるオランジェリーエット（Orangeriet）に参加していた。参加者の多くは、精神的に健康を害している人、スウェーデン語の能力に問題がある人、薬物依存症経験者などであり、約20年と長期にわたって労働市場の外にいた人が多い［Orangeriet and Coompanion 2012, p.14］。彼らはオランジェリーエットの就労支援活動を受けるなかで自ら起業を望み、地方紙をとおして市場調査をして、この犬の保育園の事業を開始した[2]。そして自ら従業員として働いている。これは、長期失業者が地域のニーズを満たすサービスと地域での雇用とを生んだ例である。

　オランジェリーエットは2008-2011年と2011-2014年の2回にわたり、労働供給増加のためのプロジェクトとしてEUの欧州社会基金から助成を受けている。このプロジェクトは、職に就いておらず公的補助金によって生活している人を対象としており、参加者がそれぞれ居住している市で労働者協同組合を立ちあげることを目標にしている。

　同プロジェクトの責任者は、スウェーデンの南東部にある東ヨートランド県の協同組合発展支援組織（Coompanion）[3]である。このプロジェクトへの参加組織は多岐にわたるが、まず第1に、東ヨートランド県内の5つの基礎自治体が挙げられる[4]。1回目の助成期間中、これら5つの自治体はプロジェクトのためにそれぞれ資金と活動場所を提供し、担当者1人（または担当者1人分の人件費）をつけていた［ibid., p.28］。その後、2010年からは職業紹介所がプロジェクトに参加した。それ以外にも活動ごとの協力者として、東ヨートランド県障がい者連盟、ソルムランド県の協同組合発展支援組織、EUの動向や社会的企業に詳しい経済的団体

(ekonomisk förening)⁵ である SERUS が参加していた。従来は国が労働市場政策を実施してきたが［太田 2012］、このプロジェクトでは諸団体が主体となって EU の助成金を利用し、複数の基礎自治体と連携しながら就労支援を行なっているところに新しさがある。

プロジェクトの外に位置しながら協力関係にある団体として、協同組合サービス K（Kooperativtjänst K ekonomisik förening）という名称の「労働によって社会的統合を図る社会的企業（arbetsintegrerande sociala företag：以下では労働統合型社会的企業と表記）」が挙げられる。労働統合型社会的企業で働くと想定されている人は、障がい者、薬物依存症経験者、犯罪経験者、長期疾病者、長期失業者、ホームレスなど、何らかの理由で長期にわたって労働市場との接触を失ってきた人びとである［Näringsdepartementet 2010, p.2］。

協同組合サービス K は組織形態としては労働者協同組合であり、オランジェリーエットに参加している5市をふくむ8市で事業を展開している。2014年10月1日現在、従業員は75人である。事業内容はケータリング業、運輸・引っ越し業、清掃業、経理サービス業、スウェーデン語教室などの個別の事業のほかに、社会的協同組合の設立・運営に関する相談事業も行なっている⁶。上述の犬の保育園も現在は協同組合サービス K の1事業となっている。なぜなら、事業が利益を出すとオランジェリーエットの活動のなかにいられなくなるからである。しかし、これはけっしてネガティブなことではない。オランジェリーエットの目的は、参加者が自ら生活する地域で社会的企業を起業することにあるという点を考慮に入れるなら、犬の保育園はむしろ成功例となる。

オランジェリーエットの最終報告書によると、協同組合サービス K の存在は参加者にとってとても強い動機づけになったという。オランジェリーエットの参加者にとって通常の労働市場への道のりはとても長いが、労働統合型社会的企業は彼らに新しい可能性を開くからである。参加者の一部は協同組合サービス K を自分の将来の職場として見るようになり、別の参加者は一般の労働市場をめざす一過程として協同組合サービス K を見るようになる。オランジェリーエットにとって、協同組合サービス K は研修の場と職業訓練の場を参加者へ提供してくれる存在でもあり、協同組合サービス K との協力関係は活動に不可欠であると言う［Orangeriet and Coompanion 2012, p.8］。

協同組合サービス K のような労働統合型社会的企業はスウェーデンでは2000年代半ばから政策的に取りあげられ、経済成長庁（Tillväxtverket）には2014年現在、約310団体が登録されている。のちに詳しく見るが、労働統合型社会的企業は、労働をとおした社会的統合という EU の方針に政府が対応するなかで、ス

ウェーデンの課題である長期失業者問題を解決する手段として広がった。

　労働統合型社会的企業は社会的企業の一種であり、したがって「社会的経済」にふくまれる。ただし、社会的経済はEU加盟当時（1995年）のスウェーデンにとって実態としては存在するものの、言葉としては馴染みが薄かったため、政府はその考え方を理解（＝解釈）しながら政策として導入する必要があった。後述するように、結果的に政府は就労支援政策、とりわけ長期失業者対策の手段として社会的経済を活用した。だが、「社会的経済」という言葉を用いて政策を実施する場合、それはスウェーデンにとっては外来の手法であるがゆえに、同国における従来の政策や価値観に変化をもたらすことになる。本章では政策としての社会的経済に着目することで、現在のスウェーデンの労働市場政策や福祉政策の変化の一端をつかんでみたい。

　以下、第1節ではEUの社会的経済、第2節では社会的経済が就労支援政策に用いられる背景となったスウェーデンの労働市場の概況、第3節ではスウェーデンへの社会的経済の導入、第4節では就労支援と社会的経済の結びつき、第5節では就労支援としての社会的経済政策がもつ経済的基準と人間的基準に着目して、この政策がスウェーデンでどのように受容されているのかを考察する。

1．EUにおける社会的経済

　EUの執行機関である欧州委員会によると、ヨーロッパ経済のうちのある一定割合は、投資家のためにのみ利益をあげることを目的としていない組織によって運営されている。それは社会的経済と呼ばれ、具体的には協同組合、相互扶助組織、非営利アソシエーション、基金、社会的企業などの組織形態をとる。これらの組織は民間営利セクターにも公的セクターにも属さない。

　社会的経済に属する事業体はヨーロッパで200万あり、これはヨーロッパ全体の事業体の約10パーセントを占める。そして、ヨーロッパの労働人口の6パーセントにあたる1100万人を雇用している。事業分野は銀行、保険、農業、手工業、商業、保健・社会サービスなどである[7]。

　欧州委員会によると、社会的経済の事業体に共通する特徴は、①より効率的な市場競争に寄与すること、②活動の第1の目的が利潤の追求ではないこと、③組織のメンバー1人が1票をもって事業体の方針を決める話し合いに参加することにより連帯と互酬性にもとづく組織運営を行なうこと、④変化する社会的・経済的環境に対応するため柔軟で革新的であること、⑤メンバーが自発的な参加をふくむ積極的な参加と関与を行なっていることである[8]。一般に社会的経済の研究

者は上記の社会的経済の特徴の第2点目から書くことが多いため、効率的な市場競争に寄与するという点は欧州委員会が社会的経済のアクターに期待している点であると考えてよいだろう。

　社会的経済がEUに導入されたきっかけは、フランスが1989年秋にEUの議長国となったことにあった［Mattsson and Olsson 2009, p.78］。当初は欧州委員会の雇用・社会問題総局の特別ユニットが社会的経済に関連する問題に責任を負った。欧州委員会は1989年12月に「社会的経済セクターにおけるビジネス」という文書を採択し、1998年までの数年間に、社会的経済の活動や考え方を普及させるためにさまざまなプロジェクトを行なった。そして2000年に協同組合、相互扶助組織、アソシエーション、基金（Co-operatives, Mutual societies, Associations and Foundations: CMAF）に関する自律的な常設協議会を設置した。この協議会は2008年に社会的経済ヨーロッパ（Social Economy Europe）と名前を変えた。社会的経済ヨーロッパの代表は2012年7月に欧州委員会が設置を決めた企業政策グループ（Enterprise Policy Group）に出席していることから、EUの産業政策において社会的経済が一定の存在感をもっていることがわかる。

　そもそも社会的経済という言葉は、経済的資源を人間的なニーズを満たすために動員する実践や形態の総体を表わす。社会的経済は、自然災害、事故、病気に対する人びとの助け合いや、同業者間の調整という意味では、すでに中世のヨーロッパ社会に現われていた。しかし、近代的な社会的経済は1820年代から1860年代にかけて主にフランスで練られた考え方である［Moulaert and Ailenei 2005, p.2042］。『社会的経済の研究：社会的富の分配の理論』などの著書をもつワルラスによって、社会的経済は経済的活動の1領域、つまり協同組合、相互扶助組織、アソシエーションなど現在に連なる社会的経済活動を表わすようになった[9]［Monzón and Chaves 2012, pp.14-5］。

　1929年の世界恐慌を機に、それまでの生産者による協同組合や共済に加え、食品や住居など生活に関する消費者協同組合の数が飛躍的に伸びた。しかし、第2次世界大戦後に福祉国家制度が整備されるにつれて、もともと労働者の生活を守るために始まった社会的経済は国の福祉システムの一部となり（たとえば医療保険など）、それ以外はオルタナティブな哲学や運動として社会のなかで目立たなくなった。ところが、1970年代に大量生産システムと福祉国家の過重負担が社会問題となるにつれ、社会的経済にふたたび光があたりはじめた。1980年代および1990年代に失業率が恒常的に高まると、人びとのあいだに公的な福祉システムだけでは生活を守ることができないという意識が強くなり、社会的経済への関心がいっそう高まった。この時期には社会的経済はオルタナティブの提供という意

味合いに加え、「国の手が届かないニーズを満たす」という側面ももちはじめる[Moulaert and Ailenei 2005, p.2041]。

　EUの社会的経済政策も、福祉国家制度の再編や高失業率への対応と無関係ではない。EUが社会的経済を取りあげる際には2つの意味合いがある。1つは何らかの理由で通常の労働市場で働くことができない人を労働市場に包摂する手段として、もう1つは中小企業振興の一環としてである。

　前者はフランスでは経済活動による参入構造（les structures d'insertion par l'activité économique: SIAE）と呼ばれ、ベルギーでは参入のための社会的企業（les entreprises sociales d'insertion）と呼ばれる。どちらも、学校卒業後に就職できなかった若者、移民、障がい者など就労機会の少ない人を対象に、これらの人の労働市場への参入を図る活動を行なっている。しかしどちらの活動も、本来さまざまな活動をふくむ社会的経済のごく一部を占めるものである。したがってEUは、社会的に排除された人の労働市場への参入を実現するために社会的経済を活用していると見ることができるだろう。

　後者、つまり中小企業振興では、社会的経済のアクターが社会サービスや交通網など地域のニーズをかなえたり、小規模事業者や農林水産業従事者や職人などが協同組合などのかたちで連合を組んだりすることが想定されている。そして、それをとおして地域に雇用を生んだり維持したりすることがめざされている。最近では、EUの『欧州2020』戦略がめざす持続可能な社会の実現に向けた技術開発などを行なうベンチャー企業（形態はCMAFかもしれないし、株式会社などそれ以外の可能性もある）もまた、社会的企業のうちに数え入れられている。これらは、単に企業の利益を追求するのみでなく、地域での雇用創出や持続可能な社会の実現など社会的な目的のために事業を行なっているので、EUはこれらの企業も社会的経済の一環をなすとみなしているのである。

　現在の欧州委員会の枠組みでは、社会的経済は前者も後者も「産業とビジネス（Industry and business）」というカテゴリーで取り扱われている。また両者は2001年にEMES（社会的経済に関する研究ネットワーク）が『ヨーロッパにおける社会的企業の出現』という報告書を出してからは、社会的企業とも呼ばれるようになり、現在では欧州委員会は社会的経済のアクターとして、CMAFに加えて社会的企業を挙げている。他地域との比較でも、アメリカ合衆国の非営利組織が利潤を得てはならず、市場のアクターとしてあまり注意を払われていないのに対し、EUでは、社会的経済のアクターが経済活動から得られた利潤をメンバーで分配することは許され、経済的に自立することは評価されるという特徴をもつ[ibid.; Monzón and Chaves 2012]。

図表5-1　就業率の推移（15-64歳）

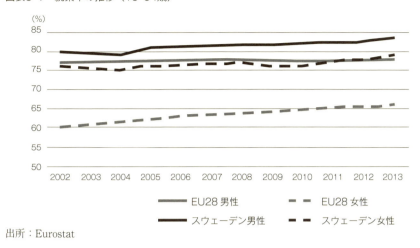

出所：Eurostat

　現在では欧州議会は社会的経済を、質のよい職や社会的結束をともなう持続可能な成長などEU全体の方針を支える存在とみなしている［European Parliament 2009］。EUにおいて社会的経済は、長期失業者の就労支援から産業分野での技術開発まで幅広い活動内容をふくむことにより、たとえ困難をかかえる人や地域であったとしても、地域をベースにしながら雇用と経済成長をもたらす主体として認知されるようになった。

2．スウェーデンにおける近年の労働市場の概況

　スウェーデンでは社会的経済は就労支援政策、とりわけ現在では長期失業者対策の手段として重視されているため、スウェーデンの社会的経済について検討する前に、同国における近年の労働市場の状況について簡単に触れておきたい。

　『欧州2020』戦略にもとづいてEU加盟国の政府は毎年、雇用政策等にかかわる「国別改革プログラム（NRP）」をEUに提出するよう義務づけられている（本書の第2章第1節参照）。欧州委員会のスタッフがスウェーデン政府による2014年のNRPの実施状況を評価した報告書によれば、スウェーデンの就業率は79.8%（2013年）であり、EUのなかで最も高い（図表5-1；本書第2章の図表2-3）。また、失業率は8%に達しており、2008年の金融危機前の水準に戻ってはいないが、EU平均よりも十分に低い（図表5-2；本書第1章の図表1-7）。失業者に占める長期失業者の割合は19%であり、スウェーデンはこの割合がEUのなかで最も低い

図表5-2　失業率の推移（15-74歳）

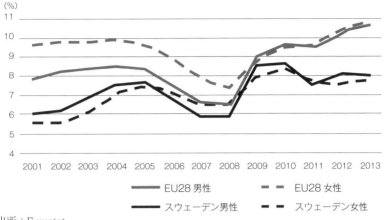

出所：Eurostat

国の1つに属している［European Commission 2014, p.17］。このようにスウェーデンの労働市場は全体としては問題のある状態と判断されていない。

　次に、スウェーデン政府の労働市場に対する見解についてである。スウェーデン政府統計局の報告資料によると、2008年の金融危機によって、失業率が高まるなどスウェーデンの労働市場は明らかにその影響をこうむったが、その後、2010年に全体として危機前の水準に戻りはじめた（図表5-2）。しかし15-24歳の人にとっては、就業機会は危機前と比べて乏しく、失業リスクは危機前と比べて高いままである［Broman and Näsén 2014］。

　現状として失業率は高止まりしているが、その理由は、若年層や国外生まれの人[10]などを中心に、たとえ就労していたとしてもより望ましい職を求めて就職活動を続けている人が多いこと、また国外生まれの人が求職者として増加していることに求められるという［ibid.］。国外生まれの求職者の増加は、社会的扶助による包摂から就労支援による包摂への動き［太田 2012］が一定の成果をあげたことを示していると言える。

　長期失業者について言えば、前述のように、失業者のうち12ヵ月以上にわたる長期失業の状態にある者の割合は2割弱（2013年）である。長期失業者の割合が約3割にのぼった1990年代半ばと比べれば低いものの、一時は12％台にまで下がった2000年代後半と比べると、2010年以降は高止まりしており[11]、長期失業者の労働生活および社会への包摂は有効な解決策が見えない社会的な課題であると認識されている。だからこそ、本章の冒頭で紹介した犬の保育園は、事業の

開始直前に当時の労働市場担当相が視察に訪れ、協同組合型の企業は失業者を支援するうえでよい方法であると意見を述べるなど、社会的に注目されたのである[12]。

国の一般的な就労支援制度である就労および能力開発保障のフェーズ3の参加者は2014年2月現在、3万5000人にまで増えている[13]。フェーズ3にいる人を受け入れている企業は、国の予算から出される「受入れ準備手当（anordnarbidrag）」を受け取る。2014年4月に職業紹介所は全国で合計55億クローナを「受入れ準備手当」として雇用主に支払った。この手当を受けた事業主の内訳は、40％が民間企業、30％が非営利事業、約30％が公的機関であった[14]。

非営利事業が30％も占めるというところが、従来のスウェーデンの労働市場政策と異なっている。第2次世界大戦後に行なわれてきた積極的労働市場政策では、求職者は比較的大規模な民間企業や公的機関での職を得ていたからである。しかし、1990年代以降は公的機関での雇用数は伸び悩み、2000年以降は民間セクターで働く女性が基礎自治体で働く女性よりも多くなった［SCB 2014, p.56］。雇用の受け皿としての公的機関の力は縮小しているのである。その背景には、住宅供給事業や水道事業などの民営化に加え、従来は公的機関によって行なわれていた社会サービスが、担当していた公務員や利用者によって新たな事業として起業されるという動きがある。この新たな事業は多くの場合、上述の非営利事業、言い換えれば社会的経済に分類される。スウェーデンでは活動の担い手となりうる社会的経済と、対象となりうる長期失業者がともに1990年代から増加してきた。

3．スウェーデンへの社会的経済の導入

スウェーデンでは1900年代初頭に社会的経済という用語が一般的に用いられ、1934年には当時有名な経済学者であったグスタフ・カッセルが『理論的社会的経済』という大著を著すなど、社会的経済という用語は馴染みあるものであった。しかし、1930年代から長く政権を担った社会民主党は国レベルでの再分配政策の実施を重視したため、その間に社会的経済という用語は使われなくなった［Trägårdh 2000, pp.16-8］。

用語としては使われなかったが、スウェーデンに社会的経済がなかったわけではない。むしろ「組織の国」と呼ばれたスウェーデンにとって、国民の生活環境を整えるうえで住宅協同組合、生活協同組合、医療共済などの社会的経済の活動は不可欠であった。現在でもEUによると、スウェーデンの小売業に占める協同組合の割合は全体の20％、林業で生産者協同組合の割合が全体の60％を占めている[15]。

そうした生産や消費にかかわる伝統的な協同組合活動だけではなく、1970年代から保育分野で親による協同組合型保育園の設立・運営が始まり、1980年代からは過疎地域を中心に村落協同組合が設立され、地域の産業や雇用の維持・創出のための活動が行なわれるなど、「新しい協働（nykooperation）」ないし「新しい協同組合（nya kooperativ）」と呼ばれる活動が各地で行なわれてきた［太田 2002, 2005, 2010］[16]。

だが、これらの活動はEU加盟前のスウェーデンでは国民運動として認識されており、「社会的経済」としては認識されていなかったため、1995年にEUに加盟してから政府による社会的経済の検討が始まった。

政府は1997年11月に当時の内務省内に作業部会を設置し、スウェーデンにおける社会的経済の意味を明らかにするという任務を同部会にあたえた。その目的は、国内の諸団体がEUの構造基金とそのプログラムを利用しやすくするためである。この作業部会の報告書からは、国内の雇用政策と地域政策にも社会的経済の概念が導入されつつあることが看取される［Ds 1998:48］。

この作業部会は、社会的経済を考察することで、すでに長くスウェーデン社会に存在する活動を新しい視点で再評価すること、そしてこれらの活動から新しい実践や可能性を引き出すことをめざした［ibid., p.7］。その出発点に立って同部会は社会的経済の定義を行なった。この定義は、社会的経済で活動するアクターをふくむ各団体との話し合いを経て、1999年に当時の文化省から政府の公式な定義として出された。同定義は現在でも政府の文書において使われている。

　　社会的経済は、以下のような組織化された事業を意味する。それは第1に社会的な目的をもち、民主主義的な価値観にもとづき、公的セクターから組織的に独立した事業である。これらの社会的、経済的な事業は、主に各種団体、協同組合、財団、もしくはそれらに類似する連合体によって運営される。社会的経済における事業は、すべての人にとって有益な普遍的な目的あるいはメンバーにとって有益な目的をもち、利潤への関心を第1の推進力とはしない［Kulturdepartementet 1999, p.37］。

この定義はCMAFといった組織形態で規定するのではなく、活動の原理や形態を広くとって記述している。この時点では従来の国民運動との連続性を重視しているため、実際に行なわれている活動を取りこぼさずに「社会的経済」と表現できるようにした。そのため定義に際しては「記述と少しの定義」を交ぜるという工夫を施すことにより、社会的経済が「概念であり実践である」ようにした［ibid., p.37]。

　スウェーデンで社会的経済が広く知られるようになるのは、2001年に同国のイェーヴレで開催された第7回社会的経済に関するヨーロッパ会議の準備過程においてである。だが、スウェーデンの社会的経済のアクターたちは1993年にリスボンで開催された社会的経済の会議にすでに出席しており、1995年のEU加盟を機に政府へのロビー活動を強化していた［Mattsson and Olsson 2009, p.81］。活動の結果、スウェーデンでは協同組合が従来の国民運動という認識に加え、1つの「企業形態」として公的に認知されるようになった。そして「新しい協同組合」は伝統的な協同組合と同様に位置づけられ、これらの活動を支援する各県の協同組合発展支援組織へ国からの補助金が継続的に出るようになった。また国の政策に影響をおよぼす協同組合協議会（Kooperativa Rådet）は「新しい協同組合」にも開かれたものとなり、それゆえ社会的経済にも開かれるようになった［ibid., p.81］。

　一般の人びとに対する啓発としては、イェーヴレ会議の前に全国各地で公開会議が開かれた［Näringsdepartementet 2001, p.3］。公開会議やイェーヴレ会議の参加者の多くが、経済的団体、理念的団体（ideella förening）[17]、あるいはよりインフォーマルな地域活動グループとして、地域の生活上のニーズを満たすための活動や、産業および雇用の創出にかかわる活動を行なっていた。そのためマットソンらによると、それまでのEU諸国の議論と比べてイェーヴレ会議の特徴は、地域発展にとっての社会的経済の意味に焦点があてられた点にあるという［Mattsson and Olsson 2009, p.82］。

　またマットソンらによると、この会議はスウェーデン、フランス、ベルギーが中心となって準備をしたが、フランスと比べてスウェーデンの採った方針はよりプラグマティックであったという。同会議の準備・実行委員長である経済産業大臣[18]ウルリカ・メッシングは社会的経済の定義や境界づけを重視せず、むしろ社会的経済をプロセスととらえ、参加を重視した［ibid., p.82］。スウェーデン政府は地域からの福祉国家制度の変革という社会的経済の社会運動的側面に期待していたとも言える。

　スウェーデン政府の取り組みとしては、2000年代前半はさまざまな活動を幅広く社会的経済とみなすことにより、社会的経済の活動や考え方を広めていく時期であったと言えるだろう。イェーヴレ会議のあとの数年間は、各地で実践されている、住民がイニシアティブをとる地域づくり、地域のスポーツ・文化活動、協同組合や小規模企業などの小規模事業による産業クラスター形成、経済的団体による社会サービスの提供など、幅広い活動が社会的経済の実践としてとらえられた。

4．就労支援政策と結びつくスウェーデンの社会的経済

　2000年代前半には社会的経済の活動が幅広くとらえられていたのに対し、2000年代半ば以降になるとスウェーデン政府は社会的経済のなかでも社会的企業の振興を図るようになる。実はすでに2001年に、社会庁は『社会的企業：社会的経済のダイナミズムについて――バスタ社会協同組合の例から』という冊子を公刊していた。バスタ社会協同組合は、薬物依存などの経験から通常の労働市場で働くことが困難な人に対してリハビリテーションと職業訓練と雇用を提供するという活動を行なっている。2000年代前半にはこうした活動は社会的経済における数多くの分野のなかの1つとみなされるにとどまったが、2000年代後半以降、政府は社会的企業あるいは労働統合型社会的企業を社会的経済の担い手として重視するようになる。

　2004年から2007年にかけて、産業発展庁（Verket för Näringslivsutveckling: NUTEK）が中心となって欧州社会基金のEqualプログラムを利用しながら、スウェーデンで社会的企業を開始し運営するための環境づくりを行なった［Regeringen 2009, p.96］。2007年以降は欧州社会基金の国別テーマ・グループの1つに「社会的企業と起業」を設定して、社会的企業の振興を図った。その特徴は、2004年以降の経験をふまえて関係者の連携を構築したこと、そして既存の労働市場政策では対応しきれない長期失業者対策のアクターとして社会的企業を位置づけたことであろう。

　主だった試みを例示すると、2007年11月に政府はNUTEKと職業紹介所、社会保険事務所、社会庁に対して、これらの機関が連携しながらスウェーデン国内で多くの社会的企業が創設され成長するよう刺激するという任務をあたえた。政府は2008年1月、社会保険事務所と職業紹介所が長期病欠者に対して何らかの新たな取り組みを行なうことを求めるという決定を下した。そして、2008年11月からは2年間の事業として、排除された人の労働市場への統合を支援するため、社会的企業とその役割に関する知識を普及させるという事業を、NUTEKと職業紹介所、社会庁、社会保険事務所に加えて社会的企業が連携しながら行なうことになった。

　2009年から2014年にかけては社会保険事務所と職業紹介所が、精神障がいのために就労能力が低いとみなされる人に対してリハビリテーションや雇用・就労の場を提供するための事業（RESA-projektet）を行なっている。この事業では社会的企業が就労に向けたリハビリテーションのサービスを提供しているが、それ

に加え、この事業をとおしてサービスの担い手となったり就労の場を提供したりする社会的企業を増やすことをもめざしている［Gustafsson and Peralta 2009, p.5］。

　また、職業紹介所は2012年秋からパイロット・プロジェクトとして、就労および能力開発保障の参加者に対し、彼らが労働統合型社会的企業で雇用されたり、労働統合型社会的企業を起業できるようにしたりするべく、全国各地でフェーズ1から3のそれぞれの段階で教育や研修を行なっている。

　これらの政策と並行して、2007年9月から政府は社会領域で活動する社会的経済のアクターとの対話を開始した。2008年10月に社会領域で活躍する「理念で結びついた団体（idéburen organisation）」[19]とスウェーデン自治体連盟（SKL）と政府のあいだで達した合意によると、「理念で結びついた団体」にはモノやサービスの供給主体を多元化する役割が期待されており、その資金は公的に賄うとされた［Regeringen 2009, p.97］。少し遅れて2009年1月に、国外生まれの人などを対象とする社会統合の分野で活動している「理念で結びついた団体」もこの対話に加わることになった。これは、主に都市部で国外生まれの人の統合のために活動する社会的企業が、統合政策推進の重要なパートナーとみなされるにいたったことを意味している。

　他方、過疎地域や小規模な町ではこの3者間の合意は別の意味をもった。これらの地域では、地域のアクターが社会的経済領域で保健・看護サービスなどのサービス供給者として起業する方向へ向かったのである。この合意を契機として、地域のサービス供給者の多元化や、住民がサービスを使うことができる環境の整備がいっそう進められている［ibid., p.92］。これはEUの社会的経済政策のうち2点目の、中小企業振興の流れに与するものであろう。これにより、多くの過疎地域の地域アクターにとって、それまでのように地域での雇用やサービスの提供の実践を積み重ねることによって社会的経済活動に対する基礎自治体の理解を得るという状況が克服され、EUの政策を意識した国からの政策的バックアップを得ることにつながった。

　このようにしてスウェーデン政府は2000年代半ば以降、政策として社会的経済のアクターを育成し、理念で結びついた団体もまた、地域アクターとして活動領域を広げていった。

5．労働による社会的統合か？

　就業率が低い社会において失業者対策を行なう場合、欧州委員会が行なっているように就業者数を増やすために中小企業振興など経済にアクセントを置いた社

会的経済政策を実施することには意味がある。しかし、スウェーデンのようにすでに就業率が約8割と高い社会の場合、さらに就業率を上げるためには、通常の方法では労働市場にアクセスしにくい人びとに労働市場への参入をうながす必要が出てくる。

　労働市場へのアクセスを考えた場合、スウェーデンでは2つの方向がある。1つは、過疎地域など労働市場そのものが小さい地域における対策である。これについては1995年のEU加盟後に、地域住民自身がLEADERプログラムやその他の公的資金を利用して地域でサービスと雇用を生み出していった。その際に、スウェーデン政府による社会的経済の定義づけや知識の普及活動、社会的経済のアクターとの対話は役立った。現在では各地に作られたインキュベーション・センターにおいて、大学や、中小企業に経営コンサルティングを行なう組織であるALMiなどの参加を得ながら、『欧州2020』の方向性に合った技術をもつ中小ベンチャー企業の育成を図っている。これはEUの社会的経済政策のうち2点目の、中小企業振興をとおした地域の産業と雇用の育成という流れを引くと言える。

　もう1つは、通常の労働市場では受け入れられにくい人びとに対する対策である。これは社会的経済のアクターが中心となって、欧州社会基金を利用してこれらの人びとの就労能力を高める活動として行なわれている。スウェーデンでは長期失業者の割合そのものは他国と比べて小さい（第2節）。しかし従来の労働市場政策では長期失業者に有効に対処できないので、その状況を打破するため、スウェーデン政府の社会的経済政策はこちらに焦点をあてることになった。

　2010年春に政府は、「労働統合型社会的企業のための行動計画」を公表した。労働統合型社会的企業で働くと想定されている人は、障がい、薬物依存、長期疾病など、何らかの理由で長期にわたって労働市場との接触を失ってきた人びとである。労働統合型社会的企業は、スウェーデン政府の定義によると、経済活動（モノやサービスの生産と販売）を行なう企業のうち、以下の4つの特徴をもつ企業である［Näringsdepartementet 2010, pp.2-3］。

1）全体的な目的としては、職を得たり、就労を継続したりすることが非常に困難な人を、労働生活や社会に統合する。
2）所有、契約、あるいはそれ以外の明文化された方法で従業員が企業に参加する余地がある。
3）全体として利益を自らの事業か他の同様の事業に再投資する。
4）組織として公的事業から独立している。

協同組合サービスKは労働者協同組合であるが、上記の4条件を満たすため労働統合型社会的企業にもあてはまる。なお労働統合型社会的企業は、経済的団体、理念的団体、株式会社などさまざまな組織形態をとりうる。
　1999年の社会的経済の定義（第3節）と2010年の労働統合型社会的企業の定義を見比べると、後者では経済的な用語が多用されていることがわかる。また後者は定義上、活動内容が限定的になっていることもわかる。たとえば、社会的経済の定義では「組織化された事業」であった箇所が、後者では「経済活動を行なう企業」となっているし、社会的経済の1つ目の特徴であった「第1に社会的な目的をもち」が、2010年の定義では就労の困難な人を労働生活や社会へ統合することに限定されている。加えて、この行動計画は労働統合型社会的企業におけるモノやサービスの生産・販売という経済活動を重視することから、政府の考える望ましい生活のあり方の基準として経済的要素が強まっていると言えるだろう。
　この方針によって労働生活への扉が開かれた人は多い。経済成長庁によると2012年1月時点で、約300の労働統合型社会的企業があり、9000人弱が労働統合型社会的企業に関係し、うち2550人が労働統合型社会的企業の事業で雇用されているという［Tillväxtverket 2012, p.6］。現在のように、国外生まれの人の増加、教育から就労へうまく移行しない若年者の増加、薬物依存・犯罪経験者の社会的統合の必要性の顕在化により、障がいを広くとることで多様な人びとを事業に包摂しようとする場合、労働訓練をとおしてエンパワーメントを図るという方針は参加者が労働市場へ入る可能性を高めるだろう。
　しかしその一方で、心身の理由であれ、環境的要因であれ、社会のなかにはどうしても労働市場に入ることが困難な人は存在する。そのような人は、労働市場政策や福祉政策において経済的価値観が強まると、ますます社会のなかで居場所がないと感じるのではないだろうか。
　労働統合型社会的企業という名称が普及する前、政府の報告書『社会扶助から就労へ』（2007年）では、障がい者の主な社会参加の場として、社会的協同組合ないし社会的労働者協同組合が挙げられていた（現在も主として協同組合であるが、株式会社も増えている）。そこでは、社会保障や労働市場政策にもとづく給付を得ながら、障がい者本人がイニシアティブをとって社会的つながりをつくり、意味のある労働を行なえる場として、社会的企業が位置づけられていた［SOU 2007:2, pp.220-34］[20]。
　「行動計画」では全体として市場経済的な基準が強まっているが、それとは別の基準、つまり人間の生活を出発点とする基準が失われたわけではない。たった1文ではあるが、同計画には「社会的協同組合は上記の〔労働統合型社会的企業

の定義で示された〕基準を満たすため、労働統合型社会的企業の概念でとらえられる」〔Näringsdepartementet 2010, p.3〕と書かれているからである。協同組合は市場のもつ負の側面から人びとの生活を守る手段として発達してきたことを考えると、この記述は労働統合型社会的企業が人間的基準を併せもつことを示唆する。では、人間的基準として何が重視されているのだろうか。

同計画の実施過程に着目すると、たとえば労働統合型社会的企業に関する知識普及を担う経済成長庁は、労働統合型社会的企業の例を紹介する際に、従業員にとって皆で一緒に物事を決定するなど「協同組合的な労働方法が非常に大きな意味をもつ」〔ibid., p.5〕と書いている（「行動計画」では所有や契約を重視していた）。多くの事例紹介においても、経済活動の説明だけでなく、従業員が「健康」や「責任、心地よさ、参加」などをとり戻すことを指摘している〔ibid., p.19, 21〕[21]。

また担い手自身による事業の意義づけに着目すると、従業員は事業に従事するなかで「生計を立てる」という経済的意義だけでなく、「夢や希望」〔Laurelii et al. 2014, p.13〕といった毎日の生活や人生の質にかかわる意義を見いだしていることが報告されている。

人間的基準を意識した議論は、政策形成の場である国会でも行なわれている。2013年に社会民主党議員は提案書「社会的起業：労働統合型社会的企業」を国会に提出した。提案内容に新奇性は乏しく、国会では審議されたものの採択されてはいないが、労働統合型社会的企業の振興という提案にいたる議論は経済的基準の強い「行動計画」のものとは異なる。提案書は、「ずっと多くの人びとが他の人とともに自分たちの企業を始めたいと思っている」〔Adelsbo et al. 2013〕というように、経済的用語ではなく、人を主体とする叙述から始まる。そして、雇用の問題は単なる数字上の問題（ひいては社会的コストの問題）ではなく人の生活の質の問題であり、社会的企業は人びとにとって「新しい光」であると論じる。そのうえで、「社会的起業〔ここでは、長期失業者が社会的企業を設立・運営することを指す；引用者註〕は他の労働市場政策の補完となりうるであろうし、福祉政策においても労働市場政策においても大きな役割を果たすべきであろう」と言う〔ibid.〕[22]。

「補完」であるということは、必ずしもすべての人が通常の労働市場に入ることをめざす必要はないという余地を残す。つまり、社会にはさまざまな人がいるという前提に立って、それぞれの人が「その就労能力の100％で働く——そうすると人は気分がよい——」というような場となり、「働く人とサービスや生産物を買う人の両方のニーズを満たす」〔ibid.〕ことができるような存在として社会的企業が議論された。

労働統合型社会的企業で働くと想定されている人は、心身に障がいをもつ人、あるいはスウェーデン語が不自由、低学歴など多様なタイプの障がいにより通常の労働市場では受け入れられにくい人びとである。そのためスウェーデン社会に社会的経済政策が適用されるとき、対象者が労働者としては非定型的な人びとであるがゆえに、単純に市場経済的な基準を重視するだけでは不十分であり、人を出発点とする基準も考慮せざるをえない。現実には、「あ・ら・ゆ・る・労働統合型社会的企業は〔賃金補助など；引用者註〕雇用に関する補助を受給している人を雇い、労働研修、労働訓練、リハビリテーションを提供することによって、もしくは別の方法によって、労働市場への統合に寄与している」[Tillväxtverket 2012, p.5；傍点は引用者] というように、労働市場政策と福祉政策の両方にまたがる取り組みとなっている。経済活動を重視するというEUの政策から影響を受けた政策は、その実施過程で修正されることになったと考えられる[23]。

　社会には就労能力の点でさまざまな人がいるという前提に立てば、「個人に焦点をあてた」就労支援の意味も広がる。著者は前著において、求職者が「通常の」労働市場に入ることを前提とする国の一般的な就労支援である能力および就労開発保障の特徴を、個人に焦点をあてた支援であると記した。これは、求職者にジョブコーチがついて履歴書の書き方や適性に合った職種探しを手伝うといった意味である [太田 2012, 206頁]。しかし、通常の労働市場に入ることを必ずしも前提としない価値観に立てば、「個人に焦点をあてた」就労支援には、対象者にとって意味のある労働や活動の提供がふくまれることになる[24]。

　こうした労働の意義は、労働の「対価」としての賃金だけでなく、雇用に対する賃金の補助を受けながら自ら行なう労働や活動それ自体にも求められうるであろう。そうするしかし、就労支援を受けながらいつまでも補助金で生活を送る人の数が減らないため、「就労支援は効果がない」「社会的経済に長くとどまる人は就労することができない」（この立場からは、補助金つきの労働は労働とみなされない）という批判が生まれる。ここには、労働統合型社会的企業による就労支援の経済的基準と人間的基準について必ずしも合意がとれていないスウェーデン社会の現状が表われていると言える。

6. 結びにかえて

　本章では、スウェーデンがEUの社会的経済の考え方をとり入れる過程に着目して、同国における就労支援政策の変化を考察した。同国では社会的経済は、実態としては以前から存在したが、政策としては1995年のEU加盟を機に検討が開

始された考え方である。社会的経済は政策としてとり入れられるなかで、スウェーデン社会の課題である長期失業者の労働市場への包摂に向けた手段として意味をもつようになった。

　スウェーデンにおける社会的経済による就労支援政策は、EU の影響を受けて、活動組織や参加者の経済的自立を志向する経済的基準が徐々に強くなっている。しかし同時に、現実には長期失業者や活動組織は各種補助金を得ることで安心して就労や活動を行なっている。これは、参加者の主体性、将来に対する希望、自己充足感など人の生活の質を考慮するいわば人間的な基準も存在することを示すのではないだろうか。

　本章を終えるにあたり、社会的経済の位置づけが福祉国家制度のもとでどのように変化しつつあるのかを見てみよう。スウェーデンでは 1990 年代に非営利団体や「理念で結びついた団体」が福祉国家との関係で論じられるようになった。1990 年代半ば以降は明らかに EU からの影響を受けながら、これらの団体は社会的経済の枠組みのもとで「福祉サービスの生産者」として注目を集めるようになったという [Wijkström and Lundström 2002, pp.25-7]。

　公的セクターが比較的未発達であり、福祉サービスを自発的な無償労働によって個人的に満たすことの多い南欧では、社会的経済のアクターが個人に代わって福祉サービスを提供することによって、地域に雇用を生み、利用者が専門職によるサービスを受けられる状態を作りだすことに社会的経済の意義が見いだされる。それに比べると、公的セクターが比較的発達したスウェーデンでは、財政的な理由で公的セクターがサービスを維持できないときに、民間営利セクターが関心を示さない保健・福祉分野などで社会的経済のアクターが公的セクターから事業を引き継ぐことが多い。したがって、スウェーデンでは社会的経済は公的セクターの代替と仮定されている [Sätre Åhlander 2003, pp.112-3]。

　近年のスウェーデンでは就労支援のアクターにかかわる制度改革が相次いだ。ここでは 3 つの改革を取りあげる。まず、就労および能力開発保障（2007 年）が導入されたことにより、労働訓練や労働研修の担い手が必要とされている。しかし現状では担い手が不足しているため、フェーズ 3 の人のなかには職場を紹介してもらうことができない求職者も多くいる。社会的企業や労働統合型社会的企業はこれらの訓練やサービスを担うことができるだろう。他方、基礎自治体も社会サービス法のもとで就労が困難な人びとの就労を支援しているため [太田 2012, 205 頁]、同様に訓練や研修の担い手を必要としている。そのためここでも社会的企業や労働統合型社会的企業は活躍できる可能性があるだろう。

　これとほぼ同時期に、「公的機関の〔物品やサービスの；訳者註〕購入に関す

る法律」(2007年) と「選択の自由システムに関する法律」(2008年) が制定された。これらは順次施行されるが、このように選択の自由の保障とそのための購入手続きが整備されると、公的機関には多かれ少なかれサービスの選択肢を増やすようプレッシャーがかかるため、サービスの担い手はますます必要とされるようになるだろう。実際、リハビリテーション事業の担い手として2008年以降、社会的企業に対する期待が高まったという指摘［Laurelii et al. 2014, p.8］は重要である。

　しかし、公的機関が労働統合型社会的企業にサービスを委託することは義務ではない。そのため2009年の金融危機の際には基礎自治体の財政悪化によって、就労支援にかかわるサービスや、清掃など労働統合型社会的企業の経済活動にかかわるサービスを自治体が購入できず、閉鎖される労働統合型社会的企業が見られた［ibid., pp.10-1］。

　「公的機関の購入に関する法律」や「選択の自由システムに関する法律」は、いわゆる社会サービスの民営化の流れに沿っている。両法の制定は福祉サービスが主に公的サービスとして行なわれるという北欧型の福祉レジームの特徴の1つを変えていくかもしれない。実際、すでに担い手として社会的企業の存在が認知され、期待されている（これはEU加盟以来の15年近くにわたる社会的経済政策の結果であろう）。

　同時に、就労支援や選択の自由に関する新しい制度および法律が導入された現在、社会サービスや研修の担い手としての社会的企業に期待が高まっているものの、社会的経済はサービスや研修を十分に提供できていないこともわかった。新たな制度や法律が導入されるとき、既存の制度はその影響を受けて社会のなかでの位置づけを変える。社会的経済の場合、育成の対象から、社会のアクターとして期待される存在へと変化した。社会的経済のアクターは社会における「既存の」制度として、今後、就労および能力開発保障の事業のあり方や、スウェーデンの福祉レジームの変容に影響をおよぼしていくのかもしれない。

【注】

1　フェーズ3とは、2007年7月に開始された就労支援事業「就労および能力開発保障 (jobb-och utvecklingsgaranti)」において、プログラム開始から450日が経った時点で職に就いていない人に対して、職業紹介所が所得補償つきの労働の場を提供するフェーズのこと（現在は「職業フェーズ」と改称）。詳細は［太田2012, 206頁］を参照。

2　https://rattstodtillarbete.wordpress.com/2013/03/（2014年10月26日アクセス）

3　協同組合発展支援組織は、全国の各県にあり、協同組合やそれ以外の組織形態をもつ社

会的企業、社会的な目的をもつインフォーマルなグループ等の活動を支援する中間支援組織である。
4　5つの基礎自治体は、Finspångs kommun, Katrineholms kommun, Kinda Kommun, Linköpings kommun, Vingåkers kommun である。なお基礎自治体とは行政区画の最小の単位で、首長や地方議会などの自治制度を備えるものを指す。日本では市町村と特別区、スウェーデンではコミューン（kommun）が該当する。
5　経済的団体は、法律（1987:667）上は、経済活動をとおしてメンバーの経済的な利害を向上させることを目的とする団体を指す。経済的団体は社会的経済の主要アクターであり、協同組合も経済的団体にふくまれる。メンバーは団体の経済活動に、自らの労働をもって、あるいは団体のサービスを利用することやそれに類する方法で（つまり消費者、利用者、提供者として）参加する。経済的団体として登録されている団体のなかには、経済的利益を追求する団体もあれば、社会的な目的を第1にもつ団体や、非営利の性格が強い団体もあるため、経済的団体に関する法律の改正が政治的課題になっている［Regeringen 2009, pp.14-5］。
6　http://kooptjanst.se/om-oss/（2014年10月26日アクセス）
7　http://ec.europa.eu/enterprise/policies/sme/promoting-entrepreneurship/social-economy/ （Last update: 23/05/2014；2014年11月14日アクセス）
8　http://ec.europa.eu/enterprise/policies/sme/promoting-entrepreneurship/social-economy/ （Last update: 23/05/2014；2014年11月14日アクセス）
9　ワルラスの社会的経済の経済学的な意味は［御崎 1991a］、［御崎 1991b］に詳しい。
10　「国外生まれ」の人とは、「スウェーデン国外で生まれた人、または両親がともに国外で生まれた人」を指す。
11　他国と比較すると、スウェーデンは長期失業者の割合を低く抑えることができている。たとえばOECDのデータによると、1年以上の長期にわたって失業状態にある失業者の割合（2013年）は、日本は41.2％、EU28カ国の平均は46.5％、OECD諸国の平均は35.3％である。なお、1977年以降のスウェーデン、日本、OECD諸国における失業期間別に見た失業者の割合の推移は、［太田 2012, 196頁］を参照。
12　"Arbetslösa startar hunddagis" in *Katrineholms Kurien*, publicerad 6 april, 2011. http://kkuriren.se/nyheter/katrineholm/1.1009545（2014年10月26日アクセス）
13　"Rekordmånga långtidsarbetslösa i Fas 3" in *dagens arena*, publicerat 11 mars, 2014. http://www.dagensarena.se/innehall/rekordmanga-langtidsarbetslosa-i-fas3/（2014年10月26日アクセス）
14　"Fas 3 – en miljardindustri" on SVT 3 juni, 2014. http://www.svt.se/nyheter/val2014/fas-3-en-miljardindustri（2014年10月26日アクセス）
15　http://ec.europa.eu/enterprise/policies/sme/promoting-entrepreneurship/social-economy/co-operatives/index_en.htm（2014年11月16日アクセス）
16　EU加盟国間の比較でも、スウェーデンとアイルランドは地域アクターがイニシアティブを

とって経済的活動を行なう活動が盛んである［Davister et al. 2004, p.20］。なお、本稿では十分に取りあげられないが、現在、過疎地域などではEUの構造基金を用いて、EUの政策から影響を受けたイノベーション戦略および中小企業政策（EUの社会的経済政策の第2の特徴）が、「新しい協働」の土壌の上で展開されている。

17 理念的団体を規定する法律はなく、法人格を規定する法律（1974:174）によって団体が登録される。理念的団体はメンバーが希望すれば経済的要件なく法人格を得ることができる（団体名称、活動目的、意思決定の仕組みについて書面などで合意している必要はある）。理念的団体は、スウェーデンの市民社会のアクターとして最も一般的な組織形態である。その活動には大きく3つのタイプがある。第1は、労働運動など、非経済的な活動をとおしてメンバーの経済的利害を向上させるタイプである。第2は、政党など、非経済的な活動をとおしてメンバーの理想を追求するタイプである。そして第3は、手工芸団体など、経済的活動（手工芸品の製造・販売）をとおして理想（手工芸の振興）を追求するタイプである［Regeringen 2009, pp.9-11］。

18 スウェーデン政府は同会議の準備を機に、2000年に社会的経済の所管を経済産業省へ移した。

19 理念で結びついた団体は、経済的団体、理念的団体、財団、宗教団体、利潤の分配を制限された株式会社などのさまざまな組織形態をもつ社会的経済の団体全体を言い表わす言葉として用いられている。2007年に始まった政府と社会的経済のアクターとの対話で用いられたことをきっかけに広まった表現。労働統合型社会的企業もこれにふくまれる。

20 同報告書は、これらの協同組合の新たな傾向として、スウェーデン語が不自由、低学歴など、別のタイプの障がいにより通常の労働市場に入れない人が包摂される場となっていると指摘している。

21 労働統合型社会的企業の活動の開始や運営を支援している組織のうち、協同組合の理念を重視している団体はもちろん、公的機関が発行している冊子、報告書、ウェブサイトなどでも同様の「人間的基準」が無視されることはない。

22 社会民主党が1991年に出した経済政策に関する提案書では、中小企業や新規企業への支援は書かれていなかった［Regeringen 1991］。1991-1994年は社会民主党ではなく中道右派が政権をとっていたことを考えると、社会民主党は政権党としてはEUに加盟した1995年以降に中小企業や新規企業を重視しはじめたことになる。

23 国外生まれの人の社会的統合の実践に携わる立場から、統合庁（Integrationsverket）は報告書『社会的経済：労働への道』（2007年）において、欧州社会基金の国別テーマ・グループ「社会的企業と起業」による社会的経済の公式な定義は狭いと批判している［Wood and Global Reporting 2007, p.11］。

24 オランジェリーエットの参加者の多くは、オランジェリーエットに来る前に就労および能力開発障などの一般的な就労支援事業に参加し、コーチング、履歴書の書き方の講習などを数多く受けた経験をもつ。だが、過去の経験や障がいなどの個人特性により通常の労働市場では受け入れられず、「一般的な」就労支援プログラムはあまり意味をなさなかった。彼らにとって、オランジェリーエットでは自分の関心を出発点にして教育や訓練を受

けることができるため、「本当に」何かをやり遂げたという意味ある経験になったという
[Orangeriet and Coompanion 2012, p.22]。

【参考文献一覧】

Adelsbo, Christer et al. 2013: *Socialt företagande: Arbetsintegrerande sociala företag (Motion till riksdagen 2013/14:N408)*, Riksdagen.

Broman, Anna and Näsén, Krister 2014: *Utvecklingen på den svenska arbetsmarknaden sedan finanskrisen (föredrag för Statistikens betydelse och nytta för samhället SCB i Almedalen 2014)*, Statistiska centralbyrån. (http://www.scb.se/Grupp/Produkter_Tjanster/Kurser/_Dokument/Almedalen-2014/2014-06-30-Utvecklingen-pa-arbetsmarknaden.pdf 2014年7月19日アクセス)

Davister, Catherine et al. 2004: *Work Integration Social Enterprises in the European Union: An Overview of Existing Models (WP no. 04/04)*, EMES European Research Network.

Ds 1998:48 1998: *Social ekonomi i EU-landet Sverige: tradition och förnyelse i samma begrepp*, Inrikesdepartementet.

European Commission 2014: COMMISSION STAFF WORKING DOCUMENT: Assessment of the 2014 national reform programme and convergence programme for SWEDEN. Accompanying the document Recommendation for a COUNCIL RECOMMENDATION on Sweden's 2014 national reform programme and delivering a Council opinion on Sweden's 2014 convergence programme, COM (2014) 428 final.

European Parliament 2009: *European Parliament resolution of 19 February 2009 on Social Economy (2008/2250(INI))*, European Parliament.

Gustafsson, Johanna and Peralta, Julia 2009: *Rehabilitering, sysselsättning och arbete för personer med psykisk funktionsnedsättning: En deskriptiv utvärdering av projektet RESA*, Arbetsförmedlingen.

Kulturdepartementet 1999: *Social ekonomi: en tredje sektor för välfärd, demokrati och tillväxt?*, Kulturdepartementet.

Laurelii, Eva et al. 2014: *Företagen som försvann: En explorativ kartläggning av nedlagda eller ombildade arbetsintegrerade sociala företag 2006 – 2013*, Temagruppen Entreprenörskap och Företagande inom social ekonomi.

Mattsson, Elisabet and Olsson, Jan 2009: *Det mänskliga företagandet: Om social ekonomi för 2000-talet*, Premiss förlag.

Monzón, José Luis and Chaves, Rafael 2012: *The Social Economy in the European Union*, Centre international de recherches et d'information sur l'économie publique, sociale et coopérative (Ciriec) and The European Economic and Social Committee (EESC).

Moulaert, Frank and Ailenei, Oana 2005: Social Economy, Third Sector and Solidarity Relations: A Conceptual Synthesis from History and Present, in: *Urban Studies*, Vol. 42, No. 11.

Näringsdepartementet 2001: *The social Capital of the Future: Documentation från den 7:e europeiska konferensen om social ekonomi den 7-9 juni, Gävle*, Regeringskansliet.

Näringsdepartementet 2010: *Handlingsplan för arbetsintegrerande sociala företag*, Regeringen.

Orangeriet and Coompanion Östergötland 2012: *Projekt Orangeriet: Slutrapport*, Coompanion Östergötland.

Regeringen 1991: *Om näringspolitik för tillväxt (prop. 1990/91:87)*, Regeringen.

Regeringen 2009: *En politik för det civila samhället (prop. 2009/10:55)*, Regeringen.

SCB 2014: *På tal om kvinnor och män: Lathund om jämställdhet 2014*, SCB.

SOU 2007:2 2007: *Från socialbidrag till arbete*, Näringsdepartementet.

Sätre Åhlander, Ann-Mari 2003: The social economy: a lever for local economic development?, in: Persson, Lars Olof, Ann-Mari Sätre Åhlander and Hans Westlund, *Local Responses to Global Changes: Economic and Social Development in Nothern Europe's Countryside (Arbetsliv i omvandling 2003:11)*, Arbetslivsinstitutet.

Tillväxtverket 2012: *Företagen som öppnar dörren till arbetslivet: Arbetsintegrerande sociala företag i Sverige 2012*, Tillväxtverket.

Trägårdh 2000: Utopin om den sociala ekonomin, in: *Kooperativ årsbok 2000, om kooperation och social economi*, Kooperativa Institut.

Wijkström, Filip and Lundström, Tommy 2002: *Den ideela sektorn: Organisationerna i det civila samhället*, Sober Förlag.

Wood, Anki and Global Reporting, 2007: *Den sociala ekonomin: en väg till arbete*, Integrationsverket.

太田美帆 2002:「スウェーデンにおける分権の新展開:社会サービス提供主体の多元化の意味」、大阪大学大学院人間科学研究科『年報人間科学』23号。

―――2005:「スウェーデン過疎地域における保育サービス提供:その背景と最初の試み」、大阪大学大学院人間科学研究科『年報人間科学』26号。

―――2010:「スウェーデンのイェムトランド県における地域創生の基盤づくり:『実現するもの』と『可能にするもの』の協働」、神戸学院大学『人文学部紀要』30号。

―――2012:「公的扶助と就労支援の連携による社会的包摂:スウェーデン」、福原宏幸/中村健吾編『21世紀のヨーロッパ福祉レジーム:アクティベーション改革の多様性と日本』糺の森書房。

御崎加代子 1991a:『レオン・ワルラス自伝資料』一橋大学社会科学古典資料センター(Study Series No. 25)。

―――1991b:「ワルラスと人民アソシアシオン:『組織された自由競争』への道」、『一橋論叢』105巻6号。

第6章
就労アクティベーションから教育アクティベーションへ
――デンマークにおける公的扶助改革

嶋内　健

　デンマーク財務省が2014年8月に翌年の財政法案を発表した。そこには、この先の国内経済と雇用の見通しが記されている。それによると、雇用状況は当初の予想よりも改善の傾向にあり、2014年と2015年の雇用増加の見込みを上方修正するという。その2年間で4万3000人分の雇用が生じるそうだ。このように金融危機の影響からの回復の兆しが見えてきてはいるが、しかし同時に危機から完全に脱したわけではないことも指摘している［Finansministeriet 2014］。どの国もそうであるが、危機は若者に対してより大きな打撃をあたえた。Eurostat によると、2013年12月現在のデンマークにおける 25歳未満の失業率は 12.9% であり、これより低いのはドイツ、オーストリア、オランダの3カ国だけである。したがって、他のEU加盟諸国と比べるなら、デンマークの若者の雇用状況はかなりよい部類に入っており、デンマーク政府が欧州委員会に提出した計画書には、これはデンマークの取り組みが功を奏している証拠であると述べられている［Ministry of Employment 2014］。

　他方で、デンマークの国内に向けては若者の失業状況は深刻であるという情報が発信されている。リーマン・ショック前の2008年6月における30歳未満の失業率が4.2%だったのに対して、2013年12月のそれは12.4%を記録していた。この期間中の増加率を他の年齢層と比較すると、たとえば30-39歳の年齢層に比して2倍近くも増加していることがわかる。30-39歳の年齢層の増加は、およそ3％から6％にとどまっている。国内で指摘されているのは、デンマークはたしかにEUのなかではよい方であるが、低技能の18-29歳の若者に限れば5人に1人が失業者であり、失業率にカウントされない労働市場の外部にも多くの若者たちが滞留しているという現実である。この低技能の若年非就業者の多くは、義務教育である前期中等教育レベルの教育しか受けていないことがわかっている［Vilhelmsen, Bjørsted og Krogsgaard Andersen 2014, pp.1-4］。

　こうした状況のなかで、新しい公的扶助制度が2014年1月から施行された。端的にいえば、これは上記のような学歴の低い若者をターゲットにした改革だっ

た。30歳未満で後期中等教育以上の十分な教育を受けてこなかった若者のために、給付の条件として教育を受けることを義務づけたアクティベーション政策である。これは金融危機以降の社会保障制度改革のなかで、最も大きな変更をともなうものとなった。そこで本章では、この改革について紹介するとともに、それがここ20年間のデンマークにおける社会政策の動向のなかでどのような意義をもっていたのかを明らかにする。しかし、その前にリーマン・ショック以降の政治状況、ならびにその他の重要な社会保障制度の変化についても言及しておこう。

1．失業保険改革と緊急雇用対策

　2011年9月、左派党（Venstre）、保守国民党（Det Konservative Folkeparti）、そして閣外協力のデンマーク国民党（Dansk Folkeparti）による右派連立政権が下野し、社会民主党（Socialdemokaraterne）、急進左派党（Radikale Venstre）、社会主義国民党（Socialistisk Folkeparti）による左派連立政権が誕生した。首相は社民党の Helle Thorning-Schmidt が、デンマーク初の女性首相として就任した。紛らわしいので念のために述べておくと、左派党は自由主義政党、デンマーク国民党は排外主義の極右政党であり、急進左派党は中道政党である。2014年1月に国営のエネルギー会社の売却をめぐって社会主義国民党が連立政権を離脱したので、現在の内閣は社会民主党と急進左派党によって構成されている[1]。

　2001年から2011年まで政権を担った右派連立政権のアクティベーション政策は、就労への動機づけを強化する名目でさまざまな改革を実施した。たとえば、公的扶助を6カ月以上連続して受ける者についてはその受給額に上限を設定したり（2002年）、アクティベーションを正当な理由なく拒否した場合に即刻制裁を科すようにしたり（2003年）、移民に対して差別的な給付規定を設けたりした（2005年）［嶋内 2012, 80-1頁］。アクティベーション政策に関する前政権のこうした方針には、給付へのアクセスを制限するための就労義務の強調や保障水準の引き下げが明確に表われていた。つまり前政権が追求したのは、福祉への依存を一掃しようとするワークフェアへの接近だった。

　こうした前右派連立政権が一連の金融危機の影響を受けた対策として実施したのが、失業保険制度の改革である。2010年6月の国会において、失業給付の受給期間の短縮ならびに受給資格を厳格化する法案が可決された。まず受給期間の上限としては、4年間という期間を2年間に削減した[2]。次に受給資格としては、受給権を獲得するために必要な従前の労働時間が直近3年間で1924時間に変更された。これはつまり、受給権を得るためには従来よりも倍の労働時間を要する

ことを意味している。

　ブルーカラー労働組合の統轄組織であるLO（Landsroganisationen）や、LO傘下で最大の労働組合の3F（Fagligt Fælles Forbund）は、この改革に強く反対していた。LOはこの失業保険改革が、デンマークの伝統的なフレキシキュリティ・モデルに対する著しい攻撃である旨を表明していた［Landsorganisationen 2010］。とはいえ、政府は一連の金融危機後の財政再建計画の目玉としてこの改革を断行した。改革による新制度は当初、2012年1月から施行される予定であった。しかし、2011年の政権交代の影響や、そのときの選挙で大幅に議席数を伸ばした統一リスト党（Enhedslisten）[3]の抵抗もあって、施行は2013年1月に延期された。

　こうした経緯を受けて、2012年から2013年にかけては、この制度変更によって失業給付の受給資格を失効してしまう失業者の存在が政治的なイシューとして大きな問題となった。ゆえに、新政権が重点的に取り組まなければならなかったのは、この1年間の施行延期期間を利用し、改革の影響で失業保険制度から排除されてしまう失業者への対応策を設けることだった。

　新政権は当初、2013年6月までに、およそ7000人から1万2000人が、改革の影響によって失業給付の資格を失うと想定していた。ところが、のちに雇用省は少なくとも1万7000人から2万3000人以上が制度から脱落するという修正を発表した。当初の想定と現実との差はあまりに大きい。たとえ給付期間を短縮したとしても、制度からの脱落の問題はそれほど深刻にはならないと前政権を中心とする賛成派は考えていた。給付期間の終わりが迫ってくれば、あるいは給付期間が終了すれば、受給者は独力でただちに就労しようとすると想定されていたからだ。要するに、受給期間が寛大であるから失業者は就労しないという思考である。前政権を中心に、改革に賛成票を投じた政治家は、このような「動機づけ」の論理にもとづく失業者の行動様式を当てにしていた。だが、現実は違っていた。前政権も新政権も改革の影響を楽観視していたこと、かつまた金融危機以降の経済成長が予想以上に鈍化していたことが、こうした多くの脱落者を招いてしまう背景にあったとされている［Jyllands-posten, 11. januar 2013］。

　労働組合を支持基盤とする社会民主党は、もともとこの失業保険改革に反対していた。しかし、現左派政権はこの失業保険改革を廃案とする政治的決定をまだ下していないし、今後もその可能性はきわめて低い。その理由は、改革に賛成した急進左派党が、社民党を支えるパートナーとして新政権に参加しているからである。社民党と社会主義国民党は、2011年の国政選挙に臨むにあたってすでに連立を組む協定を結んでいたが、選挙後の両党の獲得議席数だけでは連立政権を樹立することはできなかった。そこで両党は急進左派党と交渉を行なった。急進左

派党は政権に参加する条件として、両党がこの失業保険改革に従うことを約束させたのである。結果として、急進左派党の連立参加により現在の左派政権の樹立が可能となった。しかし同時に、この政権において失業保険改革を廃案とする政治的な選択肢はほぼ消滅することになった。

したがって、新政権に残された選択肢は、廃案を回避しつつ受給者の大量脱落という緊急事態に対応することであった。政府はその対策として、緊急雇用創出プランである「緊急対策（akutpakke）」を創設し、2012年10月から実施した。これは"akutjob"という緊急雇用を対象者に提供するものだった。対象者は、失業保険改革によって失業給付の受給資格を喪失する失業者である。対象者を雇用した雇用主に対しては、政府から補助金が支払われる。1つの雇用につき2万5000デンマーク・クローネ（DKK；1 DKKは約20円）が支払われる。2万5000DKKの全額を受け取るためには、雇用主は少なくとも週32時間以上の雇用を1年以上は提供しなければならない。しかし、多少の柔軟性をもたせるために、半年の雇用であれば1万2500DKKを受け取ることも可能だった。政府はこれによって、2013年6月までに1万2500人分の雇用創出を目標としていた。そのうちの7500は民間セクターに、5000は公的セクターに割りあてられていた。政府の見積もりは、少なくとも1万7000人が失業保険から脱落すると想定しているので、1万2500の雇用では明らかに不足する。そもそも、この1万2500という政府の数値目標は、失業保険改革によって受給資格を失ってしまう失業者のなかで、とりわけ職業資格の低い長期失業者の数を想定して設定されていた。したがって、脱落してしまう者のなかで、比較的高い職業資格を有する人たちの数は勘定されておらず、そのような失業者は自力で就労することが期待されていたのである。

旧労働市場庁（Arbejdsmarkedsstyrelsen）[4] によれば、2013年2月6日の時点で、民間セクターが3744人の求人を出していた一方で、公共セクターは約9000人の求人を出していた［The Copenhagen Post, 13. February 2013］。つまり、緊急対策の施行から約4カ月後には、1万2500という数値目標そのものはクリアしていたものの、民間セクターにおける実際の労働需要は政府の見積もりを大きく下回っていたのである。同対策に対する評価については賛否両論があった。まず対策を講じたことにより、民間か公共かはさておき、雇用そのものを確保したことには一定の評価があったし、政府はそれを自らの実績として評価していた。

だが、この雇用創出が職業資格の低い長期失業者にとって本当に効果的であるのかどうかについては、懐疑的な意見もあった。オーフス大学経済学部教授のTorben M. Andersenは、「1万2500というのは、最も職業資格が低い失業者のために必要となる仕事の数である。しかし、『緊急対策』で最も利益を得るのは、

最も職業資格の備わっている失業者だ。なぜなら、雇用主たちはそのような資格のある失業者を雇いたいからだ。こうした失業者のなかには、『緊急対策』を利用して新たな職を見つけたい人もいるだろう。したがって、最も必要としている人が就労できる保証はどこにもない」と指摘していた［Politiken, 3. november 2012］。そして、彼の懸念はのちに現実となった。多くの低技能労働者を組合員としてかかえている前述の3Fは、緊急対策によって創出された全雇用のわずか20分の1だけが、職業資格の低い低熟練失業者にとって現実に利用できる雇用だったとして、政府の対応への不満を露わにしていた［ibid., 12. februar 2013］。つまり、新政権は緊急対策を行なったとはいえ、金融危機後の制度改革によって最も割を食ったのは、一連の金融危機の原因にはまったく縁のない位置にいた人びとであり、彼／彼女らは失業保険の加入者のなかで最も脆弱な人たちだったのである。

2．公的扶助改革

　「積極的社会政策法（lov om aktivsocialpolitik）」のもとで2002年に導入された「現金扶助（kontanthjælp）」が、デンマークの公的扶助のなかで主要な位置を占める最低所得保証制度である。受給は世帯単位となっており、受給に際しては資力調査が実施される。1万DKK以上の資産（不動産、自動車、貯蓄等）の所有者には受給権がない。結婚している夫婦であれば、2万DKKまでの資産の所有は認められる。給付水準は年齢や世帯構成によって変動する。たとえば、子どもを扶養する親であれば、基本的な受給水準は失業給付の80％、子どもがいなければその60％に上限が設定される［Bahle et al. 2011, p.72］。なお、受給期間に制限はないものの、6カ月間以上の継続受給者に対しては減額措置が実施される。そして何よりも、受給条件として何らかのアクティベーションのプログラムに参加することが義務づけられてきた。デンマークは金融危機のあと、失業保険だけでなく、この現金扶助についても改革を行なった。以下では、この公的扶助改革について説明していこう。

　2013年6月28日、国会で「L224法案：積極的社会政策法、奨学金法、家族手当と育児手当における事前の給付法、およびその他法律の改定に関する法案」が、統一リスト党を除くすべての政党の賛成によって可決された。これによって、新たな現金扶助制度が2014年1月1日から施行されることになった。

　政府によれば、現金扶助制度は主に4つの問題をかかえており、それらを克服することが新制度のもとで取り組むべき課題になるという。問題とはすなわち、

①現金扶助を受ける若者が十分な教育を受けていないこと、②受給者の5人に1人がひとり親であること、③多くの受給者が制度に滞留していること、④受給者の5人に1人が給付以外に支援を受けていないことである［Regeringen 2013］。これらについて順次、やや詳しく見ていこう。

①は、約13万5000人の全受給者のうちの5万人が30歳未満の若者であるという事実にもとづいている。政府は、その若者たちの実に90%が職業資格にかかわる教育を受けておらず、75%にいたっては義務教育である「国民学校（folkeskole）[5]」の卒業資格しかもっていないと指摘している。

②については、受給世帯としてひとり親世帯が少なくないということだけでなく、そうしたひとり親の多くが教育水準の低い若者たちであることを政府は指摘している。また、現金扶助の支援から抜け出せないひとり親、とりわけ若い母親の存在が問題視されている。さらに、そのような親のもとで育つ子どもたちの将来の可能性が閉ざされてしまうというリスクについても言及している。

③では、長期受給者の割合が少なくないことが指摘されている。デンマークでは受給者の15%が5年間以上継続して受給しており、6%が10年間以上継続的に受給している。このように長期間受給する者については、労働市場に復帰することがきわめて困難になっている現状が指摘されている。

④は、受給者のなかでアクティベーションに参加していない人びとの存在を問題視するものである。のちに触れるが、2013年までの旧現金扶助システムでは、アクティベーションへの参加義務が免除される受給者が一部だが存在していた。政府によれば、こうした人びとは受給者全体の5分の1に相当するという。これらの受給者が扶助から抜け出すための支援を何も受けていないことは大きな問題である、と指摘されている。それは自己開発や少しでも労働市場に近づくための支援であり、そのような社会からの期待に応えていない受給者が少なくないことを問題にしている［Beskæftigelsesministeriet 2013, p.9］。

新公的扶助制度の主な特徴

政府はこのような認識のもとで、公的扶助制度をどのように改革したのか。あらかじめその傾向をひと言でいえば、この改革はとりわけ若者にターゲットを定めている。また、旧制度に対してはさまざまな変更が加えられたわけだが、新制度の特徴をあえていくつかの項目に集約すれば、それらは次のようにまとめられるだろう。すなわち、①若者に対する現金扶助の廃止、教育扶助の新設、そして受給者に対する教育の義務化、②若年ひとり親とその子どもに対する特別措置、③最も脆弱な人たちに対する包括的支援の提供である。以下、それぞれについて

説明しよう[6]。

①若者に対する現金扶助の廃止、教育扶助の新設、教育の義務化

何よりもまず政府が課題として挙げたのは、若者と教育との関連性であった。今回の改革において最も大きな変化が生じたのは、若者対策であったと言っても過言ではない。新制度では、30歳未満で教育が不足している者に対する現金扶助を廃止し、代わりに「教育扶助（uddannelseshjælp）」を新たに導入した。「教育が不足している者」とは、義務教育に相当する国民学校よりも上級のレベルの教育を修了していない若者をふくんでいる。教育扶助の給付額は政府奨学金（Statens Uddannelsesstøtte）と同水準に設定されており、現金扶助よりも低くなっている。ただし、30歳以上であれば引き続き現金扶助の水準額を受給できる。つまり、従来の現金扶助が2種類の給付に分化したのである。ひとつは30歳以上が受給する現金扶助であり、名称に変更はない。もうひとつは30歳未満でかつ教育が不足している者が受給する教育扶助である。

教育扶助を受給する見返りとして、若者は何らかの教育的支援に参加する義務を負うことになった。このことは、給付への権利と何らかの参加義務が一体化しているので、まさにアクティベーション政策の典型であることを示している。さらにいえば、生活に困窮する若者の支援が、福祉の領域から教育の領域へとその重点を移しつつあることをも含意している。政府は改革にあたって、「若者は教育を受けなければならない。彼らは現金扶助システムにいてはいけない」[ibid., p.17]としている。したがって、このことからも、改革の意図を理解できるだろう。

②若年ひとり親とその子どもに対する特別措置

若いひとり親、とくに若い母親への手厚い支援策が設けられたことも新制度の大きなポイントである。新設された教育扶助を受給する30歳未満の若い妊婦は、出産の3カ月前に教育ガイダンスへ参加する権利をあたえられることになった。これは出産後に彼女たちが、教育の課程へ移行することをより円滑に進める目的で実施するものである。つまり、教育ガイダンスの提供が基礎自治体であるコムーネの新たな義務となったことを意味する。妊婦にはケースワーカーが付き、彼女たちの健康状態や教育ガイダンスに責任を負うことになっている。

妊婦と同様に、教育扶助を受給する若年ひとり親に対しても、教育課程への移行を支援する対策が設けられた。ひとり親世帯の母親と父親は、この移行を支援する「学習開始コーディネーター（studiestartskoordinator）」を付ける権利を得ることになった。コムーネはさらに、教育の開始に関連する追加的な給付を受給者に供給可能となった。その援助は教育に必要な学習用具の購入費等に充当することができる。

デンマークでは、職業教育に従事しているあいだに学校外の職場での実習期間[7]に入ると、参加者である学生は企業から実習賃金を受け取ることになっている。しかし、実習賃金の額は通常の労働者が受け取る賃金より低い「徒弟賃金」であるため、場合によっては従前の奨学金の水準より低くなってしまうことがある。そこで、若いひとり親たちが職業教育期間中に、収入の減少に直面するリスクを防ぐべく、その分を補償する特別な配慮がなされるにいたった。このように対策を打つことで、特別な問題をかかえている若い親たちが、将来の就労につながる教育を最後までやり通せなかったり、途中でドロップアウトしたりするといった諸々の阻害要因を取り除く援助を実施することになった。たとえ若年ひとり親という社会的に不利な環境にさらされたとしても、それを理由に教育へのアクセスが不平等になってはならないし、どのような境遇の若者であっても、平等に教育を受ける権利を国家責任のもとで保障するという政府の方針を、この新たな対策からうかがうことができる。
　以上は主に経済的側面からの支援であるが、それ以外にも参加者どうしのネットワークづくりという関係的側面からの支援も導入した。政府は教育機関や関連組織に予算を配分することで、同じ境遇にいる者たちのあいだでのネットワークの形成、つまり若いひとり親どうしの社会的なつながりの構築をめざしている［Arbejdsmarkedsstyrelsen 2013a, p.8; Regeringen 2013, p.6］。

③最も脆弱な人たちに対する包括的支援の提供
　30歳未満の教育が不足している誰もが、すみやかに教育の課程へ移行するための準備を整えているわけではない。しかし新制度においては、すべての若者が自己の状況に則した何らかの支援を受けねばならない。政府の問題認識の記述ですでに触れたように、誰もが社会の期待に応えなければいけないというのが新制度の基本原則であるからだ。個々の若者がかかえる困難が何であろうと、教育までの道筋が個々人にとって遠かろうと、原則はつねにすべての若者が教育を受けることである。受給する若者を、現金給付を受け取るだけの存在として社会が放任するようなことがあってはけっしてならないのである。
　そこで教育の準備が整っていない若者に対しては、異なる義務が課されることになった。生活状況が教育開始状態にさえいたっていない若者は、その状態にいたるための支援に参加することが義務づけられた。彼／彼女らにとってのひとまずのゴールは、教育に取り組むことが可能な状態になることである［Beskæftigelsesministeriet 2013, p.18］。
　このような若者たちについては、かかえている問題が失業や教育だけという単純なケースはむしろ稀であり、若者はしばしば複雑でかつ広範囲の問題に直面し

ている。こうした貧困の多次元性や累積性、つまり社会的排除の問題に対処していくためには、コムーネにおけるさまざまな部署からの援助や支援を受けなければならない。たとえば、ジョブ・センター、給付センター、社会福祉課などが個々の若者の状況に応じて相互に連携しながら支援に臨む必要がある。したがって、すみやかに教育を開始することが困難と判断される若者に対しては、コムーネは即座に「調整役のケースワーカー（koordinerende sagsbehandler）」を付けなければいけない。この種のケースワーカーたちは、各部署やその他の機関を横断して個々のクライアントに適合した対策を調整する責任を負っている。彼らは、支援の開始からゴールまで、その全行程にわたってクライアントに付き添うことが基本原則となっている。クライアントがゴールまでたどり着くと、その若者は教育機関で教育を開始するという次のステージへ移行していく。つまり、教育の準備が整っていないような、より脆弱な立場に置かれた若者に対しては、ケースワーカーが支援の初日から寄り添い、より長期の期間を要する支援が実施されることになったのである。

しかし、それでもなお教育準備のためのプログラムに参加が不可能な若者は存在する[8]。こうしたケースにおいては、受給者はメンターを付けなければいけない。メンターは、若者の生活状況を安定させる責務を負うことになっている。そのようにして、教育に向けた対策が考慮される［Arbejdsmarkedsstyrelsen 2013a, pp.6-7]。以上は、30歳未満の若者のなかでもとくに問題の深刻な受給者への包括的な支援の概要である。また、30歳以上の成人ならびに30歳未満で教育が備わっている者への対応も、基本的には類似したものに設計されている。

3．支援行程から見た新制度の特徴

以上では、改革によって新たに強化された主なポイントを確認してきた。以下では、これらの新制度の特徴が実際の支援行程において、どのような局面で現われてくるのかを確認していこう。新制度の特徴をより明確にするために、旧制度の支援行程を簡単に紹介しながら、両者を比較するかたちで論じていくことにする。

旧制度における支援行程

まずは、2010年から2013年まで実施された行程を確認しよう。失業給付か公的扶助（現金扶助およびその他の公的扶助）かを問わず、社会的給付を申請する市民が最初にしなければならないことは、地域のジョブ・センターを訪問し登録をすることである。次にジョブ・センターのケースワーカーが申請者と面談をし、

カテゴリー別に申請者を振り分ける作業を行なう。振り分けられた市民は、3つの「マッチ・グループ（matchgruppe）」を構成する。3つのマッチ・グループとは、就労の準備が整っていると判断されるマッチ・グループ1（「就労準備層（jobklar）」）、就労の準備は十分ではないが就労に向けた何らかの支援に参加することが可能と判断されるマッチ・グループ2（「対策準備層（indsatsklar）」）、そしてそれへの参加も困難と判断されるマッチ・グループ3（「一時的な不活性化層（midlertidigt passiv）」）の3つである。

ジョブ・センターのケースワーカーによって、登録から3カ月以内に就労可能であると判断された場合、クライアントはマッチ・グループ1に分類される。かかえている問題が失業のみで、比較的早く就労できそうな失業者や、骨折等で職を離れざるをえないものの、3カ月以内には回復し就労の見込みがありそうな者がこのグループを構成している。

3カ月以内の就労は困難であるが、何らかの日常生活支援策に参加できると判断される者は、マッチ・グループ2に配属される。アルコールや薬物に依存する者、定期的に発作が発生するなど、投薬のみによる治療が困難な精神疾患をかかえている者、傷病からのリハビリが3カ月以上の期間を要する者などがこれに属している。

マッチ・グループ2に課せられた支援策への参加も困難と判断される者は、マッチ・グループ3に振り分けられる。このグループには、入院を要するほど深刻な精神疾患を患っている者、病気で長期療養が必要な者など、非常に深刻な問題をかかえている人びと等が属している。早期年金を勧告され労働市場から退出する者もこれにふくまれている。このグループに属する者は給付のみを受け取ることが可能であり、その他活動への参加義務は免除されることになっていた［Arbejdsmarkedsstyrelsen 2009］。

以上をまとめたものが図表6-1 である。3つのマッチ・グループを社会的給付の種類別に見てみると、マッチ・グループ1は失業保険に加入している失業給付の受給者が大半を構成しており、マッチ・グループ2と3には現金扶助受給者が比較的多いことがわかっている。さらに2と3には、疾病給付の受給者も多くふくまれている［加藤 2014, 142-3頁］。概して、これらの2つのグループには、就労以前の日常生活や社会生活に問題をかかえている者が多い。また、対人コミュニケーションに障がいをかかえていたり、就労意欲が欠如していたりする。したがって、支援としては就労に直結するサービスよりも、これらの問題から回復するようなガイダンスやセミナーが中心となる[9]。

図表6-1　旧制度におけるマッチ・モデルの概要

	マッチ・グループ1 （就労準備層）	マッチ・グループ2 （対策準備層）	マッチ・グループ3 （一時的な不活性化層）
3カ月内に就労可能か	○	×	×
支援事業に参加可能か	―	○	×
主な社会的給付受給者	失業給付	現金扶助 疾病給付	現金扶助 疾病給付
具体的ケース	・ただちに就労が可能 ・3カ月内に就労可能な病欠（骨折など）	・アルコール・薬物乱用 ・投薬だけの治療が困難な精神疾患（定期的に発作が起きるなど） ・原因や回復までの期間が不明との診断が下り、かつ危険なケースの病欠	・早期年金を勧告 ・入院を要するほどの深刻な精神疾患 ・重病で長期療養が必要

出所：［Arbejdsmarkedsstyrelsen 2009］より著者が作成

新制度における支援行程

　新制度は旧制度と何が異なるのか。新制度では、上記の3層からなる受給者の選別方法が、公的扶助の申請者に対して廃止されている。代わって、別の選別基準が新たに導入された。それが30歳という年齢と教育の有無である。公的扶助を申請するためにジョブ・センターを訪問する者は、30歳未満かどうか、さらに後期中等教育レベルの学校を修了しているかどうかという2点を基準にして、その後に受けられる給付や対策の種類が異なってくる。大まかな流れを示したものが図表6-2である。

　まず、30歳未満で教育が不足している若者の行程について説明しよう。若者は、ジョブ・センターへの最初の訪問から遅くても1週間後までに、判定面談を受けなければいけない。コムーネはこの面談を通じて、若者の教育レディネス（教育を受けるための準備状況）を明らかにしなければいけない。当事者の置かれている状況、および教育歴に応じた必要（needs）を明確化することが面談の目的である。コムーネは、ただちに教育に取り組める状態にある若者を「明確な教育準備者（åbenlyst uddannelsesparate）」に分類する。「明確な教育準備者」とは、教育に取り組むうえで何も障がいのない若者を意味する。また、それ以外の若者を、その後さらに3カ月以内に少なくとも2回の面談によって、「教育準備者（uddannelsesparate）」または「活動準備者（aktivitetsparate）」に類別しなければいけない。教育準備者とは、1年以内に教育を始めることが可能と判断される者

図表6-2 新制度における支援の行程

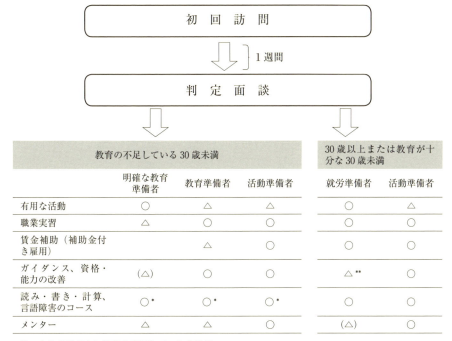

○：立法者側が主に提供を意図している支援策。
△：提供可能だが、実施されるケースはめったにない。
（△）：提供可能だが、支出に対する国からコムーネへの償還がない。
＊：判定の種別にかかわらず前期中等教育しか修了していない者は、読み・書き・計算のテストを受験しなければならない。テストの成績が問題ありと示すならば、当該コースに参加しなければいけない。
＊＊：失業から24カ月までは支出に対する国からコムーネへの償還がない。ただし、教育に対しては9カ月後から償還がある。

出所：[Arbejdsmarkedsstyrelsen 2013a, 2013b] より著者が作成

を意味する。それに対して活動準備者とは、1年以内に教育を始めることが困難であると判断される者である。義務教育（初等および前期中等教育）しか受けていない若者は、最初の1カ月以内に読み・書き・計算のテストを受けなければいけない。そのテストは、教育の必要性を示す判断材料となるものである。

　コムーネは扶助を請求するこれらすべての若者に、「教育指導（uddannelsespålæg）」を提供しなければならない。若者はこの指導に沿って行動する。教育指導は3つのステップから構成されている。すなわち、ステップ1においては出願可能な現実的で適切な教育を見つけること、ステップ2ではひとつ

第6章　就労アクティベーションから教育アクティベーションへ　　189

以上の教育機関またはコースへ出願しなければならないこと、そしてステップ3では教育に取り組み、それを達成しなければいけないことが課題となっている。これら3つのステップは、個々のクライアントが参加するアクティベーション・プログラムの枠組みを形成する。初回の判定面談において、コムーネは適切なステップの作成に集中することになっている。教育指導には、各ステップを支援するために取り決められた施策が記述されており、それらは若者が教育に取り組み完了するという最終目標につながっていなければならない。

明確な教育準備者に判定された若者は、即座に教育機関を見つけ、入学を申し込み、実践しなければいけない。ここで実に興味深い施策が実行される。この若者たちの受給開始時点と、実際に教育が始まるまでのあいだには、いくらかのタイムラグ——給付は行なわれているが教育がまだ始まっていない期間——が発生するわけだが、受給者はこの期間中に、給付の見返りとして何らかの活動に従事する義務を負うのである。かつまた若者たちはその期間に求職者として登録し、履歴書を準備しなければならない。

これは「有用な活動（nytteindsats）」と呼ばれており、新制度への変更にあたって新たに導入されたものである。それは公的な職場で行ない、最長で13週間継続することになっているが、参加者の教育計画に応じた活動である必要はない。たとえば、介護施設の住人を散歩に連れ出すこと、海岸でゴミを集めること、または子どものデイケアセンターで子どもの自転車を修理すること等が有用な活動として想定されている。その他、職業実習として実施されることもあるが、先述したようにそれは公共セクターが職場となる。

教育準備者と判定された若者には、ガイダンスや資格・能力の改善に向けた施策等、教育的解決策が提供される。若者のために、教育機関で当事者に応じたコースが提供されることもあるし、職場実習が行なわれることもある。読み・書き・計算のテストが教育の必要性を示すなら、関連する教育が1カ月以内に提供され、その教育は若者が前期中等教育における第9学年の習熟度に到達するまで続けられる。このグループに対しては、必要に応じてフォローアップの面談が行なわれるが、次に述べる活動準備者のように定期的に実施する必要はない。また、受給者を受け入れた教育機関は、コムーネが個々の受給者のために作成した教育指導を閲覧できる。こうしたことをはじめとして教育機関とコムーネが緊密に連携を図ることが、若者に対する教育の内容を保証するために義務化されている。

活動準備者に判定された若者にとっても、その目的は同じく教育である。しかし、このグループは教育準備者よりも大きな困難をかかえている。コムーネは若者たちのかかえる社会的な問題、健康に関連する問題を正しく見きわめたうえで、若

者の状況に応じて個々人が必要とすることを起点としながら、諸々のサービスを提供しなければならない。たとえば、教育機関で学習を開始する以前の問題として、基礎的な学力が不足しているならば、そうした若者には読み・書き・計算の教育コースが提供される。なぜならば、これらの基礎的能力が不足していては、教育を受けたとしてもドロップアウトするリスクが非常に高いからである。ゆえに、コムーネには教育開始状態へ導く第１歩として、このような対策を実施する責任がある。その他、図表6-2が示すように、活動準備者は「職業実習」や「ガイダンスと資格・能力の改善」等に参加することができる。また、前述した調整役のケースワーカーやメンターが、参加者の活動を支援することになっている。活動準備者のために、定期的にフォローアップの面談が実施されることも特徴である。規定では、コムーネは少なくとも１カ月おきに若者と面談を実施しなければならない。面談は施策が適切に行なわれるよう調整し、それを保証することを目的としている。そのようにして、若者が教育準備者へ移行するのを支援する［Arbejdsmarkedsstyrelsen 2013a］。

　続いて30歳以上の者、または後期中等教育レベル以上の教育を受けてきた30歳未満の者がたどる行程を説明しよう。これらの場合は判定面談によって、教育ではなく就労に向けた準備状況を判断する。市民は「就労準備者（jobparate）」または「活動準備者」として評価されることになる。就労準備者とは、より短期間で就労可能と判断される者を意味する。活動準備者とは、職業能力上の問題、社会的な問題、または健康上の問題を理由に、短期間での就労が困難と判断される者を意味する。

　就労準備者は第１に求職活動を要求される。その求職活動をジョブ・センターが運営するインターネット（jobnet.dk）上の個人ページに記録することで、就労準備者は求職活動の実施状況を随時ジョブ・センターに証明しなければならない。ジョブ・センターは、クライアントが幅広く職を探しているか、積極的に探しているか、現実的な職を探しているかということをそこから監視する。活動が不十分ならば、ジョブ・センターは勧告をし、場合によっては制裁を科すことが可能である[10]。

　最初の３カ月で仕事を見つけることに成功しなければ、受給者は自分たちの給付を受給しつづけるために諸々の要求を実行しなければいけない。それらが「有用な活動」「職業実習」「賃金補助」の項目である（図表6-2参照）。このことはつまり、翻っていえば、コムーネはそれらの人びとを強制的に働かせることができることを意味している。中央政府の意図としては、３カ月を経過しても就労できない者に対しては、支援よりも就労を迫りたいのである。なるほどジョブ・セン

ターは規定上、「ガイダンスと資格・能力の改善」に関する、どちらかというと就業能力の向上に貢献するサービスを行程のなかで提供することができる。しかし、国からの経費償還に関する規定（図表中の**）が、むしろそうしたサービスよりも、給付のために労働させる施策を優先するインセンティブをコムーネにあたえる仕掛けとして機能していることがわかる。

　フォローアップの支援として、判定面談のあと、追加の面談が3カ月以内に2回実施される。これは就労や求職活動をより確実に遂行する目的で行なわれる。さらに、その後の12カ月以内に少なくとも4回の面談が実施される。ジョブ・センターにとっては、これら面談の実施は義務であり、逆に受給者にとってはそこへ参加することが義務となっている。また、面談以外のフォローアップとして、なかなか職を見つけられない就労準備者に対し、ジョブ・センターは具体的な仕事を手配することもできるようになっている。

　もうひとつのグループである「活動準備」の市民にとっても、目的は同じく就労である。これらの人びとにとってのゴールは、教育ではなく就労に向けた準備を整えることである。しかし、これらの人たちは失業以外の別の問題をかかえている。たとえば、家計、住居、薬物やアルコール乱用の問題である。コムーネは一方でこれらの生活面での困難に対して援助をしながら、他方では就労の準備が整うよう支援しなければならない。このようにコムーネは、市民のジョブ・センターへの訪問後すぐに、日常生活をふくめた包括的な支援、ならびに将来の労働市場参加を見すえた実践的な就労支援を、同時進行で開始する責任を負っている。教育の準備が整っていない若者と同じく、彼らもまた就労の準備が整うまでに、より長期の時間的経過を必要とすることが想定されている。したがって、市民の状況に応じたコムーネの対策もまた、個人の必要に支援の起点を置かねばならない。そして、これらの人びとも若者と同様に、調整役のケースワーカーおよびメンターを付けることができる［Arbejdsmarkedsstyrelsen 2013b］。

4．新制度における給付

　ここからは新制度における給付について簡単に言及していこう。2014年の給付額の一覧を示しているのが、図表6-3 である。年齢やその他の条件別に細分化されているので、いささか複雑に見えるかもしれないが、いくつかのポイントにだけ焦点をしぼって説明しよう。

　すでに説明したように、以前からの現金扶助と新設した教育扶助という2つの給付が基本である。それらに加えて「活動手当（aktivitetstillæg）」が新たに導入

図表6-3　2014年の現金扶助と教育扶助の給付水準（単位：クローネ／月）

	現金扶助受給者		教育扶助受給者	
	現金扶助	活動手当	教育扶助	活動手当
25歳未満・親同居	3,324		2,524	800
25歳未満・単身	6,889		5,857	1,032
25-29歳・親同居	3,324		2,524	8,165
25-29歳・単身	6,889		5,857	4,832
30歳未満・ひとり親	13,575	628	11,712	2,491
30歳未満・親 （政府奨学金、教育扶助、または現金扶助の受給者と結婚、または同棲している者）	9,498	4,705	8,196	6,007
30歳未満・親 （上記以外の者と結婚、または同棲している者）	6,889	7,314	5,857	8,347
30歳未満・妊娠 （妊娠12週経過後）	10,689		10,689	
30歳未満・精神疾患・扶養義務あり	14,203		14,203	
30歳未満・精神疾患・単身	10,689		10,689	
30歳未満・離婚後の養育費義務あり	14,203		14,203	
30歳以上・子どもあり	14,203			
30歳以上・その他	10,689			
25歳以上・単身		3,800		
25歳以上・親同居		7,365		

出所：［Beskæftigelsesministeriet 2014a, 2014b］）

されていることに注目したい。これは、教育扶助受給者と現金扶助受給者のなかで活動準備者に分類された者が、ジョブ・センターの提供する諸々のアクティベーション・プログラムに参加したときに追加で受け取ることのできる手当である。この手当は若者の参加者を想定しているので、現金扶助受給者に関しては、30歳未満で十分な教育を受けてきた若者のみが受け取ることができる。換言すれば、教育準備者と就労準備者には同手当を請求する資格がないということになる。

　教育扶助を受給する活動準備者は、何らかの「積極的施策（aktiv indsats）」への参加を要求すれば、自分たちの教育扶助への追加的手当——つまり活動手当——への権利をもつ。彼らは、積極的施策に参加する期間に手当を得ることになる。また、現金扶助を受給する30歳未満の活動準備者のうち、職業資格にかかわる学歴をもつ者は、コムーネに援助を申請してから3カ月後に活動手当の権利を得る。これらの活動手当を請求する場合、職業実習への参加であろうとメンターの要求であろうと、手当の受給権が発生することになっている。受給者が何

らかの施策を望むならば、コムーネはその若者に積極的施策を提供する義務がある。形式上では、かりにコムーネがそれを提供できないとしても、その若者は活動手当への権利を有することになっている［Arbejdsmarkedsstyrelsen 2013a, p.9; Arbejdsmarkedsstyrelsen 2013b, pp.7-8］。

　それにしても、この活動手当はなぜ導入されたのだろうか。各公的扶助の受給者が労働市場へ近づこうとする姿勢を国家が積極的に評価し、追加的な手当を導入することで、職業能力の向上を経済的側面から支えようとしているのだ、と解釈できなくもない。手垢のついた言いまわしになるが、アクティベーションのなかでもいわゆる「人的資本開発モデル」に分類する解釈だ。

　これに対して著者は、より慎重な解釈が必要だと考える。理由はこうだ。デンマークの現金扶助の給付水準は、年齢によって変動する。すなわち、成人が受け取る「成人基準（voksensats）」と、若者が受け取る「若年基準（ungesats）」に分かれている。若年基準は成人基準よりも約35%低い設定となっている。改革以前の旧制度において、この若年基準は25歳未満を限度に設定されていた。つまり、24歳までの若者は通常成人基準の65%に受給額が抑制される。ところが、改革によってこの若年基準の適用年齢が30歳未満に引き上げられた。結果的に、給付水準が65%に抑制される受給者が29歳まで拡大したことになる。そこへ来ての活動手当の導入である。制度変更によって65%に減額となった25-29歳の若者は、差額を埋めるべく活動手当の申請に——別言すれば積極的施策への参加に——躍起になるよう動機づけられるのである。

　その仕組みを図表6-3で確認しておこう。従来通りの成人基準が適用されている「30歳以上・その他」の現金扶助水準は、1万689DKKである。他方で、改革による減額の影響を受けた「25-29歳・単身」のそれは、6889DKKである。ここに「25歳以上・単身」の活動手当3800DKKを加算すると、彼／彼女らは従来と同じ水準1万689DKKを受け取ることが可能となっている。

　また、同時に理解しておかなければならないのは、政府はこの改革によって2020年までに12億DKKの財政削減をねらっているということである［Regeringen 2013, p.15］。したがって、活動手当の導入が純粋に人的資本開発の促進にあるのか、減額か訓練・教育かの二者択一を迫ることが真の目的なのか、それとも財政削減が本丸なのか、その判別は微妙であり慎重に解釈しなければいけない。ただひとつ言えるのは、福祉の充実しているデンマークだからといって、この公的扶助にかかわるアクティベーション政策を人的資本開発モデルと決めつけるのは、あまりにも安直すぎるということであろう。

5．新制度に見る改革の理念

　では、この新しい公的扶助制度への移行を、われわれはどのように解釈すべきだろうか。さしあたり、改革のなかに見られる政府の姿勢や理念をあらためて確認することが有益である。そこで本節において、まずは改革に先だって発表された政府の改革戦略を見ていこう。

　政府は2013年2月に、緑書『誰もが有用になれる：現金扶助の改革に向けた提案』を発表した。題名から推察できるように、この緑書はどのような者であっても社会に役立つことが可能であり、社会に貢献することが義務であることを主旨として謳っている。むろん、それは裏を返せば、誰もがそのような市民になれるよう支援することが政府の責任であるということでもある。冒頭には、そのことを示す次のような文言が記されている。「政府は新たな現金扶助制度を創設する。目的は若者が教育を受けること、そしてより多くの人びとが労働共同体の一部になる機会を獲得すること、有用になり誰もがもつ潜在能力を実現することである」(Beskæftigelsesministeriet 2013, p.7)。同緑書では、政府の改革理念が鮮明に打ち出されている。そのなかでくり返し登場する重要なキーワードとして「要求」、「義務」がある。それらが記してある文章を一部抜粋してみよう。

　「われわれは、うまくできる彼ら〔＝受給者〕に思い切って要求もしなければならない。能力をもつ彼らは貢献する義務、教育や労働に真剣に取り組む義務も負っている。同時に彼らは、自己の発展のために有用となり、働くという要求に向き合うべきである。このようにして、彼らは職場の一員にもなるのだ。──社会にとって、そして個人にとっての利益に向かって。〔中略〕われわれはとくに、現在現金扶助を受給し、支援の類をまったく受けることのできない、多くの危険にさらされている人びとをケアする。〔中略〕われわれは仲間としても社会としても、放任状態となり、受動的な状態になっている人びとを受け入れることはできない。われわれは、誰もが社会的ならびに職業的な対策に取り組むことが可能であり、貢献する何事かを有している確信している」〔ibid., p.7：括弧と傍点は引用者〕。

　また、別の箇所には「契約」、「貢献」、そして緑書の冒頭でも登場した「労働共同体（arbjedsfællesskab）」という用語が見られる。

「就労可能な人びとは、労働市場によって自由に利用されなければならない。さもなければ、彼らはわれわれに共通の契約を破ることになる。それはつまり、能力をもつ誰もが貢献しなければならず、そのようにすることでわれわれは強い社会的セーフティネットを張る余裕をもてるのだ。まず第1に、そうした個々人は就労するために自己の最善を尽くし、労働共同体の一部になることを望んでいるのだ、という確信を施策は原則とすべきである。次に、個々人は有用になり、そして自己の現金扶助のために労働するという要求に応えなければいけない。〔中略〕逆に、就労の準備ができていない人びとは、労働市場に近づき、そして労働市場とのつながりを保持する支援を受けなければいけない。領域横断的で包括的な施策が、複雑な問題をかかえる彼らを援助するべきである。そして、とりわけ危険にさらされた人びとは、安定を得るための援助を受けなければならず、そのようにして彼らは、労働市場へ近づくことのできる施策に参加可能となるのである。危険にさらされたすべての人びとに共通するのは、自己の資源と援助を動員する施策を受けなければならないということである。彼らが自分自身の生活の主となるために」［ibid., p.9；括弧と傍点は引用者］。

このように政府戦略案に見られる理念は、アクティベーションの拠って立つ理論的根拠と見事なまでに通底している。デンマークでアクティベーションが本格的に導入されたのは、1993年の労働市場改革においてであった。そこで議論されていたのは、深刻な失業問題が続く現代社会において、自国の高度な福祉システムをいかにして持続可能なものとするか、という点であった。そこで白羽の矢が立てられたのが、社会的給付への権利と積極的労働市場政策への関与義務とを組み合わせたアクティベーション政策だった。そして、これに理論的根拠をあたえたのが、社会的シティズンシップ[11]における義務の側面をより強調するアクティブ・シティズンシップであり、市民と社会との互酬性を強調する共同体主義であり、社会権との関係性で参加や貢献の義務というメンバーシップをとりたててもち出してきた自由主義的な契約の発想であった［嶋内 2012, 76頁］。このような諸々の異なる思想が渾然と融合して、アクティベーションの理論的根拠となりえている。労働市場改革が実施された1990年前後は、まさに政策的にもイデオロギー的にもデンマークにおける社会政策の大きな転換の時代であったと指摘されている。このときに生じたのが、さまざまな社会政策にアクティベーションの原理を導入したことであった。こうした一連の動向は、いわゆる「積極的路線（Aktivlinjen）」と称されている［Carstens 1998, p.61; Møller og Elm Larsen 2011, p.17］。

一連の金融危機の影響を経験したあとも、その方針に根本的な揺らぎは見られ

ない。前節で論じた明確な教育準備者に提供される有用な活動の意味を、ここであらためて見てみよう。教育が始まるまでに設けられたこの施策には、所得保障のみを受け取る消極的な給付期間を微塵も設けてはいけないという明確な意図や、福祉国家の受給者に値する「善き市民」は能動的でなければならないという規範が埋め込まれていることがわかる。また、具体的に展開される活動内容を見れば、それは参加者の計画に沿う必要はなく、単に給付の見返りとしての社会貢献という位置づけになっていることが読み取れる。より決定的なのは、「有用な活動の目的は、その個人が労働共同体の一部に加わることであり、自らの給付のために社会にとって有用な義務を実行することである」と明記されていることである［Arbejdsmarkedsstyrelsen 2013a, p.4］。したがって、1990年代の社会政策の積極的路線は、新公的扶助制度においても明確な継続性を確認できるのである。

6．教育アクティベーションへ

　本章は、近年の金融危機以降にデンマークで実施された主な社会保障制度の改革について論じてきた。くり返せば、この中心は2014年から施行された新たな公的扶助制度であり、その最大の特徴は若者に対して教育扶助を設けたことと、その受給条件に教育への参加を義務づけたことであった。前節で確認したように、改革の理念を見るかぎり根本的な変化は生じていない。

　しかしながら、そこに見られるアクティベーション政策はまったく変化をしていないわけではない。積極的路線という大枠は維持しているものの、ひとつの新しい傾向が現われてきていることもまた事実である。それは、若年受給者に対する教育の重視、あるいは教育参加の強制である。元をたどれば、すでに2006年以来、18-24歳の若者で教育の不足している受給者が、教育機関での再教育を受けることが義務づけられていた［Ministeriet for Flygtninge, Indvandrere og Integration 2005, pp.15-6］。しかし、それよりも今回の改革のほうが教育扶助を導入したことで、より本格的に教育の重要性を前面に押し出している。

　これまでの公的扶助におけるアクティベーションは、あくまで就労支援が中心であったことを考えれば、教育の強調は新しい動向かもしれない。過去から現在までアクティベーションに関する経験がそれなりに蓄積されていくなかで、ひとつの重大な課題として挙げられるのは、就労支援が必ずしも有効に機能しない就労困難層が一定程度存在するということである。そしてもうひとつは、一連の金融危機によって若者が相対的に大きな影響を受けたということである。こうした事実が、教育にいっそう大きな注目が集まることの背景にあったのは間違いない。

この傾向はEUの方針とも一致している。EUは2013年に加盟国に対して「若者保障制度（Youth Guarantee）」の導入を勧告している[12]。デンマーク政府が欧州委員会に提出した「国別行動計画」には、本章で扱った現金扶助改革が、若者のための早期介入とアクティベーションの項目に記載されている。それ以外にも、2010年の国会によって、15-17歳の若者による教育、就労、その他の認可活動への従事が、デンマークではすでに義務化されていることが言及されている[Ministry of Employment 2014]。

　では、このように教育へ向かうアクティベーションをどのように理解したらよいのだろうか。われわれは前著『21世紀のヨーロッパ福祉レジーム』において、アクティベーションを3つのタイプに分類することを試みた。それらはワークフェア、就労アクティベーション、そして社会的アクティベーションである。そのなかで、包摂の領域が労働市場以外にも開かれている社会的アクティベーションを、社会的包摂政策として高く評価している［嶋内 2012; 中村／福原 2012; 福原 2012］。そうであるならば、今回の改革はアクティベーションというシステムの全体からすれば、教育にも包摂の領域が開かれたので、就労アクティベーションから社会的アクティベーションに接近したということになるかもしれない[13]。とはいえ、本章で論じてきたように、教育が不足している30歳未満の者にとっては、包摂の領域が労働市場から教育にとって代わっただけのようにも見える。加えて著者は、社会的アクティベーションに次のような意味をあたえている。すなわち、社会的アクティベーションは、包摂の領域が労働市場なのか社会なのかという点だけではなく、その内部において当事者が専門家支配によってコントロールされていないかどうか、対話と交渉による自律的な決定主体たりえるかどうかという領域内部でのコミュニケーションのあり様や、当事者のエンパワーメントも射程におさめる概念である。こうした観点に立てば、たとえ包摂の領域が教育にまで開かれたとしても、そこでの施策が徹底した規律と管理にもとづいて実施されているなら、それは社会的アクティベーションであるとは言いがたい。そして、支援のあり方がそのような方向へ接近するかどうかは、地域ごとの利用可能な教育的資源および財政の多寡や、コムーネおよびジョブ・センターにおける職員の力量、議会の方針などに依存する部分が少なくない［嶋内 2011］。つまり、社会的アクティベーションに向かうかどうかは、それを支えるガバナンスの態様によっても左右されるのである。新制度の運用は、まだ始まったばかりである。したがって、2014年から実施された公的扶助における「教育アクティベーション」を社会的アクティベーションにふくめるかどうかは、さらなる経験的な研究によって確かめられなければならない。それを今後の研究課題として指摘し、本章を閉じる

ことにしたい。

【注】

1 2015年6月18日に総選挙が実施された。社民党は第1党を維持したものの、連立与党による政権維持が不可能となり、得票率わずか19.5%で第3党に陥落したLars Løkke Rasumussen率いる左派党の単独少数派政権に交代した。デンマーク国民党が躍進し第2党へ議席を伸ばしたが、左派党と合意にいたらず入閣は見送られた。政府は施政方針『共に未来へ』を発表し、公的扶助受給額に上限を設けることを宣言している。またそれによって節約した財源を低所得層の所得減税にまわし、低賃金労働に就く動機づけをうながすこととも述べている。全体として社会保障費を削減し、労働を割に合うものにして労働力供給の強化へ転換する方針である［Regeringen 2015, p.10］。雇用大臣には経営者連盟（Dansk Arbejdsgiverforeing）の事務総長を直前まで務めていたJørn Neergaard Larsenが任命された。この新大臣のもとで失業者を即座に就労に戻すための法案が準備されている。それは失業者をより早く就労させた基礎自治体ほど、国からアクティベーションにかけた費用の償還率が高くなる中身になっている［Beskæftigelsesministeriet 2015］。

2 もともとアクティベーションが本格的に導入された1994年における受給期間は7年間だった。それが1996年に5年間に変更され、1999年からは4年間になっていた。

3 統一リスト党は、1989年に3つの左翼政党が合流して作られた政党である。反グローバリゼーション、反新自由主義、環境主義などを党是としており、代表のJohanne Schmidt-Nielsenはカリスマ的な人気のある若手の女性政治家である。

4 旧労働市場庁は組織統合され、2014年1月より労働市場採用庁（Styrelsen for Arbejdsmarked og Rekruttering）に改称している。

5 国民学校は初等教育から前期中等教育までをカバーしており、第0学年から第9学年または第10学年まである。第10学年への進学は任意であるが、およそ6割の生徒が第10学年への進学を選択している。

6 その他の改革項目として、未婚の同棲者に対しては、当事者自身による相互扶養が義務化された。すなわち、同棲する者らが2人とも25歳以上で、かつどちらか一方が一定以上の収入を得ているならば、もう一方は公的扶助の権利を失うことになった。

7 国民学校よりも上位にある教育のひとつに、初期職業教育（erhversuddannelser）がある。これは後期中等教育レベルに相当し、学校での教育を中心とするベーシックコース（grundforløb）、ならびに現場での実習（徒弟訓練）を中心とするメインコース（hovedforløb）から組み立てられている。メインコースはいわゆるデュアル・システムであり、学生は学校での教育と企業での実習を交互に経験することになっている。ベーシックコースを修了すれば、メインコースに進級することができ、メインコースを修了すれば、将来の熟練労働者候補として労働市場へ参加することが可能となっている。どのような職業コースを選択するかにもよるが、ベーシックコースでの教育開始からメインコースの修了までは、2-5年程度の期間を要する。メインコースで教育をスタートするには、学生は実習先の企業

と実習訓練契約（徒弟契約）を結ぶことが必須条件となっている。このメインコースにおいて学生たちは、実際に企業で働いて賃金を得ながら技能を修得する。デンマーク企業全体のおよそ３分の１が実習先となっている。なお、同じ後期中等教育レベルに商業高校や工業高校のような学校もあるが、デンマークではそれらは職業教育ではなく、あくまでギムナジウムと同じ普通教育のカテゴリーに分類される。これらの後期中等教育を卒業しても、その卒業資格が熟練労働者としての道に直接つながることはあまりない。したがって、普通教育経由で大学等の高等教育に進学する経路を除けば、初期職業教育の卒業資格を獲得することは、若者が安定した仕事を得るうえで非常に重要な要素となる。

8　たとえば、精神疾患をかかえる若者は関連するメンターを付ける権利をもつ。しかし、その場合の対策はコムーネではなく、広域自治体のレギオンが実施することになっている［Arbejdsmarkedsstyrelsen 2013a, p.7］。

9　本章では新制度を中心的に論じるため、旧制度に関してこれ以上詳細に触れることは控えたい。旧制度の現金扶助受給者の支援行程については、加藤壮一郎氏が丁寧に説明しているので、本章と合わせて参照されたい［加藤 2014］。

10　制裁の種類はいくつかあるが、この場合は３日分の現金扶助をまとめて削減できる［Arbejdsmarkedsstyrelsen 2013b, p.8］。

11　社会的シティズンシップとは、イギリスの社会学者T. H. マーシャルが唱えたシティズンシップ論のうち、社会的権利にかかわるシティズンシップのことをいう。「シティズンシップとは、ある共同社会の完全な成員である人びとにあたえられた地位身分である。この地位身分を持っているすべての人びとは、その地位身分に付与された権利と義務において平等である」[Marshall and Bottomore 1992, 訳37頁]。

12　「若者保障制度」についての詳細は、本書の第２章第５節にゆだねたい。

13　アクティベーションの定義については、本書の序章第１節を参照されたい。

【参考文献一覧】

Arbejdsmarkedsstyrelsen 2009: *Ny Matchmodel: Sådan og derfor.*

――― 2013a: *Reform af Kontanthjælpssystemet: Kontanthjælpsreformens betydning for unge under 30 år uden en erhvervskompetencegivende uddannelse.*

――― 2013b: *Reform af Kontanthjælpssystemet: Kontanthjælpsreformens betydning for voksne samt unge under 30 år med en erhvervskompetencegivende uddannelse.*

Bahle, Thomas, Vanessa Hubl and Michaela Pfeifer (eds.) 2011: *The Last Safety Net: A Handbook of Minimum Income Protection in Europe*, Bristol: Policy Press.

Beskæftigelsesministeriet 2013: *Alle kan gøre nytte –Udspil til en kontanthjælpsreform.*

―――2014a: http://bm.dk/da/Tal%20og%20tendenser/Satser%20for%202014/Uddannelseshjaelp.aspx（2014年12月18日アクセス）.

―――2014b: http://bm.dk/da/Tal%20og%20tendenser/Satser%20for%202014/Kontanthjaelp.aspx（2014年12月18日アクセス）.

2015: http://bm.dk/da/Aktuelt/Nyheder/Arkiv/2015/07/Regeringen%20genfremsaetter%20lovforslag%20om%20refusionsreform.aspx（2015年7月8日アクセス）.

Carstens, Annette 1998: *Aktivering — Klientsamtaler og Socialpolitik*, København: Hans Reitzels Forlag.

The Copenhagen Post 2013: http://cphpost.dk/news/government-surpasses-jobs-goal.4325.html（2014年3月18日アクセス）.

Finansministeriet 2014: *Et Stærkere Fællesskab: Finanslovforslaget 2015.*

Jyllands-posten 2013: http://jyllands-posten.dk/uknews/ECE4978412/massive-jump-in-number-expected-to-lose-dagpenge-benefit/（2014年3月19日アクセス）.

Landsorganisationen 2010: *Danish Labour News*, June 2010.

Marshall, T. H. and Bottomore, Tom. 1992: Citizenship and Social Class, London: Pluto Press.　岩崎信彦／中村健吾 訳『シティズンシップと社会階級：近現代を総括するマニフェスト』法律文化社、1993。

Ministeriet for Flygtninge, Indvandrere og Integration 2005: *En Ny Chance til Alle: Regeringens Integrationsplan.*

The Ministry of Employment 2014: *Danish Youth Guarantee Implementation Plan.*

Møller, Iver Hornemann og Elm Larsen, Jørgen 2011: Marginalisering som det største socialpolitiske problem. Aktivering som et socialpolitisk svar. I: Iver Hornemann Møller/ Jørgen Elm Larsen (Red.), *Socialpolitik*, København: Hans Reitzels Forlag.

Politiken 2012: http://politiken.dk/indland/ECE1801714/oekonomer-staerke-ledige-vil-snuppe-akutjob/（2014年3月19日アクセス）.

　　　　　　2013: http://politiken.dk/indland/politik/ECE1896650/3f-er-utilfredse-trods-nye-tal-kun-hvert-20-akutjob-er-til-de-ufaglaerte/（2014年3月19日アクセス）.

Regeringen 2013: *Aftale om en Reform af Kontanthjælpssystemet – Flere i uddannelses og job.*

　　　　　　2015: *Sammen for Fremtiden*, Regeringsgrundlag.

Vilhelmsen, Jes, Erik Bjørsted og Anne Marie Krogsgaard Andersen 2014: *Ledighed: De unge er hårdest ramt af krisen*, København: Arbejderbevægelsens Erhvervsråd.

加藤壮一郎 2014:「デンマークのフレキシキュリティと社会扶助受給者：就労支援のガバナンス・プロセスを中心に」（博士論文）、埼玉大学。

嶋内健 2011:「社会的包摂としてのアクティベーション政策の意義と限界：ワーク・アクティベーションとソーシャル・アクティベーション」、『立命館産業社会論集』47巻1号。

　　　　　　2012:「就労アクティベーションからワークフェアへ？：デンマーク」、福原宏幸／中村健吾編『21世紀のヨーロッパ福祉レジーム：アクティベーション改革の多様性と日本』糺の森書房。

中村健吾／福原宏幸 2012:「序」、福原宏幸／中村健吾編、前掲書。

福原宏幸 2012:「日本におけるアクティベーション政策の可能性：現状と展望」、福原宏幸／中村健吾編、前掲書。

第Ⅳ部

南欧と中・東欧

第7章
福祉政策の地域格差か、それとも個性化か？
―― 積極的労働市場政策導入後のイタリア

土岐智賀子

　本章では、地理の面でも、また慢性的な失業問題をかかえているという面でも、南欧諸国の代表として取りあげられることの多いイタリアについて、その福祉制度と労働市場政策を見ていく。その際、以下の2つの問題意識をもって整理をしていく。それは第1に、地方分権化のなかで公的福祉はどのように展開されようとしているのかという問題であり、第2に、福祉制度が再編されるなかで、その担い手である国家と地方自治体とサード・セクターの責任と業務の分掌はどのようになっているのかという問題である。

　また、少子高齢化や家族のあり方の変化（規模の縮小、離婚等の増加に見られるような脆弱化、家族内の成員の関係性の変化など）といった日本とも共通する傾向が顕現するにともない、イタリアにおいても個々人の福祉に関するニーズに大きな変容が生じていることが想定される。そこで、（慢性的に）不安定な経済状況と政治体制をかかえるイタリアが、そうした課題をどのように克服しようとしているのかということもまた、本章の基本的な関心をなしている。2012年の秋に上梓した前著では、2010年11月にベルルスコーニ政権が幕を降ろし、それに代わって経済学者で元欧州委員会委員のマリオ・モンティが首相に就任したことを記した［土岐 2012］。それからわずか2年半のあいだに、イタリアでは、民主党のエンリコ・レッタ（2013年4月）、そして同じく民主党のマッテオ・レンツィ（2014年2月）と、2度にわたる首相の交代が行われている。中道右派からテクノクラート政権を経て中道左派政権への移行という政治的な動きだけではなく、政権トップが属する世代にも大きな変化があった。首相辞任時のベルルスコーニが75歳、首相就任時のモンティが68歳であったのに対し、レッタは就任当時46歳、そしてレンツィにいたってはイタリアで最年少の39歳である。その間に経済状況は、2011年の実質GDPの成長率が0.4％で前年度に引き続きプラス成長を遂げたあと、2012年はマイナス2.4％、2013年はマイナス1.9％と低迷を続けている。

　以上の関心をもとに、まずはEUの雇用戦略と社会的包摂戦略に対応して進められてきたイタリアの社会政策がどのようなものであり、どのような成果をあげ、

いかなる課題をかかえているのかを見ていく。具体的には、手始めに、イタリアの社会福祉制度についてその特徴を確認する。そのうえで、近年の欧州雇用戦略の柱である積極的労働市場政策のイタリアにおける展開を見る。そしてその効果を見定めるために、労働市場への参画の状況を確認する。中でも若者に注目をし、学校から職業生活への移行の支援としてイタリア政府ならびにEUが行なっている支援プログラムを概観する。そして最後に、福祉の再編成過程における福祉の担い手たちの責任と業務の分担状況を見ることにする。

1. 社会福祉制度の特徴──補完性の原理にもとづく福祉制度とその課題

社会福祉制度の国際比較において、イタリアはスペイン、ポルトガル、ギリシャといった南欧諸国とともに「保守主義レジーム」に分類され、以下の2つの特徴が際立っているとされてきた。それは、第1にきわめて家族主義的な福祉制度であること、第2に社会保障の内容が労働市場内の職種や社会的階層に対応したものになっていることである。その家族主義的な公的福祉の骨格は、男性が就労し女性が家族のケアを担う性別役割分業、いわゆる「男性稼得者（male breadwinner）モデル」を前提として形づくられている。かつまた、社会保障の内容とその質は、稼ぎ手の労働市場における位置（企業規模、産業部門、雇用契約のタイプ）や社会的カテゴリー（"標準的"な労働者、シングルマザー、高齢者等）に対応しており、保護されたインサイダーと不安定なアウトサイダーとのあいだに分断を生み出している［Andreotti et al. 2001; Borghi 2007］。そして、公的な福祉制度はあくまでも家族の機能を補完するものとして制度設計されており、国家は家族や親族が機能しないときにのみ介入をする。さらに、本節の終盤で見るように、近年の制度改革によって、社会福祉の内容の地域間格差が大きくなっている。

家族主義的な福祉制度は、EUの基本方針とも整合性をもつものとして展開されていることに留意しておきたい。期待される家族の機能が不全の場合にそれを補完するものとして供与される福祉のあり方、すなわち福祉の「補完性の原理」の原義は、すでに1931年のローマ教皇の回勅に見いだされ、それから半世紀を経た1985年に欧州評議会で採択された「欧州地方自治憲章」で提起された。同憲章のなかには「公的な責務は、一般に、市民に最も身近な当局が優先的に遂行する」（第4条第3項）という「近接性の原則」と「補完性の原理」が示されている［髙橋 2008, 88頁］。イタリアではこの憲章の批准を経て、「新地方自治法」（1990年）における自治体の事務の配分にかかわる条項に、補完性の原理が盛り込まれた。この法律の制定により、地方の公共サービスの運営について、サード・セク

ターへの委託のほか、特殊企業、非営利団体、地方団体を主たる株主とする株式会社の参入が可能になった［同前, 71頁］。

さらに、「補完性の原理」は1992年のマーストリヒト条約で明記され、2001年にはイタリアの憲法にまで盛り込まれるにいたった。憲法には、国と地方の関係の規定において「垂直的補完性原理」が導入されただけでなく、公共団体（中央政府と地方政府）と私的団体（家族・結社等）とのあいだで公共政策の実施権限を配分するための「水平的補完性原理」もとり入れられている［同前, 64頁］。

また、2000年11月8日に制定された法律328号「社会的措置・サービスの統括システムを実現するための枠組み法」、通称「社会福祉基本法」において、補完性の原理を実現するために、福祉サービスの供給に関してサード・セクターがその力を十二分に発揮できるような環境を、地方自治体、州、国が整えるべきことが明記された［小島ほか 2009, 321頁］。さらに、先述の2001年の憲法改正においては、県とコムーネが固有の憲章、権限、職務を有する自治団体と定義され（憲法第114条第2項）、州、県、コムーネといった地方行政のそれぞれの主体が憲法上同じ地位を有していることや、州が立法権（憲法第117条）と組織自治権（憲法第123条）をもつこと、予算に関する一定の自治権の保有を認められることが定められた［工藤 2007］。

これらの新たな枠組みによって、社会福祉政策および福祉サービスに関する国と地方の機能と権限は、国が全般的な指導・調整と全国レベルでの計画策定を、州は州レベルの計画の策定と州法による規制、医療資源の適正配置を、そして基礎自治体であるコムーネが福祉分野でのサービスや給付を実施するものと規定された［小島ほか 2009, 87-8頁］。

公的福祉の担い手のこうした再編成にともない、地方自治体の財政自治権と自主課税権も大幅に強化されている。そのことによって顕在化したのが、イタリア社会の古くて新しい課題である「地域による違い」である。経済状況の違いだけではなく、福祉政策の違いによって、人びとがどこに居住しているかで生活の質に大きな差が生じているのである。

図表7-1 は、2000年から2012年までの10年間のうち、2000年、2005年、2011年と2012年の失業率を州ごとに男女別で示したものである。2012年の失業率を見ると、イタリア全体では10.7％であるが、中部・北部で8.0％であるのに対し、南部は倍の17.2％にも上る。そして、それは、図表7-1 で記載された2000年、2005年、2011年のいずれにおいても同様の傾向を見せている。地域別に見た場合（2012年）は、失業率が最も低い北部のボルツァーノ自治県（4.1％）と最も高い南部のカンパーニア州（19.3％、州都ナポリ）ならびにカラブリア州（19.3％）とは、

図表7-1　州別・男女別失業率（2000年、2005年、2011年、2012年）
(%)

	2000			2005			2011			2012		
	男性	女性	計	男性	女性	計	男性	女性	計	男性	女性	計
ピエモンテ	4.8	11.5	7.7	3.3	6.4	4.7	6.9	8.6	7.6	8.2	10.5	9.2
ヴァッレ・ダオスタ	3.3	3.3	3.3	2.4	4.3	3.2	5.1	5.4	5.3	7.3	7.0	7.1
リグーリア	9.7	9.1	9.4	3.2	9.1	5.8	5.8	7.0	6.3	6.4	10.3	8.1
ロンバルディア	2.8	5.6	3.9	3.1	5.4	4.1	5.1	6.7	5.8	6.7	8.5	7.5
トレンティーノ＝アルト・アディジェ	2.1	5.1	3.3	2.3	4.3	3.2	3.5	4.4	3.9	4.6	5.8	5.1
ボルツァーノ	1.6	2.2	1.8	2.2	3.5	2.8	3.0	3.8	3.3	3.6	4.8	4.1
トレント	2.6	7.9	4.7	2.4	5.2	3.6	4.0	5.1	4.5	5.6	6.8	6.1
ヴェネト	3.1	7.4	4.9	2.9	6.2	4.2	4.0	6.4	5.0	5.7	7.8	6.6
フリウリ＝ヴェネツィア・ジュリア	2.4	9.0	5.0	3.2	5.3	4.1	4.1	6.5	5.2	5.8	8.1	6.8
エミリア＝ロマーニャ	2.3	4.9	3.5	2.7	5.3	3.8	4.5	6.3	5.3	6.4	7.9	7.1
トスカーナ	2.7	9.1	5.4	3.7	7.3	5.3	5.4	7.9	6.5	6.5	9.5	7.8
ウンブリア	5.8	8.5	7.0	4.1	8.8	6.1	5.2	8.3	6.5	8.4	11.6	9.8
マルケ	4.6	5.7	5.0	3.4	6.5	4.7	5.4	8.4	6.7	7.9	10.6	9.1
ラツィオ	7.5	16.4	11.1	6.4	9.5	7.7	8.1	9.8	8.9	9.8	12.1	10.8
アブルッツォ	9.6	11.0	10.2	4.5	12.7	7.9	7.1	10.7	8.5	9.4	12.9	10.8
モリーゼ	8.0	13.8	10.1	8.2	13.2	10.1	8.9	11.6	9.9	10.4	14.5	12.0
カンパーニア	15.1	29.3	20.1	11.9	20.8	14.9	13.7	19.0	15.5	17.5	22.3	19.3
プーリア	11.9	24.4	16.3	11.5	20.9	14.6	11.1	16.9	13.1	14.0	18.7	15.7
バジリカータ	12.6	17.8	14.4	8.5	18.5	12.3	11.2	13.2	12.0	14.5	14.4	14.5
カラブリア	15.8	25.7	19.0	12.2	18.2	14.4	12.2	13.6	12.7	18.1	21.2	19.3
シチリア	18.9	34.1	24.1	13.4	21.6	16.2	12.8	17.2	14.4	17.5	20.6	18.6
サルデーニャ	11.6	22.5	15.7	9.8	18.0	12.9	12.8	14.6	13.5	15.3	15.9	15.5
北西部	4.1	7.6	5.6	3.2	6.0	4.4	5.6	7.2	6.3	7.1	9.2	8.0
北東部	2.6	6.4	4.2	3.4	6.4	4.0	4.2	6.2	5.0	5.9	7.7	6.7
中部	5.4	11.8	8.1	4.9	8.3	6.4	6.7	8.9	7.6	8.4	11.0	9.5
中部・北部	4.0	8.4	5.9	3.6	6.6	4.8	5.5	7.4	6.3	7.1	9.3	8.0
南部	14.6	26.5	18.8	11.4	19.6	14.3	12.1	16.2	13.6	15.9	19.3	17.2
イタリア	7.7	13.6	10.0	6.2	10.1	7.7	7.6	9.6	8.4	9.9	11.9	10.7

出所：ISTAT「noiitalia」(http://noi-italia2014.istat.it/) より転載

実に15％ポイント強の開きがある。

　図表7-2は、2003年と2011年の州別の相対的貧困率を示したものである。失業率と同様に相対的貧困率においても、北部・中部、そして南部の違いは一目瞭然である。北部が2011年のデータで4.9％、中部が6.4％であるのに対し、南部は23.3％に上っている。

　この貧困率の格差に見られるような北部・中部と南部の経済的な分断には、さまざまな要因が絡み合っている。歴史的な経緯として、早くから産業化が進んだ北部と、高い生産性で国際競争力のある中小の民間企業が活躍している中部に対し、南部は採算性の悪い国営企業を主体とする重化学工業が中心であったうえに、財政赤字を縮小するために政府が南部開発政策から後退したことにより、工業化という点で立ち遅れてしまった［竹内1999］。また、Andreottiらは、このような結果の背景について、地域によって異なる失業のリスクに加え、近年広がりをみせる不安定な仕事と、世帯の稼ぎ手が1人であることが多いことをその要因として指摘している[1]［Andreotti et al. 2013, p.626］。

　このような状況に対し、各地域の行政はどのように対応しようとしているのか。図表7-3は、2003年と2009年における州別の1人あたりの社会支出費を示したも

図表7-2 州別相対的貧困率＊（2003年と2011年）

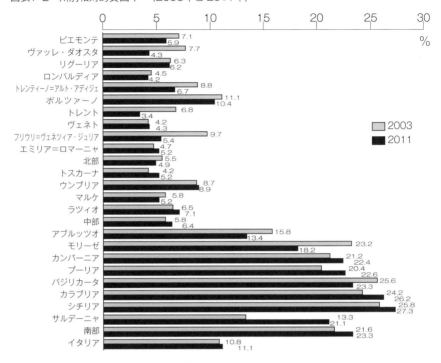

＊注：相対的貧困率はOECDの作成基準に基づき算出されており、等価可処分所得の中央値の50％未満の世帯員の割合で示されている。
出所：[Gambardella et al. 2013, p.27] より転載

のである。州別の数値を北から南に並べてみると（ただし、サルデーニャ自治州とシチリア州は、島嶼に分類されて図表の下部に示されている）、社会支出費においてもまた、北と南の区分でその違いが歴然である一方、州ごとのばらつきも大きい。さらに、同一州内においても異なった対策が講じられている[2]［Lumino e Pirone 2013］。Kazepovらの表現を借りれば、社会政策が地域によって大きく異なる「バラバラな福祉」が、現在のイタリアの特徴のひとつとなっている[3]［Kazepov e Barberis a cura di, 2013］。

図表7-3 州別1人あたりの社会支出費平均額（2003年と2009年）

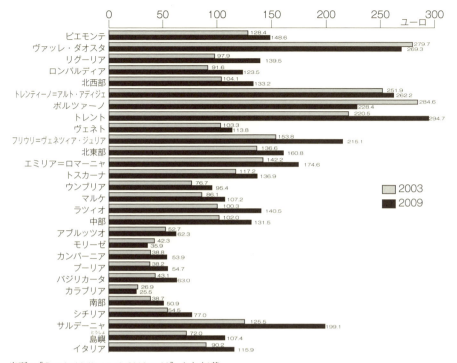

出所：[Gambaldella et al. 2013, p.38] より転載

2．欧州統合と政権交替のなかで展開する国家的課題の克服プラン
　　──労働市場政策の展開

　労働市場に注目すると、イタリアは近年まで、採用と解雇の規定、ならびに非典型の雇用契約の利用などに関して厳格な規制がなされている国のひとつと評されていた。労働者の保護を目的とした厳しい法規制の枠組みは、1970年代半ば頃までに徐々に形成されたあと、70年代後半以降になると、深刻な雇用危機に対処するために規制緩和へと向きを転じた［大内 2003, 26-7頁］。1980年代には、連帯協約（ワーク・シェアリング）、若者のための訓練労働契約、パートタイム契約およびフレックスタイム契約等が導入され（1984年12月19日法律863号）、南部の若者を対象とした起業促進に関する施策（1986年2月28日法律44号）や、労働省管轄による州の職業紹介サービスの導入（1987年2月28日法律56号）など、積極的労働市場政策に位置づけられる対策が実施されている。そして、1990年代以降の欧州統

合の深化——通貨統合に参加するための課題として喫緊の対策を迫られていた財政赤字削減や欧州雇用戦略に対する対応——が失業問題に本格的に取り組むインセンティブをもたらすことになり［Ferrera and Gualmini 2004, pp.87-104］、有期雇用の拡大を後押しする労働法の大幅な変更が進行することになる。

　今日まで続くイタリア社会がかかえる懸案事項は、1999年にイタリア政府が欧州委員会に提出した国別雇用行動計画（National Employment Action Plan）のなかにも見ることができる。それは、他の加盟国と比較することでいっそう際立つ若者の失業率の高さ（本書第1章の図表1-9を参照）、女性の就業率の低さ（本書第2章の図表2-3を参照）、そして前節でも触れた南北格差問題である。欧州雇用戦略の指針に則した行動計画として記されているのは、労働市場において存在感の低い若者、女性、高齢者に対する雇用の機会を増やすこと、そのためにパートタイム雇用を増やすこと、学校から職業への移行を容易にすること、南部地域の失業率の軽減と経済成長のために起業家精神の強化を支援すること、ヤミ経済の克服、製造業とサービス産業との統合による経済発展を支援していくことである。

　失業問題を中心とする上記の課題を克服するために用いられた新たな戦略が、EU諸国ですでに実施されていた雇用制度のフレキシブル化と積極的労働市場政策である。1997年に制定された「雇用促進法」（1997年6月24日法律196号）はイタリアにおいてフレキシビリティの拡大をもたらすことになる。これは、当時のプローディ内閣における労働大臣の名を冠して「トレウ一括法（Treu Paccheto）」と呼ばれる。この法律により、労働者派遣契約の導入、有期雇用契約の自由化、国家による公共職業紹介独占の撤廃と職業紹介およびアクティベーションの分権化、訓練労働契約および見習い労働契約（アプレンティスシップ）の改革、パートタイム契約の促進などが行なわれた［ザメック・ロドビチ 2004, 295-301頁］。

　トレウ一括法の制定後にも、雇用制度のフレキシブル化は推進された。労働法改正に関する政府委員会が立ち上げられ、同委員会の答申をもとに中道右派ベルルスコーニ内閣への政権交代後の2001年10月に刊行されたのが、白書『イタリアの労働市場——活力ある社会と質の高い労働への提言』である。このなかでは、欧州雇用戦略に対応して、質の高い労働力を養成し活力ある社会を形成するために、就労能力を高める職業訓練の重要性が強調され、労働市場のフレキシビリティの推進、ならびに社会的排除をなくし平等を実現することが提言された。そして、2002年には国内での激しい論争のなかで、政府とイタリア工業連盟（Confindustria）と39の労働組合連合とのあいだで「イタリア協定（Patto per Italia）」が交わされ、2003年には通称「ビアジ法」が制定される（2003年2月14日法律30号、2003年9月10日委任立法276号など）。これ以降、労働市場のフレキシブル化が大きく進展

し、全雇用に占める有期雇用の割合は2006年には15％を超え、リーマン・ショック後の2009年に低下したもののその後上昇し、2011年にはふたたび15％を超えている。また、イタリアにおける有期雇用の割合は、2004年以降はOECD加盟国平均値をつねに上回っており、労働市場におけるフレキシビリティが普及した国のひとつになっている［Tridico 2014, pp.6-7］。

　さらに、モンティ政権下（2011年11月-2013年4月）の2012年7月には解雇規制の緩和をめざした法案が閣議決定され、労働市場のいっそうのフレキシブル化が推進される一方で、不安定な働き方を支えるために失業保険の改革が行なわれ（2012年6月法律92号）、2013年1月から通称アスピ（ASPI）と呼ばれる雇用社会保険が導入された。

　このように政府レベルでは、雇用促進のために、労働にかかわるさまざまな法律の改定が行なわれてきた。その一方で、具体的な積極的労働市場政策は、前節で見たように各自治体の責任のもとで実施されることが期待されている。政府（労働政策省）は、政府主導の積極的労働市場政策を打ち出すというよりも、民間団体の「Italia Lavoro」と国立の研究機関である「ISFOL（Istituto per lo sviluppo della Formazione Professionale dei Lavoratori：労働者職業訓練支援機関）」[4]に、自治体が積極的労働市場政策を実行するための法的な手続きへの支援をすることを認め、そのことにより、それらの組織に対して、自治体が積極的労働市場政策を実施するためのファシリテーター役を、あるいは必要な情報の提供役を担わせるという仕組みをとっている［López-Santana and Moyer 2012, p.776］。

3. 就業率の推移から見るイタリアの状況

国際比較と性別で見た就業率の状況

　本節ではまず、就業率（15-64歳）から近年のイタリアの社会状況を概観しておこう。ISTAT（イタリア政府統計局）の2013年のデータ［ISTAT 2014］によれば、就業率は男性が64.8％で、女性は46.5％である。リーマン・ショック前の2008年と2013年との比較で見るなら、就業率が増加して高い水準にあるドイツ、数値は変わらないものの高い就業率を示しているスウェーデンやオーストリアなど[5]に対して、イタリアではスペイン、ギリシャ、ポルトガルと並び就業率が減少しており、しかもその値が低い（図表7-4）。そして図表7-5によれば、2013年の15歳以上の就業者総数は2242万人であり、2008年比で就業者は98.4万人も減り（内訳：男性97.3万人、女性1.1万人）、割合にすると4.2％ポイントの減少が見られる。

　しかし、地域や性別等に着目すると、別の様相を見て取ることができる（図表7-5）。

図表7-4　EU諸国の2013年における15-64歳の就業率、2008年と2013年の就業率および就業者数の比較

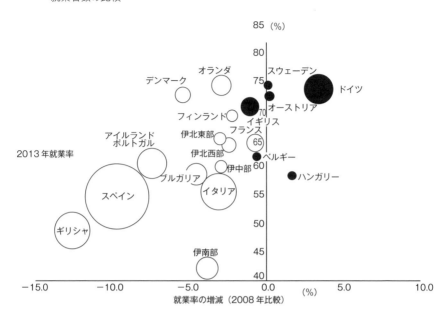

国（地域）	ベルギー	ブルガリア	デンマーク	ドイツ	アイルランド	ギリシャ	スペイン	フランス	イタリア	ハンガリー
就業率2013（％）	61.8	59.5	72.5	73.5	60.5	48.8	54.8	64.1	55.6	58.4
2008年比較就業率増減（％）	-0.6	-4.5	-5.4	3.4	-7.1	-12.6	-9.7	-0.7	-3.1	1.7
2008年比較就業者数増減（千人）	71	-417	-185	738	-227	-1064	-3315	-241	-1025	57

国（地域）	オランダ	オーストリア	ポルトガル	フィンランド	スウェーデン	イギリス	伊北西	伊北東	伊中部	伊南部
就業率2013（％）	74.3	72.3	60.6	68.9	74.4	70.5	63.8	64.9	59.9	42.2
2008年比較就業率増減（％）	-2.9	0.2	-7.4	-2.2	0.1	-1	-2.4	-3	-2.9	-3.8
2008年比較就業者数増減（千人）	-283	79	-628	-94	61	246	-164	-126	-111	-365

（注）：バブル（円）の大きさは、2013年の就業者数から2008年の就業者数を引いた数値に対応している。黒が増加、白が減少を示している。
出所：ISTAT 2014, p.83を参照し、Eurostat Labour Force Surveyより作成

図表7-5 2008年、2012年、2013年の就業率（性別、地域別、国籍、年齢別）

	就業率（15-64歳）%			就業者数（15歳以上）			（単位：千人）	
	2013年	2008年比	2012年比	2013年	2008年比（実数）	(%)	2012年比（実数）	(%)
性別								
男性	64.8	-5.5	-1.7	13,090	-973	-6.9	-350	-2.6
女性	46.5	-0.7	-0.6	9,330	-11	-0.1	-128	-1.4
地域								
北部	64.2	-2.7	-0.8	11,776	-291	-2.4	-125	-1.1
北西部	63.8	-2.4	-0.4	6,779	-164	-2.4	-34	-0.5
北東部	64.9	-3.0	-1.3	4,997	-126	-2.5	-91	-1.8
中部	59.9	-2.8	-1.0	4,746	-111	-2.3	-72	-1.5
南部	42.0	-4.1	-1.8	5,899	-583	-9.0	-282	-4.6
国籍								
イタリア	55.3	-2.8	-1.0	20,064	-1,589	-7.3	-500	-2.4
外国籍	58.1	-9.0	-2.5	2,356	605	34.5	22	0.9
年齢								
15-34歳	40.2	-10.2	-3.1	5,307	-1,803	-25.4	-482	-8.3
35-49歳	72.2	-3.9	-1.4	10,433	-251	-2.4	-235	-2.2
50歳以上	52.6	5.3	1.3	6,680	1,070	19.1	239	3.7
イタリア	55.6	-3.1	-1.1	22,420	-984	-4.2	-478	-2.1
EU 28か国	64.1	-1.6	0.0	216,964	-5,883	-2.6	-494	-0.2

出所：［ISTAT 2014, p.84］

図表7-6 女性（15-64歳）の就業率の推移（1999-2013年）

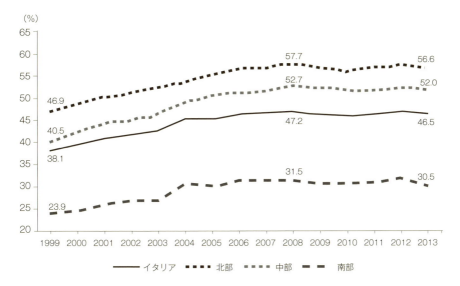

出所：Eurostat Labour Force Survey より作成[7]

第1節ですでに見たように（図表7-1）、就業状況は地域差が非常に大きい。就業率は北部が64.2％に対し、中部59.9％、南部42.0％である。さらに2008年比で見ると、北部は2.4％ポイントの、南部は2.3％ポイントの減少であるのに対し、南部の減少は9％ポイントにのぼっている。

　性別に着目すると、2008年から2013年の就業者数の変化は女性が0.1％の減少でほとんど変化が見られないのに対して、男性が6.9％の減少を示している。そこで、女性の就業率を1990年代後半にさかのぼりその推移を見ると、ほぼ上昇を続けていることが見て取れる[6]（図表7-6）。とりわけ北部と中部は、10数年間のうちに10％ポイントも女性の就業率が上昇をしており、イタリアがEUに提出している国別行動計画において長らく課題とされてきた女性の労働市場への参加の推進については、一定の成果をあげていることがわかる。

4．労働市場における若者の状況と、学校から職業への移行対策

　女性の就業率の上昇が見られる一方で、若者の就労状況を確認すると、依然として芳しくない結果が示されている。本書第1章の図表1-9で見たように、イタリアにおける若者の失業率はきわめて高い。2013年と2008年のデータを比較すると、35歳未満の失業率は6.7％から12.0％に上昇している。また、図表7-3で見たように地域による違いが大きく、25-29歳の失業率は、北部と中部がそれぞれ11.3％と13.3％であるのに対し、南部は19.8％に達しており、また30-34歳の層ではそれぞれ7.4％、10.0％、16.2％となっている［ISTAT 2014, pp.99-122］。

　ニート（NEET：Not in Education, Employment or Training）についても確認しておこう。ISTATが2013年に実施した調査によれば［ibid.］、15-29歳の若者のあいだでは前年との比較でニートが18.5万人増加しており、2008年と比較すると57.6万人多い243.5万人の若者が教育・職業・訓練のいずれにもかかわっていない。その増加の原因の大半は、2008年比で54.4万人増、2012年度比で34.4万人増の仕事に就けない人びと（失業あるいは潜在労働力）の増加に求められる。同年代におけるニートの比率を男女比で見ると女性が多く（男性24.4％、女性27.7％）、地域で見ると南部が多くなっている（北部19.0％、中部21.7％、南部35.4％）。また、ニート全体の人数（243.5万人）の内訳を学歴で見ると、中卒までが98.8万人、高卒が120.6万人、大卒以上が24万人となっている。

　ここには、移民[8]をとり巻く状況が反映されている。若い外国人の就業率は2008年の58.5％から2013年には47.1％へと落ち込んでいる。一方で、失業率と

潜在労働力率は、2008年に比べて前者が7.1％ポイント、後者が3.4％ポイント上昇している。就学状況については、イタリア人の同年代の若者が30.7％であるのに対し、外国人は15.7％と、およそ半分にとどまっている。また、求職活動をしていない、あるいはできない若い外国人の割合は8.8％から15.3％に増加している。求職しない、あるいはできない要因のひとつとして、ISTATの報告書は、外国人女性ではその多く（8割）が母親であること（ルーマニア、アルバニア、モロッコ国籍が大半を占める）、そして、文化的要因、あるいは家族や友人のネットワークが乏しいことが、若い母親たちに無業を選択させている可能性があることを指摘している［ibid., p.111］。

　これらのデータからは、経済不況のなかで若者たちが仕事に就くことが困難な状況が続いていること、とりわけ移民の若者たちにいたっては教育・訓練の機会からも遠ざかり社会的に統合されないリスクを多くかかえていることが読み取れる。

イタリアの「若者保障制度」

　イタリアに限らず、欧州における若者の雇用は厳しい状態が続いている。そうした雇用情勢に対してEUは、本書の第2章第5節で紹介されているような、15-24歳の若者（とくにNEET）を対象とする「若者保障制度（Youth Guarantee）」を設けることで対応しようとしている。イタリアの若者保障制度は、以下で見るような法整備を経て、正式には2014年5月1日に発足した（European Trade Union Confederation 2014）。以下、イタリアがEUに提出した「若者保障の実施計画（Italian Youth Guarantee Implementation Plan）」をもとにイタリアの若者保障制度の概要を見ていくことにする。

　イタリアの若者保障制度に投入される費用は15億1300万ユーロにのぼると見込まれている。その内訳はYEI（若年雇用イニシアチブ）から支援を受ける予定の5億6700万ユーロと、欧州社会基金からの助成金5億6700万ユーロや国家予算である。対象の上限を29歳（大卒者）まで広げて取り組みを行なっているイタリアの若者保障制度に関する法整備と取り組みの概要は、以下のとおりである。

　1）若者保障制度を実現するための法整備
　若者の失業問題への取り組みと社会的包摂の措置が盛り込まれた委任立法76号「若者保障の実現と労働者の配置換えのための措置」（2013年8月9日法律99号に転換）が、2013年6月28日に制定された。18-29歳の若者の正規雇用の促進が図られているこの法律の施行により、すでに2013年8月から10月までの3カ月間で

図表7-7 「イタリアの若者保障制度」が手がける支援内容

サービス項目	内容
オリエンテーション	支援を受けるための説明、経歴の登録、求人紹介ならびに求められる資格・技能などの情報、キャリア相談などの個別対応。
訓練／教育	企業内でのOJT式での職業訓練や50～200時間の職業訓練、15歳以上18歳未満の中退者に対する教育機関への再在籍支援など。
就労支援	職業紹介や面接対策支援など。
アプレンティスシップ（雇用契約前の「見習い労働」契約）の紹介・斡旋	15歳から29歳までアプレンティスシップ（最低6カ月間の職業訓練）へのアクセス支援。15‐17歳の若者を対象にした最長3年間の職業訓練または職業高校卒業資格の取得支援（州の職業訓練コースが4年の場合は例外的に4年間）。15-17歳の若者には参加手当として若者保障から年間約2000ユーロの給付を、18‐25歳には約3000ユーロの給付を行なう。給付はアプレンティスシップ契約を結ぶ企業の負担コストを減らすことから助成の意味合いを持つ。また、18‐24歳（大卒者の場合は29歳まで）の若者に対しては、各自の職業的な専門性を重視したアプレンティスシップの紹介・支援を実施（アプレンティスシップ生の給与は若者保障の財源からではなく契約した企業から受け取る）。
実習（Tirocini）*の紹介・斡旋	職業体験支援（6カ月。ただし、障がい者、社会的弱者は12カ月）。
市民サービスの紹介・斡旋	18-28歳を対象。地域福祉サービス（介護、警護、教育、環境、文化保護）の紹介・斡旋。期間は12カ月で、月額433.8ユーロを支給。
自営・起業支援	自営・起業のためのコンサルタントならびにメンタリング。29歳までを対象。
国内（州内外）およびEU内での職業上の移動支援	情報提供、求職支援など。
若者を雇用する企業に対する報奨金	若者と6カ月以上の期限付き雇用契約を結んだ企業に対して、1500ユーロ（高い履歴の若者）または2000ユーロ（たいへん高い履歴の若者）の報奨金を支給。12カ月以上の雇用契約の場合、前者については3000ユーロ、後者については4000ユーロの報奨金を支給。無期限雇用契約の場合、若者の履歴に応じて1500～6000ユーロを支給。ただし、一部の州は無期限雇用契約時のみに限定しており、また、一部の州はこの措置を導入していない。
E-ラーニング・サービス	労働政策省が管理するポータルサイト「Clicklavoro」上に設定されているE-ラーニング・サービスによる教育支援。

*注：この「実習」では、労働の現場を一時的に経験させる機会を若者にあたえ、若者と企業とのコンタクトの場を設けることが意図されている。実習者と受け入れ者とのあいだでは労働関係は形成されず、そのため賃金の支払いは予定されていない。ただし、企業が「奨励金」などの名目で金銭的な手当てを支払うこともある。フランス語由来のスタージュ（stage）ともいわれる［大内2003, 50-1頁］。
出所：「イタリア若者保障」のホームページ「SCOPRI COME FUNZIONA」（www.garanziagiovani.gov.it）より作成

約1万3000人分の雇用を生み出しているという。同法には、アプレンティスシップの契約の簡略化、訓練を促進するための事業計画の推進、ならびに自営業や南部の起業を促進する財政支出に関する事項が盛り込まれている。また、その第5条にもとづいて、若者保障制度を実現するために、多くの関係機関——労働政策省とその関係機関（ISFOLとItalia Lavoro）、INPS（全国社会保障機関）、教育省、経済発展省、内閣府の若者局、経済省、全国州協議会ならびに全国県連合、イタリア商工会議所連合会——の代表者たちからなる組織が設置された。

2013年9月12日には、「若年者を対象とした就業促進支援のための法律命令（暫定措置令）」104号（2013年法律128号に転換）が制定されている。この法整備によって、中学校、高校におけるキャリア・ガイダンスの強化（660万ユーロ）、高校課程（とくに工業・職業高校）におけるアプレンティスシップの促進、高等教育課程におけるアプレンティスシップの促進（上限60クレジットの単位認定）などが取り組まれることになった。

2）イタリアの若者保障制度の内容—労働市場への統合措置

すでに第1節で見たように、福祉の具体的な政策について自治体が大きな権限をもつイタリアでは、若者に対する「テイラー・メイド型」の対応は州にゆだねられ（職業センター：Centro per l'impiego等が担当）、ITプラットフォームの運営、モニタリングや評価、情報・コミュニケーション活動については国が責任を負うという役割に分掌されている。新たに設置された「イタリア若者保障制度（garanzia giovani）」のホームページ[9]には、具体的に行なわれる若者への支援が挙げられている[10]。それをまとめたものが図表7-7である。

そのほか、若者保障制度に先んじて、イタリア政府は企業への優遇措置を講じて若者の就労支援を行なっている。2011年12月に施行された財政緊縮措置では、35歳未満の労働者の州事業税（IRAP）の所得控除額の引き上げを導入している。35歳未満の従業員1人あたりの人件費の控除額を年間4600ユーロから1万6000ユーロに引き上げること等の企業への優遇措置をとおして、若者の雇用促進を進めている。また、アプレンティスシップの労働契約（正社員としての雇用契約前の見習い労働契約）に関して、従業員9人以下の事業所に対しては、2012年1月から2016年末までの期間限定で、3年間の社会保険料雇用主負担分の免除を行なっている［日本貿易振興機構 2012, 35-6頁］。

若者に対する起業への支援も行なわれている。2012年3月には競争・インフラ整備・競争力のための措置のなかで、35歳未満の若者が資本金1ユーロで設立可能な簡易有限会社（Srl semplificata）の導入が決定され、同年8月から施行され

図表7-8　4つの州による労働市場政策の展開

州法	主要な目的・目標	主要な取り組み	計画の配分 州	計画の配分 県	担当 州	担当 県
ロンバルディア 1999年1月15日州法1号	社会的弱者の社会的包摂（女性や障がい者）：労働政策，教育・職業訓練と職業紹介サービスの統合	任務と責任に関する州から県への権限委譲（水平的関係性での連帯と職業紹介サービスの運営委譲）	州の行動計画2001-2003；さまざまな措置2001-2004		就労奨励金、バウチャー	仕事のためのサービスセンター（SPI）
2006年9月28日州法22号	学校から職業への移行支援（実習・アプレンティスシップ）；教育・訓練を受ける権利の保障、ライフワークバランス	労働市場政策の州への中央集権化；支援サービスを委託した県・企業との協同運営	州の労働市場政策計画	地域積極的労働政策計画の年間計画の作成	就労奨励金、バウチャー	仕事のためのサービスセンター（SPI）
エミリア＝ロマーニャ 1996年11月25日州法45号	人が中心；社会的弱者の社会的包摂のための教育・職業訓練	州（計画）と県（実施）の役割分担の再編成	労働・教育・訓練に関する3年間の計画作成	年間および3年間の行動計画作成	実習；職業訓練、企業への奨励金	仕事のためのサービスセンター（SPI）
1998年7月27日州法25号	労働市場政策と教育・職業訓練政策の統合	州と県の役割分担の再編成：職業紹介・支援サービスに関する方針、計画評価を州が、運営を県が担当	労働市場政策の3年間の方針作成と年間計画の作成	州企画の労働・教育・訓練サービスの3年間・ならびに年間実施計画		仕事のためのサービスセンター（SPI）
2003年6月30日州法12号	人の尊厳と職業的な専門性の向上；諸機関との連携（地域ガバナンス）	方針、計画、評価についての州の権限の強化	労働市場政策の3年間の方針作成と年間計画の作成	州企画の労働・教育・訓練サービスの3年間・ならびに年間実施計画		
2005年8月1日州法17号	完全就労；諸機関との連携、積極的労働市場政策、セーフティネット、労働の質	州と県の権限の再配分と計画作成過程のの協議を取り決め	労働市場政策の3年間の方針作成と年間計画の作成	州企画の労働・教育・訓練サービスの4年間・ならびに年間実施計画		
ラツィオ 1998年38号8月7日州法38号	積極的労働市場政策（職業紹介、支援、教育・訓練）	州（計画）、県（管理・運営）、コムーネ（管理、事業委託）の役割分担の再編成	労働市場政策の複数年計画の作成	教育・訓練政策と統合した単年・複数年計画の実行	ラツィオ・ラボーロ（州立職業事業所）	仕事のためのサービスセンター（SPI）、コムーネの職業紹介センター
カンパーニア 1998年8月13日州法14号	労働市場政策、職業紹介・支援政策の法的整備；権限委譲、連帯、労働に関する権利保護	労働市場政策、職業紹介・支援政策の権限整備：州（計画）、県（管理）、コムーネ（事業委託）	労働市場政策の3カ年計画	計画の実行	ARLAV（州立職業事業所）	仕事のためのサービスセンター（SPI）
2009年11月18日州法14号	労働市場政策および職業訓練政策に関する統一法：就業上の質の保証	労働市場政策および職業訓練政策に関する制度上の整理	労働・職業訓練統合政策の複数年計画	計画の実行	ARLAS（州立職業と教育の事業所）	仕事のためのサービスセンター（SPI）

注：①州法律の日付を追記している。②「仕事のためのサービスセンター（Servizi per l'impiego：SPI）」は職業紹介の支援サービスを行なう。SPIの関与は県の職業センター（Centro per l'impiego）、私立の職業紹介所、その他認可団体（大学をふくむ）に及ぶ。
出所：［Ambra, Cortese e Pirirore 2013, pp.92-3］より著者が訳出して転載。

ている［同前］。

5．福祉の再編成過程における自治体とサード・セクターの役割

自治体による積極的労働市場政策の動向

これまで見てきたような福祉のあり方の大きな変容にともない、EU の方針にも適合するように改められた労働市場政策[11]はどのように実施されているのだろうか。分権化が進められているものの政府主導で労働市場政策が展開されているスペインとは異なり、イタリアでは政府と地方自治体が水平的な権限をもち、自治体は大きな裁量権を有しつつ政策を展開している［López-Santana and Moyer 2012, p.770］。本節では、Ambra らの整理をもとに［Ambra, Cortese e Pirore 2013, pp.91-5］、北部から中部・南部まで地理的に異なるいくつかの自治体（ロンバルディア州、エミリア＝ロマーニャ州、ラツィオ州、カンパーニア州）の動向を取りあげ、イタリアの労働市場政策がどのように展開されているのかという点について、各自治体の権限の配置のあり方を中心に概観していくことにする（図表7-8）。

ロンバルディア州は北部に位置し、州都ミラノはイタリア第2の都市で、イタリアの経済の中心地域である。州は、2006年までは労働市場政策を行政系の施設ならびに私企業に委託して行ない、また職業の紹介・斡旋およびその評価に関しては州が管轄をし、県が「職業センター（Centro per l'impiego）」を運営していた。2006年の州法の改定にともない（州法2006年22号）、政策立案の権限は再度州に集中させ、その一方で県には求人・求職等の登録や失業手当や就職のための移動の給付に限定して委託をし、実質的な職業紹介・斡旋サービスについては地域のサード・セクターや企業に委託して行なっている。

エミリア＝ロマーニャ州は地理的に中部に位置し、州都ボローニャを擁している。中世から都市文化が花開いた伝統をもち、現代では自動車産業、食品産業などが盛んな地域である。州法の改正にともない若干の変更はあるものの、2003年まではおおむね州が労働市場政策を決定し、評価も行なっていたが、2005年の州法改正以降、政策決定にあたり州と県はさまざまな局面で協力関係をもち、両者の合意のもとで労働市場政策が実行されている。

ラツィオ州は、首都ローマがあり、まさに政府のお膝元である。ラツィオ州では1998年に制定された州法38号以降、労働市場政策ならびに職業訓練について、州が方針作成と評価を担当し、県が「職業センター」などの職業サービスを管轄し、コムーネが「コムーネ職業センター」で実際の業務を担っている。

カンパーニア州は南部に位置し、その州都はナポリである。第1節で見たように、

イタリアのなかで最も失業率が高い地域である。社会経済的に不安定なこの地域では、1980年代から90年代にかけて、所得保障金庫（CIG: Cassa Integrazione Guadagni）、労働移動措置（mobilita'）、失業手当などの消極的労働市場政策が講じられてきた。1998年の州法14号の制定にともない、州が労働市場政策を立て、県が管轄をし、地域の職業サービスが業務を担当することになっている。また2009年には州法14号が制定され、自治体による積極的労働市場政策の展開も期待されている。

4つの州における労働市場政策の権限の配置状況から見えてくることは、各自治体がそれぞれのやり方で労働市場政策を実施している、あるいはそれを模索中だということである。たとえば南部のカンパーニア州では、自治体の役目は国からの助成金や失業手当等を配分するものであるという従来のイメージから、自治体組織自身も、また利用者も抜け出せない状況にあるとされている［ibid.］。つまり、地方自治の「文化」の違いが[12]政策の結果（パフォーマンス）に大きな影響をおよぼすことが示唆されている。

福祉の重要な担い手としてのサード・セクター

サード・セクターは、イタリアにおいて社会福祉の残余部分を担う（重要な）存在であると伝統的にみなされてはいたが、近年では自治体の協働事業のパートナーなどとしてその存在感がさらに高まっている［Fazzi 2009］。地方分権化の流れのなかで、自治体が大きな裁量権をもち、居住する地域住民を対象に福祉サービスを実施するようになる際に、住民と直に接する福祉サービスの担い手が、従来の自治体職員（公務員）一辺倒から、企業の社員やサード・セクターの人びとの関与をともなうものへと変化している様子を、前項で見ておいた。本項では、今後のイタリアの福祉のあり方を見ていくうえで、社会福祉の供給主体として重要なアクターであり、かつまた遂行のあり方の面でもオルタナティブな存在といえる協同組合等のサード・セクターについて瞥見することにする。

まずサード・セクターにかかわる法的整備を見ると、1991年に「ボランティアに関する枠組法」（1991年8月11日法律266号）と「社会的協同組合法」（1991年11月8日法律381号）が制定されている。前者の法律によって、法人格の有無にかかわらず登録をすれば不動産等を取得・保有する権利が認められ、自治体との業務委託締結や税制の面で優遇が受けられるようになった。後者の法律では、社会的協同組合が国の法律で非営利組織の1形態として規定・承認されることになった。イタリアでは中世から教会組織、職業団体、名望家などによる相互扶助活動が発達し、とりわけカトリック教会組織下の慈善団体による活動は現在も活発に行な

われているが、上記の法整備と、2000年に制定された通称「社会福祉基本法」が、社会福祉サービス供給の担い手としてのサード・セクターの位置づけを明確にし、その活動が推進されたことを契機として、宗教組織以外のサード・セクターも活動を拡大している［小島ほか 2009, pp.107-13］。

　サード・セクターは福祉の担い手として活動するにとどまってはいない。労働市場の競争のなかでは"標準的な労働者"であることを求められ、そのことによってふるい落とされてしまうリスクの高い人びとが、「少ない対価をもち寄って」[13] 活動することを通じて、(ときに多くの人を巻き込みながら) 社会的に包摂される場としても、サード・セクターは期待されている［田中 2011, 174頁］。たとえば、貧困や失業問題をかかえている (またその問題が多くの場合、女性に顕著に現われる) 南部イタリアのサルデーニャ島 (州) で1960年代初頭に設立された家畜飼育の協同組合は、女性の職分を活かすかたちで女性30人によって立ち上げられ、その後従事組合員8000人を擁する事業体になり、のちには消費生活協同組合の発足にもつながっている［同前, 176-7頁］。さらに、1970年代の若年失業者たちの社会運動や、1980年代にトリエステで始まった精神病院解体運動などと、それにともなう協同事業の取り組みの広がりを経て制定された先述の法律381号では、「社会福祉、保健、教育等のサービスの運営を担う協同組合」であるA型と、「社会的不利益をこうむる者の就労を目的として農業、製造業、商業およびサービス業等の多様な活動を行なう協同組合」としてB型が規定された。B型には、報酬を得る全組合員のうち最低30％が社会的不利益をこうむる者であることという条件が設けられている。この法律は、そのような縛りをとおして、社会的排除の対象となるような生きづらさをかかえた人びとの労働参加を支援し、そうした人びとを社会的に包摂する仕掛けになっている［田中 2004］[14]。

　近年のイタリアではサード・セクターの影響力が量的にも経済的にもますます強まっている。AUSER（サービス自主管理と連帯のためのアソシエーション）が実施した自治体の2006年の業務委託に関する調査によれば、自治体からの福祉サービスの委託先は95％が非営利団体となっている（そのうちの9割が社会的協同組合）［田中 2011, 186頁］。また、Mainoらによれば［Maino e Ferrera 2013-2014］、2011年末の時点で活動中のNPOは30万におよび、イタリア国内における法的・経済組織の6.4％に達している。この部門では570万人強の人びとが活動しており、その内訳は480万人（83.3％）がボランティアとして、68万人（11.9％）が被雇用者として、27万人（4.8％）が継続的連携労働契約のもとで働いている。2011年にイタリアのサード・セクターが産み出した経済価値は670億ユーロであり、これは同国のGDPの4.3％に達すると試算されている。

また、これらサード・セクターの運営を支援する目的で制定された「1000分の5税（5 per mille）」が、その活動を助成している。イタリアでは従来から「教会税」とも呼ばれる「1000分の8税」があるが、この税の徴収方法に倣うかたちで2006年の財政法（2005年法律266号）により「1000分の5税」は導入された。各納税者は確定申告の際に、任意で個人所得税額の1000分の5を、各自が選んだ（認可）団体に対して納税することができる［小島ほか 2009, 114頁］。この税制は当初は実験的に導入されたが、毎年更新されており、現在もサード・セクターの活動の重要な財源になっている［Agenzia delle Entrate（イタリア歳入庁）ホームページ[15]: 5 mille］。

6．おわりに

　本章では、男性稼得者モデルを基本として制度設計されたイタリアの福祉制度が、経済状況の影響を受けながら、EUの雇用戦略と同調し、雇用制度の改革と福祉制度の改革を経て、現在そのあり方を大きく変えていくまさに途上にあることを見てきた。そこから明らかになったイタリアの現在の福祉の特徴は、Kazepovらが指摘するように［Kazepov e Barberis a cura di 2013］、地域によって異なるバラバラな福祉であった。それは、イタリアの国のなかでもどの地域に暮らすかで生活の質が大きく異なることを意味する。その一方で、福祉の担い手の責任と業務の分掌のあり方の変更にともなう、公的福祉サービスにおけるサード・セクターの役割の増大[16]は、地域住民のニーズの個別性に対応するという利点と、担い手自身がその仕事を通じて（ただし、ときに脱標準的な労働の仕方で）社会的に包摂されていく可能性とを有している。また、地域に居住する個々人の生活の質（労働の仕方をふくむ）を高めることを優先する結果として地域福祉が地域ごとに異なることは、当然の帰結としてとらえることもできよう。その結果、地域の福祉のあり方の違いはさらに大きくなることが予想される。そうであるとはいえ、多くのボランティアの参画も見られるサード・セクターや、それを納税によって支援するというイタリアの人びとの動向を見るとき、福祉のあり方の違いをそれぞれの地に居住する人びとが多様性として享受する道を歩んでいるとの見方もできるのではないか。
　しかし本稿では、一方で、そのような楽観的な展望を曇らせる要因となるような、依然として若者が苦境に立たされている状況をも確認した。イタリアの雇用制度の改革は、雇用のフレキシビリティを広範囲にもたらしたものの、それを支える仕組みがいまだに（変容が見られるとはいえ）旧来の家族主義モデルに立脚しており、

そのつけが若者に集中する構造に大きな変化は見られなかった。そしてそこには移民の社会的排除のリスクという近年の新たな課題も加わっていた。緒についたばかりの「若者保障制度」をはじめとして、EUの雇用戦略と社会的包摂戦略にリードされながら現在進行している、学校から職業生活への移行に関する若者への支援は、今後どのように展開して、どのような効果をもたらすか、そしてそれが福祉の担い手の変更とどのような関連性をもつのか。日本の若者の移行支援を検討するうえでも、これらの点を注意深く見守っていく必要があるだろう。

【注】
1　2007年のデータによれば、デュアル・インカム世帯が全世帯に占める比率は、EU加盟国の平均が76.1％であるのに対し、イタリアは58.4％である［Andreotti et al. 2013, p.626脚注による］。
2　たとえば、エミリア＝ロマーニャ州のボローニャでは、最低生活保障費として月額258ユーロ（世帯構成員数による）と1回限りの補助金最大1000ユーロが年間最大3回まで支給される（ミーンズテストによる）。同一州内のモデナでは、困難に窮している人を対象に金銭の供与（金額は多様）がある。期限はとくに定められていない（ソーシャルワーカーの評価による）。カンパーニア州のナポリでは、単親の未成年者に月額150ユーロの供与（期限はとくになし）、出産手当として月額300ユーロの支給（出産後5カ月）がある（いずれもソーシャルワーカーの評価）。同州内のサレルノでは、第1子の育児手当として月額150ユーロの支給（6カ月）、住居代補助（期限はとくに定められていない）がある（いずれもミーンズテストによる）［Lumino e Pirone 2013, p.64の図表による］。
3　著者が2014年2月に行なったヒアリングにおいて、「イタリアの福祉の特徴はモザイク状か？」との問いかけに対し、Kazepov教授（イタリア・ウルビーノ大学）は、「モザイクは遠くから見ると美しいが、イタリアの福祉政策はそうではない。むしろ、単なるframmentato（分断された、バラバラ）こそが相応しい」旨の回答をしている。
4　「ISFOL」は労働市場政策ならびに社会政策の研究機関である。「Italia Lavoro」は、積極的労働市場政策と公共雇用サービス改革のための専門企業であり、EU加盟国間の調整も行なっている。具体的には、積極的労働市場政策のモニタリング、企画・実施のための受託組織との仲介・調整、技術的な支援、情報提供に加え、積極的労働市場政策にかかわるEUの方針に則した政策提言、ならびに自治体や私企業の調整等を担っている［López-Santana and Moyer 2012; Italia Lvoro ホームページhttp://www.italialavoro.it/wps/portal/homepage/strumentitrasversali/（2014年12月30日閲覧）］。
5　スウェーデンは0.1％ポイント、オーストリアは0.2％ポイントの増加である。
6　EUは、女性の社会参加を促進する観点から企業における女性幹部の割合の向上を推進している。それを受けてイタリアでは、上場企業や国有企業を対象に2011年7月12日、ジェンダー平等法（法律120号；2011年8月11日施行）が導入された。大手上場企業における

女性役員の比率は2008年が4％であったのに対し、2012年には11％に上昇している［武田 2013］。

7　Eurostat:Employment rates by sex, age and NUTS 2 regions (%) [lfst_r_lfe2emprt]のデータから、北部は北西部と北東部の平均値、南部は南部と島嶼の平均値を求めて示した。

8　2000年に全人口の2.4％だった移民は2012年末時点で7.4％、439万人に上っている。ただし、2008年の経済危機以降、流入は減少している［OECD 2014, pp.266-7］。

9　Tiraboschiモデナ・レッジョエミーリア大学教授（労働法）は、2014年11月に出されたインタビュー記事のなかで、「イタリアの若者保障制度」の開始から半年を経た段階でこの政策が十分に機能していないとし、その課題として不適切な雇用サービス、アプレンティスシップに対するある種文化的な拒否反応、労働市場内の各アクター間をつなげる能力の低さを挙げているほか、ホームページの問題点――大量な情報があまり整理されないまま詰めこまれており、利用しづらいこと――を指摘している［@bollettinoADAPT 2014年11月11日号 http://www.bollettinoadapt.it/］。若者保障制度は新規でなじみのない制度であるうえ、NEETの若者たちや彼女・彼らを雇い入れる企業はもちろん、当事者以外の人びとにとっても、ホームページができるだけわかりやすく利用しやすいように設計されていることは、この制度が広く知られ効果をあげるためにも重要なのではないだろうか。

10　http://www.garanziagiovani.gov.it（2015年1月5日閲覧）

11　Graziano［2013］は、近年ますますEUの雇用政策がイタリア政府の方針を決定するという構図になっていることを指摘している。

12　しかし、その文化が永続的に変化しないというわけではないことにも注意しておく必要がある。

13　田中がイタリア南部の人びとの暮らしの特徴を表現した言葉。「『クライエンテリズム』という、地域有力者をキーパーソンとした利益分配構造や、その一翼である家族・親族の社会関係〔中略〕の相互補完的な作用のなかで、皆が少ない対価をもち寄って生き延びる仕組みが南部の姿であるとされる」［田中 2011, p.174］。

14　田中［2004］には、社会的協働組合を担う人びとの事例が複数紹介されている。例をあげると、障がいをもつ人びとによる労働をふくめた社会参加を支援する目的で1983年に設立された、サルデーニャ州の「プロジェクトH」（B型）では、障がい者をふくむ組合員が、工芸品の製作や農業など、障がいの種類や性格に応じて（仕事を人に合わせて）仕事をしている。また、トレンティーノ＝アルト・アディジェ州の高齢者施設「ステラ・モンティス」（A型）では、2000年の調査時で、32名のスタッフのうち23名がフルタイムであり、9名が短時間の契約労働者であった。また、調理担当者を除いてスタッフはすべて女性であったという。

15　http://www.agenziaentrate.gov.it（2015年1月5日閲覧）

16　近年ではさらに、福祉サービスにおける企業の参入の拡大（市場化）とその是非についても議論が高まっている［Maino e Ferrera 2013-2014; Lodigiani 2013など］。

【参考文献一覧】

Ambra, Maria Concetta, Caterina Cortese e Francesco Pirone 2013：Geografie di attivazione: regolazione e governance fra scala regionale e variabilità locale, in: Yuri Kazepov e Eduardo Barberies (a cura di), *Il welfare frammentato：Le articolazioni regionali delle politiche sociali italiane*, Roma: Carocci editore.

Andreotti, Alberta, Soledad Marisol Garcia, Aitor Gomez, Pedro Hespanha, Yuri Kazepov and Enzo Mingionet 2001: Does a Southern European Model Exist?, in: *Journal of European Area Studies*, Vol.9, No.1.

Andreotti, Alberta, Enzo Mingione and Jnathan Pratschke 2013: Female employment and the economics crisis, in: *European Societies*, Vol.15, No.4.

Borghi, Vando 2007: Do we know where we are going? Active policies and individualisation in the Italian context, in: Rik van Berkel and Ben Valkenburg (eds.), *Making it personal: Individualising activation services in the EU*, Bristol: Policy Press.

European Trade Union Confederation (ETUC) 2014: *The Youth Guarantee in Europe*. (http://www.etuc.org)

Fazzi, Luca 2009: The Democratization of Welfare Between Rhetoric and Reality: Local Planning, Participation, and Third Sector in Italy, in *Journal of Civil Society*, Vol.5, No.2.

Ferrera, Maurizio and Gualmini, Elisabetta 2004: *Rescued by Europe?: Social and labour market reforms in Italy from Maastricht to Berlusconi*, Amsterdam: Amsterdam University Press.

Gambardella, Dora, Enrica Morlicchio e Marco Accorinti 2013: L'illusione riformista delle politiche di assistenza in Italia, in: Yuri Kazepov e Eduardo Barberies (a cura di), Il welfare frammentato：Le articolazioni regionali delle politiche sociali italiane, Roma: Carocci editore..

Graziano, Paolo Roberto 2013：*Europeanization and Domestic Policy Change: The case of Italy*, London/New York: Routledge.

ISTAT 2014: *Rapporto Annuale 2014*. (http://www.istat.it/)

Kazepov, Yuri e Barberis, Eduardo a cura di 2013：*Il welfare frammentato：Le articolazioni regionali delle politiche sociali italiane,* Roma: Carocci editore.

Lodigiani, Rosangela 2013：Welfare Privatization in Italy, Working paper series FVeP 15,Fondazione Volontariato Partecipazione. (http://www.volontariatoepartecipazione.eu/wp-content/uploads/2013/06/FVPWP15Lodigiani.pdf)

López-Santana, Mariely and Moyer, Rossella 2012: Decentralising the Active Welfare State: The Relevance of Intergovernmental Structures in Italy and Spain, in: *Journal of Social Policy*, Vol.41, No.4.

Lumino, Rosaria e Francesco Pirone 2013: I sistemi regionali di assistenza sociale: governance, organizzazione dei servizi, strumenti e modalità operative., in: Yuri Kazepov e Eduardo Barberies (a cura di), *op.cit.*

Maino, Franca e Ferrera, Maurizio a cura di 2013-2014: *PRIMO RAPPORTO SUL SECONDO*

WELFARE IN ITALIA, Centro di Ricerca e Documentazione Luigi Einaudi. (http://www.secondowelfare.it)

OECD 2014：*International Migration Outlook 2014.* (http://dx.doi.org/10.1787/migr_outlook-2014-en)

Tridico, Pasquale 2014：From economic decline to the current crisis in Italy, in: *International Review of Applied Economics,* DOI: 10.1080/02692171.2014.983049.

大内伸哉 2003：『イタリアの労働と法：伝統と改革のハーモニー』日本労働研究機構。

工藤裕子 2007：「イタリアにおける国と地方の関係」自治体国際化協会。(http://www.clair.or.jp/j/forum/series/pdf/h19-4.pdf)

小島晴洋ほか 2009：『現代イタリアの社会保障：ユニバーサリズムを超えて』旬報社。

ザメック・ロドビチ, M. 2004: 澤田幹訳「イタリア：長期にわたる合意のうえの規制緩和」、G. エスピン=アンデルセン／M. レジーニ編、伍賀一道ほか訳『労働市場の規制緩和を検証する：欧州 8 カ国の現状と課題』青木書店。

高橋利安 2008：「イタリアにおける地方分権と補完性原理」、若松隆／山田徹編『ヨーロッパ分権改革の新潮流：地域主義と補完性原理』中央大学出版部。

竹内啓一 1999：「経済地理」、馬場康雄／岡沢憲芙編『イタリアの経済：「メイド・イン・イタリー」を生み出すもの』早稲田大学出版部。

武田美智代 2013：「ジェンダーの平等に向けた EU の施策：企業の女性役員割合に関する指令案を中心に」、『外国の立法』No. 257、国立国会図書館。

田中夏子 2004：『イタリア社会的経済の地域展開』日本経済評論社。

―――― 2011：「社会的経済が示す未来：イタリアの協同組合の事例から」、大沢真理編『承認と包摂へ』岩波書店。

土岐智賀子 2012：「フレキシビリティの浸透を通じて浮かびあがる地域間格差：イタリア」、福原宏幸／中村健吾編『21世紀のヨーロッパ福祉レジーム：アクティベーション改革の多様性と日本』糺の森書房。

日本貿易振興機構（JETRO）2012：「欧州各国の雇用政策の最新動向」。(www.jetro.go.jp/jfile/report/.../europe_employment_measures.pdf)

第8章
危機下における国家の再構築と社会政策の変化
── ハンガリー

柳原剛司

　2008年秋以降の世界金融危機の波及、さらにはギリシャ発のユーロ危機は、新興国ブームに湧く旧ソ連・東欧地域のEU新規加盟国、すなわち中東欧諸国・バルト諸国・南東欧諸国の経済に冷水を浴びせた。製品の輸出先である西側諸国の経済の停滞、国外への資本流出、通貨の下落による外貨建て借り入れ問題の顕在化、危機への対策による財政赤字問題など、これら諸国をとり巻く環境は大きく変化した。

　本書の序章と第1章でも紹介されているように、これら諸国は同じ旧ソ連・東欧地域に属して社会主義の遺産を共有し、その後、市場経済化の努力を経て晴れてEU加盟国となったというように、ごく大まかにとらえるならば、経験を共有しているとも言えよう。しかし、これらの国々は実際にはさまざまな経路をたどり、いくつかの類型化の試みがなされているものの（本書の序章第5節参照）、経済構造もかなり多様となっている。そのため、昨今の欧州におけるいくつかの経済危機がこれら諸国へあたえた影響も、けっして一様ではない。それぞれの産業構造、人口と経済の規模、（ユーロ圏への加盟を急ぐか否かという）通貨政策、経済の開放性、ドイツ資本などの外資系製造業の国際生産ネットワークへの包含水準などにより、これら諸国が危機からこうむった影響、それへの対策、そして現在の回復状況はいずれも異なっており、ひとくくりに議論することは難しい。

　本章では、これら諸国のうち、ハンガリーにおける危機後の福祉レジームの変容について明らかにすることが目的である。本書における統一された視点に従い、雇用政策と社会保護政策（年金・家族政策）の変化を中心的に論じるが、これらすべてに大きな影響をあたえている大前提とも言える、政治体制の変容にも触れる。ハンガリーの事例が、同地域の国々すべての危機後の動向を代表するものでないことには留意が必要だが、次章のブルガリアの事例を見てもわかるとおり、直面した困難や課題には多くの共通点を看取できることもまた事実である。本章で提示するハンガリーの事例は、旧東欧地域全体の状況を理解する一助にはなるだろう。

本章の構成は以下のとおりである。第1節では、経済危機を経た近年のハンガリーの経済状況について、他の国々との比較も交えながら概観をごく簡単に示す。第2節では、2010年の政権交代以降、フィデス主導政権が実施した政治体制の変革について整理する。第3節以降は、第1節の理解にもとづき、年金、雇用、家族にかかわる政策の変容について述べる。そして最後に、これら変化の評価について、ハンガリーの福祉レジーム全体の変容と言えるのか否かという観点から述べることにしよう。

1. 危機下のハンガリーにおける経済状況

本節ではまず、危機によってハンガリーがどのような打撃を受けたのか、そして危機後のハンガリーがどのような課題をかかえているのかについて確認することから始めよう。

前著［柳原 2012］でも述べたように、ハンガリーは、1989年の政治体制の民主化と市場経済化の開始以降、外国からの多くの直接投資に支えられたこともあり、2004年に先行してEU加盟を達成した中東欧・バルト地域の8カ国のなかでも、当初は「改革の成功例」としての評価も受けていた国であった。

2000年代に入りEU加盟の見通しと期待が高まるなかで、同地域の他の国々は莫大な直接投資を受け入れ堅調な成長を示した。また、加盟実現以降もさらに経済成長を加速させて、経済危機が波及するまでは好況に沸いた。それとは異なり、ハンガリーの場合は、経済危機以前の2007年にすでに成長率を落としていた。その主たる要因は財政問題である。EU加盟を実現した2000年代半ば、ハンガリーはEU加盟国のなかで財政赤字の水準が最も高い国のひとつであった（本書第1章の図表1-12参照）。この放漫な財政運営をEUから強く咎められ、補助金の凍結まで示唆したEUの圧力のもとで、ハンガリーは2006年秋以降、大規模な緊縮財政政策にくり返し取り組んだのである［柳原 2011, 第7章; 柳原 2012参照］。

ハンガリーは他のヴィシェグラード諸国と同様に、新自由主義的な市場経済化のための改革に起因する失業、貧困や所得格差の拡大などの市場のネガティブな影響、いわゆる「社会的コスト」に対して、高水準の社会支出と寛大な条件による福祉給付で市民の不満を宥めてきた。福祉給付は国民の歓心を買う重要なツールとなり、その削減は非常に困難であった。このような体制をD.ボーレとB.グレシュコヴィチは「埋め込まれた新自由主義」と類型化している［Bohle and Greskovits 2012］が、財政赤字削減の強制による緊縮政策の実施は、この成長体制が機能しがたくなることにつながっていた。

また、2000年代初め頃からの好況のなかで、主としてこれらの地域に進出した西欧資本の銀行から提供された外貨建ての借り入れが、その程度に差はあれ、地域のほとんどの国々に広がった。自国通貨よりも金利の低いユーロやスイス・フラン、場合によっては日本円などの通貨建ての借り入れが、民間企業のあいだに、さらには家計にも住宅ローンや自動車ローンとして広く浸透していた。この借り入れは、これら諸国における2000年代の経済成長を消費面から強く下支えしていたのである。

　2008年の世界金融危機、そしてその後の経済危機がこの地域に波及するにあたって、この財政赤字水準と、民間企業や家計部門における外貨建ての借り入れの膨張ゆえに、ハンガリーはとくに脆弱な国とみなされ、中東欧・バルト諸国において危機が波及した最初の国となった［盛田 2010; 柳原 2012］。ハンガリーなど一部の国々はIMF・世界銀行・EUからの融資や融資枠を受けるなどの支援によりこの危機を乗り越えたが、その融資の条件として、毎年の財政赤字水準の抑制を、そしてその中期的な維持を求められたため、緊縮的な政策が継続的に実施、あるいは強化されている。とりわけハンガリーでは、他の国々とは異なり、危機の波及当初から財政出動による景気刺激策ではなく、緊縮政策を選ばざるをえず、危機による打撃はいっそう大きなものとなった。

　金融危機・経済危機は、工業製品を中心とする輸出の低下、資本の流出、(ユーロ未導入国では) 通貨の下落などを招き、この地域の各国の経済は、大きな国内

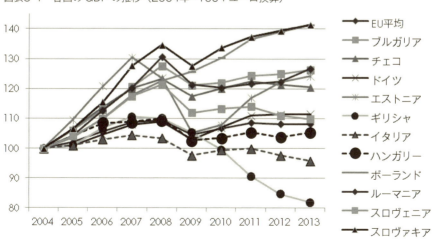

図表8-1　各国のGDPの推移（2004年＝100；ユーロ換算）

出所：Eurostatより作成

市場をもつポーランドを除き、深刻な打撃を受けた。たとえば、ハンガリーのGDPは2009年に対前年度比で6.6%下落した［ハンガリー中央統計局］。危機波及前まで各国の消費を押し上げる強力な原動力であった外貨建ての借り入れは、各国通貨の下落による返済額の増加もあって、民間企業・家計部門の双方に大量の不良債権を生み出し、その後の景気回復にあたっての（消費・投資面での）大きな足かせへと転じた[1]。先に流れだけを言えば、その後、2010年頃からのドイツ経済の回復・成長にともない、その生産ネットワークに組み込まれているこの地域の国々の多くが、好調なドイツの産業に牽引されるかたちで、2014年秋時点では回復に向かいつつある。

では、ごく簡単にGDPの推移から危機による打撃とその後の回復の進捗状況を確認しておこう。また、第1章の各表も合わせて確認されたい。図表8-1は、2004年を100とした、この地域の一部の国々とドイツ、ギリシャ、イタリアにおけるGDPの推移である。年単位の統計では2008年あるいは2009年に危機によるショックが確認できるが、危機の波及によってもマイナス成長には落ち込まなかった国（ポーランド）、危機の影響は大きかったが、危機前と同じような堅調な成長軌道にすでに戻った国（スロヴァキア、エストニア）、危機からの回復が鈍い国（チェコなど）、そして危機後の底打ちが十分でない国（ハンガリー、スロヴェニア）と、社会主義の遺産を共有するこれらの国々のあいだにも経済回復の状況には大きな違いが見られることが確認できよう。

続く図表8-2は、ヴィシェグラード諸国とスロヴェニアからなる中東欧5カ国の1人あたりGDPの推移を、EU平均を100として見たものである。EU加盟国

図表8-2　各国のGDPの推移（EU28＝100：PPP換算済）

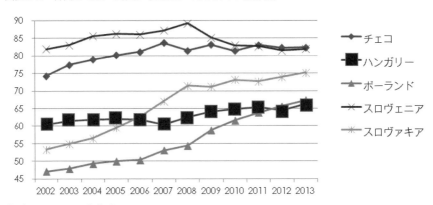

出所：Eurostatより作成

におけるハンガリー経済の相対的位置が10年近くものあいだほぼ停滞しており、また他の中東欧諸国すべての後塵を拝するようになったことが容易に見て取れる。

これら2つの図表からは、危機後のハンガリーの経済状況を以下のようにごく大まかにとらえることができるだろう。すなわち、危機の瞬間的なショックは相対的には大きくなかったものの、それ以前からの経済の停滞状態を根本的には抜け出せず、危機後の回復が緩慢になっていること、そして2014年時点の発展水準で見れば「優等生」どころか近隣の中東欧諸国から落伍しつつあるということである。そしてなお、累積債務残高はGDPの80％前後を推移しており、財政赤字の縮減が求められていることに変わりはない。

このような経済状況のなかで、ハンガリーの福祉レジームがどのように変容しつつあるかを見ていくにあたり、その分析の前提条件となる政治の動きについて、次節で確認しておこう。

2．オルバーン政権のもとでの国家の権力構造の変化

危機のなかのハンガリーの雇用政策・社会保障制度の変容を論じるにあたって、2010年のオルバーン政権への政権交代と、それがもたらした政治体制の変容について触れておくことは不可欠である[2]。

2010年春の国会議員選挙は、ハンガリーにとって1989年の政治体制の転換に並ぶといっても過言でないほどの、政治面や経済面にとどまらず国のあり方そのものにおいて非常に大きな転換点となった。ハンガリーでは1院制の国会議員選挙が4年に1度実施されている。2010年の選挙では、それまでの最大野党フィデス−ハンガリー市民連合（Fidesz-Magyar Polgári Szövetség；以下フィデス）が、その僚党であるキリスト教民主国民党（KDNP）との合同で、当時の議席定数386議席の3分の2を超える263議席を獲得し、それまでの与党であった社会党（MSZP）に圧勝した[3]。

ハンガリーでは、憲法改正をふくむ重要法案の可決には3分の2を超える賛成が必要である。フィデスとKDNPは、この2010年の選挙の勝利により、野党と一切の妥協を行なうことなく、憲法改正案をもふくむ法案を採択することができるようになった。政府・連立与党は、この圧倒的な議席数を躊躇なく利用し、政治体制の転換以来20年にわたってこの国で機能していた基本的な権力分立の構造全般を根本的に書き換え、国家の主要な諸権力を手中に収めた。そして、その権力ならびに自勢力の政策・方針を長期にわたり持続させうる体制づくりを周到に行なったのである［柳原 2014, 図1-2参照］。

2012年に施行された新しい基本法（憲法）[4] とその数次の改正、国名の変更などが国際的にも注目されたが、これらの一連の改革の目的を整理すれば、大きく以下のような3点が挙げられる［柳原 2014］。

　第1に、他の権力機関の権限を制限し、与党の勢力が絶対的な多数を有する国会への干渉を減らすことである。憲法裁判所の権限の削減や、国民投票に付することのできるテーマの制限、メディア統制機関の設置などがこれにあてはまる。

　第2に、他機関の人員の選出方法や任期、定年、資格などの変更により、他機関において長期的な影響力を確保することである。国会議員の圧倒的多数を背景に、憲法裁判所判事、中央銀行の金融政策委員会の定数を増員し、その増員分に政権寄りの人材を送り込み、これら機関の判断が与党に有利になるよう仕向けた。また、憲法裁判所判事、検察庁長官、会計検査院長などの要職にも政府寄りの人材を就けてその任期を延長し、諸機関に対する長期的な支配を盤石なものとした。

　そして第3に、国会における勢力の長期的な維持である。最も重要な変更は選挙制度の改正である。小選挙区で勝利した場合の余剰票[5] の比例区への加算により、小選挙区での勝利政党が全国比例区で多くの議席を得る可能性が高くなった。さらに区割りも現政権の主導で変更された。また、現与党の政策によりハンガリー国籍を取得した、主として周辺諸国に居住する在外ハンガリー（系）人にも全国比例区への投票権をあたえるなど、与党優位の選挙結果をもたらす仕組みが取り入れられた。2014年春に実施された国会議員選挙では、連立与党は引きつづき全議席数の3分の2を確保したが（133議席）、1議席の余裕もない紙一重の確保であり、この選挙制度改正が死活的な役割を果たした[6]。

　このような一連の変更の結果として、オルバーン政権は国内に関しては、何でも望む経済政策を実施できる政治条件を手に入れたのである［田中 2013］。それにもかかわらず、政権は経済政策について完全なフリーハンドを得たわけではなかった。それは、第1節でも触れた財政的な制約のせいである。リーマン・ショック後の金融・経済危機の回避のためにEUやIMFなどから受け入れた融資の条件と、EU加盟直後から対象国でありつづけていたEUの過剰財政赤字是正手続き（2013年6月終了）、これら2つの源泉から発する財政赤字削減の圧力によって、政権は自由な経済運営を行なうことができなかったのである。

　では、その財政赤字を削減するためにはどうすればよいのか。中東欧諸国はそれぞれ、多国籍の製造業企業の生産拠点として成長してきた。これら諸国の経済にとって外国資本の多国籍企業は不可欠のものであるが、多国籍企業にとってみれば、特定の国に進出する理由は強くないため、各国は誘致を競うことになる。進出企業のためのインフラ整備なども重要な施策ではあるが、わかりやすくアピー

ルできる手段は、法人税や個人所得税の税率、社会保険の料率などの負担を引き下げることであり、各国は相次いでこれを引き下げた（「底辺への競争」）。深刻な財政難にあったハンガリーにおいても、これら多国籍企業、とくに雇用を多く生み出す製造業企業の誘致に直接的にかかわる税・保険料負担の引き上げは難しいものになっている。そこで、ハンガリー政府が選んだ施策は、銀行・エネルギー・小売業・通信など製造業以外で、外国資本の企業が非常に支配的なシェアを維持している部門を狙い撃ちにした種々の課税、さらには近年日本でもメディアによって取りあげられたポテトチップス税、携帯電話税、インターネット利用税[7]など、さまざまな新しい税金、賦課金を導入するということであった。そしてもうひとつが、次節に取りあげる年金制度改革である。

3．年金制度改革──3本柱の年金制度の終焉[8]

　高水準の社会支出と寛大な条件による福祉給付とで国民の不満を宥め、改革を進めてきた「埋め込まれた新自由主義」のハンガリーにおいて、年金制度は、そうした寛大な給付における典型的なもののひとつであった。1990年代前半、中高年の失業者を労働市場から引退させるため、年金制度は弾力的に運用された。早期退職や障害年金によりこれら中高年層に年金受給権をあたえ、くわえて賃金価値の下落のなか、年金給付は他の制度と比較すれば価値を保たれ、年金受給者は相対的には貧困リスクの低い社会集団であった［柳原 2011］。また2000年代においても、年金給付の水準は賃金に比べて国際的に見ても高いものであった。

　1990年代半ば以降、ハンガリー経済が堅調な経済成長を始めた一方で、社会保障制度の再構築が重要な課題として台頭した。種々の社会保障制度のなかでも、年金制度の改革はその財政的な規模もあって、最重要な改革のひとつであった。ハンガリーは、次章で紹介するブルガリアの事例と同様の、年金制度の部分的民営化・積立方式の部分的導入を骨子とする、3つの柱からなる年金制度を1998年に中・東欧諸国で最初に導入した。この新しい年金制度は、国家が運営する強制加入の賦課方式部分（第1の柱）、民間の年金ファンドが年金資産を運用する、強制加入の積立方式部分（第2の柱）、同じく民間の年金ファンドが資産を運用するものの、任意加入かつ追加的な積立方式による個人年金部分（第3の柱）という3つの柱からなっていた（図表8-3）。

　この制度は、世界銀行が提示した年金モデルを少なくとも外形的には踏襲したものであった[9]。世界銀行の主張は、高齢者を対象とする諸プログラムが、社会的セーフティネットとしての機能を果たすだけではなく、同時に年金資産の流入

図表8-3 年金制度改革の概要図

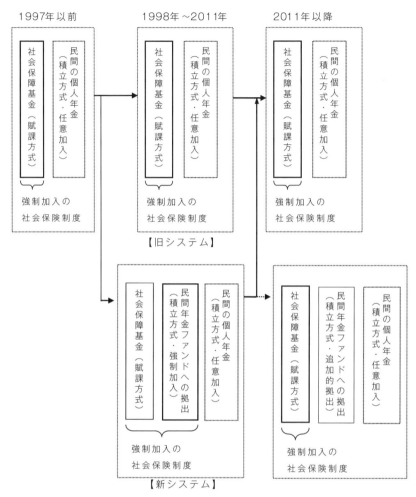

注) 太枠で囲んだ部分に被雇用者保険料（の大部分）が拠出される。雇用主の保険料はつねに賦課方式部分に拠出される。1998年に部分的民営化された年金制度のもとで、新システム（3本柱の年金制度）においては被雇用者保険料を民間年金ファンドに積み立てていたが、2011年の「再国有化」を経て、2012年からは新システムに残留した場合も、被雇用者保険料（2012年時点で10%）を賦課方式部分に拠出しなくてはならないため、民間年金ファンドへの積立を行なうには、追加的な拠出として実行することが必要になった。
出所：[柳原 2011, 第3-1図] に加筆修正

による資本市場の発達を通じて経済成長の手段ともなることが望ましいというものであった。そして、それぞれに異なる長所と短所を有する3つの柱を併存させることによってリスクを分散し、年金給付による個人の退職後の生活保障をより確実なものとし、かつ年金制度自体の存続もより確かなものにすること、ならびに制度の透明性、信頼・インセンティブ構造における問題など、従来の公的な賦課方式の制度がもつ欠点の改善を意図していた［柳原 2011］。

またこうした構造的な改革に加えて、退職年齢の引き上げ（男女とも62歳へ）、保険料拠出額と拠出期間とに比例する年金給付額の算定方式の段階的導入など、年金制度にかかわる諸変数の改革も実施された。

しかし、この制度改革は当初の規定通りには執行されなかった。これにはいくつかの要因が挙げられる。第1に、この制度改革を主導した左派・リベラル（社会党・自由民主連合）と、当時野党であったフィデスとのあいだで、当初から年金制度の部分的民営化をめぐって意見が対立していたことである。フィデスは、主として積立方式の部分的導入により、加入者の拠出した保険料の一部が年金ファンドへ向かう結果、賦課方式部分の年金財政（社会保障基金。旧システムならびに新システムの第1の柱部分）に赤字が発生することなどから、民営化に反対していた。そのため、フィデスは1998年春に政権につくと、積立方式部分の保険料率の引き上げの凍結、新システム加入義務の撤廃など、この観点から民営化の度合いを低く抑えようとした。だがこれは、2002年にふたたび政権交代が起きると元に戻された。第2に、保険料率のたび重なる変更である。2001年と2002年には外国資本の企業誘致を加速させる思惑から保険料率の引き下げがなされたし、他方で、財政赤字問題が深刻になったあとの2007年以降には、膨張していた給付による年金財政の赤字を抑制するために保険料率が引き上げられた。また第3には、政治的歓心を買うために設けられた合計1月分の年金ボーナスである「13カ月目の年金」の段階的導入など（現在は廃止）、拠出水準と関係の薄い給付水準の引き上げが挙げられる。

このように、その後の政権交代によって制度はくり返し改変されたが、ともあれ、ハンガリーでは1998年以降、新旧2つの異なるシステムが並立する状態で年金制度が運用されていた。すなわち、一方では先述した3本柱からなる新システムが存在するとともに、他方では退職間近であるなどの理由で移行を選ばなかった者が残留し、かつまた選択可能な時期に旧システムへの帰還を選択した者が加入する賦課方式のみ（加えて個人年金）からなる旧システムも存在したのである。

このような状況を大きく変えたのが、2010年におけるフィデスへの再度の政権交代であった。フィデスは国政選挙・地方選挙に勝利すると、同年10月以降、徴

収した年金保険料を新システムの第2の柱部分（年金ファンド）へ移転することを停止し、これを国の社会保障基金（旧システムならびに新システムの第1の柱部分）へと振り向け、その後、新システム加入者に対して旧システムへ戻るよう推奨した。新システムに残存する場合には不利益な扱いを受けることとなったため、新システムに残留したのは新システム加入者の約3％にあたる9万9601人（2011年9月末時点）にすぎず、事実上の年金制度の再国有化となった。

　政府にとって、この改革の最大の目的は、自らが望む政策を実行するために、ストック、フローの両面からの財政的余力を確保することにあった。まず、ストックの観点から言えば、ハンガリー政府はこの「再国有化」により、第2の柱の年金ファンドにおいて蓄積された加入者の年金資産を、新設された「年金改革・債務削減基金（Nyugdíjreform és Adósságcsökkentő Alap）」に移転することにより、国のものとしたのである。2011年5月末時点で、同年のGDPの約10.7％に相当する2兆9453億フォリントが移転された。政権は、将来の高齢者の給付にあてるべきこの資金を、政府債務の削減とIMFへの融資の返済、そして自らの政策経費に流用したのである［詳細は柳原2014参照］。図表8-4に示したように、この移転された当初の資産額は、2013年末までにほぼ払底した。ハンガリーは2011年に4.3％の財政黒字を記録したが、それはこの被保険者が蓄積した年金資産の奪取によるものである。この利用・流用されたかつての年金資産額に対応する将来の年金給付の義務は国が負っているため、この資産の奪取・流用は、負担の先送り、資産の先食いであると言ってよい。この将来の年金債務に対し、中長期的にどのように対応するか、2014年末時点ではまだ明らかにされていない。

　また、フローの観点から言えば、「再国有化」によってほぼすべての被保険者が賦課方式のみからなる旧システムに戻った結果、いわゆる「二重の負担」の問題が解消された。部分的民営化（加えて給付の引き上げ）によって新システム加入者分の保険料収入が減少する一方で、受給者への給付は変わらないため、国の年金財政には赤字が発生し、これを中央政府の予算から補填していた。この補填額は毎年対GDP比の2％前後にのぼっていた[10]。「再国有化」により、新たな二重の負担の発生が解消され、2011年については上述の「年金改革・債務削減基金」の資金が流用されたため中央政府からの補填はゼロとなり、また2012年は対GDP比で0.36％、2013年には0.08％と、中央政府予算からの補填はほぼ解消されている［ハンガリー中央統計局の統計より著者算出］。第1節で見たように、EUのルールと圧力によって、年金など社会保障基金をふくむ一般政府の財政赤字幅を対GDP比3％以内に抑えることを義務づけられているハンガリーにとって、このことは非常に大きな意味を有したのである。

この2011年の事実上の「再国有化」が起きたのち、2014年末時点においても、民間の年金ファンドは縮小しつつも存続している。2012年からは、民間の年金ファンドに加入しつづける場合も賦課方式部分に保険料を拠出することが必要となったため、もはや新システムと呼称することも適切ではないかもしれないが、かつての第2の柱であった年金ファンドの加入者数の推移を確認すると、2010年末の311万5679人から、「再国有化」を経た2011年末には9万9601人、2012年末に6万9112人、2013年末に6万2415人、2014年の第3四半期末に6万1523人と漸減していた。彼らが保険料を拠出する年金ファンドも、加入者減による解散が相次ぎ、同じ時期に2010年末の19から13、10、8、4と数を減らしている。だが、もともと運用に成功した人が残留した傾向があったために、資産額としては2014年9月末時点でも依然として2000億フォリント強を有していた［以上ハンガリー国立銀行統計］。

　2014年11月、これら残存する年金ファンドを事実上の解散に追い込み、その蓄積された資産を国に移転させる法案が提出された。法案は採択され、2015年1月以降、定期的な保険料拠出者の比率が基準を下回った場合、あるいは加入者の減少割合が基準を超えた場合、ファンドは閉鎖されることになり、その年金資産が国へ移転されることとなった。2011年のときと同様、債務の削減と政策資金とに充てられることが予想される。1998年以来のハンガリーにおける年金制度の部分的民営化の試みは、遠からず1度は完全に終了することになるだろう。

　このような年金制度の近年の構造的な改革の動きは、大きな方針の転換である

図表8-4　年金改革・債務削減基金の資産額（各月末。単位：億フォリント）

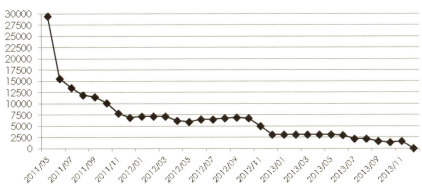

注：2013年末まで。2014年1月以降のデータはほぼ枯渇状態で推移。
出所：国家債務管理庁のデータより作成（2014/11/28 アクセス）
http://akk.hu/kepek/upload/2013/NYRA_pf_honlapra_20140831.pdf

には違いない。しかし、これを「再国有化」という事実のみから福祉レジームの変容と関連させて論じることは妥当ではないだろう。財政赤字圧縮のためのさまざまな税金・賦課金を特定の業界や消費者に課している現状、またこの「再国有化」の政治的経緯も考えれば、この構造的な改革については、年金および一般政府財政の改善を最優先としたものであると考えることが妥当であり、レジームと関連させて考える場合は、これを前提とする必要があるだろう。また、このような構造的な改革の一方で、退職年齢の引き上げや、完全物価スライドへの変更、早期退職のルールの変更、給付水準の調整など、年金制度の細かい変数的な改革も実施されている。これらの改革は、支出の抑制という大原則、さらにはハンガリーの社会分野における最大の問題のひとつである雇用の問題と基本的に方向を一にしている。次節では、雇用政策の変化について見ていこう。

4．雇用政策の変容——さらなる就労アクティベーションの進行[11]

　前著［柳原 2012］でも述べたように、財政問題と並んで、ハンガリーの社会的分野における最大の問題点のひとつは、就業者の割合が低いということである。もう１度その背景を簡単にふり返っておこう。社会主義計画経済のもとでは主要な産業は国有化され、農業などでは協同組合にもとづく集団化がなされていた。基本的に産出量が重視され、採算は徹底されていなかったため、国有企業は資材や労働者を過剰にかかえ込む傾向にあり、そのために完全雇用といえる状況が達成されていた。ハンガリーでも1980年時点の就業率が男性（15-59歳）で85.4％、女性（15-54歳）で72.8％と非常に高い水準であった［Fazekas et al. 2013収録の統計より著者算出］。

　しかし、体制転換後の経済政策の結果、国有企業の売却や倒産による企業間の産業連関の崩壊や旧コメコン市場という輸出市場の消滅などを原因とする産出の低下が起き（「体制転換不況」）、社会主義自体の過剰な雇用はもはや維持されず、失業として顕在化した。就業者数で見ると、1980年には545.8万人であったものが、転換直後の1990年には488万人、就業者数が最も少なくなった1997年には364.4万人にまで大幅に減少した（図表8-5参照）。

　ハンガリー経済は1997年から本格的な成長に転じ、年率４％前後の高成長が2006年まで継続した。しかし、この経済成長の時期にも就業者数は大きくは回復しておらず、世界金融危機やユーロ危機といった一連の経済危機により南欧諸国の就業率が大きく低下するまでは、ハンガリーはEU加盟国のなかでも就業率が最も低い国のひとつであった。また、ハンガリーもこれら危機の影響を受け、

2010年5月にオルバーン政権が発足した時点では就業者数が367.9万人（2010年第1四半期）と、体制転換後の不況以来の水準にまで低下していたのである。

2010年の総選挙で8年ぶりに政権を奪還したオルバーン・フィデス党首が、雇用創出を新政権の最重要の公約のひとつとしたことも、驚くべきことではないだろう。また就業者数が低いということは、その分、寛大な社会給付に頼って生きる者の数が多いということでもある。財政赤字問題の観点からも、対応は必須であった。オルバーン首相は、2020年までの10年間で100万人分、うち政権任期の2014年までには30万人分の新規雇用の創出を約束した。

前著で取りあげたように、ハンガリーでは社会党政権下の2005年頃より、「寛大な給付の削減・廃止と、制裁をともなう労働市場への復帰・包摂」を特徴とするような、社会保障制度の改革が開始されていた［柳原 2012参照］。

前著で紹介した4つの取り組みを再掲しよう。第1に、雇用主の社会保険料を減免することによって、若者、育児休業からの復帰者、50歳以上の長期失業者など、不利な条件に置かれた人びとの雇用を促進することをめざしたSTARTプログラムが挙げられる。第2に、失業保険給付と失業扶助の制度が、「求職」に焦点をあてた求職者給付と求職者扶助へと刷新され、受給期間の後半期の給付のカットなどにより、早期の再就職へと受給者を誘導するものに変更された。第3に、就労能力に乏しい人びとを労働市場から撤退させるために弾力的に運用されてきた経緯を有する障害年金や障害給付の制度を、労働能力の回復・再開発が見込まれる者は労働市場への再統合を前提とした期限付き（3年）のリハビリ給付へ移行させる改革が実施された。そして第4は、日本の生活保護にあたる社会扶

図表8-5　就業者数の推移（15歳以上。単位：万人）

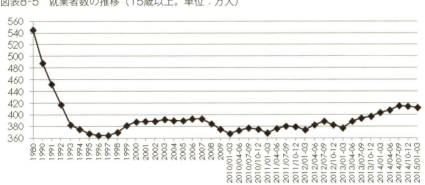

注：2010年以降は四半期のデータ。
出所：1997年まではFazekas et al. 2013，1998年以降はハンガリー中央統計局

助(rendszeres szociális segély)制度の改革であり、受給者を労働市場に再統合することを前提とする制度が導入された。その結果、働けない特別な事情のある場合などを除き、長期にわたり社会扶助を受給しつづけることはもはや不可能になった。

オルバーン政権は、このような前政権の政策をさらに推し進め、2011年以降、受動的な諸給付の給付条件のさらなる厳格化と水準の切り下げ、就労促進の強化、雇用のフレキシブル化などの特徴をもつ改革を、雇用政策の領域を中心に次々と実施している[12]。

求職者給付は2011年9月以降、受給可能日数が最大270日から最大90日へと大幅に短縮され、給付水準の上限額も最低賃金の120%から同額へと引き下げられた(2014年の最低賃金額は月額10万1500フォリント＝約4万6804円。2014年12月末レート換算)。また、求職者給付を使い果たした場合の求職者手当については、年金受給まで5年未満の場合には年金前求職者扶助(Nyugdíj előtti álláskeresési segély;最低賃金の40%)が、これに該当しない場合には雇用代替給付(Foglalkoztatást helyettesítő támogatás;最低老齢年金の80%＝月額2万2800フォリント＝約1万514円)が支給されるが、後者を受給するにあたっては年間30日の雇用ないし労働市場プログラムへの参加が義務づけられ、また条件にかかわらず紹介された仕事に必ず従事する必要がある。

労働市場への包摂は、早期退職の領域でも進められた。2012年の年初以降、法定退職年齢以前の早期退職によって国家からの年金を得ることは基本的に不可能になった。早期退職年金、危険な作業や軍隊に従事していた者への早期退職年金などの諸制度は、退職前給付に統一された。これにより、彼らの法的地位は年金受給者ではなくなり、税制・社会保障上の恩恵、とくに在職時における保険料軽減の恩恵は失われた。また、障害年金も廃止され、退職年齢以上は老齢年金に統合され、退職年齢未満についてはリハビリ給付ないし障害手当(rokkantsági ellátás;リハビリの可能性がない場合。障がいの程度に応じ水準は異なる)に置き換えられ、労働市場への再包摂を基本とすることとなっている。

2014年春の国会議員選挙を前に、ハンガリーの就業者数はここ20年で初めて400万人を超えた。その後も増加しており、2014年第3四半期の平均就業者数は414.9万人となっている。2014年までに30万人分の雇用を創出するという2010年のオルバーン首相の公約は、ほぼ達成された。先に見たような自勢力に有利な選挙制度への変更の甲斐もあって、2014年春の選挙でも引き続き議会の3分の2を紙一重ではあったが確保した。

しかし、この雇用の増加を前述した就労促進策のみの成果として単純に評価す

ることは誤りである。2010年5月の政権発足時を始点としたものではないが、図表8-6が示すように、純粋な国内正規雇用は季節要因をともないつつもたしかに増加傾向にある。とはいえ、近年の雇用の増分の約6割は、パブリック・ワーク(ハンガリー語ではközfoglalkoztatás；以下、PW) と、ハンガリー国内に居住しながら国外で就労する就業者の増加によるものである。以下では、とくに2013年春以降に顕著な増加傾向を示すPWによる直接的な雇用創出について論じる。

まずは簡単にこれまでのPWの位置づけの推移について説明しよう。PWは、基本的には国家による直接的な雇用創出であり、市町村等の基礎自治体レベルで実施されるものである。清掃、道路維持など単純労働に従事させることにより、所得保障と労働市場への(再)統合を目的としている。PWは、長期失業者救済策として1991年から導入されたが、2000年に地方自治体に移管され、中央政府の補助金により賃金の90%が賄われるまでは、限定的な役割しかもたなかった［Koltai 2012］。2008年、"Út a munkához"(「労働への道」)というプログラム名のもと、PW参加を入り口とした社会扶助受給者の統合が図られた。障がい・精神疾患など長期的に働けない理由をもつ者を除き、PWへの参加が義務づけられ、適当なPWがない場合には職業安定所に求職登録のうえで、低水準の待機手当(rendelkezésre állási támogatás)のみの受給となった。これにより経済危機

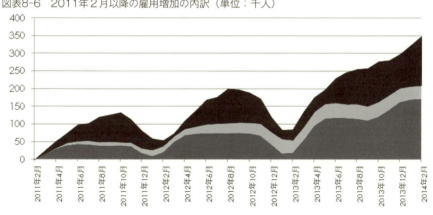

図表8-6 2011年2月以降の雇用増加の内訳（単位：千人）

■国内の雇用（パブリック・ワーク以外）
■国内に居住しつつ国外で就労する者
■パブリック・ワーク・プログラム参加者

出所：Cseres-Gergely氏より手交。同氏による"Ezért jó a kormánynak a sok külföldön dolgozó", http://index.hu/gazdasag/defacto/2014/07/08/ezert_jo_a_kormanynak_a_sok_kulfoldon_dolgozo（2015年1月10日アクセス）の修正版

の最中にもかかわらず、2009年1月時点で約21万人いた社会扶助受給者が同年5月以降には4万人を切る水準となった［柳原 2012, 図表9-12を参照］。「労働への道」プログラムの実施にともない、PWの財政規模も大きく拡充されており、それまでGDPの0.1-0.2%の規模だったものが、2008年以降は0.2-0.5%となった。加えて、2013年には公的部門の就業者数に占めるPW参加者の割合が15%を超えた［Scharle 2014］。

フィデスへの政権交代を経て、2011年9月にPWは大きくその仕組みを変えた。それまでは中央政府、地方自治体、コミュニティのレベルで組織されていたが、教会や協同組合、水道・林業・国鉄など特定の企業もPWの雇用主になりうることとなった。また、PWの雇用契約は通常の労働法制の保護の外とされたため、雇用主は通常を下回るPW独自の最低賃金で参加者を活用できることになった。

さらに、待機手当は雇用代替給付へと名称が変更されたうえ、その水準も最低老齢年金額からその80%へと削減された。この雇用代替給付受給者を雇用し職業訓練・教育などを行なった場合、（公益に従事する）雇用主はPW最低賃金分の補助を得られることとなった。

2012年、PWスキームには合計31万1500人、月平均で9万700人が参加した。また2013年には月平均で13万人、同年12月には20万3000人が参加した。2011年に短期のPWのパートタイム労働化が行なわれたものの、その後に見直しがなされ、8割以上がフルタイム労働となっている。通常の最低賃金額税込み10万1500フォリントに対し、2014年のPWスキームの賃金は月額7万7300フォリント、中等教育卒業程度のスキルを必要とする仕事で9万9100フォリントと低い水準である。

政府は、PWプログラムの意義を非常に高く評価している。オルバーン首相は2014年3月、PWは「失業状態から就労の世界へ入ることができる門であり、大いに評価されるべき」として、「28万人から30万人規模まで拡大の計画」があると述べた。政府は2014年の年間を通じて20万人規模を維持できるようPWへの予算を追加した［Portfolio.hu 電子版2014年3月4日付、6月30日付］。

現行のPWは、雇用の望めない地域に雇用を創出し、教育水準が低い、相対的に高齢である、ロマ（ジプシー）など、就職が困難な求職者に雇用をもたらしている点では、たしかに意義があると評価されるべきであろう。しかし、PWには以下のような批判も寄せられている。第1に、細切れの雇用期間や平易な仕事内容が、その後の正規雇用やスキル形成につながりにくいことである。OECD［2014］は、PWが訓練や教育の要素を取り入れたことは評価しつつも、PW参加者の5%から10%しかその後正規雇用に就けていない点を挙げながら、職業安

定所による支援のほうが一般に効率的であると指摘している。

　第2に、資金効率の悪さである。民間シンクタンクPolicy Agendaは、雇用主に賃金補助を行なうスキームであれば、月8万フォリントで継続的雇用を創出できる一方で、PWは持続しない雇用であるうえに経費をふくめて月14万5000フォリントかかっているとして、その非効率性と不透明性を批判している［Policy Agenda 2013］。

　また第3に、PWの仕事内容に制限が課されているという問題がある。PWは「公共の利益」を促進する事業に活用できるが、通常の雇用が低条件のPWへ置換されることを防ぐため、制限により訪問介護やソーシャルワーカーなど地方自治体のコアな職務には活用できない。結果として、「公共の利益」には貢献するかもしれないが、労働集約的で必ずしも効率的ではない事業や、効率的ではあるが公共の利益に資するかどうか定かではない事業が進められることになるという批判もなされている［Scharle 2014］。

　最後に、労働条件の全体的な悪化の恐れが指摘されている。公益事業をふくむ雇用主がPW参加者を最低賃金以下で雇用できる状態にあるため、PWスキームの拡大は、民間・公的部門の周辺的な雇用の減少あるいは拡大の抑制につながっている可能性を否定できない。

　このような近年のハンガリーのPWスキームは、コルタイが指摘するように「給付依存を打破し、就労意欲を試すこと」を志向しており［Koltai 2012］、他の諸施策と同様に就労アクティベーションを強化するものだと言えるであろう。PWの急激な拡大には、2014年春の議会選挙前の公約達成という側面もあった。議会選挙が終わったあとも、PWが減少する気配はいまのところ見えていないが、その効果の検証や運用の見直しが必要な時期に来てはいるだろう。

　現時点で、PWをふくめた雇用政策が就労促進・就労義務をいっそう強化する傾向を有していることは明らかである。しかし、これをもってレジームがシフトしたという根拠とするには、まだ早いかと思われる。

5．家族政策の推移

　家族政策は、年金・雇用政策と同様に、ハンガリーの社会政策において歴史的に大きな意義を有してきた政策である。それは育児・出産にかかわるさまざまな施策の集合体であり、1990年前後には対GDP比で4〜5％の支出規模を有するなど、年金制度（当時は対GDP比10%前後の支出水準）と並んで大きな役割を果たしてきた（柳原 2011、第5-1表参照）。

社会主義体制崩壊の前後で、家族政策がこれほどの規模と重要性を有していた背景として、以下の2点を指摘できるだろう。第1に、旧社会主義時代には寛大な育児給付により、女性を長期間にわたって労働市場から離脱させ、「隠れた失業」の顕在化を防いでいたという点である。第2に、手当を付与して育児ケアをしてもらうほうが、保育園等を整備することより手頃な施策だったという事情も影響している［Inglot, Szikra and Raț 2012］。保育園の整備状況が幼稚園や初等教育機関のそれと比べて進んでいないことが、その証左として挙げられる。

　体制転換後、家族政策の諸手当、とくに財政規模の大きい家族手当（családi pótlék；子ども1人あたりに定額を付与）、育児給付（gyermekgondozási díj, GYED；保険料拠出を前提とする報酬比例給付）、育児手当（gyermekgondozási sagely, GYES；GYEDの条件を満たさない場合に受給できる定額給付）という3つの主要な制度は、育児コストの軽減というよりは、育児世代の低所得者家計の所得維持、あるいは貧困対策の手段という意味合いが強くなった。同時に、これら手当は、ロマの家計の貧困率が高いこともあって、ロマ問題という観点からも政治的に大きな意義を有したのである。

　財政面からの緊縮政策の実施の必要性によって、また支持層が異なる左派と右派のあいだでの対立や政権交代によって、1990年代以降、家族政策は細かな変更をくり返してきた。1990年代の前半から半ばにかけては、主として体制転換当初の不況による財源不足により、家族政策はその支出総額においても各制度の給付の相対的価値においても著しく縮小した。主要制度への支出総額は、1991年の対GDP比5.04%から1996年の2.09%まで減少し、また各給付の相対的価値もほぼ半減した。同様に、受給資格についても、とくに1994年からの左派政権のもとで、財政的な圧力により（就労・拠出にもとづく）選別的で水準の高い給付から、水準の低い普遍的な給付へのシフトが、家族と育児（GYEDを廃止しGYESに統合）の双方への給付において生じた［柳原 2011］。

　1990年代末以降になると、家族政策は政権交代の影響を大きく受けた。1998年から2002年にかけて、伝統的な家族観をもち、中所得者層を支持層とするフィデスなど右派が政権を担った際には、GYEDの復活によって女性がより寛大な条件で長期の育児休業を取得しうるような変更がなされ、また家族に関する税控除が拡充された。逆に、低所得者層をその重要な支持層とし、伝統にとらわれない多様な価値観を擁護する左派・リベラル連合（社会党・自由民主連合）が政権を担った2002年から2010年までの期間のうち、少なくとも危機が波及する2008年秋頃までは、家族手当の数度にわたる引き上げと税控除の縮小、育児手当や育児給付受給中の就労制限の緩和ならびにその就労支援策などが実施された。経済

危機が波及した時期には、家族政策もその影響を免れず、育児給付・家族手当双方における給付へのスライド制の適用停止や、育児手当の受給期間の縮減が行なわれた［Inglot, Szikra and Raţ 2012］。

このような状況を前提として、2010年のフィデス・KDNPによる政権交代を迎える。基本的には、現連立与党が家族政策分野で実施している政策は、その政治的立場・財政状況から考えれば予想の範囲に入るものであり、1998年から2002年までの施策のほぼ焼き直しである。すなわち、危機への対応時に２年間に縮減されていたGYESの期間を３年間に戻したこと、左派政権で拡充されていた育児休業期間中の就労可能な労働時間の短縮など、育児に携わる親等（主に母親）が家庭にとどまるよう奨励すること、さらには子どもの数に応じた税控除の大幅な拡充[13]など、自らの支持層である中所得者層を利する方向性が目立つ。また、子どもを学校に出席させない（主にロマ）世帯への家族手当の給付停止にかかる条件の厳格化なども合わせれば、ロマをふくむ低所得者層の統合への関心の低さも見受けられる。

また、ここで紹介した家族政策以外の政策で家族と関係の深い制度改正を挙げれば、新しい基本法（憲法）において、「合意に基づいた男性と女性の結合としての結婚制度（中略）を保護する」との同性婚を否定する規定や、「胚、及び胎児の生命は、懐胎の時から保護される」との中絶に否定的な見解を示す規定が織り込まれたことには留意が必要であろう（基本法条文は小野訳を引用）。加えて年金改革では、通常の早期退職がほぼ完全に排除されるなか、育児期間をふくめ通算40年間のサービス加入期間を有する女性のみが、年齢にかかわらず例外的に早期退職の権利を付与されるルールになっている。

まとめると、キリスト教の規範に沿う伝統的な家族の役割の尊重と、貧困対策としての家族政策からの乖離を見ることができよう。

6．おわりに

前著では、2010年春まで左派・リベラル政権下にあったハンガリーの雇用政策における「寛大な給付の削減・廃止と、制裁をともなう労働市場への復帰・包摂」という方向性を指摘した。また、依然として高い水準にある政府支出、西側諸国と比較すれば相対的に大きい比重を占める非公式部門、寛大な水準の年金、低額の医療・教育・住宅等の社会サービスなど、旧社会主義体制から引き継いだ福祉国家の性格が消えたとはいえず、福祉レジームが新自由主義的なものへと変容したと評価することはできないと論じた［柳原2012］。

本章では、主として2010年春以降のオルバーン政権下での年金制度、雇用政策、家族政策における変化をまとめて紹介してきた。財政赤字を低水準に抑えなければならないという制約はあるものの、第2節で紹介したような政治的な権力構造の書き換えにより、野党勢力をほぼ無視して自由に政策を実行できるような状況のもとで、劇的にも見える多くの変革がなされている。これをレジームの変容と評価すべきであろうか。

　本章が扱ったのと同じ3つの分野について2010年から2014年までのオルバーン政権の社会政策を包括的に論じたシクラ［2014］は、ほぼすべての政策領域において、パラダイム・シフトをともなう根本的な改革を正当化する根拠として経済危機が利用されたと述べている。彼女はそのうえで、オルバーン政権の社会政策分野における改革の特性は、新自由主義、（社会主義時代ならびに戦前の）国家主義（étatist）、新保守主義の要素の混合であると論じている。そして、同政権の非民主主義的な手法を批判しながら、所得分布とエスニシティをめぐる社会の分極化がもたらされていると主張している［Szikra 2014］。

　著者も、シクラのこの指摘にはおおむね同意する。ただ、社会政策分野における改革が、パラダイムあるいはレジームの変化とまで言えるかどうかについては、まだ留保を要すると考える。政治的なシステムに大きなパラダイム・シフトがあったことには同意できるが、前著ならびに本章での分析をふまえていえば、社会政策においては多くの制度が刷新されたものの政治システムほどに不可逆なものではなく、加えて「寛大な給付の削減・廃止と、制裁をともなう労働市場への復帰・包摂」という政策の方向性そのものは、強度の違いはあれ前政権と共通している。また、政府支出の水準、相対的に大きな非公式部門、寛大な水準の給付・社会サービスなど、旧社会主義体制から引き継いだ福祉国家の性格が完全に変わったともいえない。たしかに、貧困率の上昇や、2010年から2012年にかけていかなる社会給付も受け取っていない登録失業者の数が40%から52%に増え、未登録の失業者も増えているという指摘は深刻であり［Cseres-Gergely, Zs et al. 2013; Szikra 2014］、また低所得者層から中所得者層へ社会政策における資源配分の重点が変わったことも重大である。しかし、社会主義時代から、その諸給付の中心は、寛大であったとはいえあくまで「労働にもとづく」ものであったということを考えれば、過去から続く経路を完全に逸脱したとまでは言いがたい。

　そして、その方向性にも留意が必要であろう。就労促進という1点から見れば新自由主義的かもしれないが、シクラの指摘にもあるように、保守的な家族観念、国家による市場への積極的な介入など、その方向性は一様ではない。ハンガリーは経済危機により、これまでの旧社会主義国としての「福祉レジームの危機」に

あるとは言えるかもしれないが、その先の方向性が明らかになったわけではない。

　経済危機からの回復の足取りは重く、帳尻合わせの新税を毎年のように導入している非常事態はいまなお継続している。これを超えたとき、どのような形の福祉供給のシステムが残るのか、引き続き注意深く観察していくことが必要であろう。

＊本稿は、平成26年度に交付を受けた松山大学特別研究助成による研究成果の一部である。

【注】
1　ハンガリーにおける危機後の外貨建てローン問題については、鷲尾［2014］を参照のこと。
2　本節は柳原［2014］に依拠しつつ論じている。より詳細にはそちらを参照のこと。
3　フィデスとKDNPが勝利をおさめた要因として、少なくとも以下の諸点を挙げることができる。第1に、2006年秋、ジュルチャーニ首相（当時）がハンガリーの経済状況等につき嘘をついて同年春の国会議員選挙に勝利したという趣旨の非公開会合での発言がリークされ、大きな反発が起きた。第2に、多くの与党議員・関係者の汚職が4年のあいだに明るみに出た。第3に経済運営についても、2006年秋以降、緊縮政策が継続して実施され、種々の増税・負担増や、寛大な社会政策の引き締めなど国民に不人気な制度改革がくり返し行なわれた。そして第4に、危機波及後の失業率の大幅な増加（危機の波及により2007年第2四半期の7.0%から2010年第1四半期には11.8%まで増加した）や、フォリント下落による外貨建てローンの問題の噴出に代表される、危機波及後の国民の不満に対して、社会党政権は十分に対処できなかった。
4　新しい基本法（憲法）については、小野訳［2011］を参照のこと。
5　たとえば当選者が30001票で次点が20000票の場合、当選者は20001票でも当選できたと考え、30001 − 20001 ＝ 10000票が余剰票となる。
6　2015年2月に実施された国会議員補欠選挙の結果、2015年5月現在、3分の2の多数を失っている。
7　通称ポテトチップス税（国民健康製品税）は、ポテトチップスに限らず、塩分や糖分の高い菓子や飲料が課税対象である。2015年からはアルコール飲料などにも対象が拡大されている。インターネット（利用）税については、国民の抗議活動により、2014年末の時点では棚上げされている。
8　柳原［2011; 2014］を利用しつつ加筆・修正している。
9　世銀モデルとハンガリーの制度との違いは、柳原［2011］を参照のこと。
10　補填額は、2006年から2010年まで順に2.44%、1.90%、1.94%、2.29%、1.98%だった［公式統計より算出］。ただし、このような赤字額の補填は必ずしも「二重の負担」のみを原因とするのではなく、「13カ月目の年金」や年金の引き上げ幅など給付の面からも発生している。
11　本節は柳原［2015］の該当部分に依拠しつつ、加筆・再構成している。

12 以下、Busch et al.［2012; 2013］、MISSOCデータベースに依拠しつつ紹介する。
13 Szikra［2014］によれば、子どもが4人いて十分な収入を得ていれば、平均賃金程度の税控除が可能であった。

【参考文献一覧】

Bohle, D. and Greskovits, B. 2012: *Capitalist Diversity on Europe's Periphery*, New York: Cornell University Press.

Busch, I. and Cseres-Gergely, Zs. 2012: Institutional Environment of the Labour Market Between September 2010 and September 2011, in: K. Fazekas and G. Kézdi (eds.), *The Hungarian Labour Market 2012*, Research Center for Economic and Regional Studies, Budapest: Hungarian Academy of Science and National Employment Non-Profit Public Company LTD.

─────, Cseres-Gergely, Zs. and Neumann, L. 2013: Institutional Environment of the Labour Market Between September 2011 and August 2012, in: K. Fazekas, P. Benczúr and Á. Telegdy (eds.), *The Hungarian Labour Market 2013*.

Cseres-Gergely, Zs., Kátay, G. and Szörfi, B. 2013: The Hungarian Labour Market in 2011–2012, in: K. Fazekas, P. Benczúr and Á. Telegdy (eds.), *op. cit.*

Czibere, K. and Gál, R.I. 2010: The Long-Term Care System for the Elderly in Hungary, in: *ENEPRI Research Report*, No. 79.

Esping-Andersen, G. 1996: After the Golden Age? Welfare State Dilemmas in a Global Economy, in: G. Esping-Andersen (ed.), *Welfare States in Transition: National Adaptations in Global Economies*, London/Thousand Oaks/New Delhi: SAGE Publication.

Fazekas, K. and Benczúr, P. and Telegdy, Á. (eds.) 2013: *The Hungarian Labour Market 2013*, Center for Economic and Regional Studies, Budapest: Hungarian Academy of Science and National Employment Non-Profit Public Company LTD.

Inglot, T., Szikra, D. and Raț, C. 2012: Reforming Post-Communist Welfare States: Family Policy in Poland, Hungary and Romania since 2000, in: *Problems of Post-Communism*, 59(6).

Koltai, L. 2012: Work instead of Social Benefit? Public Work in Hungary,
http://ec.europa.eu/social/BlobServlet?docId=10515&langId=en（2015/01/10アクセス）

OECD 2014: OECD Economic Surveys: Hungary 2014, OECD.

Policy Agenda 2013: Managing public works projects is more expensive for the state than creating new jobs.
http://www.policyagenda.hu/en/nyitolap/managing-public-works-projects-is-more-expensive-for-the-state-than-creating-new-jobs（2015/01/10アクセス）

Scharle, Á. 2014: The size and cost of public works employment, in: K. Fazekas and L. Neumann (eds.), *The Hungarian Labour Market 2014*, Centre for Economic and Regional Studies, Budapest: Hungarian Academy of Sciences & National Employment Non-profit Public Company Ltd.

Szikra, D. 2014: Democracy and welfare in hard times: The social policy of the Orbán Government in Hungary between 2010 and 2014, in: *Journal of European Social Policy*, Vol.24(5).
小野義典訳 2011:「ハンガリー基本法」、『憲法論叢』18号。
田中宏 2013:「ハンガリー：なぜEU新加盟の先導国から問題国になったのか」、久保広正／吉井昌彦編著『EU統合の深化とユーロ危機・拡大』勁草書房。
堀林巧 2009:「EU新加盟国の貧困問題・社会保護システム・社会扶助」、『金沢大学経済論集』29巻2号。
────── 2014:『自由市場資本主義の再形成と動揺：現代比較社会経済分析』世界思想社。
盛田常夫 2010:『ポスト社会主義の政治経済学　体制転換20年のハンガリー：旧体制の変化と継続』日本評論社。
柳原剛司 2011:『体制転換と社会保障制度の再編』京都大学学術出版会。
────── 2012:「EU新規加盟国の雇用政策の変容：ハンガリー」、福原宏幸／中村健吾編『21世紀のヨーロッパ福祉レジーム：アクティベーション改革の多様性と日本』糺の森書房。
────── 2014:「危機後のハンガリー政治経済の変容とその評価」、『ロシア・ユーラシアの経済と社会』2014年2月号。
────── 2015:「変容する旧社会主義国ハンガリーの福祉レジーム」、新川敏光編著『福祉レジーム』ミネルヴァ書房、2015年近刊。
鷲尾亜子 2014:「長引く家計外貨建てローン問題と全面解決に向けた挑戦」、『ロシア・ユーラシアの経済と社会』2014年2月号。
Portfolio.hu 電子版2014年3月4日付、6月30日付。

【統計】

MISSOCデータベース http://ec.europa.eu/social/main.jsp?catId=815&langId=en （2015/01/10アクセス）
ハンガリー中央統計局（KSH）https://www.ksh.hu （2015/01/10アクセス）
ハンガリー中央銀行（MNB）※旧金融監督庁統計
　https://felugyelet.mnb.hu/en/left_menu/pszafen_publication （2015/01/10アクセス）

第9章
市場移行と経済危機がもたらした福祉システムの変容
—— ブルガリア

ニコライ・ネノフスキー／ジェコ・ミレフ

　ブルガリアの福祉システムは、共産主義体制の崩壊以降の政治・経済上の全面的な変化を受けて、1990年代末から2000年代初頭にかけて著しい変貌を遂げた。本章の目的は、2000年代初頭にブルガリア経済に生じた最も重要な諸変化を総括的に把握することにある。とくに、福祉システムと社会的包摂にアクセントを置いて論じる。なかでも、年金制度改革と雇用政策にかかわる諸制度の改革とを本章の中心的な課題とする。なぜなら、これら2つの領域は2000年代初頭当時に実施されたさまざまな変革のなかでも最もセンシティブなものであったためである。

　本章は、ブルガリア経済の発展における主要な諸段階に沿って年代順にまとめられている。第1節では市場経済への移行の初期と1997年の危機以前の時期について論じる。第2節ではカレンシー・ボード制の導入後の時期を扱う。第3節ではとくに雇用政策に焦点をあて、第4節ではEU加盟後と危機の時期における福祉システムを検討する。

1．移行初期とカレンシー・ボード制導入以前のブルガリアの福祉システム（1989-1997年）

　1989年に共産主義体制が崩壊したあと、ブルガリアの産業は転換を必要としていた。転換の目標は、私有財産制の承認であり、損失を垂れ流す国有企業のリストラクチュアリングであり、生産された財やサービスに対する需要と供給を反映した価格システムの導入であり、そうすることによって、計画経済に付きものの慢性的な赤字を克服することであった。ブルガリア経済は、経済相互援助会議（COMECON）の加盟諸国、とりわけソビエト連邦と強く結びついていた。1990年代初頭、ブルガリアの政策立案者らは、改革が不可避であることを完全に確信していたわけではなかった。彼らは、非効率な国有企業のいくらかを延命させることに尽力し、そうすることを通じて多くの工業部門の労働者と行政機

関の職員の雇用を維持しようとした。その結果は、非効率な国有企業部門の深刻な負債であった。ほとんどの債務は非慣習的な金融手法を用いることによって決済された。それは、中央銀行が実質的に損失をこうむるような資金供給策（loss monetization）であり、異論も多い政策であった。この政策は、1990年代半ばにインフレーションを昂進させ、1997年にはハイパー・インフレーションと大規模な銀行危機に帰結した[1]。

　先送りされていた経済改革がついに行なわれなければならなくなった。1998年に導入された抜本的な変革のひとつは、ブルガリアの通貨レフの為替相場をドイツ・マルク（のちにはユーロ）に対して固定するカレンシー・ボード制の実施であり、自由裁量的な金融政策の完全な放棄であった。この重大な改革は、続く数年のあいだに実施された、この国の経済とその不可分の一部をなす社会保障制度とにおける政策措置のほとんどに影響をあたえた。

　カレンシー・ボード制は、政府と中央銀行に対して強力な統制効果を発揮し、困難ではあるが必要な諸改革、すなわち国有資産の私有化、税制改革、そして社会的領域（主として年金制度）における諸改革の実行を可能にした[2]。1990年代初頭、ブルガリアの福祉システムは完全に国家予算から賄われていた。国家は、当時提供されていたすべての社会保障サービスを担っていたのである。経済危機は、福祉システムの収入と支出の双方に影響をもたらした。図表9-1 はこの時期のブルガリアのいくつかのマクロ指標を示している。これによれば、ブルガリアのGDPは、1990年から1997年のあいだに約40%も下落した。また、この国の実体経済がこうむった深刻な打撃は雇用情勢にネガティブな影響をおよぼし、失業率は著しく増加した。

図表9-1　1990-1997年におけるマクロ指標の推移

	1990	1991	1992	1993	1994	1995	1996	1997
1人あたりGDP（USドル）	1,163	945	1,015	1,278	1,150	1,564	1,190	1,251
1人あたりGDP（USドル，購買力平価換算）	5,150	4,740	4,660	4,800	5,020	5,380	5,020	5,920
1人あたりGDP（前年比，%）		−9.1	−11.7	−7.3	−1.5	−1.8	−2.9	−9.4	−5.6
失業率（%）	2.9	6.8	13.2	15.8	14.1	11.4	11.0	14.0
物価上昇率（%）		473.7	79.4	63.9	121.9	32.7	311.6	547.7

出所：ブルガリア中央銀行（www.bnb.bg）；国家統計局（www.nsi.bg）；IMF, *World Economic Outlook*, April 2014

これらは、国家予算の収入面への圧力が甚大であったということを示している。同時に、失業者数の増大は国家予算の支出面にもネガティブに作用した。当時の政府が決定したポピュリスト的な政策もまた、債務の増大に寄与した。たとえば、仕事を失ったままの人びとの多くは、恵まれた条件で引退生活に入ることを許された。当時、すべての社会保障サービスは国家によって提供されていたが、国家はその財政負担をだんだん維持できなくなっていった。これが、政府が供給していたすべての給付の支出に必要な資金が急増したことの理論的な背景である。こうしてインフレ率が急騰したのである。
　1990年代末以降の過酷な経済危機は、ブルガリアの政策立案者に圧力をかけた。彼らは、社会のほとんどすべての領域において抜本的な経済改革が必要であることを理解するにいたった。こうして、1997年に新たに選出された政府は、当時著しく遅れをとっていた改革に着手した。年金制度（当時の平均的な年金給付額は月額5USドル程度であった）、保健制度、雇用政策の諸制度における断固たる措置が、これらの諸制度を全般的な崩壊から守るために必要とされていたのである。1997年7月1日にカレンシー・ボード制を導入し、その結果、インフレ率の安定化に成功したのち、政府は前述の社会的諸領域のリストラクチュアリングのための重要な措置に着手したのである。

2．経済危機とカレンシー・ボード制導入以後の福祉システムの展開

　最も重大な改革は年金制度の改革であった。なぜなら、社会保障へと向けられる財源の最大の部分を吸収していたのが年金制度であったからである。ハイパー・インフレーションの結果として、多くの人びとの年金額は大幅に目減りしていた。それと同時に、中・長期的に年金制度に対して劇的な打撃をあたえるであろう、ネガティブな効果を有する不都合かつ重要なプロセスが進行しつつあった。すなわち、人口の高齢化のプロセスである。
　1990年代の初頭に、2つのトレンドがブルガリア社会の人口構造にネガティブな作用をおよぼしはじめた。すなわち、移出民（emigration）の増加と、出生率の低下である。共産主義体制の崩壊後、国境が開放され、ブルガリアの多くの若者は自らの専門的なキャリアを外国で追求する機会を見いだした。同時に、この国の経済的な窮境によって、多くの家族は2人以上の子どもをもうけることを阻まれた。これら2つの不都合な傾向は、年金制度を長年にわたって圧迫しつづけている。

1990年代末、年金制度は賦課方式のみにもとづいて運用されていた。そのため、失業率の上昇と移出民の増加は、国家予算の収入面に直接的に影響することとなり、したがって妥当な年金額を給付する可能性にも影響をおよぼした。世界銀行とIMFの勧告に従って、ブルガリア政府は当時の年金制度の改革に着手した。それは、〔退職年齢や給付額など年金制度に影響する〕諸変数の（parametric）改革であるとともに、構造的な改革でもあった。第1の変数にかかわるタイプの改革は、制度の財政的な健全性を短期的に強化することをめざしていたのに対して、第2の構造的なタイプの改革における究極的な目標は、ブルガリアの年金制度における長期的な展望を改善することにあった。

　第1の変数にかかわる改革には、退職に際していわゆるポイント・システムを導入することがふくまれていた。そのねらいは、国が運営する社会保障による年金を受給する際の法的な要件を引き上げることにあった。被保険者である個人が年金受給の権利を得るためには、年齢と保険料拠出期間の基準の双方を満たしていることが必要となった。この変更が加えられる以前には、被保険者はあらかじめ定められた一定の年齢——女性は55歳、男性は60歳——に達してさえいればよかった。2000年に導入されたポイント・システムは、被保険者の年齢と拠出期間の年数とを足し合わせた合計値が、男性の場合は98ポイント、女性の場合は88ポイントに達することを要求するものであった。同時に、法定退職年齢は両性とも6カ月引き上げられ、女性の場合は55歳6カ月、男性の場合は60歳6カ月とされた。採択された年金法では、退職年齢と必要ポイント数の双方を両性とも段階的に引き上げることを構想していた。2001年1月1日以降、退職年齢を、女性の場合は60歳、男性の場合は63歳に達するまで毎年6カ月ずつ引き上げることが必要とされた。同時に、ポイント数についても、女性の場合は94ポイント、男性の場合は100ポイントに達するまで毎年1点ずつ増やすことが必要とされた。2011年、年金制度におけるポイント・システムは廃止され、それに代わって、年齢と拠出期間のそれぞれについて別々に設けられた要件、すなわち男性の場合は退職年齢63歳と拠出期間37年、女性の場合は退職年齢60歳と拠出期間34年の双方を満たすことが必要となった。

　変数にかかわる他の改革には、職業軍人、警察官、そして鉱山労働者や冶金技術者といった過酷な労働条件で働く人びとのような特定の専門職種に有利となるように設計された、いくつかの特例の廃止をふくんでいた。ブルガリアにおいて実施されたこれらすべての年金改革措置の目的は、国家によって運営される賦課方式の年金制度において絶えず増大していく財政的負担を緩和することにあった。賦課方式の年金制度における収益が2つの要素に依存していることは、よく知ら

れている［Davis 1995］。すなわち、年金扶養比率（年金受給者に対する保険料拠出者の割合）と、拠出される保険料の総額の増加を左右する平均賃金の増大である。年金扶養比率の持続的な悪化は、賦課方式による年金制度にかかる負担を高めうる。こうした負の傾向は世界中の多くの国々で見いだされる典型的なものであるが、それはブルガリアにおいては極端な性質を帯びている。このことは次の図表9-2から読み取れる。

　ブルガリアにおける年金扶養比率は2に満たない。このことは、現行の賦課方式による年金制度が公的財政をひどく圧迫しているということを意味している。しかしながら、年金給付額の平均は2000年以降、コンスタントに増加している。これは主として、労働者の保険料拠出の対象となる所得の増加のおかげである。さらに、年金保険の保険料率が2000年から2010年までの期間に何度か引き下げられていることもまた注目に値する。2011年には保険料率がわずかに引き上げられたが、このことは、この法則の例外とみなすことができるだろう（図表9-3）。

　ブルガリアにおける平均の年金額は増加してきているが、経済状況からして妥当といえる水準からはほど遠い。年金の給付水準（所得代替率）は約40％であり、このことは、ブルガリアの退職者が退職後ただちに所得の顕著な減少に直面することを意味している。退職後も仕事を続けるチャンスをもつすべての年金受給者が職場にとどまり現役続投を選択することは、なんら驚くに値しない。より高い年金給付を受け取れるよう見通しを改善し、平均的な所得代替率を高めるために、ブルガリアの政策立案者らは1990年代末にきわめて重要な年金制度の構造的改革を行なった。世界銀行の勧告［World Bank 1994］に従い、3つの柱からなる年金制度が導入されたのである。第1の柱をなすのが、国家による賦課方式部分である。この賦課方式部分は、拠出された保険料の最大の部分を引き続き吸収しつづけるが、完全な積立方式の原則によって運営される第2と第3の柱によって補完される。第2の柱は、いわゆる補完的な強制加入の年金保険であり、2つのタイプのファンド——すなわち、一般型の年金ファンドと職域別の年金ファンド——からなっている。1959年12月31日以降に生まれたすべての被保険者は、自分が選んだどれかひとつの一般型の年金ファンドに保険料を拠出することが義務づけられている。それに加えて、鉱山労働者のように過酷な労働条件で働く被保険者は、職域別の年金ファンドにも拠出しなければならない。この改革は、現在の賦課方式において予想される深刻な収入不足に対処することを究極的なねらいとしているため、重要な構造的改革として受け入れられている。年金制度の第3の柱は、いわゆる補完的な任意加入の年金制度である。16歳以上のすべての個人は、自分が選んだ年金ファンドへ拠出することができる。強制加入の年金ファンドと

図表9-2　2009-2013年における保険料拠出者数と年金受給者数（単位：1000人）

	2009	2010	2011	2012	2013
保険料拠出者数	3254	3053	2965	2934	2935
年金受給者数	1696	1697	1696	1698	1667
年金扶養比率	1.92	1.80	1.75	1.73	1.76

出所：国家統計局（www.nsi.bg）

図表9-3　2002-2013年における保険料拠出の対象となる所得と保険料率

年	保険料拠出の対象となる所得の平均月額（単位：ユーロ）	保険料拠出の対象となる所得の増加率	年金保険料率
2002	132.81		27%
2003	143.55	8.09%	27%
2004	157.89	9.99%	26%
2005	169.55	7.39%	26%
2006	181.25	6.90%	19%
2007	203.58	12.32%	18%
2008	255.93	25.72%	17%
2009	283.65	10.83%	13%
2010	291.61	2.80%	11%
2011	303.78	4.18%	12.80%
2012	316.01	4.02%	12.80%
2013	331.69	4.96%	12.80%

出所：国立社会保障研究所（www.nssi.bg）

　任意加入の年金ファンドの双方とも、確定拠出の枠組みであり、そこでの投資のリスクは被保険者個人に課せられている。
　完全な積立方式の原則（fully funded principle）に則って運用される年金制度の導入は、ブルガリアの規制当局にとっては容易でない挑戦であった。資本市場は始動したばかりであり、流動性も低く、〔年金ファンドなど〕この種の機関が投資を行なうのにふさわしい金融商品を備えていなかった。このような状況での強制加入による第2の柱の実施は、個々の被保険者にも年金保険会社〔訳注：年金ファンドを運営する母体。両者は法的には別の主体である〕にも多くのリスクを課すことになる。また、大衆が改革を支持するかどうか誰も確信がもてないという状況であったため、この種の年金保険制度を歴史的に有していなかったこともまた、帰結を予想できないという意味で改革にとっての障害であった。規制当局は、

このような制約をすべて、新たに形成された年金保険会社を統制するための諸規則に反映させねばならなかった。したがって、拠出された資産の運用に対して規制当局が厳格な規制を優先して導入したことは少しも驚くに値しない。始動から数年のあいだ、年金制度の第2の柱の年金保険会社は、その運用資産の最低でも50％を国債に投資するよう義務づけられた。ブルガリアの一般年金ファンドと職域別年金ファンドにかかわる投資規制は、以下の図表9-4のとおりであった。

立法者らは、このような投資制限を採用することによって、始動当初の数年間は年金保険会社をリスクが大きいと想定される投資から明確に遠ざけようとしていた。それと同時にこれらの規則は、年金制度の金融的な安全性を個々の被保険者に納得させることをねらいとしていた。この点は非常に重要であった。というのも、1990年代半ばのブルガリアで非常に人気のあったネズミ講的な金融商品（financial pyramids）への「投資」によって、多くの人びとが巨額な金銭的損失をこうむっていたからである。こうしたタイプの投資規制は、ブルガリアの年金ファンドの運用開始当初の数年間については妥当であった。だが、ロー・リスクの金融商品が概してロー・リターンであるということは、金融理論においてよく知られている通りである。年金ファンドは長期の投資を行なう主体であるので、資本市場への投資においてはいくつかの比較優位をもつ。すなわち、収益の変動する金融商品は収益固定の金融商品に比べて価値の変動が大きいが、前者の利回りはとりわけ長期的には債券のそれを上回る傾向を示している。

積立方式による年金制度の被保険者が直面する最も重大なリスクのひとつは、インフレーションのリスクである。被保険者が積み立てた資産から〔インフレーションによって〕失われてしまう購買力を年金ファンドが補填できなければ、年金ファンドはそれらが設立されたそもそもの目的に貢献することができないということである。それゆえ、長期的な視野で実質的にプラスの収益を達成する機会を増やすべく、株式や社債といった企業に関する金融商品にまで投資を拡大させることが、ブルガリアの年金ファンドにとって非常に重要であった。2006年には、年金ファンドの投資規制にいくつかの非常に重要な変更が加えられた。それは部分的には、2007年の来たるEU加盟に備えるためであった。制限の多くが緩和され、国債への投資義務も取り除かれた（図表9-5）。

これらすべての変更は年金ファンドに好ましい影響をあたえた。新たな規制が施行された直後から、年金ファンドはその資産のポートフォリオ構成を再構築することが可能になった。年金ファンドのポートフォリオ構成に占める国債の比重は、株式や社債への比重の高まりによって著しく低下した。この改変以前には、年金ファンドのなかには、その資産のおよそ80％を国債に投資していたファ

図表9-4　第２の柱の年金ファンドに対する2006年までの投資制限

	投資先	投資制限
1	国債	最低50％
2	銀行預金	最高25％
3	社債	最高20％
4	株式	最高10％
5	不動産抵当証券	最高30％
6	地方債	最高10％
7	不動産への投資	最高5％
8	国外の金融商品（foreign instruments）	最高20％

出所：社会保険法（2000年）

図表9-5　ブルガリアの年金制度の第２の柱に対する現行の投資制限

	投資先	投資制限
1	国債	無制限
2	銀行預金	最高25％
3	社債	最高25％
4	株式	最高20％
5	投資信託	最高15％
6	特殊な投資目的会社の株式	最高5％
7	不動産抵当証券	最高30％
8	地方債	最高15％
9	不動産への投資	最高5％
10	レフ・ユーロ以外の通貨建て資産への投資	最高20％

出所：社会保険法（2007年）

ンドもあったが、積立方式の要素をいくらか組み込むことによって賦課方式による制度を補完するという年金制度改革の目的からすれば、このことは欠陥であると考えられた。年金ファンドがもっぱら国債への投資を行なうならば、積立方式による年金制度の利点の多くは長期的には著しく損なわれうる。2006年末から2007年いっぱいにかけて行なわれた資産のポートフォリオ構成の再構築は、ブルガリアの株式市場における極端な価格上昇の時期と一致していた。

　年金ファンドだけでなく、ブルガリア国内で活動する銀行、保険会社、ミューチュアル・ファンドといった機関投資家は、急成長するブルガリアの株式市場に資金を投入することに熱心であった。2007年には、年金ファンドは２桁の利回り（収益率）を達成することができた。一般型の年金ファンドの個別の利回り

は、13.51%から24.91%までの幅があったが、公式に発表された平均的な利回りは17.19%であった。これは実に大きな成果であったが、それが可能になったのはもっぱら、この年に資本市場に対してなされた投資のおかげであった。資産価格のバブルが形成されていたことは明らかであって、翌年に金融危機がブルガリアを襲ったとき、その結果は壊滅的なものとなった。主要な株価指数（Sofix）はおよそ80%下落し、2008年に年金ファンドが記録した損失は甚大であった。株式市場の崩壊は、被保険者が積み立てた資産額の20%以上を吹き飛ばした。公表された一般型の全年金ファンドの平均の損失率はマイナス21.14%であり、なかにはマイナス29.31%を記録した基金もあった。

　このような残念な結果は、それ以降の年金ファンドをめぐる展開に影響をおよぼした。被保険者たちは、彼らの積立金が保証されておらず、自分たちが重大なリスクを背負っていることに気づいたのである［Blake 2006］。この問題が最も深刻であったのは、退職を間近に控えていた、任意加入の年金ファンドの加入者の人びとであった。年金ファンドは、これらの人びとの損失を1年や2年のあいだに埋め合わせる可能性を有していなかった。被保険者らは、年金の減額を受け入れるか、あるいはさらに数年間余分に働くかという、困難な選択を行なわなければならなかった。一般型の年金ファンドの被保険者は、退職がまだ遠い将来のことであるという点で有利な立場にあった。このタイプのファンドから最初に年金を給付されるのは1960年生まれの人びとであり、彼らの退職は2020年以降に予定されている。

　一連の危機によって、異なるリスク選好（risk profiles）にもとづく複数の資産ポートフォリオを有することを年金ファンドに許容すべきだということがはっきりと示された。ラテン・アメリカ諸国（チリ、ペルー、コロンビアなど）や中欧諸国（スロヴァキア、ポーランド、2012年までのハンガリー）のかなりの国々では、そのようないわゆるマルチファンド制が導入されていたが、ブルガリアでは導入されていなかった。一連の危機は、投資の際に長期的な視野に立っている人びとと、短期的な視野を有している人びととが直面しているリスクはそれぞれ異なっているということを示した。被保険者が2、3年後の退職を計画していたのであれば、彼または彼女の積立金投資のポートフォリオに占める安全な金融商品への投資の比率は、2008年の実際のポートフォリオにおけるそれよりも大きなものであるべきだった。それと同時に、職業上のキャリアを積み重ねはじめたばかりの被保険者たちには、収益の変動する金融商品をふくむポートフォリオにいっそう積極的に投資する機会をあたえられるべきであった。そうした金融商品の利回りは長期的にはインフレ率を上回る可能性が高いからである。

新たな世紀の初期に行なわれたこれらすべての改革は、欧州連合の規制に合致するものであった。残念なことに、これらの改革のうちのいくつかは延期され、また別のいくつかは導入されておらず、さらに別のいくつかは中止された。一例を挙げるならば、与党は2011年に年金受給開始年齢と退職までに必要な拠出期間の年数との双方の段階的な引き上げを取り決めた規定を採択した。その結果、年金受給開始年齢を男性の場合は65歳、女性の場合は63歳に達するまで毎年4カ月ずつ引き上げていくことが予定された。同様に、必要とされる拠出期間も、男性の場合は40年、女性の場合は37年に達するまで、毎年4カ月ずつ引き上げられていくことになった。この標準的なルールは2012年から2013年にかけて、わずか2年間しか効力をもたなかった。
　2013年、新しい連立政権はこの改革を中止し、予定されていた引き上げを1年間凍結した。これによって示されたのは、痛みをともなう改革を実行することがいかに困難であるか、また広く大衆の支持を得ている場合にのみそのような改革を提案することがいかに重要であるかということにほかならない。どのようなものであれ、長期的な政策決定の成功にとって死活的に重要なことは、その国の政治にかかわるすべての当事者によって受容されることである。年金制度は長期的なルールを必要とするものであり、さもなければ失敗するほかはない。年金システムの第2の柱と第3の柱にマルチファンド制を導入する試みも、いまだに盛んに議論されるにとどまっている改革である。多様なリスク選好に対応する複数の資産ポートフォリオを導入することは、ブルガリアの年金ファンドを下支えし、被保険者が長期的に直面するリスクを減らす重要な措置である。同時に、そのような制度の導入は、退職に備えた資産の積立プロセスに被保険者をより深く関与させていくことになるだろう。現在のところ、保守的ポートフォリオ、バランス型ポートフォリオ、積極的ポートフォリオの3種類のポートフォリオを設ける選択肢が議論されている。これらの選択肢は、収益が変動する金融商品に投資する比率によって区別される。いったん選択したなら、被保険者は自分自身の年金積立金に責任を負わなければならない。今日の年金制度における深刻な問題のひとつは、若年層が将来の自らの年金給付に関心をもたず、この種の意思政策を完全に国任せにしていることである。マルチファンド制は、今日の勤労世代に見いだされるこうした憂慮すべき傾向を変えていく潜在的可能性を有している。むろん、被保険者が自らの利害を保護しえず損ねてしまうような意思決定を下さないようにするために、この政策領域における標準的なルールは慎重に策定されなければならない。

3. 雇用政策

　ブルガリアの重要な社会システムにおいて2000年代に生じたもうひとつの顕著な変化は、雇用政策に関するものである。競争的な環境のもとでは立ちゆかない巨大で非効率な国有企業をリストラクチュアリングするために必要な改革を行なわなかった結果、1990年代末、この国の経済は厳しい衰退を経験した。1997年にハイパー・インフレーションが進んだあと、新しく選ばれた政府は国有資産の私有化プロセスに着手した。その結果、多くの労働者は仕事を失ったが、ブルガリアの経済構造が特異であったために、彼らは新しい仕事にすみやかに就くことはできなかった。多くの国有企業は売却されたあと、〔買い手のもとで操業するのではなく〕断片へとただ分割された。国有企業が数十年間にわたって製造しつづけてきた製品のための市場はなくなり、さらに、とりわけ同時期に導入されたカレンシー・ボード制によって課される厳しい金融上の制約のもとでは、国家予算によってそうした企業を支えることはもはやできなかった。したがって、当時18％に近い水準にまで達した失業の大部分は構造的なものだったのである（図表9-6）。

　政府は、こうした負のトレンドを逆転させるために、消極的な措置と積極的な措置の両方を実施した。消極的な措置には、仕事をもたないすべての個人に支払われる給付や手当がふくまれている。積極的な措置には、さまざまな教育・資格取得プログラムがふくまれており、それらの最終的な目標は失業者のスキルと職業上の知識を向上させることにある。この分野での政策実施については、いわゆる雇用局（Employment agency）がその責任を負っているが、一時的な雇用や正規雇用の創出もまた、同局が実施する積極的な措置の一部である。

　2000年代の初めに、この分野で新しい法律が採択され、それを受けて特別な基金が設立された。〔年金制度の第1の柱、すなわち賦課方式部分を担う〕年金基金、（労働上の傷病をカバーする）労災基金、（一般的な疾病と出産をカバーする）一般疾病・出産基金に加えて、失業基金がブルガリアの社会保障システムにおける第1の柱を形成することとなったのである。これらの基金はそれぞれ独自の会計を有している。これらの基金はみな、すべての被雇用者（年金基金のみ自営業者もふくむ）とその雇用主が拠出する保険料によって賄われており、その資金は連帯原理にもとづいて使用されている。失業基金の保険料率は、2000年以降に幾度か変更された（図表9-7）。

　失業基金の保険料は当初、雇用主8割、被雇用者2割という割合で分担され

ていた。毎年変更が加えられ、現在では雇用主6割、被雇用者4割となっている。この特別な基金が擁する資金は、失業状態にある諸個人に対して支払われる一定の失業給付金の支給のために使われている。失業し給付を請求した月から遡って15カ月のうち少なくとも9カ月以上、失業基金に保険料を拠出してきた人びとに対して失業給付が現金で支払われる[3]。失業者はまた国の雇用局への登録が必要であり、年金受給者の場合は失業給付の対象とならない。給付額算定のための細かい手続きは、過去数年のあいだに若干の変更を加えられてきた。失業ならびに給付の請求に先立って18カ月以上、保険料を納付していた場合は、当該失業者の過去の平均賃金の日額の60％の給付額となる。現時点で失業給付の額に上限が設けられていないということは、特筆に値する。これまで長年にわたり、上限が設けられていたからである。かつて、国会は毎年、翌年に適用する給付の日額の上限を議決してきたのである。そのため、所得の高い被保険者は、彼らが拠出した保険料に見合う妥当な額の手当を受け取ることができなかった。

　この規則は2010年に改正され、それ以降、高所得の被保険者は拠出した保険料にもとづいて決められた額の給付を得ることができるようになった。個々の被保険者の平均賃金の日額を算出するためのベースとなる期間も、数回にわたって変更されてきた。当初は、この期間は仕事を失った月に先立つ9カ月であったが、その後24カ月にまで延長され、現在では18カ月となっている。被保険者がこの

図表9-6　1998-2001年の失業率（単位：％）

年	1998	1999	2000	2001
失業率	12.2	16.0	17.9	17.3

出所：国家統計局, *Statistics Review, 2002*

図表9-7　失業基金に対する被雇用者と雇用主の保険料率（2002-2014年）

年	2002	2003	2004	2005	2006	2007	
保険料率（％）	4	4	4	3.5	3	1-9月	3
						10-12月	1

年	2008	2009	2010	2011	2012	2013	2014
保険料率（％）	1	1	1	1	1	1	1

出所：国立社会保障研究所（www.nssi.bg）

図表9-8　ブルガリアにおける失業給付の受給期間

保険料拠出期間	受給期間
3年未満	4カ月
3年以上5年未満	6カ月
5年以上10年未満	8カ月
10年以上15年未満	9カ月
15年以上20年未満	10カ月
20年以上25年未満	11カ月
25年以上	12カ月

出所：社会保険法（2000年）

　失業給付を何カ月にわたって受け取る権利を有するかは、保険料を拠出した期間によって決まる（図表9-8）。

　上の表から、被保険者が失業給付を受け取ることができる最長の期間は12カ月であることがわかる。この最長の期間は、国家による社会保障制度の一部である失業基金に保険料を拠出した期間が最も長かった人びとに適用される。前回の失業給付の受給から3年以内にふたたび失業給付の受給権を獲得した被保険者は、最低限の給付額を4カ月間にわたって受ける権利を有する。失業給付の受給期間中にパートタイムの仕事に就いたとしても、その報酬がブルガリアの〔フルタイムの場合の〕最低賃金を下回っていたならば、その人は残りの受給期間に、すでに決定された失業給付の50％を受け取る権利を有する。

　これらの消極的措置に加えて、国の雇用局による積極的な措置も実施されている。それら措置の目的は、新しい仕事を見つけたり、就職に必要な新しいスキルを身につけたりするための全プロセスにわたって、失業者を支援することにある。雇用局の活動は、以下の7つの分野に区分することができる。すなわち、①登録失業者への求人情報の提供サービス、②新しい仕事を見つけるための仲介サービス、③職業相談サービス、④教育サービス、⑤補助金を用いて、特定のグループに属する失業者の雇用を促進するプログラムやプロジェクトへの財政的措置、⑥ブルガリアの雇用水準を引き上げるための刺激策の実施（失業者に対する開業促進、雇用主に対する新規雇用創出促進）、⑦雇用と職業資格の領域におけるEUのさまざまなプログラムに関する行政サービスと情報サービス、の7つである。

　こうした消極的および積極的措置はすべて、新しい仕事を用意し雇用水準を引き上げるプロセスにおいて補助的な役割しか果たすことができなかった。実際には、企業や経営者こそが、労働環境の発展ならびに新しい雇用機会の創出において主導的な地位を保持していることはよく知られている。そのような理由で、政

策立案者は、まさにこの国のビジネス条件の改善にかかわる間接的な措置によって労働市場を支えようとしているのである。たとえば、2000年以降、法人所得税と個人所得税双方の税負担を軽減しようとする明確な傾向が見られる（図表9-9）。このようにして政府は、ビジネスを興すコストを軽減することに努めると同時に、経済のインフォーマル・セクター（非公式部門）のなかで事業活動を行ない、税金を納めていない企業に対して、市場のルールを受け入れ他の市場参加者と公正に競争することをうながしている。

　社会政策の領域で実施された措置のなかには、それが労働市場におよぼした効果について議論の余地のある措置もふくまれていたということには、言及しておく意義があるだろう。インフォーマル・セクターに対処しようとする努力のなかで、労働・社会政策省は2003年に保険料が賦課される所得の最低基準額を導入した。同基準額は、職業集団ならびに経済部門ごとに個別に行政が決定する。この基準額は、国家の社会保障制度に属する各基金〔訳注：（年金制度の第1の柱を担う）年金基金、労災基金、一般疾病・出産基金、失業基金〕、年金制度の第2の柱である年金ファンド、および健康保険基金のそれぞれの基金に対して、拠出するべき保険料を算出するために使われる。たとえ賃金がこの最低基準額を下回っているとしても、雇用主と被雇用者はこの最低基準額に対して保険料率をかけた額の保険料を拠出しなければならない。これの背景をなす基本的な考え方は、もし

図表9-9　法人所得税・個人所得税の限界税率の推移（2001-2014年）

	法人所得税（%）	個人所得税（%）
2001年	28	38
2002年	23.5	29
2003年	23.5	29
2004年	19.5	29
2005年	15	24
2006年	15	24
2007年	10	24
2008年	10	10
2009年	10	10
2010年	10	10
2011年	10	10
2012年	10	10
2013年	10	10
2014年	10	10

出所：国家歳入庁（www.nap.bg）

ブルガリア経済がインフォーマル・セクターを有するならば、社会保障の保険料をまったく拠出しないで、あるいは——こちらがより一般的であるが——一部だけを拠出して、賃金を受け取っている労働者がかなり存在するということである。問題は、こうした最低基準額をいかにして適切な水準に決定するかということである。最低基準額があまりに低すぎれば、この制度を考案した所期の目的は達成されないであろう。それがあまりに高すぎれば、労働市場に好ましくない影響をあたえ、この国における失業率の上昇傾向を促進してしまうであろう。2003年の導入以来、この最低基準額が労働市場に対しておよぼしてきた影響を評価することは、困難である。導入後の数年間は、ブルガリア経済が好況であった時期と一致している。

この時期には賃金と拠出された社会保険料の増加が観察されたが、そうした増加を支えた要因はほかにも多く存在した。この好ましい傾向は、世界金融危機がブルガリア経済にも波及した2008年に反転した。この最低基準額が2003年以降に1度も引き下げられなかったということは、重要である。一連の危機の負の影響が表面化し、失業率がふたたび上昇しはじめたときさえ、ブルガリアの政策立案当局は、国内の多くの事業活動に加えられる金融上の圧力の高まりを緩和する措置を何ひとつとらなかった。彼らは逆に、保険料が賦課される所得の最低基

図表9-10　ブルガリアにおける最低賃金の月額の推移（2000-2014年。ユーロ換算）

	最低賃金	増加率（%）
2000年	34	—
2001年	43	26
2002年	51	19
2003年	56	10
2004年	61	9
2005年	77	25
2006年	82	7
2007年	92	13
2008年	112	22
2009年	123	9
2010年	123	0
2011年	138	13
2012年	148	7
2013年	159	7
2014年	174	10

出所：国立社会保障研究所（www.nssi.bg），著者算出

図表9-11　ブルガリアのGDP成長率（2001-2013年）

	2001年	2002年	2003年	2004年	2005年	2006年	2007年
成長率(%)	4.2	4.7	5.5	6.7	6.4	6.5	6.4

	2008年	2009年	2010年	2011年	2012年	2013年
成長率(%)	6.2	-5.5	0.4	1.8	0.6	0.9

出所：国家統計局（www.nsi.bg）

準額と法定最低賃金の双方を引き上げることによって、収入の減少分を補填しようとした。後者の法定最低賃金もまた2000年以降、労働生産性と経済成長とは関係なく着実に増加してきている。

図表9-10 は、2000年から2014年までの全期間をとると、最低賃金の月額の増加率の累積値が176％以上になっていることを示している。それと比較すると、公式に発表された同じ期間のGDPの成長率はかなり低いものになっている（図表9-11）。

最低賃金や保険料が賦課される最低基準額の水準は、ブルガリア全土で同じ水準が適用されている。地域による差異はない。他方で、ブルガリアのさまざまな地域は経済的に同等というわけではない。たとえばブルガリアの北西地域のように、失業率が高く、そのため他の地域に比べて平均賃金の月額が低い傾向の地域も存在する。こうした多様性を考慮することなく最低賃金を引き上げることで、政府はそうした地域の平均所得と最低所得との格差を人為的に縮小させている。このようにして政府は、有能で、最低賃金を超える賃金を受け取っている人びとの勤労意欲をいっそう殺いでいる。そのような人びとは、そうした地域を去って他の場所でより高い報酬を探すよう、追加的な刺激を受けているのである。こうした好ましくない傾向によって、この国の経済的に低開発の地域は企業にとってよりいっそう魅力のないものとなり、そうした地域の社会的な復興が妨げられているのである。

4．危機の時代における福祉システム

2008年の危機はブルガリアの労働市場に対してきわめてネガティブな影響をおよぼした。経済的不況は、2008年以前の数年間には経済成長の主要な原動力であった外国からの投資額が減少したことによって引き起こされた。ブルガリア経済において輸出志向の高い部門もまた、それら企業が生産しEU市場で販売してきた

製品の需要が減少したせいで打撃をこうむった。

深刻な打撃を受けた業種のひとつは建設業である。ブルガリア国内の海辺のリゾートやウィンター・リゾートでは休暇滞在用の複合施設（ホテルやアパートメント）が、また大都市ではオフィス・ビルや居住用の建物が設計・建設されるという不動産ブームがあった。その必然的な結果として、こうした部門で雇用されていた多くの人びとが仕事を失うことになった。建設業は、特殊な職業上のスキルは有するものの比較的教育水準が低い人びとを多く雇用しており、経済危機による打撃を最も強く受けたのはそうした人びとであった。彼らは新しい職業に早期に転職することができなかった。また、建設業界で雇用されていた人びとの相当な部分は、実際の賃金額に対応する保険料を拠出していなかった。多くの低賃金労働者は、社会保険料を支払うことなく報酬の一部を受け取ることを好んだのである。したがって、彼らは国の失業基金からの失業給付を満額で受給する資格を得られなかった。危機の結果として、貧困と社会的排除のリスクに見舞われている人びと[4]の数が増加した。

図表9-12 は、貧困と社会的排除のリスクに見舞われているブルガリア人が2008年から2012年のあいだに約5％増加したことを示している。それは、ユーロ圏の国々における増加率の平均よりも顕著に高い。

それにともない、同じ期間には、労働市場政策に対する公的支出も増加している（図表9-13）。しかし、公的支出の増加の大部分が、消極的な措置の実施、それも基本的には失業給付の支給に起因するものであることは、注意を要する。それと同時に、積極的な措置のために費やされた資金は対GDP比においても絶対額で見ても減少していることを、統計は示している。

このようなデータの背景をなしていると思われるのは、行政が新しいプログラ

図表9-12　貧困と社会的排除のリスクに見舞われている人びとの割合

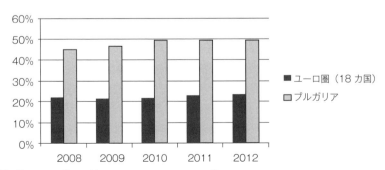

出所：Eurostat（http://epp.eurostat.ec.europa.eu/）

図表9-13　労働市場政策に支出された公的支出[5]（対GDP比，単位：％）

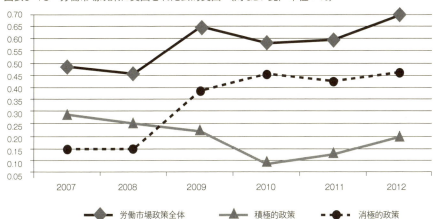

出所：Eurostat（http://epp.eurostat.ec.europa.eu/）

ムやサービスを実施するには時間を要するという事情であり、大衆もまた新しいことを学びそれに慣れるためには時間を必要とするという事情であろう。2010年以降、積極的労働市場政策への支出は上昇する傾向にあるが、これは危機のさまざまな負の影響がいまだに沈静化していないことの明らかな兆候である。

　ブルガリアの政策立案者らは、この国の労働市場を間接的な措置によっても支えようとしている。すなわち、失業者がインターネット上で求人情報の検索や求職の申し込みをできるようにするなど失業者とのコミュニケーションを円滑にする電子サービスを導入したり、彼らのあいだで起業意欲を醸成したり、融資へのアクセスを容易にするための保証制度を設けたりしている。残念ながら、このような行政の施策の効率性は完全というにはほど遠く、多くの求職者は、自らが置かれた不利な状況を何とかするために目下利用することのできる機会の少なさについて不満をいだいている。ブルガリア政府は支出を厳格に管理しなければならないため、積極的労働市場政策の実施は制約を受けている。ブルガリアの政治家たちがカレンシー・ボード制やユーロに対する固定相場制を維持しようと思うならば、財政赤字は対GDP比の3％という上限を超えてはならないし、累積の公的債務も〔膨張しないよう〕コントロールされた状態を保たねばならない。

　また対GDP比3％という財政赤字の基準は、政府が守らなければならない上限であり、それが守られない場合には、過剰な財政赤字を容認し「安定・成長協定」の規則を破ったとみなされ、欧州委員会が特別な制裁手続きを発動しうるのである。そうした状況において典型的なケインズ的政策の実施は大幅に制限されてお

り、このことは、長期的に見た場合には効率性に議論の余地のある短期的な諸措置によって、政府が労働市場を支えることはできないということを意味している。政府の雇用政策は危機から圧力を受けた。それにもかかわらず、輸出部門が主導しながら経済の漸進的な回復が始まり、公式統計によれば、2014年の第２四半期には失業水準の若干の低下を記録することができた。経済回復のプロセスは困難であろうし、それは政府、産業界、学界といったすべての当事者による協力を必要としている。

5．結論

　ブルガリアの社会保障システムにおいて実施された諸改革は、ドイツにおいて機能している社会保障システムに類似した構造を有するモデルをつくり上げることを意図していた。

　たとえば、社会保障システムがカバーする基本的なリスク（老齢と死亡、出産と育児、失業、職業上の疾病と傷害）のそれぞれに対して、賦課方式にもとづく社会保障制度の第１の柱の枠内で、別個の基金が設立されてきた。これらの基金には、個別に保険料率が定められた。それぞれの給付の水準は、拠出した保険料の額に非常に大きく関係している。理論上、〔社会保険料により運営される〕社会保障システムは、国家予算からは、ならびにそこにふくまれる課税を通じて徴収された資源からは分離されていた。しかし実際には、社会保障システムは過去10年間、コンスタントに赤字を記録しており、国家予算から効果的な支援を受けてきた。同時に、社会保障システムにおける普遍的な保障は過去15年間にわたり、つねに特権でありつづけた。事実、働いた経験のない人びとでさえ、それなりの給付（年金、出産、医療）の受給を可能にする多くの例外がある。そのような例外は、基本的にはブルガリア社会におけるマイノリティ集団に適用されている。

　1990年にエスピン=アンデルセンが提示した福祉レジームの分類をブルガリアに適用するならば、ブルガリアは保守主義モデルと社会民主主義モデルとの妥協の一種であるということができる[6]。この分野で活動する民間の団体は相対的に短い活動の歴史しかもっていない。年金ファンドを例外として、その他の民間の団体の活動は小規模であり、ブルガリアではそれほど普及していない。年金ファンドでさえ現在はまだ資産蓄積段階であり、給付として支出される金額は小規模であるため、民間部門が社会保障給付の供給において果たす役割は、目下のところ、とるに足りないものである。

　同時に、今後の展望として、民間が運営する諸機関の役割が増大していき、社

会保障サービスの提供において国家の諸機関を効果的に補完することができるようになろうと期待される。この点は、抜本的な改革が実施され、その結果として3本柱の制度が導入された年金制度の第2の柱の年金ファンドについて、主としていえることである。年金制度で導入された積立方式の要素は、人口の高齢化が賦課方式の年金制度において巨額の赤字を引き起こす場合には、制度の維持に役立つとみなされている。

改革の始まりは前途有望であった。しかし2008年の危機のあとには、いくつかのさらなる変更が必要であることが明らかとなった。確定拠出型の年金制度においては、被保険者は重大なリスクにさらされている。したがって、年金ファンドによる投資を正しく規制することによって、将来に起こりうる失敗を回避できるよう努力すべきである。それと同時に、年金制度の賦課方式部分における諸改革（たとえば年金受給開始年齢の引き上げや、受給要件の厳格化）は、これからの数年間に予想される資金不足を和らげるためにも継続するべきである。

社会保障制度におけるその他の非常に重要な改革は、雇用政策の仕組みにかかわって実施されてきた。ブルガリアの経済構造は、1996年から1997年にかけて起きた経済の崩壊のあと著しく変容した。その結果、1990年代末から2000年代の初めにかけて失業の水準が高まった。政策立案当局は、積極的な措置と消極的な措置の両方を採用することによって、この構造的な失業に対処しようとした。しかし、彼らの努力はさまざまな要因によって制約を受けた。「リスクの高い」社会集団（教育をまったく受けていない、あるいは教育水準の低い人びとと、資格や職業上のスキルが低い人びと）を社会的に包摂することは、政策的措置の中心に位置しているし、将来もそうでありつづけるだろう。

【注】

1　ブルガリアの諸改革に関する全般的なサーベイについては、Dobrinsky［2000］およびVutcheva［2001］を参照せよ。
2　金融危機とカレンシー・ボードの仕組みについて、より詳しくは以下を参照せよ：Nenovsky and Rizopoulos［2003］、Berlemann and Nenovsky［2004］、Ialnazov and Nenovsky［2001］、Nenovsky［2008］、Ialnazov［2003］。
3　社会保険法（Social insurance code）, State Gazette No. 110/17.12.1999, effective 1.01.2000を参照せよ。
4　〔訳注：「貧困と社会的排除のリスクに見舞われている人びと」というカテゴリーについては、本書第2章第1節の説明を参照せよ。〕
5　ここでいう労働市場政策（LMP）への支出は、労働市場で困難に直面している人びとに明確に対象が絞られた公的施策に限定されている。すなわち、失業者、非自発的失業のリス

クにさらされている被雇用者、労働市場に参入したいと考えている非就業者（inactive）を対象とする政策に限られる。LMPへの支出は、以下の費目に区分される。第1は、LMPサービス（カテゴリー1）であり、それは公共雇用サービス（PES）や、その他の求職者のための公的機関の運営のための費用を賄っている。第2はLMP措置（カテゴリー2～7）であり、失業者や他の対象集団のためのアクティベーション措置〔の実施費用〕をカバーしている。具体的には、職業訓練、ジョブ・ローテーション、ジョブ・シェアリング、就労へのインセンティブの付与、支援付きの雇用およびリハビリテーション、直接の雇用創出、起業へのインセンティブ付与といったカテゴリーがふくまれている。第3はLMPサポート（カテゴリー8～9）であり、それは失業時の所得維持と支援（そのほとんどは失業給付である）、ならびに早期退職給付をカバーしている。

6 　東欧の福祉制度は、〔エスピン=アンデルセンの分類とは〕異なる仕方で解釈されうる。Nölke and Vliegenthart［2009］は、東欧を従属的な市場経済資本主義として分類し、そこでは外資に対する根本的な依存が観察されるという。その一方でBohle and Greskovits［2012］は、ヨーロッパの周縁部における多様性について異なる理論を発展させている。いずれにせよ、この点に関する研究は著者たちにとって今後に残されている大きな課題である。

【参考文献一覧】

Berlemann, M. and Nenovsky, N. 2004: Lending of First versus Lending of Last Resort: The Bulgarian Financial Crisis of 1996/1997, in: *Comparative Economic Studies*, 46 (2): 245-271.

Bohle, D. and Greskovits, B. 2012: *Capitalist Diversity on Europe's Periphery*, Ithaca: Cornell University Press.

Blake, D. 2006: *Pension Finance*, Chichester: John Willey & Sons.〔D. ブレイク著、住友生命年金研究会訳『年金ファイナンス』東洋経済新報社、2012年〕

Davis, E. Ph. 1995: *Pension Funds Retirement Income Security and Capital Markets. An International Perspective*, Oxford: Oxford University Press.

Dobrinsky, R. 2000: Transition crisis in Bulgaria, in: *Cambridge Journal of Economics*, (24): 581-602.

Esping-Andersen, G. 1990: *The Three Worlds of Welfare Capitalism*, Oxford: Blackwell Publishing.

IMF 2014: *World Economic Outlook*, April 2014.

Ialnazov, D. and Nenovsky, N. 2001: The Currency Board and Bulgaria's Accession to the European Monetary Union, in: *The Kyoto University Economic Review*, LXX: 1/2 (148/149): 31-48.

Ialnazov, D. 2003: Can a country extricate itself from its post-socialist trajectory? The role of external anchors in Bulgaria, in: *Comparative Economic Studies*, (10): 85-103.

Nenovsky, N. and Rizopoulos, Y. 2003: Extreme Monetary Regime Change. Evidence from Currency Board Introduction in Bulgaria, in: *Journal of Economic Issues*, 37 (4): 909 - 941.

Nenovsky, N. 2008: Monetary Convergence on the Road to EMU: Conceptual Issues for Eastern Europe, in: K. Yagi and S. Mizobata (eds.), *Melting the Boundaries: Institutional Transformation in the Wider Europe*, Kyoto: Kyoto University Press: 129-152.

Nenovsky, N. and Villieu, P. 2011: EU Enlargement and Monetary Regimes from the Insurance Model Perspectives, in: *Post-Communist Economies*, 23 (4): 433-444.

Nölke, A. and Vliegenthart, A. 2009: Enlarging the Varieties of Capitalism: The Emergence of Dependent Market Economies in East Central Europe, in: *World Politics*, 61 (4): 670-702.

Vutcheva, H. 2001: *Economic Policy in Bulgaria during 1991–2000*, Sofia: UNSS Edition (in Bulgarian).

World Bank 1994: *Averting the Old Age Crisis: Policies to Protect the Old and Promote Growth*, New York: Oxford University Press.

（岩熊典乃／北西正人／柳原剛司　訳）

終　章
多様化するアクティベーションと社会的包摂政策

福原宏幸

　2008年のリーマン・ショックと2010年のギリシャの債務危機に端を発したユーロ圏およびEUにおける不況は、2014年にはひとまず落ち着くと見られていた。しかし、2015年の夏、ギリシャの債務返済不履行をめぐって欧州はふたたび大きく揺れた。ギリシャのチプラス首相は、EUが求める財政緊縮政策への賛否を問う国民投票を7月に実施し、反対票が賛成票を大きく上回った。チプラス政権は、この緊縮反対の「民意」を盾にEUなどとの再協議に入る考えを示していたが、ユーロ圏からのギリシャの離脱を迫るドイツ政府（W.ショイプレ財務相）の圧力のもとで、EUが当初に求めていた財政再建策よりも厳しい緊縮案を受け入れざるをえなくなった。こうして、欧州金融安定メカニズム（EFSM）を使用した70億ユーロのつなぎ融資への合意が得られ、これにより、懸案だった欧州中央銀行（ECB）への国債償還は何とかクリアすることができた。EUの「結束」の外見は、瀬戸際でかろうじて保たれることとなった。

　しかし、これは、ドイツが主導する財政規律を軸とした欧州統合のあり方に、明らかに一石を投じるものであった。すなわち、それは、ドイツとギリシャを両極にしてユーロ圏の各国間に著しい経済的な体力差のあるなかで、現行の金融・財政ガバナンスの仕組みをもってしてはユーロ圏の財政危機国を支援するのは難しいのではないか、という疑問を突きつけるものであった。あわせて、その経済的な体力格差を埋めるEUの新たな経済戦略の構築が求められるのではないかという点も問われているだろう。

　こうした現状認識に立って、本章では、欧州各国の経済社会と雇用、アクティベーションならびに社会的包摂についての展望を論じたい。

1．知識基盤型経済の追求とその労働への影響

　2000年にEUは向こう10年の発展戦略である「リスボン戦略」において、「より多くのより良い仕事とより高い社会的結束とをともなう持続可能な経済成長を

達成しうる、最も競争力に富みかつ最もダイナミックな知識基盤型経済」の実現を謳った。この戦略については、すでに中村［2012, pp.3-9］で詳しく論じられたが、あらためてここで簡単に振り返っておきたい。

この戦略自体は、情報通信技術革命や研究開発等でアメリカに後塵を拝したEUがその遅れをとり戻すとともに、アメリカ・モデルとは異なる「欧州社会モデルの近代化」をめざすものであった。具体的には、①通信市場の統合と自由化（情報化社会の確立）、②高い教育水準と情報通信技術（ICT）の普及による知識基盤型経済へのシフト、③研究とイノベーションの強化、④労働市場の硬直性の緩和、⑤域内市場の統合と活性化、⑥金融市場の統合などが挙げられた。また、雇用では就業率の引き上げや就労能力（employability）の向上、さらに貧困や社会的排除への取り組みによる社会の結束の強化をめざすものであった。

ところで、こうした知識基盤型経済の追求は、けっしてEUだけのものではないだろう。アメリカで1990年代にニュー・エコノミーとして追求されてきたものが、いまや世界中に広がりつつあると理解するのが妥当である。そして、こうした世界規模での知識基盤型経済の発展は、EU圏内において、そして世界でも、新たな二極化をつくり出している。あわせて、それは、労働の世界に大きな変化をもたらしている。この点を理解しておくことが、フレキシキュリティ、アクティベーション、社会的包摂を考えるうえできわめて重要となる。

ネグリ／ハート［2003］は、戦後における労働の特質の変容に関する分析をとおして、今日のこの知識基盤型経済のもとにおける労働を次のように論じた。まず、戦後から高度成長期の労働は、テイラー主義的な分業とくり返しの単純労働によって特徴づけられてきた。それは、一方で労働の専門化をもたらすとともに、他方では労働疎外が大きな社会問題となっていた。しかし、1990年代以降の労働は、次の3点において大きく変容していったという。

第1は、情報化とフレキシビリティである。情報化によって、販売市場の情報がたちどころに製造やサービス提供の現場に反映されることが可能となってきた。このため、生産やサービス提供を担う現場にはリアルタイムでの適応が求められ、フレキシブルで可変的な労働が求められるようになった。こうした取り組みは、いまではあらゆる製造部門やサービス提供の現場に広がりつつある。

第2に、企画や営業といった労働は、創造的・戦略的な位置を占める「シンボル・アナリスト」、「クリエイティブ・クラス」の知的労働と、データ入力作業のように記号やシンボルをルーティン作業で扱うだけの低評価で非熟練な労働とに階層化している。製造業の現場においては、オートメーション化が極度に進むなかで、情報に関する専門的で知的な労働が存在する。その一方で、ラインでのルー

ティン作業は低評価の未熟練労働が担いつづける。このように、知識と情報を操作し加工する労働と、ルーティンでかつ低評価の単純労働という具合に、二極化が進んでいる。

　第3に、接客やケア労働などを典型とする対人サービス労働では、求められる熟練の程度は、職種の専門性の程度に応じてきわめて幅広い。しかし、重要なのは、顧客の情動に対していかに好影響をおよぼすかという課題である。ここでは、身体を使った労働に感情労働を加味することが求められている。介護労働のように、対面的相互行為が大きな比重を占める労働では、自己の感情をコントロールし顧客に対して細やかな配慮を示すことが求められることになる。

　このように、知識基盤型経済のもとでの労働は、高い知識と専門性に裏づけられた技術、情報化、フレキシビリティ、そしてコミュニケーションによって特徴づけられる。そしてまた、これらの動向は、それらを担いうる労働者集団と、知識や専門性をもたず、コミュニケーションが必要とされない、しかし指揮命令によってフレキシブルに対応することだけが求められる労働者集団へと、二極化をつくりだす。後者の労働者集団の多くは、知識や専門性を求められないことによって周縁的な仕事にしか就けず、フレキシビリティによって雇用の不安定さと低所得に直面することになる。すなわち、知識基盤型経済それ自体が新たなワーキング・プアを生み出すという側面を見て取ることができるのであり、その果てに「安定した職業生活からの排除」、「貧困の持続」という問題が出現することになる。

　EUにおける知識基盤型経済の展開は資本の自由な移動が認められたEU域内において展開されることから、労働におけるこのような二極化は、たちどころに国境を越えて進展していくことになる。EU自身がこの問題をどこまで自覚していたかはともかくとして、まさに知識基盤型経済がこうした労働者集団の二極化を生み出すがゆえに、貧困や社会的排除への対処、社会の結束の強化を強く打ち出す必要があったといえよう。

2．フレキシキュリティ再論

　ところで、「リスボン戦略」決定の5年後の2004年11月、欧州委員会の第三者機関が出した中間評価の報告書「試練に向き合う」（一般に「コック報告」と呼ばれる）は、ICTなど知識基盤型経済の成果があがらず、アメリカだけでなく中国・インドなどに遅れをとったことの焦りから、リスボン戦略を修正し、目標としては「成長と雇用」を優先することになった。こうして、投資をうながすための規制緩和、サービスに関する共通市場の完成、政府補助金の削減などの新自由主義

的な方針を打ち出していった。

　これらの改革の成果は、しかしながら、欧州各国において相当のばらつきをもってたち現われ、最終的には「ドイツの一人勝ち」となった。その主要な要因は、本書の第1章第2節で詳しく論じられたように、同国と南欧諸国との構造的不均衡に、あるいは中・東欧諸国に対する同国の経済的優越・支配に由来している。とはいえ、他方で、こうした強さのもうひとつの要因として、ドイツの雇用とアクティベーションに向けた政策も無視しえないだろう。

　本書の序章第2節で論じられたように、オランダやデンマークのフレキシキュリティへの注目をふまえて、2007年12月の欧州閣僚理事会で「フレキシキュリティの共通原則」が採択されたにもかかわらず、2009年6月の閣僚理事会は、2008年のリーマン・ショック以降のデンマークの高失業率を背景に、デンマーク・モデルやオランダ・モデルの推奨を事実上は放棄した。それらのモデルに代わって注目を集めたのがドイツの雇用調整モデルである。内部労働市場におけるワークシェアリング等による雇用維持によって低失業率を実現したこのモデルは、ドイツ型フレキシキュリティとして論じられている［内山 2011; 濱口 2015; 若森 2013］。

　ドイツでは、新自由主義的経済政策と規制緩和の一方で、こうした施策がもたらすマイナス点に対抗する施策が、国と労働組合ならびに経営者団体の3者による対話（コーポラティズム）のなかで考案されてきたという。その第1は、失業よりは「低賃金であっても仕事を」という施策であり、さまざまな非典型労働が増やされてきた。第2は、就労能力はあるが職のない人に対して、職探しを条件に支給する「失業手当Ⅱ」がつくられたことである。そして第3に、労働時間の根本的な柔軟化の促進などが挙げられる［田中 2015］。これらの施策は、ドイツ型フレキシキュリティによる労働市場への柔軟な統合と、求職者向け生活保障制度とを組み合わせて社会的に整備しようとするものであった。

　なお、フランスにおいては、デンマーク・モデルを基礎として、「労働市場の現代化に関する2008年6月25日法」と「求職者の権利および義務に関する2008年8月1日法」によって、①雇用の柔軟性を求める労働市場改革、②労働者の権利の確保および充実した社会保障、③就労能力を向上させる積極的労働市場政策が追求されてきてきた［鈴木 2009］。しかし、失業率（本書第1章の図表1-7）を見るかぎりにおいて、大きな成果をあげた施策とはいいがたかった。

　以上のような概観から言えることは、EUならびに加盟各国においては、労働市場の柔軟化と雇用の安定・所得保証との両立に向けさまざまな挑戦がなされているが、依然としてそれは課題として残ったままであるということだろう。そのことはまた、知識基盤型経済の推進によって労働市場のフレキシビリティの推進

だけが重視されるなかで、雇用の不安定さや失業、そして貧困、社会的排除の問題が深刻なものとしてたち現われることを意味している。失業率の改善はドイツ以外の国ではほとんど見られず、ワーキング・プア、そして貧困と社会的排除を生む経済と社会の構造は変わらないままである。

3．社会的排除と社会的連帯経済

　第2章の第1節において、「貧困と社会的排除のリスクに見舞われている人」の割合について紹介がなされた。その割合の少ない順に地域を挙げると、北欧諸国、大陸の西欧諸国（ドイツ、フランス、オランダなど）、自由主義的傾向の強い国（イギリス、アイルランドなど）、南欧諸国（スペイン、イタリア、そしてとりわけギリシャ）、ヴィシェグラード諸国（ハンガリーなど）、バルカン諸国（ブルガリアなど）となる。この地域区分は、序章の第5節で論じられた資本主義の類型とおおよそ一致することがわかる。それは、それぞれの類型の経済的パフォーマンス、労働市場の構造と雇用の安定度、福祉国家のあり方、家族や地域社会のあり方などに大きく規定されているものであった。

　しかし、本書では触れることができなかったが、貧困や社会的排除は、移民の存在の影響も大きい。2011年当時、EU加盟27カ国には、3330万人もの外国籍の住民（全人口の6.6％）が暮らし、そのうちEU以外の外国籍住民（第三国出身者）は2050万人と、外国籍の住民の約6割を占めている。しかも、EU全加盟国に暮らす外国籍住民の75％以上が、ドイツ、スペイン、イタリア、イギリス、フランスに集中している［Eurostat 2011］。こうした住民のなかには、貧困と社会的排除に直面している人びとが多いと推測され［髙橋 2013］、大陸の西欧諸国、自由主義的傾向の強い国、南欧諸国において「貧困と社会的排除のリスクに見舞われている人」の割合を押し上げていると思われる。こうした課題についての研究は今後を期したいが、社会的包摂策やアクティベーションにおいても、この点は十分に配慮されなければならないだろう。

　ところで、社会的排除の克服には、序章の第4節で論じたように、大きく分けて、①再分配のパラダイム、②社会的シティズンシップのパラダイム、そして③アクティベーションのパラダイムがあった。実際には、これらの3つが複数組み合わされて実施されることが多い。また、アクティベーションにおいては、他の施策との組み合わせ方に応じて4つの類型があった（序章の第1節）。

　とくに、給付と訓練参加（そして教育参加）の組み合わせにおいて、参加を条件に給付を行なうという国が、イギリスやドイツだけでなく、デンマークなどの

北欧諸国へと広がる傾向が読み取れた。フランスのRSA（就業連帯所得）においては、最低所得給付の受給と社会的・職業的参入の関係が権利・義務の点において問われるようになったとはいえ、依然として給付の権利が先行し、そのうえで参入支援への参加が義務と位置づけられている。こうしたアクティベーションの実施においては権利・義務の関係を明確にしようという動きが強まっているとはいえ、その関係のあり方については、イギリス・北欧型と、フランス型のあいだでは異なったままである。この違いの根底には何があるのだろうか。一般には、アクティブ・シティズンシップと連帯主義という政策理念の相違として語られるが、この点の違いについてはさらに議論を深める必要があるだろう。

　ところで、これらの施策の実施者という観点から見ると、再分配と社会的シティズンシップは、国家が制度をつくり自治体がその実務を担うことになるのに対して、アクティベーションにおいては、自治体組織が民間組織と連携するという視点が求められることになる。それは、任意の生産やサービスの提供などの事業をともに担い、当事者の体験を深めることによって当事者支援は成り立つものであるからである。すなわち、アクティベーションの取り組みは、社会の側が担うことが必要となる。しかも、その事業が利益追求というよりは社会的な貢献であることによって、事業の多くがNPOや社会的企業などによって担われるようになる。こうした事業の分野は、「社会的連帯経済」と呼ばれている。

　EU全加盟国における「社会的経済」の分野には、2010年当時で約200万社の社会的企業（欧州全企業の約10%）があり、1100万人を雇用しており、これは欧州の労働力人口の6%にあたる。また、この雇用主の70%は非営利アソシエーション、26%は協同組合、3%は共済組織に属している。そして、この社会的企業は、金融、保険、農業、モノづくり、さまざまな商業サービス、保健・社会サービスなど、経済のほぼすべての分野におよんでいるといわれる［European Commission 2011］[1]。

　ところで、これらの事業は多くの場合、各国の政府、民間の寄付、そして欧州社会基金（ESF）や「最も剝奪されている人を欧州が支援する基金（FEAD）」からの助成金によって、その事業資金を得ている。欧州社会基金は、2014-2020年の7年間に800億ユーロを投資する計画になっており、その20%が社会的包摂のための基金、すなわち困難を抱えている人びとが他の人びとと同じ機会を保障され社会に参入していくための資金として活用される。また、FEADからは38億ユーロが投入されることになっている。

　しかし、社会的連帯経済は、その成熟度や法的な位置づけが国によって大きく異なっている。フランスなどでは、社会的連帯経済は全労働者の約10%を雇用し、

それがGDPに占める割合も約10%に達するといわれる［福原 2013］。これに対し、本書の第5章で論じられたスウェーデンのように、近年になって社会的連帯経済の価値が認められ、その成長がうながされている国もある。また、第3章で論じられたイギリスのように、「大きな社会」論のもとに、「社会」＝ボランタリー部門が政府に代わってこれらの問題にアプローチすることが推し進められている国もある。イギリスでは、政府は、ボランタリー部門に権限を委譲するが経済的支援はしないとの立場を貫いている。この状況下で、多くの支援組織が消えていっているのが現状である。

このように、社会的包摂とアクティベーションをめぐる動きは各国で依然として異なったままであるが、絶えず新たな挑戦がなされていくなかで、ダイナミックな社会的包摂策や社会的連帯経済が登場・発展してきていることを理解しておきたいと思う。

4．日本への示唆

日本における社会的包摂とアクティベーションの近年の動向については、［福原 2012］で論じた。とくに2000年以降、政府と自治体そして民間支援組織において多様な展開があったことを述べるとともに、日本ではアクティベーション施策は「はじめに就労ありき」型ワークフェアを起点としながら、就労アクティベーションおよび社会的アクティベーションへと次第に揺れ動いていることを明らかにした。しかし、2015年4月から全国自治体で開始された生活困窮者自立支援制度では、就労準備支援事業への取り組みがなされていない自治体は72％にのぼった［厚生労働省 2015］。これでは、排除された人びととの相談支援窓口は設けるが、そのあとに続く社会参加や就労への支援については何も実施しないという姿勢を示すこととなる。

また、この制度の基本設計は、パーソナルサポートサービス・モデル事業として2010年に民主党政権のもとでできあがったが、2012年12月に登場した自民・公明連立の安倍政権においては、貧困や社会的排除の問題への取り組みについて首相自らが語ることがないままに今日にいたっている。貧困と社会的排除への取り組みは、政府の明確な方向性が示されなくてはなかなか前に進まないことがEUとその加盟国によって示されてきた。したがって、安倍政権がいかなる方向性を打ち出すのか、注視しなくてはならない。

【注】

1　[European Economic and Social Committee 2012]によれば、協同組合は2009年に20万7000組織を数え、470万人を直接雇用し、1億800万人の会員を擁していた。また、アソシエーションは2010年に860万人を雇用していた。

【参考文献一覧】

European Commission 2011：*Social Economy*, http://ec.europa.eu/enterprise/policies/sme/promoting-entrepreneurship/social-economy/index_en.htm

European Economic and Social Committee 2012: *Social Economy in the European Union*.

Eurostat 2011：*Table 1: Foreign and foreign-born population by group of citizenship and country of birth*, http://ec.europa.eu/eurostat/statistics-explained/

内山隆夫 2011：「移動的労働市場論とフレキシキュリティ・アプローチ」、『経済学部論集（京都学園大学）』21巻1号。

厚生労働省 2015：『生活困窮者自立支援制度の事業実施状況について』(2015年4月調査)。

鈴木尊紘 2009：「フランスにおけるフレキシキュリティ法制」、『外国の立法』240号。

高橋義明 2013：「欧州連合における貧困・社会的排除指標の数値目標化とモニタリング」、『海外社会保障研究』185号。

田中洋子 2015：「ドイツにおける労働への社会的規制」、『社会政策』7巻1号。

中村健吾 2012：「EUの雇用政策と社会的包摂政策：リスボン戦略から『欧州2020』へ」、福原宏幸・中村健吾編『21世紀のヨーロッパ福祉レジーム：アクティベーション改革の多様性と日本』糺の森書房。

ネグリ, A./ハート, M. 2003：水嶋一憲ほか訳『帝国：グローバル化の世界秩序とマルチチュードの可能性』以文社。

濱口桂一郎 2015：「EU労働法政策の現在」、『社会政策』7巻1号。

福原宏幸 2012：「日本におけるアクティベーション政策の可能性：現状と展望」、福原宏幸・中村健吾編『21世紀のヨーロッパ福祉レジーム：アクティベーション改革の多様性と日本』糺の森書房。

───── 2013：「フランスにおける生活困窮者問題と中間的就労」、協働総合研究所『社会的企業体が取り組む就労準備支援事業から持続性のある中間的就労創出に向けた制度・支援に関する調査報告書』。

若森章孝 2013：『新自由主義・国家・フレキシキュリティの最前線：グローバル化時代の政治経済学』晃洋書房。

あとがき

　本書は、福原宏幸と中村健吾が呼びかけて2010年末につくられた欧州福祉レジーム研究会による共同研究の成果である。この研究会の会員による共著としては、本書の「まえがき」でも触れた『21世紀のヨーロッパ福祉レジーム』（糺の森書房）がすでに2012年に出版されている。『21世紀のヨーロッパ福祉レジーム』は、ユーロ危機のインパクトの分析という点において不十分であったとはいえ、21世紀になって欧州諸国の福祉レジームに生じている改革の動向を全般的にとらえた著作として今日でもなお意義を失っていないと、私たちは考えている。

　『21世紀のヨーロッパ福祉レジーム』の出版元であった糺の森書房は、村井美恵子氏が2012年に創設された新しい出版社であり、この本は同書房から出た最初の、かつ最後の作品となった。糺の森書房は、この本以外にもいくつかの出版の計画を進めていたようであるが、同書房社長の村井美恵子氏は、『21世紀のヨーロッパ福祉レジーム』の出版から間もない2012年末に入院され、2013年3月には帰らぬ人となってしまった。病のことを一切口にされず仕事に励まれていた村井氏の突然の逝去に、私たちは言葉を失った。著者一同、あらためて哀悼の意を表わしたい。

　『21世紀のヨーロッパ福祉レジーム』は、公刊から1年もたたないうちに絶版となり、古書としてしか入手しえなくなった。そこで私たちは、柳原剛司の発案を受けて、『21世紀のヨーロッパ福祉レジーム』の続編を出版することにした。それが本書である。

　ソフィア世界・国民経済大学のニコライ・ネノフスキー氏（Prof. Nikolay Nenovski）およびジェコ・ミレフ氏（Prof. Jeko Milev）は、ブルガリアの福祉制度に関する貴重な英語の論稿（本書の第9章）を御寄稿いただいた。これにより、本書はいっそうの厚みを得ることになった。両氏の論稿の原題は、Bulgarian Welfare System (1989 – 2014): Evolution, Problems and Challenges であったが、両氏の了解を得たうえで本書の編集方針に沿う日本語の題名を編著者のほうで付けさせていただいた。

　本書は、松山大学の教科書出版助成を受けて刊行される。助成を認めてくださった松山大学に、著者一同感謝申し上げる。

　明石書店の神野斉氏は、出版をお引き受けいただくにあたって著者たちのわがままなリクエストに辛抱強くお付き合いくださった。そして編集者の清水聰氏は、

EUをめぐる情勢の変化等にともなう著者たちのたび重なる加筆を迅速かつ的確に処理してくださった。この場を借りて、両氏に御礼申し上げる。

　成立の事情が上記のとおりであるだけに、1人でも多くの読者諸氏および学生諸君に本書が読まれ、検討と批判の対象となることを、私たちは願ってやまない。

2015年7月

著者一同

【著者紹介】 （＊は編者）

福原　宏幸＊（ふくはら　ひろゆき）序章・終章
大阪市立大学大学院経済学研究科教授
主な著作：『社会的排除／包摂と社会政策』（編著、法律文化社、2005 年）、『自治体セーフティネット：地域と自治体ができること』（共著、公人社、2014 年）など。

中村　健吾＊（なかむら　けんご）序章・第 1 章・第 2 章
大阪市立大学大学院経済学研究科教授
主な著作：『欧米のホームレス問題（上）（下）』（共編著、法律文化社、2003 - 04 年）、『欧州統合と近代国家の変容』（昭和堂、2005 年）、『古典から読み解く社会思想史』（編著、ミネルヴァ書房、2009 年）など。

柳原　剛司＊（やなぎはら　つよし）序章・第 8 章・第 9 章（訳）
松山大学経済学部准教授
主な著作：『体制転換と社会保障制度の再編：ハンガリーの年金制度改革』（京都大学学術出版会、2011 年）、『21 世紀のヨーロッパ福祉レジーム』（共著、糺の森書房、2012 年）、*Varieties of Capitalisms and Transformation*（共著、BUNRIKAKU Publisher、2008 年）など。

居神　浩（いがみ　こう）第 3 章
神戸国際大学経済学部教授
主な著作：『比較のなかの福祉国家』（共著、ミネルヴァ書房、2003 年）、『ワークフェア』（共著、法律文化社、2007 年）、『ノンエリートのためのキャリア教育論』（編著、法律文化社、2015 年）など。

松原　仁美（まつばら　ひとみ）第 4 章
大阪市立大学大学院経済学研究科附属経済学研究教育センター特別研究員
主な著作：「フランスの復職支援改革と積極的労働市場政策」『公営企業』43 巻 11 号（2012 年 2 月）、「フランスの社会的排除と公的雇用契約の展開」『経済学雑誌』113 巻 1 号（2012 年 6 月）、「雇用復帰に向けた付添い支援と生活保障：フランス」福原宏幸／中村健吾編『21 世紀のヨーロッパ福祉レジーム』（糺の森書房、2012 年）など。

太田　美帆（おおた　みほ）第 5 章
静岡大学学術院農学領域助教
主な著作：「スウェーデンのイェムトランド県における地域創生の基盤づくり：『実現するもの』と『可能にするもの』の協働」『人文学部紀要』第 30 号（2010 年）、「1990 年代以降のスウェーデンにおける公的扶助制度改革と就労支援」『貧困研究』7 号（明石書店、2011 年）、『現代社会を学ぶ：社会の再想像＝再創造のために』（共著、ミネルヴァ書房、2014 年）など。

嶋内　健（しまうち　たけし）第6章
立命館大学産業社会学部非常勤講師
主な著作：『21世紀のヨーロッパ福祉レジーム』（共著、糺の森書房、2012年）、『労働問題の変容：包摂と平等の社会形成にむけて』（共著、ミネルヴァ書房、2015年）など。

土岐　智賀子（どき　ちかこ）第7章
立命館大学教育開発推進機構講師
主な著作：「フレキシビリティの浸透を通じて浮かびあがる地域間格差：イタリア」福原宏幸／中村健吾編『21世紀のヨーロッパ福祉レジーム』（糺の森書房、2012年）、「青年期（キャリア探索期）におけるネットワーク分析の意義」『立命館大学人文科学研究所紀要』96号（2011年）、「イタリアの若者の社会的状況：増える高学歴者と家族・教育・雇用制度の特徴」『立命館国際地域研究』33号（2011年）など。

ニコライ・ネノフスキー（Nikolay Nenovsky）第9章
ソフィア世界・国民経済大学ファイナンス学部教授／ピカルディ大学アミアン産業・制度・経済体制研究センター（CRIISEA）教授
主な著作："Monetary Regime and EU Accession: Comparing Bulgaria and Romania", *Communist and Post-Communist Studies*, 46 (1), 2013（共著）、「ポスト共産主義国の通貨制度：長期的所見」『比較経済体制研究』第16号（比較経済体制研究会、2010年）、"Debates over the Crisis: A Special Focus on Bulgaria", *The Journal of Comparative Economic Studies*, (5), 2009など。

ジェコ・ミレフ（Jeko Milev）第9章
ソフィア世界・国民経済大学ファイナンス学部准教授
主な著作："Management of Pension Insurance", *University Press "Stopanstvo"*, Sofia, Bulgaria, 2014、"Risks Facing the Insured individuals in Universal Pension Funds in Bulgaria - Challenges and Solutions", *University Press "Stopanstvo"*, Sofia, Bulgaria, 2014、"Capital pension schemes in Bulgaria, Hungary and Slovakia and the impact of the ongoing financial crisis on them", *East West Journal of Economics and Business*, Vol. XV-2012, 2012（ニコライ・ネノフスキーとの共著）など。

●第9章訳者紹介
　岩熊　典乃（いわくま　ふみの）
　大阪市立大学大学院経済学研究科附属経済学研究教育センター特別研究員

　北西　正人（きたにし　まさと）
　大阪市立大学大学院経済学研究科附属経済学研究教育センター特別研究員
　大阪経済法科大学経済学部非常勤講師

　柳原　剛司（やなぎはら　つよし）
　詳細は、著者紹介を参照。

ユーロ危機と欧州福祉レジームの変容
アクティベーションと社会的包摂

2015年8月31日　初版第1刷発行

編著者　福　原　宏　幸
　　　　中　村　健　吾
　　　　柳　原　剛　司
発行者　石　井　昭　男
発行所　株式会社　明石書店
　　　　〒101-0021　東京都千代田区外神田6-9-5
　　　　電　話　03（5818）1171
　　　　ＦＡＸ　03（5818）1174
　　　　振　替　00100-7-24505
　　　　http://www.akashi.co.jp

装　丁　明石書店デザイン室
印刷／製本　モリモト印刷株式会社

（定価はカバーに表示してあります）　ISBN978-4-7503-4235-1

|JCOPY|　〈（社）出版者著作権管理機構　委託出版物〉
本書の無断複写は著作権法上での例外を除き禁じられています。複写される場合は、そのつど事前に、（社）出版者著作権管理機構（電話 03-3513-6969、FAX 03-3513-6979、e-mail:info@jcopy.or.jp）の許諾を得てください。

格差拡大の真実
——二極化の要因を解き明かす

経済協力開発機構（OECD）編著
小島克久、金子能宏 訳

A4判変型／並製／464頁
◎7200円

1パーセント、さらには一握りの高所得者の富が膨れ上がり、二極化がますます進むのはなぜか？ グローバル化、技術進歩、情報通信技術、海外投資、国際労働移動、高齢化、世帯構造の変化などの要因を詳細に分析し、格差が拡大してきたことを明らかにする。

内容構成

概要　OECD加盟国における所得格差拡大の概観

特集　新興経済国における格差

第Ⅰ部　グローバル化、技術進歩、政策は賃金格差と所得格差にどのような影響を及ぼすのか
経済のグローバル化、労働市場の制度・政策、賃金格差の動向／経済のグローバル化と制度・政策の変化の所得格差への影響／就業者と非就業者の格差

第Ⅱ部　労働所得の格差はどのように世帯可処分所得の格差を引き起こすのか
所得格差の要因：労働時間、自営業、非就業／世帯の就業所得の格差の動向／家族構成の変化が果たす役割／世帯就業所得の格差から世帯可処分所得の格差

第Ⅲ部　税と社会保障の役割はどのように変化したか
税と社会保障による所得再分配機能：過去20年間の変化／公共サービスが所得格差に及ぼす影響／高額所得者の傾向と租税政策

格差は拡大しているか OECD諸国における所得分布と貧困
OECD編　小島克久、金子能宏訳　●5600円

地図でみる世界の地域格差
OECD地域指標（2013年版）オールカラー版
OECD編著　中澤高志、神谷浩夫監訳　都市集中と地域発展の国際比較　●5500円

メンタルヘルスと仕事：誤解と真実
《OECDメンタルヘルスと仕事プロジェクト》
OECD編著　岡部史信、田中香織訳　労働市場は心の病気にどう向き合うべきか　●4600円

世界の労働市場改革 OECD新雇用戦略
OECD編著　樋口美雄監訳　戒能皆和訳　雇用の拡大と質の向上、所得の増大による就業機会の拡大に向けて　●5000円

世界の高齢化と雇用政策
OECD編著　濱口桂一郎訳　エイジ・フレンドリーな政策をめざして　●3000円

日本の労働市場改革
OECD編著　濱口桂一郎訳　OECDアクティベーション政策レビュー：日本　●3800円

日本の若者と雇用
OECD編著　濱口桂一郎監訳　中島ゆり訳　OECD若年者雇用レビュー：日本　●2800円

世界の若者と雇用
OECD編著　濱口桂一郎監訳　中島ゆり訳　学校から職業への移行を支援する《OECD若年者雇用レビュー・統合報告書》　●3800円

〈価格は本体価格です〉

EU（欧州連合）を知るための63章
エリア・スタディーズ124　羽場久美子編著
●2000円

格差と不安定のグローバル経済学
ジェームス・K・ガルブレイス著　塚原康博、鈴木賢志、馬場正弘、鍵田亨訳
ガルブレイスの現代資本主義論
●3800円

最低生活保障と社会扶助基準
山田篤裕、布川日佐史、「貧困研究」編集委員会編
先進8ヶ国における決定方式と参照目標
●3600円

高齢社会日本の雇用政策
OECD編著　清家　篤監訳　山田篤裕、金明中訳
●2300円

子どもの貧困
子ども時代のしあわせ平等のために
浅井春夫、松本伊智朗、湯澤直美編
●2300円

子どもの貧困白書
子どもの貧困白書編集委員会編
●2800円

子どもの貧困と教育機会の不平等
就学援助・学校給食・母子家庭をめぐって
鳫 咲子
●1800円

英国の貧困児童家庭の福祉政策
ジェイ・ベルスキー、ジャクリーン・バーンズ、エドワード・メルシュ著　清水隆則監訳
"Sure Start"の実践と評価
●2800円

ホームレス支援における就労と福祉
山田壮志郎
●4800円

ホームレス状態からの「脱却」に向けた支援
人間関係・自尊感情・「場」の保障
後藤広史
●3800円

二極化する若者と自立支援
「若者問題」への接近
宮本みち子、小杉礼子編著
●3800円

若者と貧困
いま、ここからの希望を
湯浅誠、冨樫匡孝、上間陽子、仁平典宏編著
若者の希望と社会3
●2200円

反貧困のソーシャルワーク実践
NPO「ほっとポット」の挑戦
藤田孝典、金子　充編
●1800円

貧困とはなにか
概念・言説・ポリティクス
ルース・リスター著　松本伊智朗監訳　立木勝訳
●2400円

民衆が語る貧困大国アメリカ
スティーヴン・ピムペア著　桜井まり子、甘糟智子訳　中野真紀子監訳
不自由で不平等な福祉小国の歴史
●3800円

生活困窮者への伴走型支援
奥田知志、稲月正、垣田裕介、堤圭史郎著
経済的困窮と社会的孤立に対応するトータルサポート
●2800円

〈価格は本体価格です〉

講座 現代の社会政策 《全6巻》

A5判／上製
◎4,200円

いまから約一世紀前の1907年12月、当時の社会政策学会は工場法をテーマとした第一回大会を開催した。その後の十数年間、年一回の大会を開催し社会に対して喫緊の社会問題と社会政策に関する問題提起を行い、一定の影響を与えた。いま社会政策学会に集う学徒を中心に明石書店からこの〈講座 現代の社会政策〉を刊行するのは、形は異なるが、百年前のこのひそみに倣い、危機に追い込まれつつあった日本の社会政策の再構築を、本講座の刊行に尽力された社会政策を専攻する多くの学徒とともに願うからである。

（シリーズ序文〔武川正吾〕より）

第1巻 戦後社会政策論
玉井金五・佐口和郎 編著【第4回配本】

第2巻 生活保障と支援の社会政策
中川清・埋橋孝文 編著【第5回配本】

第3巻 労働市場・労使関係・労働法
石田光男・願興寺䏎之 編著【第1回配本】

第4巻 社会政策のなかのジェンダー
木本喜美子・大森真紀・室住眞麻子 編著【第2回配本】

第5巻 新しい公共と市民活動・労働運動
坪郷實・中村圭介 編著【第3回配本】

第6巻 グローバリゼーションと福祉国家
武川正吾・宮本太郎 編著【第6回配本】

〈価格は本体価格です〉